녹문집

한국고전번역원 한국문집번역총서

녹문집 4

鹿門集

임성주 지음

任聖周

이상현 옮김

일러두기

1. 이 책의 번역 대본은 한국고전번역원에서 간행한 한국문집총간 228집 《녹문집(鹿門集)》으로 하였다. 번역 대본의 원문 텍스트와 원문 이미지는 한국고전종합DB(http://db.itkc.or.kr)에서 확인할 수 있다.
2. 내용이 간단한 역주는 간주(間註)로, 긴 역주는 각주(脚註)로 처리하였다.
3. 한자는 필요한 경우 이해를 돕기 위하여 넣었으며, 운문(韻文)은 원문을 병기하였다.
4. 맞춤법과 띄어쓰기는 한글 맞춤법과 표준어 규정을 따랐다.
5. 이 책에서 사용한 부호는 다음과 같다.
   - : : 제시어와 내용 사이에, 각주에서 각주 표제어와 내용을 구분할 때 사용한다.
   - ( ) : 번역문과 음이 같은 한자, 이두, 외국어를 묶어서 보일 때 사용한다.
   - 〔 〕: 번역문과 뜻은 같으나 음이 다른 한자를 묶어서 보일 때 사용한다.
   - " " : 글 안에서 대화를 표시할 때, 남의 말이나 서책 또는 시문 등의 문장을 인용할 때 사용한다.
   - ' ' : " " 안의 재인용, 강조 부분을 나타낼 때 사용한다.
   - 「 」: ' ' 안의 재인용을 나타낼 때 사용한다.
   - 『 』: 「 」 안의 재인용을 나타낼 때 사용한다.
   - 《 》: 책명 및 각주의 전거(典據)를 나타낼 때 사용한다.
   - 〈 〉: 편명, 작품명, 논문 제목을 나타낼 때 사용한다.
   - ~ : 인명의 생년과 몰년 사이에 사용한다.
   - …… : 번역문에서 원문의 '云云'을 처리할 때, 각주에서 긴 인용문을 처리할 때, 각주 표제어가 네 어절 이상일 경우 생략되는 말을 처리할 때 사용한다.
   - \- - : 본문에서 소자(小字) 원문 주(註)의 처음과 끝에 사용한다.

차례

녹문집 제14권

녹문집 제15권

녹문집 제16권

잡저 雜著

경의 經義

녹문집

제13권

잡저 雜著

논어 기유년(1729, 영조5)

論語 己酉

학이 學而

"때때로 익힌다.〔時習〕"의 주(註)에 나오는 정자(程子 정이(程頤))의 두 설에 대하여, 신안 진씨(新安陳氏)는 "위의 한 조항은 지(知)에 대해서 말한 것이고, 아래의 한 조항은 행(行)에 대해서 말한 것이다.〔上一條以知言 下一條以行言〕"라고 하였다.[1] 내가 살펴보건대, 주자(朱子)가 "이천(伊川)의 설은 오로지 사색에 중점을 두었고 역행하는 공부는 없으니 편중된 것 같다.〔伊川之說 專在思索 而無力行之功 似偏了〕"[2]라고

1 신안 진씨(新安陳氏)는……하였다 : 신안 진씨는 원나라 진력(陳櫟)을 가리킨다. 그의 말은 정자의 해설 밑의 소주(小註)에 나오는데, 이 말 아래에 "정자의 두 설을 채택하여, 학습은 응당 지(知)와 행(行)을 겸해서 말해야 함을 보여 주었다.〔采程子二說 以見學習當兼知行言也〕"라는 말이 이어진다. 이 경의(經義)에 소개되는 여러 주석가의 설은, 녹문이 대부분 본주(本註)와 소주(小註) 사이에서 발췌하여 인용한 것이다.

2 이천(伊川)의……같다 : 이 말 아래에 "상채(上蔡)의 설과 같은 것은, 오로지 역행에만 중점을 두었고 강구하는 뜻은 폐했으니, 두 사람 모두 편중된 것 같다.〔如上蔡之說則專於力行 而廢講究之義 似皆偏了〕"라는 말이 이어진다.

하였으니, 여기에 근거하면 진씨의 설은 잘못된 것 같다. 대개 정자가 "학(學)은 장차 행하려고 해서이다.〔學者將以行之〕"라고 해설한 것은, 학(學)을 통해 치지(致知)를 하여 장차 자기 몸에 행하려 함을 말하는데, 일단 '장차〔將〕'라고 말했고 보면 학(學)을 전적으로 지(知)에 귀결시킨 것이 분명하다. 정자가 "배운 것이 나에게 있게 된다.〔所學者在我〕"라고 말한 것은, 제대로 시습(時習)을 하면 아는 것이 가슴속에 확실하게 젖어 들게 되어 참으로 나의 소유가 됨으로써, 일을 행할 적에 그것을 적용해도 막힘이 없게 되는 것을 가리킨다. 정자의 상설(上說)은 바로 시습의 뜻을 해석한 것이고, 하설(下說)은 그 남은 뜻을 거듭 드러낸 것일 뿐이니, 두 설에 차이가 있지 않다. 사씨(謝氏 사양좌(謝良佐))가 해설한 것은 오로지 행(行)에 대해서만 말하였다. 대개 집주(集註)의 상면(上面)에서 학(學)과 시습을 해석하면서 비록 지(知)와 행(行)을 겸하여 말하긴 하였으나, 조목을 나누어서 상세히 설명하지는 못하였으므로, 하면(下面)에서 바로 정자와 사씨의 설을 인용하여 각각 그 귀취(歸趣)를 드러내었으니, 이는 바로 서로 다른 자료를 제공함으로써 경(經)의 뜻을 밝히려고 한 것이다.

"벗이 먼 곳에서 찾아온다.〔有朋自遠方來〕"의 주에 "선(善)을 남에게 미쳐서 믿고 따르는 자가 많다. 그래서 즐거울 수가 있는 것이다.〔以善及人 而信從者衆 故可樂〕"라고 하였다. 내가 살펴보건대, '이선급인(以善及人)'은 나의 선(善)을 남에게 미쳐서 남도 선하게 된다는 뜻이니, 이 한 구(句)는 단지 단구(單句)일 뿐이다. 하구(下句)는 이 구와 연결되는 것 같지만 실제로는 연결되지 않으니, 독자는 '신종자중(信從者衆)'이라는 네 글자를 우선 내버려 두고 단지 '이선급인고가락(以善及

人故可樂)'이라고 문장을 만들어서 이와 같은 방식으로 사구(思究)하며 정의(正義)를 체득해 내야 할 것이요, 그러고 나서 이 한 구를 붙여서 보면 의미가 심장함을 알게 될 것이다.-내가 예전에 이 글을 읽을 때에는 단지 '나의 선을 남에게 미칠 수 있기 때문에 믿고 따르는 자가 많은 것이니, 믿고 따르는 자가 일단 많고 보면 나의 학(學)의 경지를 징험할 수 있으므로 즐거울 수 있는 것이다.'라고 생각하였다. 그런데 지금 와서 살펴보건대, '자기가 참으로 얻은 것이 있다면 당연히 스스로 알고 스스로 확신할 것인데, 어찌 남이 믿고 따르기를 기다린 뒤에야 비로소 징험할 수 있겠으며, 또 어찌 즐거울 수가 있겠는가.'라는 생각이 든다.- 그래서 "자원방래(自遠方來)는 믿고 따르는 자가 많은 것이요, 믿고 따르는 자가 많으면 나의 선이 남에게 널리 미친 것이다. 그래서 즐거울 수 있는 것이다."라고 말을 만들어서 해석해 보고 싶다. 그러나 이는 단지 구법(句法)을 변환(變幻)하여 그 문의(文義)를 해석한 것일 뿐 그 심장한 의미는 끝내 그려 낼 수가 없다. 주자는 "여기에는 한 글자도 허투루 놓은 것이 없다."[3]라고 하였는데, 나는 또 "한 글자도 고칠 수가 없다."라고 말하련다. 요컨대 스스로 체험하며 말없이 인식한 자가 아니라면, 어떻게 그 맛을 알 수 있겠는가.

"서운해하지 않는다.〔不慍〕"의 주에 "비록 남에게 나의 선(善)이 미치는 것에 마음이 즐겁다 하더라도, 남에게 인정을 받지 못한 경우에도

3 여기에는……없다 : 《논어혹문(論語或問)》〈학이(學而)〉에 "정자(程子)가 '이선급인이신종자중(以善及人而信從者衆)'이라고 말한 것이 겨우 아홉 글자에 불과하지만 한 글자도 허투루 놓은 것이 없다. 본 것이 분명하고 징험한 것이 확실하지 않다면, 그 누가 여기에 끼일 수 있겠는가.〔以善及人而信從者衆之云 纔九字爾而無一字之虛設也 非見之明而驗之實 其孰能與於此〕"라는 주희의 말이 나온다.

서운한 마음이 없어야만 군자라고 말할 수 있는 것이다.〔雖樂於及人 不見是而无悶 乃所謂君子〕"라고 하였다. 내가 살펴보건대, 평암 섭씨(平巖葉氏 섭채(葉采))가 "비록 남에게 나의 선이 미치는 것에 마음이 즐겁다고 하더라도, 남이 혹 믿어 주지 않을 경우에 또한 내 안에 있는 것을 편안히 여길 뿐이니, 서운해할 것이 뭐가 있겠는가.〔雖樂於以善及人 然人或未信則亦安其在我而已 奚慍焉〕"라고 하였는데, 대개 그 말의 뜻은 "비록 나의 선이 남에게 미치는 것을 즐거워하더라도, 남이 알아주지 않는 것을 서운해하지 않는 이것이 바로 군자라고 하는 것이다."라고 말하는 것과 같다.-대개 군자는 스스로 아는 것이 분명하고 스스로 믿는 것이 독실하니, 남이 알아주고 알아주지 않는 것과 무슨 관계가 있겠는가. 그러므로 남이 믿고 따르면 더불어 선을 행하는 것을 즐거워할 뿐이니 그가 자기를 알아주는 것을 즐거워함이 아니요, 혹 자기를 믿지 않는 경우라도 역시 자기 안에 있는 것을 편안히 여길 따름이니 무슨 서운함이 있겠는가. 마음이 즐거운 것은 공(公)이요 사(私)가 아니기 때문에 역시 사적으로 서운하게 여기는 것이 없는 것이다.- 정자(程子)가 이에 대해서 의사(疑似)한 곳에 나아가 분석하여 군자의 마음을 드러내 밝혔으니, 독자가 익히 음미하고 깊이 완색(玩索)하면 반드시 자득(自得)하는 곳이 있게 될 것이다.

다시 경문(經文)의 뜻을 상세히 살펴보건대, 사람이 남에게 자기의 선이 미치는 것을 즐거워할 수 있으면 그 마음이 이미 대공지정(大公至正)하니 물론 그가 군자임을 믿을 수 있겠으나, 그 일은 그래도 '순해서 쉬우니〔順而易〕' 덕을 이룬 군자의 경지에 이르지 못해도 혹 가능하겠지만, 남이 알아주지 않는데도 조금도 불평하는 뜻 없이 태연할 수 있는 경지로 말하면, 그 일이 '역하여 어려우니〔逆而難〕' 참으로 사재

(査滓 찌꺼기)를 녹여 내어 덕성(德性)이 혼연(渾然)하게 된 자가 아니면 결코 미칠 수 없는 것이다. 그래서 다시 이 한 단(段)을 발하여 "남에게 선을 미쳐서 마음이 즐거운 자라 하더라도 아직은 무턱대고 그가 군자라고 믿을 수는 없고, 반드시 다시 알아주지 않아도 서운해하지 않게 된 뒤에야 비로소 덕을 이룬 군자라고 말할 수 있다."라고 말한 것이다. 정자(程子)가 설한 뜻은 바로 이와 같으니, 대개 그 뜻은 "비록 남에게 선이 미치는 것에 대해서 마음이 즐겁더라도 아직은 지극하지 않으니, 여기에서 더 나아가 반드시 인정을 못 받아도 서운해함이 없게 된 뒤에야 군자라고 말할 수 있다."라고 하는 것이다. 그러나 내가 앞에서 제기한 설도 하나의 설이 될 수 있을 것이다.

"인(仁)을 행한다.〔爲仁〕"의 주에 "인도는 이로부터 생겨난다.〔仁道自此而生〕"라고 하였다.[4] 내가 살펴보건대, 이것이 비록 인도를 일반적으로 말한 것이긴 하지만, 사실은 '인민 애물(仁民愛物)'[5]의 도가 효제(孝弟)로부터 나오는 것임을 가리킨다. 대개 효제와 인애(仁愛)가 모두 인(仁)의 일이지만, 효제는 근본의 일이고 인애는 말단의 일이라고

4 인(仁)을……하였다 : 《논어》 〈학이(學而)〉에 공자의 제자 유약(有若)이 "군자는 근본에 힘쓰니, 근본이 일단 확립되면 도가 자연히 나오게 되어 있다. 그런데 효제가 바로 인을 행하는 근본이라고 할 것이다.〔君子務本 本立而道生 孝弟也者 其爲仁之本與〕"라고 하였는데, 주희가 인도(仁道) 즉 인의 도는 여기서 생겨난다고 해설하였다. 효(孝)는 부모를 잘 섬기는 것이고, 제(弟)는 형장(兄長)을 잘 섬기는 것이다.

5 인민 애물(仁民愛物) : 《맹자》 〈진심 상(盡心上)〉의 "군자는 우선 친한 이를 친하게 대하고 나서 다른 사람들을 인자하게 대하며, 사람들을 인자하게 대하고 나서 다른 살아 있는 것들을 아껴 준다.〔親親而仁民 仁民而愛物〕"라는 말에서 나온 것이다. 인애(仁愛)는 인민 애물의 준말이다.

하겠다. 그래서 인(仁)을 행하는 순서가 그 근본으로부터 시작하는 것이니, 효제 이외에 이른바 인도라는 것이 별도로 있어서 효제를 근본으로 한 뒤에야 비로소 생겨난다는 말이 아니다. 독자는 사의(辭意)에 구애를 받아서 본의(本意)를 오해하지 말아야 할 것이다.

정자(程子)의 주(註)에 "인(仁)을 행함에는 효제를 근본으로 삼으며, 성(性)을 논할 때는 인을 효제의 근본으로 삼는다.〔爲仁以孝弟爲本 論性則以仁爲孝弟之本〕"라고 하였다. 내가 살펴보건대, '이효제위본(以孝弟爲本)'의 본(本)은 '그 밑동을 헤아리지 않는다.〔不揣其本〕'[6]라고 할 때의 본(本)과 같고, '인위효제지본(仁爲孝弟之本)'의 본은 '뿌리를 뽑고 원천을 막는다.〔拔本塞源〕'라고 할 때의 본과 같다. 이를 나무로 비유하자면 인(仁)이 뿌리이고, 밖으로 나와서 가장 밑부분의 땅에 붙어 있는 것이 효제이고, 그 중간에 있는 것이 인민(人民)이고, 가장 말단에 붙어 있는 것이 애물(愛物)이다. 대개 땅속에 들어가 있는 것과 땅 위에 나와 있는 것을 가지고 논하면 들어가 있는 것이 본(本)이 되고, 단지 땅 위에 나와 있는 것을 가지고 논하면 가장 밑에 있는 것을 또한 본이라고 말하는 것이다.

"들어와서는 효도하고 나가서는 공손해야 하며, 그러고서 남는 힘이

6 그 밑동을 헤아리지 않는다 : 《맹자》 〈고자 하(告子下)〉의 "그 밑동을 헤아리지 않고 가지 끝만 맞춰서 비교하려 한다면 한 치 높이의 나무도 높은 누각보다 더 높게 할 수 있다.〔不揣其本而齊其末 方寸之木可使高於岑樓〕"라는 말에서 나온 것이다. 한 치의 나무는 식색(食色)을, 높은 누각은 예의(禮義)를 비유해서 말한 것이다.

있으면 글을 배워야 한다.〔入孝出弟 餘力學文〕"라는 내용에 대하여, 웅씨(熊氏)[7]가 "이 장은 소학(小學)이기 때문에 행(行)을 먼저 하였고, 자이사교(子以四敎)[8]는 대학(大學)이기 때문에 문(文)을 먼저 하였다.〔此章是小學 故先行 子以四敎是大學 故先文〕"라고 하였다. 이에 대해서 운봉 호씨(雲峯胡氏 호병문(胡炳文))가 "그렇다면 15세에 대학(大學)에 들어가는 자들은 유독 사람의 제자(弟子)가 아니란 말인가."[9]라고 반박하였는데, 내가 살펴보건대 운봉의 설은 타당하지 않다.

대개 부자(夫子)가 이미 제자(弟子)라는 말로 그 말씀을 시작하였고, 그 내용이 또 효제(孝弟)와 근신(謹信)을 벗어나지 않았고 보면

7 웅씨(熊氏) : 물헌 웅씨(勿軒熊氏) 즉 송나라 웅화(熊禾)를 가리킨다. 주희의 문인으로, 자는 거비(去非)이다. 물헌 외에 퇴재(退齋)라는 호로도 많이 알려졌으며, 송나라가 망한 뒤에 무이산(武夷山)에 거했으므로 무이 웅씨로 불리기도 한다. 이 밖에 《성리군서(性理群書)》를 주해한 송나라의 웅강대(熊剛大)와 《의례(儀禮)》를 주해한 북제(北齊)의 웅안생(熊安生)도 웅씨로 칭해지는바 주의를 요한다.

8 자이사교(子以四敎) : 《논어》 〈술이(述而)〉의 "공자는 네 가지로 가르쳤으니, 그것은 바로 문(文), 행(行), 충(忠), 신(信)이다.〔子以四敎 文行忠信〕"라는 말에서 나온 것이다.

9 그렇다면……말인가 : 이해를 돕기 위하여 소주(小註)에 나오는 운봉 호씨(雲峯胡氏)의 해설 중에서 관련 부분을 소개하면 다음과 같다. "또 살펴보건대, 웅씨가 '이 장은 소학이 효제충신으로부터 들어가기 때문에 행(行)을 먼저 하고 문(文)을 뒤로 하였으며, 자이사교장(子以四敎章)은 대학이 격물치지로부터 들어가기 때문에 문을 먼저 하고 행을 뒤로 하였다.'라고 하였는데, 이는 대개 '제자(弟子)'라는 두 글자 때문에 전적으로 소학의 일로 여긴 것이다. 그렇다면 15세에 대학에 들어가는 자들은 유독 사람의 제(弟)가 아니고 사람의 자(子)가 아니란 말인가.〔又按熊氏謂此章是小學自孝弟忠信入 故先行而後文 子以四敎是大學自格物致知入 故先文而後行 蓋以弟子二字專爲小學之事 然則十五入大學者 獨非爲人弟爲人子者乎〕"

그 본의(本意)가 무엇인지 알 수가 있다. 주자(朱子)는 학문(學文)의 문(文)을 해석하여 "시서와 육예의 글이다.〔詩書六藝之文〕"라고 하였고, 또 《소학(小學)》의 제사(題辭 머리말)에서 소학의 교육 방법을 논하여 말하기를 "물 뿌리고 쓸며 응하고 대답하며, 들어와서는 효도하고 나가서는 공손해야 하며, 이를 행하고 남는 힘이 있으면 《시경》과 《서경》을 송독하고, 읊고 노래하며 춤추고 뛴다.〔灑掃應對 入孝出恭 行有餘力 誦詩讀書 詠歌舞蹈〕"라고 하였다. 이 몇 가지 설에 근거해 보면, 이 장에서 말한 것은 바로 소학의 일이라고 하겠다.

대개 나이 어린 학동에게 교육을 시작할 때에는 그들의 심지(心知)가 아직 안정되지 않은 만큼 반드시 먼저 효제의 실질적인 행실을 가지고 인도하여, 그들이 근해(筋骸)의 단속을 견고하게 할 수 있게 해주어야 한다. 그런 뒤에 그 사이의 틈을 타서 시서(詩書)의 글을 가르치되, 일마다 강습해서 그들의 행실을 돕게 해야만, 함양(涵養)이 순숙(純熟)하고 근본(根本)이 심후(深厚)하게 되어 대학(大學)의 기초가 될 수 있는 것이요, 그렇지 않으면 표탕(飄蕩)하고 해이해져서 구이(口耳)의 말단[10]으로 흐르고 말 것이다. 이것이 바로 소학이 행(行)을 위주로 하는 까닭이다.-효제(孝弟)의 절목은 바로 행(行) 중에 작은 것이고, 글을 배우는 것〔學文〕은 바로 지(知) 중에 얕은 것이다.-

10 구이(口耳)의 말단 : 되새김질하며 깊이 생각하여 자기 것으로 소화하려 하지 않고 곧장 밖으로 드러내어 자랑이나 하려 하는 천박한 태도를 가리키는 말이다. 《순자(荀子)》 〈권학(勸學)〉의 "소인이 공부하는 것을 보면, 귀로 듣고는 곧바로 입으로 내놓는다. 입과 귀의 거리는 불과 네 치일 따름이니, 일곱 자나 되는 이 몸을 어떻게 아름답게 할 수가 있겠는가.〔小人之學也 入乎耳 出乎口 口耳之間則四寸耳 曷足以美七尺之軀哉〕"라는 말에서 나온 것이다.

그러다가 성동(成童 15세)이 되면 소학을 통해서 길러진 것이 이미 심고(深固)해졌을 것이니, 이제는 여기에 근거하여 이탈하지 않는 가운데 다시 격물치지(格物致知)의 도(道)에 나아가서 반드시 내외(內外) 정추(精粗)의 이치가 모두 하나로 관통되도록 해야 할 것이다. 그런 뒤에 성정(誠正 성의(誠意) 정심(正心))과 수제(修齊 수신(修身) 제가(齊家))함에 그 도(道)를 극진히 하여 소학에서 이룬 공을 거둘 수 있을 것이요, 그렇지 않으면 혼매(昏昧)하고 착잡(錯雜)하여 비천(卑賤)한 지경으로 빠져들고 말 것이다. 이것이 바로 대학(大學)이 지(知)를 우선시하는 까닭이다.-격치(格致)는 바로 지(知) 중에 깊은 것이고, 성정(誠正)은 바로 행(行) 중에 큰 것이다.-

그러나 지(知)를 우선시할 수 있는 것은 소학의 본령(本領)의 공부가 있기 때문이니, 당초에 함양하여 천리(踐履)하지 않고서 곧장 여기에 종사하는 것도 아니요, 또 소학에서 이미 익힌 일을 버리고서 별도로 신공(新功)을 구하는 것도 아니다. 이것이 바로 《논어(論語)》의 양장(兩章)에서 각각 주로 하는 것이 있으면서도 뜻이 서로 융해되고 관통되는 소이(所以)인 것이다.

그런데 지금 운봉(雲峯)은 그 본의가 어디에 있는지 상세히 연구하지도 않고 증거도 제시하지 않고서 곧장 단안(斷案)을 내려 반박하기를 "15세에 대학에 들어가는 자들은 유독 사람의 제자가 아니란 말인가."라고 하였다. 그러나 만약 그가 말한 대로라면, 〈소의(少儀)〉와 〈제자직(弟子職)〉[11] 등 제편(諸篇)도 소학의 지류(支流)라고 말할 수

11 소의(少儀)와 제자직(弟子職) : 〈소의〉는 《예기(禮記)》의 편명인데, 《소학(小學)》 〈경신(敬身)〉과 〈명륜(明倫)〉 등 여러 곳의 본문에 그 내용이 편입되어 있다.

가 없을 텐데, 그러면 말이 되겠는가.

주자의 주에 "성현이 만들어 놓은 법을 상고할 수 없고, 사리의 당연함을 인식할 수가 없다.〔無以考聖賢之成法 識事理之當然〕"라고 하였다. 내가 살펴보건대, 이것은 정자(程子)와 윤씨(尹氏 윤돈(尹焞)) 등 제설(諸說)에 비하여 문자(文字)가 중한 것 같기도 하다. 그러나 그 말뜻을 상세히 연구하면, 이것도 시서예악(詩書禮樂)의 위에 나아가서 지(知) 중에 얕은 것을 가지고 말한 것에 불과하니, 《대학(大學)》의 격물치지(格物致知)의 일은 아닌 것이다.-'성현이 만들어 놓은 법〔聖賢之成法〕'이라고 한 것도 볼 수 있는 자취가 있어서 명백하고 이해하기 쉬운 것을 가지고 말하였을 뿐이다.-

"부친 생존 시에는 그의 뜻을 관찰한다."[12]의 주에 "이것을 관찰하면 그 사람의 선악을 알 수 있다.〔觀此 足以知其人之善惡〕"라고 하였다. 내가 살펴보건대, '이것〔此〕'이라는 글자는 뜻〔志〕과 행동〔行〕을 가리키니, 대개 위의 양구(兩句)를 총합해서 말한 것이다.

"예(禮)의 용(用)은 화(和)가 귀함이 된다.〔禮之用 和爲貴〕"[13]라고

〈제자직〉은 춘추 시대 제(齊)나라 관중(管仲)이 지었다고 전해지는 《관자(管子)》의 편명인데, 《소학》〈입교(立教)〉의 본문에 그 글을 인용하여 설명한 대목이 나온다.

12 부친……관찰한다 : "부친 생존 시에는 그 자식의 뜻을 관찰하고, 부친 사후에는 그 자식의 행동을 관찰하는 것이니, 3년은 부친의 일을 바꾸는 일이 없어야 효라고 할 수 있다.〔父在觀其志 父沒觀其行 三年無改於父之道 可謂孝矣〕"라는 공자의 말이 《논어》〈학이(學而)〉에 보인다.

한 경문(經文)에 대하여 내가 살펴보건대, 이 용(用)은 사람이 행하는 것을 말한 것이지, 본연(本然)의 체용(體用)을 말할 때의 용(用)이 아니다. 대개 미발(未發)과 이발(已發)을 상대해서 말할 때에는 미발이 체(體)가 되고 이발이 용이 되며, 천리(天理)와 인사(人事)를 상대해서 말할 때에는-인사는 '인사의 의칙(儀則)'이라고 한 구(句)를 가리킨다.- 천리가 체가 되고 인사가 용이 되며,-이것이 바로 이른바 본연의 체용이다.- 재물(在物)과 처물(處物)[14]을 상대해서 말할 때에는 재물이 체가 되고 처물이 용이 되는데, 지금 여기에 나온 것과 같은 '용(用)' 자는 천리와 인사가 모두 체가 되고 사람이 행하는 것이 용이 되는 경우이니, 말에 따라서 그 뜻이 각각 다른 점이 있다.

"예의 용은 화가 귀함이 된다."라는 것은 "예를 행할 때에는 모름지기 종용(從容)히 하고 박절하지 않게 해야만 귀할 수 있다."라고 말하는 것과 같다.-화(和)는 단지 예를 행할 때 종용히 하고 박절하지 않게 하는 것이니, 예 이외에 별도로 화라는 것이 있는 것이 아니다.- '사(斯)'라는 글자는 '예(禮)의 화(和)'를 가리켜 말한 것이다. '선왕의 도……〔先王之道……〕'라고 한 것은 그 말뜻이 "선왕이 행한 도는 큰일이나 작은 일이나 모두 이에

13 예(禮)의……된다 : 《논어》 〈학이〉에 나오는 "예의 용은 화가 귀함이 된다. 선왕의 도는 이로써 아름다워졌으니, 크고 작은 일들이 모두 여기에서 말미암았다.〔禮之用和爲貴 先王之道斯爲美 小大由之〕"라는 유자(有子)의 말을 인용한 것이다. 유자는 공자의 제자 유약(有若)의 존칭이다.

14 재물(在物)과 처물(處物) : 사물에 내재해 있는 이(理)와 사물에 대처하는 의(義)를 말한다. 《맹자》 〈고자 상(告子上)〉 부세자제다뢰장(富歲子弟多賴章)의 "사물에 내재한 것이 이이고, 사물에 대처하는 것이 의이니, 각각 체(體)와 용(用)을 의미한다.〔在物爲理 處物爲義 體用之謂也〕"라는 정이(程頤)의 말에서 나온 것이다.

말미암았으므로 아름다운 것이다."라고 말하는 것과 같다.

주(註)에서 말한 '절문(節文)'[15]이란 외면(外面)의 볼 수 있는 곳을 가리킨 것이 아니라 단지 이(理)를 가지고 말한 것이다. 가령 주자(朱子)가 예(禮)를 논함에 '인(仁)의 절문〔仁之節文〕'이라고 말한 곳도 있고 '인이 드러난 것〔仁之著〕'이라고 말한 곳도 있는데, 이는 모두 이(理)를 가지고 말한 것으로서, 이곳의 주(註)와 합치하는 것이다.

대개 혼연(渾然)하여 미발(未發)한 때에 인의예지(仁義禮智)의 이(理)가 비록 형체를 드러내지 않았다고 하더라도, 흐리멍덩하여 도무지 분별이 없는 것은 아니고, 그 기상(氣象)의 체단(體段 모양)에 계한(界限)을 말할 수 있는 점이 원래 있는 것이다. 인(仁)은 생(生)의 이(理)이다. 그리고 이 생리(生理) 가운데에서 정방(正方)하고 문란하지 않은 것이 의(義)이고,-바로 주자가 말한 '심(心)의 제(制)〔心之制〕'와 '인(仁)의 단제〔仁之斷制〕'가 이것이다.- 생리 가운데에서 찬연(粲然)하여 야박하지 않은 것이 예(禮)이고,-바로 주자가 말한 '절문(節文)'과 '저(著)'가 이것이다.-

15 주(註)에서 말한 절문(節文) : 《논어》 〈학이(學而)〉의 "예(禮)의 용(用)은 화(和)가 귀함이 된다.〔禮之用 和爲貴〕"라는 경문(經文)에 대해서 주희가 "예(禮)는 천리의 절문이요, 인사의 의칙이다.〔禮者 天理之節文 人事之儀則也〕"라고 주를 달았다. 앞으로도 주희의 해설이 계속 인용되는 만큼, 이 뒤에 이어지는 그의 주 중에서 일부를 소개하면 다음과 같다. "화(和)는 종용(從容)하여 박절하지 않다는 뜻이다. 대개 예(禮)의 체(體) 됨은 비록 엄하나, 모두 자연의 이(理)에서 나왔다. 그러므로 그 용(用) 됨도 반드시 종용하여 박절하지 않아야 귀하게 여길 만한 것이 된다. 선왕의 도(道)로 말하더라도, 이것이 바로 아름답게 된 까닭으로서, 작은 일이나 큰일에 이것을 말미암지 않음이 없었던 것이다.〔和者從容不迫之意 蓋禮之爲體雖嚴 然皆出於自然之理 故其爲用 必從容而不迫 乃爲可貴 先王之道 此其所以爲美 而小事大事無不由之也〕"

생리 가운데에서 명통(明通)하여 어둡지 않은 것이 지(智)이니, -바로 주자가 말한 '인(仁)의 분별〔仁之分別〕'이 이것이다.- 이와 같이 나누어서 해석하면 체용(體用)의 나뉨에 의혹되지 않을 수 있을뿐더러 천리(天理)의 절문이라는 설에 대해서도 어떻게 이해해야 할지 알 수 있을 것이다.

그리고 혹자가 주자에게 "의(義)는 이(理)의 당연함이 아닌가?〔義者理之宜是否〕"라고 묻자, 주자가 "만약 그렇다면 이는 곧 의(義)를 본체가 발한 것으로 보는 것이다.〔若然則便以義爲本體之發矣〕"라고 답하였다. 지금 만약 '절문'이라는 두 글자를 외면(外面)의 볼 수 있는 일이라고 여긴다면, 그 어세(語勢)가 바로 '이(理)의 당연함'으로 보는 설과 똑같아져서, 예(禮)는 단지 형상(形象)이 있고 방소(方所)가 있는 물사(物事)가 되고 말 것이니, 주자가 어찌 이렇게 하였겠는가. -혹자는 말하기를 "천리의 절문은 체(體)를 말미암아 용(用)에 달하는 것이고, 인사의 의칙은 용을 말미암아 체를 헤아리는 것이다.〔天理之節文者 由體而達用 人事之儀則者 由用而原體〕"라고 하는데, 이와 같은 설은 모두 이해할 수가 없다.- 그래서 나는 '천리의 절문은 성(性)을 가지고 말한 것으로 예(禮)의 체(體)가 되고, 인사의 의칙은 도(道)를 가지고 말한 것으로 -의칙은 바로 당연지리(當然之理)이다.- 예의 용(用)이 되니, 이것이 바로 본연(本然)의 체용이라고 하는 것이다.'라고 생각한다.

'예의 체(體) 됨은〔禮之爲體〕'이라고 할 때의 그 체(體)는 천리(天理)와 인사(人事)의 양구(兩句)를 함께 포괄해서 말한 것인데, 대개 하면(下面)의 '그 용(用) 됨은〔其爲用〕'의 용(用)에 상대하기 때문에 그 뜻이 그러한 것이다. '엄(嚴)'은 엄절(嚴截)한 것을 말한다. '예지위체(禮之爲體)'는 등급(等級)과 계한(界限)이 절연(截然)하여 어지럽힐 수 없을뿐더러, 여기에 또 위주로 하는 것이 경(敬)에 있으니, 이것이 이른바 '엄(嚴)'으로서, 예(禮) 이외에 별도로 엄(嚴)이라는 것이 있는 것이 아니다. 그러나 이른바 등급과 계한, 경(敬)도 모두 '이(理)의 자연(自然)'으로서 사람이 안배(安排)하고 작위(作爲)하는 것이 있지 않기 때문에, 주자가 "자연에서 나왔다.〔出於自然〕"라고 해설한 것이다.

"그 용(用) 됨이 종용(從容)하여 박절하지 않아야〔其爲用從容不迫〕"라고 한 것은 "이 엄절한 도리를 행할 때에는 필수적으로 종용하여 박절하지 않아야만 비로소 귀하게 여길 수 있으니, 엄(嚴) 이외에 별도로 화(和)라는 것이 있는 것이 아니다."라고 말하는 것과 같다. 대개 용(用)은 체(體)를 벗어나지 않는 것이라서 체가 엄(嚴)하면 용도 당연히 엄한 것인 만큼, 체가 '자연에서 나왔으므로〔出於自然〕' 용도 반드시 종용하여 박절하지 않아야 귀하게 됨을 알 수가 있다. 그리고 화(和)가 엄(嚴) 가운데에 있으니, 비록 엄하더라도 '출어자연(出於自然)'하는 이것이 체(體)의 화(和)요, 비록 엄하더라도 종용하여 박절하지 않은 이것이 용(用)의 화이다.

그러나 예(禮)의 본연은 바로 엄(嚴)이니, 만약 화(和)만 강조하고 다시 예(禮)로 조절하지 않으면, 화(和)라고 하는 것도 '방탕한 데로 흘러서 돌아올 줄을 모르는 것〔流蕩忘反〕'에 불과할 따름이요, 더 이상 본래 엄절한 예(禮)의 체면이 아니기 때문에, 주자가 "더 이상 예의 본연이 아니게 된다.〔非復禮之本然〕"라고 해설하였는데, 이것은 단지 유자(有子)의 뜻을 정면으로 설명하였을 뿐이다.

범씨(范氏 범조우(范祖禹))의 설은 "예(禮)의 체(體)는 경(敬)을 위주로 하지만, 예를 행할 때에는 또 반드시 화(和) 이후에 귀하게 되는 것이니 엄하기만 하면 안 된다."라고 말하는 것과 같다. '경을 위주로 하지만〔主於敬〕'의 아래에 '자연에서 나왔다.〔出於自然〕'라는 뜻이 없기 때문에 얼른 파악하기가 어려우나, 깊이 체득하면 집주(集註)와 다름이 없음을 알 수 있다. '우위(愚謂)' 이하로부터 '예지전체(禮之全體)'까지는 체(體)를 설하였고, 그 아래는 사람이 행하는 것에 대해 말하였으니 이것이 이른바 용(用)이다.[16]

시험 삼아 관례(冠禮)를 가지고 말해 본다면, 재가(再加)[17]를 하고 삼가(三加)를 하며, 승강(升降)을 하고 읍양(揖讓)을 하는 절문(節文)이 절연(截然)하여 어지럽힐 수 없는 것은 관례의 체(體)이고, 그러면서도 이 모두가 '출어자연(出於自然)'하는 것은 체(體)의 화(和)이다. 그리고 사람이 절연하여 어지럽힐 수 없는 이 절문을 행하는 것은 관례의 용(用)이고, 이 절문을 행하면서도 옹용(雍容)하고 한가(閒暇)하게 하는 것은 용(用)의 화(和)이다. 유자(有子)의 이 말은 단지 아래의 한 절(截 단(段))을 가지고 말한 것이고, 위의 한 절은 주자(朱子)가 근본을 미루어 드러내 밝힌 것이니, 이와 같이 이해한다면 어찌 잘못될 수 있겠는가.

금인(今人)은 혹 용(用)을 본연(本然)의 용(用)이라고도 하는데, 만약 이것이 본연의 용이라면 예(禮)라고 하고 화(和)라고 하는 것도

16 우위(愚謂)……용(用)이다 : 범씨(范氏)의 설 아래에 "내 생각은 이렇다. 근엄하면서도 태평하고 조화하면서도 절제하는 이것이야말로 이(理)의 자연이고 예(禮)의 전체이다. 따라서 털끝만큼이라도 차질이 생기면 그 중정함을 잃어서 각기 한쪽으로 기울어질 것이니, 행해질 수 없는 점에서는 마찬가지이다.〔愚謂 嚴而泰 和而節 此理之自然 禮之全體也 毫釐有差 則失其中正 而各倚於一偏 其不可行 均矣〕"라는 주희의 해설이 붙어 있다.

17 재가(再加) : 관례(冠禮) 때에 2차로 피변(皮弁)을 씌우는 것을 말한다. 1차로 치포관(緇布冠)을 씌우는 것을 초가(初加) 혹은 시가(始加)라고 하고, 3차로 작변(爵弁)을 씌우는 것을 삼가(三加)라고 한다.

모두 '이의 자연〔理之自然〕'이라서, 사람을 기다려서 있게 되는 것도 아니고 사람이 어떻게 해 볼 수 있는 것도 아니니, 유자가 어째서 "귀함이 된다.〔爲貴〕"라고 말했겠으며, 집주에서 또 어찌하여 "반드시 종용하여 박절하지 않게 해야 한다.……〔必從容不迫……〕"라고 하였겠는가. 만약 엄(嚴)을 예(禮)의 체(體)로 하고 화(和)를 예의 용(用)으로 한다면, 체(體)와 용(用) 두 개가 반쪽으로 나뉜 채 아무 관계도 없게 되어 반쯤 올렸다가 다시 떨어뜨리는 격이 되고 마니, 이것이 도대체 무슨 도리라고 하겠는가. 오직 깊이 체득한 자만이 그 맛을 아는 것이니, 전적으로 문자만 가지고 구하면 또한 안 될 것이다.–뒤에 녹문이 농암(農巖 김창협(金昌協))과 도암(陶菴 이재(李縡))의 설을 따라서 절문(節文)과 의칙(儀則)을 예악(禮樂)의 예(禮)로 훈석(訓釋)한 것이 이임지(李任之 이상진(李商進))와 문답한 글에 보인다.–[18]

위정 爲政

"생각에 삿됨이 없음〔思無邪〕"의 주(註)에 "전체를 곧바로 가리킨 것〔直指全體〕"이라고 한 것은, 다른 시(詩)는 직절(直截)하게 설파하지 않았는데 이 경우만은 직절하게 설파하였고, 다른 시는 각각 하나의 일을 인(因)하였는데 이 경우만은 전체를 통틀어 거론하여 언급한 것을 말한다. 도암(陶菴)이 말하기를 "이 구(句)는 응당 '전체를 곧바로 가리켜 말한 것〔直指全體而言之〕'으로 글을 만들어서 해석해야 한다."

18 뒤에……보인다 : 《녹문집》 제8권 〈이임지에게 답하는 글〔答李任之〕〉 가운데 갑자년(1744, 영조20)의 편지에 해당 내용이 자세히 나온다.

라고 하였다. 내가 살펴보건대, 이 장(章)이 시서(詩序)의 주(註)에 보이는데, 거기에는 이 구(句)의 아래에 '이언(而言)'이라는 두 글자가 있으니, 이에 의거하면 도암의 설이 옳은 것 같다.

"수치심이 있게 되고 선(善)에도 이르게 된다.〔有恥且格〕"라고 한 것에 대해서 내가 살펴보건대, '치(恥)' 자는 상문(上文)의 "수치심이 없어진다.〔無恥〕"의 치(恥)를 이어받아서 말한 것이다. 신안 진씨(新安陳氏 진력(陳櫟))는 치(恥)를 '덕을 보고 느낀 효과〔觀感於德之效〕'라고 하고, 격(格)을 '예(禮)로 통일한 효과〔齊一於禮之效〕'라고 해설하였는데, 이 설은 잔단 듯싶다.

주(註)에서 "얕고 깊고 두텁고 얇아서 가지런하지 않은 자들을 또 예(禮)로써 가지런히 한다.〔淺深厚薄之不一者 又有禮以一之〕"라고 한 것에 대하여, 혹자가 "'가지런히 한다.〔一之〕'라는 것은 얕은 자는 깊게 하고 얇은 자는 두텁게 하는 것을 말하니, 대개 깊고 두터운 쪽으로 가지런히 하여 얕고 얇은 자가 없게 하고자 함이다."라고 말하기에, 내가 다음과 같이 말하였다.

만약 그렇다면 예(禮)의 효과가 한갓 얕은 자와 얇은 자에게만 미치고, 깊은 자와 두터운 자는 여기에 끼일 수 없는 점이 있다. 이미 "예로써 가지런히 한다.〔禮以一之〕"라고 말했고 보면, 이는 사람들이 예가 있는 쪽으로 가지런히 되게끔 하는 것이다. 대개 사람의 기품(氣稟)이 동일하지 않기 때문에 감응(感應)할 때에도 얕은 자와 깊은 자, 두터운 자와 얇은 자가 있게 마련인데, 깊은 자와 두터운 자는 혹 지나친〔過〕 쪽으로 치우치고, 얕은 자와 얇은 자는 혹 모자란〔不及〕 쪽으로 기울어진다. 그래서 예(禮)를 만들어 사람들로 하여금 의거(依據)하고 순도(循蹈 준행(遵行))하게 함으로써, 지나친 자는 굽혀서 따르고 모자란 자는 더욱 노력하게 하여, 한 사람도 중정(中正)한 쪽으로 가지 못하는 일이 없도록 하였으니, 이른바 "가지런히 하기를 예로써 한다.〔齊之以禮〕"라고 하는 것이다.

"배움에 뜻을 두었다.〔志于學〕"라고 한 것에 대하여 내가 살펴보건대, 뜻을 두었다는 것은 모든 생각을 여기에 두어 반드시 얻겠다고 기약하는 것이다. '섰다〔立〕'라고 하는 것은 자득하고 자신하여 그 마음이 동요됨 없이 확고해서 뽑힐 수 없는 점이 있긴 하지만, 아직도 의혹하고 장애되는 면이 없을 수는 없다. 그러다가 불혹(不惑)의 지위에 미치면, 천하 사물의 당연한 이치를 일건(一件)마다 통달하고 일물(一物)마다 창달한 결과, 더 이상 의혹하거나 장애되는 것이 없게 되니, 이쯤 되면 굳이 마음을 지키려 하지 않아도 자연히 보존되는 것이다.

'지명(知命)'은 바로 맹자(孟子)가 말한 바 '천(天)을 아는 것〔知天〕'[19]이요, 증자(曾子)의 일관(一貫)[20]의 시절(時節)이다. 배움이 여기에 이르면 사물의 이치에 대해 그 소이연(所以然)을 알지 못함이 없어서

19 천(天)을 아는 것 : 《맹자》 〈진심 상(盡心上)〉 처음에 "자기의 심(心)을 다하면 자기의 성(性)을 알게 되고, 자기의 성을 알면 천(天)을 알게 된다.〔盡其心者 知其性也 知其性 則知天矣〕"라는 말이 나온다.

20 일관(一貫) : 일이관지(一以貫之)의 준말이다. 공자가 제자 증삼(曾參)을 불러서 "나의 도는 하나의 이치로써 모든 일을 꿰뚫고 있다.〔吾道一以貫之〕"라고 하자, 증삼이 "예, 그렇습니다.〔唯〕"라고 곧장 대답하고는, 다른 문인에게 "부자의 도는 바로 충서이다.〔夫子之道 忠恕而已矣〕"라고 설명해 준 내용이 《논어》 〈이인(里仁)〉에 나온다.

융회(融會) 관통(貫通)하는 점이 있게 되어 거의 도(道)와 하나가 될 것인데, 안자(顔子)와 증자 등의 제자(諸子)가 모두 여기에 이르러 안주하였다.

'이순(耳順)'은 소리가 귀에 들어오면 마음속으로 어긋나거나 걸림이 없는 것이니, 바로 "생각하지 않아도 얻어진다.〔不思而得也〕"[21]라고 하는 것이다. 혹자는 증자가 한 번 "예, 그렇습니다.〔唯〕"라고 한 것을 가지고 이순이라고 하지만, 이것은 잘못된 것이다. 증자는 장차 얻을 수 있었어도 아직은 얻지 못한 상태에서 그 말씀을 듣고서 바로 깨달은 자이다. 이순이라는 것은, 마음속으로 아는 바가 원래 완벽하게 명철하기 때문에 사람의 말을 들으면 마음속으로 어긋나거나 걸림이 없는 것이니, 이는 성인(聖人)이 '화지(化之)'[22]의 경지에 들었을 때의 일이다. 그런데 이 경지에 도달하면 곧바로 불면이중(不勉而中)[23]을 할 수 있는데도 불구하고, 반드시 10년을 더 기다린 뒤에야 종심소욕(從心所

21 생각하지 않아도 얻어진다 : 주희가 이순(耳順)을 해설하면서 "소리가 귀에 들어오면 마음으로 통해서 어긋나거나 걸림이 없는 것이니, 앎이 지극하여 생각하지 않아도 얻어지는 것이다.〔聲入心通 無所違逆 知之之至 不思而得也〕"라고 하였다.

22 화지(化之) : 대이화지(大而化之)의 준말로, 대인(大人)으로서 화(化)의 경지에 든다는 뜻이다. 《맹자》 〈진심 하(盡心下)〉의 "충실하여 광휘가 있는 이를 대인이라고 하고, 대인으로서 자취 없는 화(化)의 경지에 들면 성인(聖人)이라고 한다.〔充實而有光輝之謂大 大而化之之謂聖〕"라는 말에서 나온 것이다.

23 불면이중(不勉而中) : 억지로 힘쓰지 않아도 과불급(過不及)이 없는 중용의 도리에 합치하는 성인의 경지를 말한다. 《중용장구(中庸章句)》 제20장에 "성(誠)의 경지에 이르면 억지로 힘을 쓰지 않아도 중용에 합치하고, 굳이 생각을 하지 않아도 터득하게 되어 자연히 도와 일치하는데, 이런 분이 성인이다.〔誠者 不勉而中 不思而得 從容中道 聖人也〕"라는 말이 나온다.

欲)[24]을 말하였으니, 이 점에 대해서는 다시 상세히 음미해야 할 것이다. 일찍이 도암(陶菴 이재(李縡))에게 '지천명(知天命)은 바로 증자(曾子)의 일관(一貫)의 시절인지'에 대해서 질문하였는데, 그가 "아직은 그렇지 않다.〔未然〕"라고 대답하였으니, 이는 대개 그 뜻이 일관(一貫)은 아직 지명(知命)의 경지에 이르지 못한 것으로 여긴 것이다.

"어김이 없어서 바보와 같았다.〔不違如愚〕"의 주에 나오는 체단(體段)이라는 말에 대해서 내가 살펴보건대, 이것은 모양(模樣)이라고 말하는 것과 같다. 예컨대 주자가 호연(浩然)을 기(氣)의 체단이라고 하였고, 중(中)을 성(性)의 체단을 표현한 것이라고 하였는데, 이 모두가 모양이란 뜻이다.

"묵묵히 알고 마음으로 융해(融解)하였다.〔默識心融〕"라는 주에 대해서 내가 살펴보건대, 이것은 그 이치를 묵묵히 알고서 마음속으로 함께 융합(融合)하여 회통(會通)한 것이다. 주자가 말하기를 "융(融)은 녹아서 풀어지는 것과 같으니 예컨대 눈덩이가 끓는 물 속에 들어 있는 것과 같다. 만약 한 구(句)를 녹이지 않으면 그냥 한 구 그대로일 뿐이니, 어떻게 그 도리를 드러내 밝힐 수 있겠는가. 이를테면 사람이 음식을 먹는 것과도 비슷하다. 만약 소화시키지 못하면 그저 날것이 배 속에 들어 있을 뿐이니, 어떻게 몸과 피부를 윤택하게 하겠는가.〔融如消融相似 如雪在湯中 若不融一句只是一句 如何發得出來 如人喫物 若

24 종심소욕(從心所欲) : 종심소욕불유구(從心所欲不踰矩)의 준말이다. 《논어》 〈위정(爲政)〉의 "내 나이 일흔 살이 되자, 이제는 마음에 하고 싶은 대로 따라 해도 법도에 어긋나지 않게 되었다.〔七十而從心所欲 不踰矩〕"라는 공자의 말에서 나온 것이다.

不消只生在肚裏 如何滋益體膚〕"라고 하였다. 또 "안자(顏子)가 듣는 것으로 말하면, 귀로 들어와서 마음에 붙어서 사체로 퍼지고 동정으로 드러난다.〔顏子所聞 入耳著心 布乎四體 形乎動靜〕"라고 하였으니, 이 몇 마디 말을 살펴보면 그 의미를 알 수가 있다.

"접촉하는 곳마다 막힘없이 통해서〔觸處洞然〕"라는 주에 대해서 내가 살펴보건대, 이것은 말을 들을 때마다 막힘없이 통한다는 말이 아니고, 단지 한번 들은 도리가 심목(心目)에 분명해서 어디서나 환히 밝아져 의심이나 구애되는 점이 없다는 말이다. "절로 조리가 있었다.〔自有條理〕"라는 주에 대해서 내가 살펴보건대, 이는 맥락이 분명해서 의미가 관통되는 것을 의미한다. 이 세 개의 구(句)[25]는 안자가 '어김이 없게 된〔不違〕' 이유를 드러내 밝힌 것이다. 그 설명이 명백하고도 친절하며 그 의미가 심장하니, 깊이 체득하지 않은 사람은 말할 수가 없고, 침잠하여 완미하는 자가 아니면 알 수 없는 것이라고 하겠다.

"안자가 부자의 도를 드러내 밝혔다.……〔發明夫子之道……〕"의 주에 대한 나의 의견은 다음과 같다. 예컨대 안자가 인(仁)을 묻자, 부자(夫子)가 극기복례(克己復禮)의 한 구를 설하였는데, 이때 안자가 '어떤 것이 자기〔己〕[26]이고 어떤 것이 예(禮)이고 어떤 것이 인(仁)이며, 어떻게 해서 극기(克己)가 되고 어떻게 해서 복례(復禮)가 되며 극기복례가 어째서 인(仁)이 되는 것인지'에 대해 곧바로 알아서, 그 조리와

25 세 개의 구(句) : 묵식심융(默識心融)과 촉처통연(觸處洞然)과 자유조리(自有條理)를 말하는데, 《논어》 〈위정(爲政)〉에 대한 주희의 주에 이어져서 나오는 말들이다.

26 자기 : 인(仁)을 하는 것은 남이 아니라 바로 '자기'에게 달려 있다는 '위인유기(爲仁由己)'에서 나온 말이다. 《論語 顏淵》

곡절을 훤히 알지 못하는 것이 없었으므로, 더 이상 문변(問辨)하는 일 없이 곧장 그 조목을 질문하였으니, 이것이 이른바 '어김이 없었다.〔不違〕'라고 하는 것이다. 오직 그가 이와 같았기 때문에 가르침을 들은 뒤에 곧바로 '극복(克復)'의 공부에 착수하여 평탄하게 행하면서 다시 장애가 없을 수 있었으니, 이것이 '드러내어 밝혔다.〔發明〕'라고 하는 것이다.

그런데 소주(小註)에서 '발(發)' 자를 해석하여 "성인의 말씀을 가지고 일을 행할 때에 발한 것이다.〔將聖人之言 發見於行事〕"라고 하였는데, 이는 매우 타당하지 않다. '발(發)'이라는 것은, 일용(日用)의 사이에 부자(夫子)가 말한 도리를 드러내어 밝힌 것을 말한다. 대개 부자는 단지 한 구만 설하였는데도, 안자가 즉시 그 도리를 깨닫고서 접촉하는 곳마다 융회(融會)하고 관통(貫通)하여 쇄연(灑然)히 행하면서 이르지 못하는 곳이 없게 한 결과, 부자의 말씀이 이에 의해서 남김없이 발명(發明)되었으니, 이러한 것이 바로 '발' 자의 뜻이다. 만약 이 '발'이라는 글자를 발현(發見)의 뜻으로 여긴다면, 안자가 '묵묵히 알고 마음으로 융해하며〔默識心融〕' '평탄히 그 길로 말미암은〔坦然由之〕' 묘리(妙理)를 죄다 밝힐 수 없어서 지극히 맛이 없게 된다.

"배우기만 하고 생각하지 않으면〔學而不思〕"의 주에 운운하였다. 내가 살펴보건대 배우기만 할 뿐 체인(體認)하여 완색(玩索)하는 공력(功力)이 없으면 혼매(昏昧)하고 흐리멍덩하여 스스로 터득하는 재미가 없을 것이요, 생각만 할 뿐 복습하며 천리(踐履)하는 공력이 없으면 위태하고 불안하여 나아가 의지하는 편안함이 없을 것이다. 스스로 터득하는 재미가 없으면 배우는 것이 고조(枯燥)하고 생삽(生澁)하여 준수할 수가 없고, 나아가 의지하는 편안함이 없으면 생각하는 것이 공허하고 환산(渙散)하여 보존할 수가 없기 때문에, 성인(聖人)의 가르침은 반드시 배우면서 생각하게 하고 생각하면서 배우게 하는 것이다. 그리하여 내외(內外)가 서로 도와주게 하고 체용(體用)이 서로 함양되게 하면, 심(心)이 이(理)와 친숙해지면서 준수하는 것이 더욱 견고해지고, 신(身)이 사(事)와 편안해지면서 아는 것이 더욱 분명해질 것이니, 이것이 바로 《대학(大學)》의 대단(大端)이요 진수(進修)의 요체(要諦)라고 하겠다.

"이단을 전공(專攻)한다.〔攻乎異端〕"의 주에 "이를 전공하여 정밀하게 하려고 하면〔專治而欲精之〕"이라고 하였다. 내가 살펴보건대, '정(精)'이라는 글자는 그 시비와 득실을 정밀하게 분변하는 것을 의미한다. 그런데 혹자가 말하기를 "이단을 전공함에, 어찌 그들의 말을 기다려서야 그것이 해가 됨을 알겠는가."라고 하기에, 내가 다음과 같이 말하였다.

전공한다고 하는 것은, 그 설을 전공해서 그 도(道)를 배우려 한다는 말이 아니고, 단지 학자가 이단의 설에 대해서는 음성(淫聲)이나 미색(美色)처럼 여겨서 멀리해야 한다는 말이다. 그렇게 하지 않고 그 속에 들어가서 그 시비와 득실을 알아보려고 한다면, 자기도 모르는 사이에 벌써 자기의 몸이 그 속에 들어가 앉아 있는 것을 보게 될 것이니, 이것이 바로 해(害)가 되는 이유이다. 대개 당초에 전공해 보려는 마음이 꼭 불선(不善)에서 나왔다고 할 수는 없어도, 그것을 이회(理會 이해)하는 순간에 바로 자기도 모르게 이미 오염이 되고 말 것이니, 이보다 더 해로운 것이 어디에 있겠는가. 하문(下文)의 정자(程子)의 설에서도 이 점을 확인할 수가 있다.

"은(殷)나라는 하(夏)나라의 예(禮)에 기초하였다.〔殷因於夏禮〕"의 주에 "삼강과 오상은 예(禮)의 대체이다.〔三綱五常 禮之大體〕"라고 하였다. 내가 살펴보건대, 예는 오상의 하나에 속하는데, 지금 그만 오상을 통틀어서 예라고 한 이유는 대개 다음과 같다. 예는 규구와 법칙 등 준거로 삼을 수 있는 곳을 가지고 말하는 것이니, 예컨대 '인의 사랑함〔仁之愛〕'이나 '의의 올바름〔義之宜〕'과 같이 의거하여 지수(持守)할 수 있는 곳은 바로 예가 되기 때문이다.

재증
再證

“때때로 익힌다.〔時習〕”의 주(註)에 나오는 정자(程子)의 하설(下說)에 대해서, 농암(農巖 김창협(金昌協))은 말하기를 “정자가 ‘때때로 익히면 배운 것이 나에게 있게 된다.〔時習之 則所學者在我〕’라고 말한 것은, 배워서 그것을 알았을 뿐만이 아니라 또 그것을 행하여 그만두지 않으면 알게 된 것〔所知者〕이 모두 실제로 내가 천리(踐履)하는 물건이 되기 때문에 즐거운 것이다. 그런데 일설(一說)에 의하면 ‘배우고 나서 또 때때로 사색하기를 상문(上文)에서 말한 것처럼 한다면, 알게 된 것이 협흡(浹洽 마음속에 젖어 드는 것)하고 관통(貫通 철저히 이해하는 것)하게 되어 구이(口耳)의 지(知)로만 되지 않기 때문에, 배운 것이 나에게 있게 된다고 정자가 말한 것이다.’라고 하는데, 후설(後說)이 전설(前說)에 비해서 조금 더 힘을 들였다.”[27]라고 하였다. 내가 살펴보건대, 이 후설이 바로 나의 의견과 합치하는데, 전설은 시습(時習)의 뜻이 정자의 상설(上說)과 합치하지 않을 뿐만 아니라, 주자의 “오로지 사색에 중점을 두었다.……〔專在思索……〕”[28]라는 말과도 서로 어긋나는

27 정자가……들였다 : 한국문집총간 162집에 수록된 김창협(金昌協)의 문집《농암집(農巖集)》권19〈답도이논어문목(答道以論語問目)〉에 나오는 내용 중에서 녹문이 중요 부분만 발췌하여 인용하였다. 구이(口耳)의 지(知)는 천박한 지식을 말한다. 18쪽 주10 참조.

28 오로지……두었다 : 정이(程頤)의 설에는 역행(力行)하는 공부가 빠졌다고 주희가 논한 것이다. 11쪽 주2 참조.

것 같으니, 후설을 정론(定論)으로 삼는 것이 타당할 듯하다.

충신(忠信)에 대해서 평암 섭씨(平巖葉氏)가 말하기를 "진심에서 발하는 것을 충(忠)이라고 하고, 실리를 다하는 것을 신(信)이라고 한다.〔發乎眞心之謂忠 盡乎實理之謂信〕"라고 하였다. 이에 대해서 정수몽(鄭守夢)이 말하기를 "자기 마음을 발하여 스스로 다하는 것이 충(忠)이니, 어찌 단지 진심에서 발하는 것만을 충이라고 하겠는가. 정자는 말하기를 '그 실(實)을 가지고 하는 것을 신(信)이라고 한다.'라고 하였다. '실리를 다하는 것'으로 말하면, 비록 성인의 성(誠)이라도 이와 같은 정도에 지나지 않을 것이다.〔發己自盡爲忠 豈但以發乎眞心而已者爲忠乎 程子曰以實之謂信 盡乎實理 則雖聖人之誠 不過如此〕"라고 하였다.[29]

내가 살펴보건대, 섭씨의 설이 안 될 것이 없을 듯도 한데, 수몽(守

29 충신(忠信)에……하였다 : 평암 섭씨(平巖葉氏)는 《근사록집해(近思錄集解)》를 편찬하고 해설한 섭채(葉采)를 말한다. 본문에 인용된 내용은 《집해》 권1 〈도체(道體)〉 "충신은 덕을 진전시키는 것이다.〔忠信所以進德〕"의 주(註)에 나온다. 정수몽(鄭守夢)은 정엽(鄭曄)을 말하는데, 《석의(釋疑)》에 그의 설이 수록되어 있다. 《대학장구(大學章句)》 전(傳) 10장에 "자기 마음을 발하여 스스로 다하는 것이 충이고, 물(物)을 대할 때에 어김없이 하는 것이 신이다.〔發己自盡爲忠 循物無違謂信〕"라는 주희의 해설이 나온다. 그리고 증자(曾子)의 삼성오신(三省吾身) 중 "남을 위해 도모함에 충하지 못한가.〔爲人謀而不忠乎〕"에 대한 주희의 주석에 "나의 마음을 다하는 것을 충이라고 하고, 그 실을 가지고 하는 것을 신이라고 한다.〔盡己之謂忠 以實之謂信〕"라는 말이 나온다. 《論語集註 學而》 이를 정자의 말로 인용한 것은 착오이다. '그 실을 가지고 한다.'라는 것은, 있으면 있다고 하고 없으면 없다고 하며, 탁자는 탁자라고 하고 향로는 향로라고 하는 것이라는 녹문의 설명이 《녹문집》 권4 〈답이수이(答李壽而)〉에 보인다.

夢)은 어째서 그 설을 배척한 것인가. 대개 충(忠)이란 마음을 다해서〔盡心〕 해 나가는 것을 말한다. 예컨대 남을 위해 일을 도모할〔爲人謀事〕 적에 자기 마음을 극진히 하여 스스로 겸연쩍은 점이 없는 것이 이것이니, 이른바 '자기 마음을 발하여 스스로 다하는 것〔發己自盡〕'과 '나의 마음을 다하는 것〔盡己〕'도 그 뜻이 대개 이와 같다. 만약 '진심에서 발하는 것〔發乎眞心〕'일 뿐이라고 한다면, 곧 불쑥 머리를 내밀고 나오는 것이 충일 것이니, 이는 도시 '진(盡)'이라는 글자를 버림으로써 그 본의(本義)를 잃는 일을 면치 못하게 된 것이라고 하겠다.

그리고 이른바 "실리(實理)를 다하는 것이 신(信)이다."라고 한 것으로 말하면, 그 병통이 '진(盡)'이라는 글자에 있다고 하겠다. 정자(程子)가 "물(物)을 대할 때에 어김없이 하는 것이 신이다.〔循物無違爲信〕"라고 하고, 또 "그 실(實)을 가지고 하는 것을 신이라고 한다.〔以實之謂信〕"라고 한 것은, 물론 미상불 실(實)의 뜻으로 해석하였지만, 단지 충신(忠信)은 대부분 학자의 공부 측면에서 설하는 만큼 일사(一事) 일물(一物)에 대해서 착실히 하는 것도 신(信)이기 때문에, 정자가 그냥 평평하게 하어(下語 말을 만들어 쓰는 것)한 것이었다.-비근하게는 학자의 일용(日用)을 벗어나지 않고, 고원하게는 성인(聖人)의 지성(至誠)까지도 포함한다.- 그런데 지금 "실리를 다하는 것이 신이다."라고 말한다면 이는 하어가 편중된 것으로서, 반드시 성인처럼 진성(盡性) 지명(至命)[30]을 한 뒤에야 비로소 충신에 참여할 수 있지, 학자로서는 일용의 사이에 감히

30 진성(盡性) 지명(至命) : 《주역(周易)》 〈설괘전(說卦傳)〉의 "물리(物理)를 궁구하고 인성(人性)을 극진히 하여 모든 근원인 천명(天命)에 이른다.〔窮理盡性 以至於命〕"라는 말을 압축한 것이다.

바라다볼 수도 없는 점이 있게 된다.

《역(易)》에 이르기를 "충신은 덕을 진전시키는 것이다.〔忠信所以進德〕"라고 하였고, 부자(夫子)가 이르기를 "충신을 위주로 해야 한다.〔主忠信〕"라고 하였다. 신(信)이 만약 실리를 다하는 것〔盡乎實理〕을 말한다면, 또 그것이 어찌 꼭 덕을 진전시키는 공부가 되겠으며, 초학자(初學者)가 또 어떻게 냉큼 그것을 위주로 하여 근거를 확보할 수가 있겠는가. 그리고 뜻을 훈석(訓釋)하는 법으로 말하면, 각각 본자(本字)의 정의(正義)를 따라야지 한 글자도 구차하게 놓아서는 안 된다. 예컨대 '충(忠)' 자는 그 뜻이 이상과 같은 만큼 반드시 '진(盡)' 자를 내려놓은 뒤에야 그 뜻이 비로소 이루어지고, '신(信)' 자의 경우는 단지 착실하게 해 나간다는 뜻만 있을 뿐 극진(極盡)의 뜻은 없으니, 정주(程朱)가 입언(立言)한 그 뜻이 정제되고 치밀하다고 하겠다. 그런데 지금 섭씨(葉氏)가 그만 이미 정해 놓은 직지(直指)를 버리고서 거꾸로 그런 설을 만들어 놓았으니, 잘못되지 않고자 한들 어찌 되겠는가.

'천리(天理)의 절문(節文)'[31]에 대해서 농암(農巖)은 말하기를 "천리의 절문과 인사(人事)의 의칙(儀則)은 본래 '예악(禮樂)'의 예(禮)를 훈석한 것이요 곧바로 성(性)을 훈석한 것이 아니다. 이는 대개 유자

31 천리(天理)의 절문(節文) : "예(禮)의 용(用)은 화(和)가 귀함이 된다.〔禮之用 和爲貴〕"라는 유자(有子) 즉 유약(有若)의 말에 대해서 "예(禮)는 천리의 절문이요, 인사의 의칙이다.〔禮者 天理之節文 人事之儀則也〕"라고 해설한 주희의 주에서 발췌한 것이다. 22쪽 주15 참조.

(有子)의 말이 전적으로 예(禮)를 행하는 측면에서 설했기 때문에 주자(朱子)가 이와 같이 훈석한 것이니, 만약 곧바로 성(性)을 훈석했다면 모름지기 《논어혹문(論語或問)》의 '경의 이〔敬之理〕'나 《옥산강의(玉山講義)》[32]의 '공경하고 절제(節制)하는 도리〔恭敬撙節底道理〕'와 같이 풀어야만 제대로 된 훈설(訓說)이 될 것이다. 주자가 일찍이 천리의 절문에 대한 뜻을 논하면서 운운하였는데, -소주(小註)의 제1절(節)에 보인다.- 이 말뜻을 살펴보면 곧바로 성을 훈석한 것이 아님을 알 수 있다."[33]라고 하였다.

내가 살펴보건대, 유자의 본의(本意)가 물론 인사(人事)에 발용(發用)한 측면에서 말한 것이긴 하나, 그 발용의 뜻은 '용(用)' 자에 있을 뿐이요, 그 '예(禮)' 자로 말하면 본시 통합해서 설한 것이니, 어찌 유독 절문의 예만 지칭한 것이겠는가. 만약 이 예를 '예악(禮樂)'의 예로 여긴 나머지 본체(本體)로 해석해서는 안 된다고 한다면, 상장(上章)

32 옥산강의(玉山講義) : 남송(南宋) 영종(寧宗) 소희(紹熙) 5년(1194)에 주희가 소명(召命)을 받고 조정에 나아갔다가 얼마 뒤에 한탁주(韓侂胄)의 방해로 관직을 그만두고 고정(考亭)으로 돌아오는 길에 강서성(江西省) 신주(信州)의 옥산에서 그곳의 수령 사마매(司馬邁)의 요청을 받고 강의한 내용을 모은 것으로, 주희의 만년(晩年) 생각을 엿볼 수 있는 좋은 자료로 평가받고 있다. 《朱子大全附錄 卷6 別本年譜, 卷74 雜著 玉山講義》

33 천리의……있다 : 한국문집총간 162집에 수록된 《농암집》 권14 〈답민언휘(答閔彦暉)〉에 이 내용이 나온다. 언휘는 민이승(閔以升)의 자(字)이다. 소주(小註)에서 주희가 운운했다는 것은 "천하에는 당연한 이(理)가 있는데, 다만 이 이(理)는 형적(形迹)이 없는 까닭에, 이 예문을 지어서 하나의 천리를 그려 내어 사람에게 보여 줌으로써 의거할 수 있는 법도가 되게끔 하였다.〔天下有當然之理 但此理無形影 故作此禮文 畫出一箇天理與人看 使有規矩可以憑據〕"라는 말을 가리킨다.

의 "인(仁)을 행하는 근본이다.〔爲仁之本〕"라는 말도 바로 인을 행하는 것에 대해 말했다는 점에서 이 '예의 용은〔禮之用〕'의 구(句)와 말뜻이 서로 동일하다고 할 것인데, 주자가 어찌하여 '친친인민(親親仁民)'[34]의 도(道)의 뜻으로 그 '인(仁)' 자를 해석하지 않고서 그만 "인(仁)은 애(愛)의 이(理)요 심(心)의 덕(德)이다.〔愛之理 心之德〕"라고 말했단 말인가.

《논어》에서 예(禮)를 설한 곳이 매우 많지만, 이 장(章)에서 가장 먼저 예를 말하였고, 그 말이 또 가장 중대하기 때문에 여기에서 유독 전체를 거론하여 해석하였고, 그 나머지의 곳에서는 각각 그 천심(淺深)에 따라서 해설을 하였으니, 예컨대 "공손함이 예에 가까우면〔恭近於禮〕"의 주(註)에서는 "예는 절문이다.〔禮節文也〕"라고 하였고, "가지런히 하기를 예로써 하면〔齊之以禮〕"의 주에서는 "제도와 품절이다.〔制度品節也〕"라고 하였으며, "살아 계시면 섬기기를 예로써 한다.〔生事以禮〕"의 주에서는 "이(理)의 절문이다.〔理之節文也〕"라고 하였다.-이와 같은 설이야말로 이른바 외면(外面)의 절문으로 해석한 것이라고 하겠다.-

그리고 극기복례(克己復禮)의 예(禮)로 말하면 그 말이 중대하니, 천리(天理)와 인사(人事)를 말한 것이 과연 예악의 예의 훈석(訓釋)일 뿐이라면, 극기복례의 대목에서 다시 전체를 해석했을 것이 분명한데, 주자가 해설한 내용을 상고해 보아도 "천리의 절문이다.〔天理之節文〕"라고 말한 데 불과할 뿐이요, 인사의 구(句)를 거론한 것은 보이지 않는다. 이는 대개 주자가 '이미 앞에서 갖추 거론한 만큼 뒤에서 거듭

34 친친인민(親親仁民) : 친한 이를 친하게 대하고 나서 다른 사람들을 인자하게 대한다는 말이다. 15쪽 주5 참조.

설할 필요는 없다.'라고 여겼기 때문에, 단지 그 상구(上句)만 제기하고는 하구(下句)를 포괄하여 그 안에 집어넣은 것이다. 이를 가지고 살펴보건대, 이 장(章)의 천리(天理)의 구(句)는 절문(節文)의 예(禮)를 해석한 것이 아니라는 점이 어찌 더욱 명백해져서 쉽게 알 수 있지 않겠는가.

내가 나름대로 일찍이 연구해 보건대, 천리와 인사의 말은 바로 "마음을 제어함이요 일의 마땅함이다.〔心之制 事之宜〕"[35]라고 말한 것과 그 예가 동일하다. 대개 '심지제(心之制)'는 마음을 제대로 단제(斷制)함을 말한 것이고 '사지의(事之宜)'는 사물의 당연한 도(道)를 말한 것으로서, 심지제는 성(性)의 측면에서 말하고 사지의는 도(道)의 측면에서 말하였으니, 이것은 바로 의(義)의 전체와 대용(大用)인 것이다. 한편 '천리지절문(天理之節文)'은 천리를 절문한 것을 말하고, '인사지의칙(人事之儀則)'은 인사의 삼천 가지, 삼백 가지의 의문(儀文)과 준칙(準則)을 말한 것으로서, 천리지절문은 성(性)의 측면에서 말하고 인사지의칙은 도(道)의 측면에서 말하였으니, 이것은 바로 예(禮)의 전체와 대용인 것이다. 지금 만약 '경지리(敬之理)'를 말하지 않았다는 것 때문에 곧장 천리절문의 구(句)를 외면(外面)의 설로 여긴다면, '심지제'라고 말한 것도 '의지리(宜之理)'를 말하지 않았다는 이유로 전체의 훈석이 될 수 없을 터인데, 이것이 어찌 말이 되겠는가.

35 마음을……마땅함이다 : 의(義)에 대해서 주희가 해설한 말이다.《맹자》〈양혜왕상(梁惠王上)〉 1장의 인의(仁義)에 대하여 "인(仁)은 마음의 덕이요 사랑의 이치이며, 의(義)는 마음을 제어함이요 일의 마땅함이다.〔仁者 心之德 愛之理 義者 心之制 事之宜也〕"라고 주희가 주를 달았다.

한편 또 생각건대, 주자가 심상(尋常)하게 인(仁), 의(義), 예(禮), 지(智)를 논할 때에는 반드시 '애지리(愛之理)', '의지리(宜之理)', '경지리(敬之理)', '별지리(別之理)'라고 하는데, 사서(四書)의 훈고(訓詁)에서는 그만 그 예(例)를 바꿔서 유독 인(仁)에 대해서만 '애지리'라고 말을 하고 그 나머지는 혹 '이(理)' 자를 말하지 않거나 혹 '이(理)' 자를 위에다 붙이거나 하였으니, 그 뜻이 과연 어디에 있다고 하겠는가. 대개 인(仁)이라는 것은 일심(一心)의 전덕(全德)으로서 삼성(三性 의, 예, 지)을 포괄하는 것인 반면에, 의와 예와 지는 비록 각기 하나의 일을 주관하기는 하지만 별건(別件)의 도리(道理)가 있는 것이 아니라 단지 인리(仁理)의 이면(裏面)의 물사(物事)일 뿐이다. 이 때문에 《옥산강의(玉山講義)》에서 "인(仁)은 인의 전체요, 예(禮)는 인의 절문이요, 의(義)는 인의 단제요, 지(智)는 인의 분별이다.〔仁者仁之全體 禮者仁之節文 義者仁之斷制 智者仁之分別〕"라고 한 것이다.

따라서 지금 만약 '애지리'와 '의지리'의 예(例)를 가지고 각각 설명해 낸다면 인의예지가 각자 분립(分立)하고 각자 계한(界限)이 있는 것처럼 되어서, 혼연(渾然)히 융회(融會) 관통(貫通)하는 묘리(妙理)를 드러내 밝힐 수가 없을 것이다.-이는 감히 '의지리'와 '경지리'의 설이 미흡하다고 여겨서가 아니다. 대개 심상하게 일반적으로 논할 때에는 이렇게 설하는 것도 물론 좋지만, 집주(集註)는 체면이 자별하기 때문에[36] 정신을 가다듬고 기량을 배가했다는 뜻으로 말한 것일 뿐이다.- 그러므로 '인(仁)' 자에는 특별히 '애지리(愛之理) 심지덕(心之德)'이라고 훈석하여 전적으로 일심(一心)이 삼성(三性)을 포

36 체면이 자별하기 때문에 : 대본에는 '體而自別故'로 되어 있으나, 문맥상 '而'는 '面'의 잘못이 분명하기에 바로잡아 번역하였다.

괄하는 묘리를 보인 반면에, 의(義)에 대해서는 '심지제(心之制)'라고 하였으니 이는 이(理)가 능히 재제(裁制)하는 소이(所以)인 것이요, 예(禮)에 대해서는 '천리지절문(天理之節文)'이라고 하였으니 이는 이(理)가 절문(節文)하는 소이인 것이요, 지(智)에 대해서는 비록 명확하게 해석한 것이 없어도 《강의(講義)》에서 '인지분별(仁之分別)'이라고 말했으니 이는 이가 능히 분별하는 소이인 것이다. 이미 인(仁)을 이(理)로 해석한 이상에는 의(義)와 예(禮)와 지(智)도 당연히 그 안에 포함되기 때문에 단지 그 가운데에 나아가 '재제'와 '절문'과 '분별' 등의 문자를 제출하여, 각각 위주로 하는 것이 어느 이(理)에 있는지를 밝힌 것이다. 이처럼 그 말뜻이 명백하여 의심할 것이 없는데, 농옹(農翁)은 무엇에 구애되어 이런 의론을 내놓았는지 모를 일이다.

팔일 八佾

"불인(不仁)하면 예(禮)와 악(樂)을 어떻게 하겠는가.〔不仁 如禮樂何〕"에 대해서, 혹자가 말하기를 "사람이 비록 불인하더라도, 만약 옥백(玉帛)이 번갈아 놓이는 사이에서 제대로 주선하고 종고(鍾鼓)가 울려 퍼지는 가운데에서 제대로 고무한다면, 또 어찌 예악(禮樂)이라고 말하지 않을 수 있겠는가."라고 하기에, 내가 다음과 같이 말하였다.

대저 예(禮)라는 것은 천리(天理)의 절문이니, 천리가 있은 뒤에야 비로소 절문이 있는 것이다. 만약 그 천리를 보존할 수 없으면, 이른바 절문이라는 것은 마치 근원이 없는 물이나 줄기가 없는 가지와 같아서 공연히 혼자서 부산을 떠는 것일 뿐이니, 어떻게 그런 것을 예라고 말할 수가 있겠는가.

시험 삼아 지근(至近)한 일을 가지고 말해 보겠다. 가령 빈객(賓客)을 만나서 배궤(拜跪)[37]를 하고 읍손(揖遜)[38]을 하는 것이 물론 예(禮)의 절문이긴 하지만, 반드시 먼저 공경(恭敬)과 사양(辭讓)과 친애(親愛)와 간측(懇惻)의 마음이 있어야만 이른바 절문이라는 것도 공허하게 되지 않아서 예라고 말할 수 있지, 만약 이런 마음이 없다면 소위 배궤하고 읍손한다는 것도 굴신(屈伸)하고 면복(俛伏)하는 허다한 용의(容儀) 중의 하나일 뿐이니, 그것을 예라고 말할 수는 없다.-대개 성(誠)이 아니면 이루어질 물(物)이 없으니,[39] 이와 같은 것은 외면으로는 예처럼 보일지라도 사실은 예가 아닌 것이다.- 더군다나 사람의 마음이 이미 없어지고 지견(知見)이 전망(顚妄)한 상태에서 소위 절문이라는 것도 죄다 법도에 합치하지 않는 데야 더 말해 무엇 하겠는가.

그리고 악(樂)으로 말하면 더욱 억지로 할 수 없는 점이 있다. 대저 종을 노여워하면서 치면 그 소리가 격렬하고, 슬퍼하면서 치면 그 소리가 애처로운 법이다. 고인(古人)이 버마재비가 매미를 잡아먹는 것을 보고는 거문고를 연주하다가 살벌한 소리를 드러냈으니,[40] 마음의 작

37 배궤(拜跪) : 무릎 꿇고 땅에 머리를 대고 절하는 것으로, 옛날 최고의 경례(敬禮)이다.

38 읍손(揖遜) : 빈주(賓主)가 서로 만나 볼 적에 상대방에게 양보하는 예의(禮儀)로, 읍양(揖讓)과 같은 말이다.

39 성(誠)이……없으니 : 《중용장구(中庸章句)》 제25장에 "성은 물의 처음과 끝이니, 성이 아니면 이루어질 물이 없다. 이 때문에 군자는 성을 귀하게 여긴다.〔誠者物之終始 不誠無物 是故君子誠之爲貴〕"라는 말이 나온다.

40 고인(古人)이……드러냈으니 : "옛날에 어떤 사람이 거문고를 타다가 버마재비가 매미를 잡아먹는 것을 보았는데, 혹자가 연주하는 소리를 듣고는 '거문고 소리가 어째서 살벌해졌는가?'라고 물었다.〔昔有人鼓琴而見螳螂捕蟬者 或人聞之而曰 琴胡爲有殺聲也〕"라는 이야기가 《이정수언(二程粹言)》 권상(卷上)에 실려 있다.

용이 소리로 반응하는 것은 그 이치가 본래 그러하다. 선유(先儒)가 예악을 흥기(興起)시키는 것에 대해서 말하기를 "그럴 만한 세상이 아니면 불가능하다.〔非世則不可〕"라고 하였는데, 이는 반드시 정치가 이루어지고 교화가 행해져서 훈도(薰陶)가 철저해지기를 기다린 뒤에야 비로소 이런 일을 의논할 수 있기 때문이었다.

지금 참역(僭逆)과 사망(邪妄)의 마음을 지니고서 무턱대고 간척(干戚)을 잡고 우약(羽籥)의 춤을 추며[41] 북을 둥둥 치면서 "이것이 악(樂)이다."라고 한다면, 내가 보기에 그것은 정위(鄭衛)의 음악[42]이 아니면 살벌한 광경일 따름이니, 어떻게 그것을 선왕의 악(樂)과 같은 차원에서 이야기할 수 있겠는가. 아, 예이다 예이다 하지만 그것이 옥백을 말하는 것이겠는가. 악이다 악이다 하지만 그것이 종고를 말하는 것이겠는가.〔禮云禮云 玉帛云乎哉 樂云樂云 鍾鼓云乎哉〕[43] 이 때문에 세간의 모든 일에 모두 지력(智力)을 써먹을 수 있어도 예와 악에 대해서만은 지력을 가지고 해 볼 수가 없는 것이다. 그런데 우매한 자들은 알지 못하고서, 의기양양하게 과시하며 예라고 말하고 악이라

41 간척(干戚)을……추며 : 간척은 방패와 도끼로, 옛날 무무(武舞) 때에 사용하던 무구(舞具)이다. 우약(羽籥)은 문무(文舞) 때에 쓰던 무구로, 우(羽)는 꿩의 깃털로 만들었고, 약(籥)은 관악기이다. 《시경》 〈패풍(邶風) 간혜(簡兮)〉에 "왼손에는 피리를 쥐고, 오른손에는 꿩 깃을 잡고서 춤을 춘다.〔左手執籥 右手秉翟〕"라고 하였고, 《수서(隋書)》 〈음악지 하(音樂志下)〉에 "지금 문무는 우약을 쥐고, 무무는 간척을 잡는다.〔今文舞執羽籥 武舞執干戚〕"라고 하였다.

42 정위(鄭衛)의 음악 : 춘추 시대 정나라와 위나라의 음탕한 민간 음악으로, 보통 난세의 음악을 비유할 때 쓰는 말이다.

43 예이다……것이겠는가 : 《논어》 〈양화(陽貨)〉에 나오는 공자의 말을 인용한 것이다.

고 말하곤 하는데, 이는 단지 음성(淫聲 속악(俗樂))일 뿐이요 특례(慝禮 부정(不正)한 예)일 뿐으로서, 정대(正大)한 예와 악에 비교하면 그 차이가 천연(天淵)이나 빙탄(氷炭) 정도일 뿐만이 아니니, 비록 그것을 써 보고자 해도 어떻게 할 수가 없는 것이다. 이것을 가지고 미루어 연구해 보면 이 장(章)이 가리키는 뜻을 어찌 분명히 볼 수 있지 않겠는가.

주(註)에 나오는 유씨(游氏 유작(游酢))의 설은 그 해석이 바른 뜻을 얻은 데다 친절하고도 간당(簡當)하며, 정이(程李 정이(程頤)와 이욱(李郁))의 양설(兩說)은 바로 유씨의 미진한 뜻을 충족하고 있으니,[44] 지금 시험 삼아 3인의 뜻을 정리해서 다음과 같이 말해 보고자 한다.

사람인데도 불인(不仁)하다면 '사람으로서의 마음〔人心〕'이 없는 것이요, 사람으로서의 마음이 없으면 일을 당해서 발할 적에 정리(正理)를 잃어서 서(序)도 없고 화(和)하지도 않을 것이요, 서도 없고 화하지도 않으면 이른바 그 예악(禮樂)이란 옥백(玉帛)과 종고(鍾鼓)에 불과할 것이니, 이른바 예와 악의 정대함과는 전혀 관계가 없다. 이것이 바로 '비록 예악을 써 보고자 해도 예악이 그에게 쓰임이 되지 않는〔雖欲用之 而不爲之用也〕' 소이(所以)이다.

사검이척(奢儉易戚)[45]에 대한 범씨(范氏 범조우(范祖禹))의 해설에 대

44 주(註)에……있으니 : "유씨는 심(心)을 말하였고, 정자는 이(理)를 말하였고, 이씨는 인(人)을 말하였다.〔游氏言心 程子言理 李氏言人〕"라는 주희의 말이 《논어》 〈팔일(八佾)〉의 소주(小註)에 나온다.

45 사검이척(奢儉易戚) : 《논어》 〈팔일(八佾)〉의 "예를 행할 때에는 사치스럽게 하기보다는 차라리 검소하게 해야 하고, 상을 당했을 때에는 형식적으로 잘 치르기보다는

하여 내가 살펴보건대, 이 주(註)의 맨 처음 단락에서 '제례(祭禮)가……하기보다는〔祭與其〕', '상례(喪禮)가……하기보다는〔喪與其〕' 운운한 것은 범범하게 설하여 아래 단락을 일으켰을 뿐 경(經)의 뜻을 정식으로 해석한 것이 아니고, '예가 사치함으로 잘못되고〔禮失之奢〕' 이하에서 비로소 본장(本章)을 논한 것이다.-대개 경문(經文)의 '예(禮)' 자는 제례(祭禮)만을 가리킨 것이 아니고, 또 사(奢)와 검(儉), 예(禮)와 경(敬)의 사이에도 약간 같지 않은 점이 있다고 하겠다.-

"계씨(季氏)가 태산에 여제(旅祭)를 지냈다.〔旅於泰山〕"의 경문에 대한 범씨의 주에 대해서, 혹자가 말하기를 "이미 '어찌 모르겠는가.〔豈不知〕'라고 말해 놓고는 또 '어찌 알겠는가.〔安知〕'라고 말했으니, 위와 아래의 말뜻이 또한 모순되지 아니한가."라고 하기에, 내가 다음과 같이 말하였다.

이 대목이야말로 완미하기 좋은 곳이다. '어찌 모르겠는가.'란 대개 인품과 역량을 가지고 미루어 판단한 것이고, '어찌 알겠는가.'란 절대로 그렇게 단정할 수는 없다는 것이며, '어찌 모르겠는가.'란 사람을 알아보는 눈이 밝은 것이고, '어찌 알겠는가.'란 사람을 대하는 자세가 충후(忠厚)한 것이다.

여기에 어떤 사람이 있다고 하자. 그의 아들이 불초하여 더불어 큰일을 할 수 없다면 그 부친이 그 사실을 어찌 모르겠는가. 하지만 아들에 기대하는 부친의 마음으로 보면 어찌 차마 냉큼 그를 버려두고서 가르

차라리 마음속으로 애통해하는 심정을 가져야 한다.〔禮與其奢也寧儉 喪與其易也寧戚〕"라는 공자의 말을 줄인 것이다.

치지 않을 수 있겠는가. 반드시 아침저녁으로 가르치며 유도(誘導)할 터인데, 가르치며 유도하는 것을 또 어찌 아무렇게나 하겠는가. 반드시 그가 느껴서 깨닫기를 바랄 텐데, 일단 그가 느껴서 깨닫기를 바란다면 그가 절대로 큰일을 해내지 못하리라고 단정할 수 없음을 알 수 있으니, 이로써 미루어 완색(玩索)해 보면 그 의미를 알 수 있을 것이다.

"회사후소(繪事後素)"[46]의 경문 주에 소공(素功)이라는 말이 나오는데, 《주례(周禮)》의 주를 보면 "소(素)는 흰색을 칠하는 것이다. 뒤에 포(布)하는 것은 쉽게 더러워짐을 막기 위해서이다.〔素白采也 後布之爲其易漬汚也〕"라고 하였다. 그 뜻은 대개 "먼저 흰색을 칠하고 나서 비로소 그림을 그려 넣는데, 이는 더러워짐을 두려워해서이다."라는 것이다. 일찍이 화공이 채색을 하는 것을 보건대, 먼저 흰 가루를 바른 뒤에 비로소 청색과 적색을 그 위에 입혔는데, 이것도 그 유풍이 아닌가 한다.

"사람에게 아름다운 자질이 있은 뒤에야 문식을 더할 수 있다.〔人有美質然後可加文飾〕"라는 주의 문식이라는 말 속에는 용복(容服 의용(儀容)과 복식(服飾))이 포함되어야 마땅하니, 단지 얼굴에 흰 분을 바르고 눈썹을 칠하는〔粉黛〕 등의 일만 가리키는 것이 아니다.

46 회사후소(繪事後素) : "그림 그리는 일〔繪事〕은, 흰 바탕〔素〕을 마련한 뒤에 한다."라고 보통 해석하는데, "그림을 그린 뒤에 흰색을 그 여백에다 칠한다."라고 해석해야 한다는 설도 있다. 후자의 설에 의하면, 《주례》의 주에 대해서도 녹문과 달리 "흰색을 칠하는 것은 그림을 그린 뒤에 그 여백에다 칠하는데, 이는 그림이 쉽게 더러워짐을 막으려 해서이다."라고 번역된다. 당나라 가공언(賈公彦)이 정현(鄭玄)의 이 주를 보충하여 해설하면서 그렇게 해석하였다. 《周禮 冬官考工記 畫繢》

양씨(楊氏 양시(楊時))가 "이것이 '그림 그리는 일은 흰 바탕을 마련한 뒤에 한다.'라는 말이다.〔此繪事後素之說也〕"[47]라고 해설한 것에 대하여 내가 살펴보건대, 이것은 자하(子夏)가 '예(禮)'라는 글자를 꺼내어 말한 뒤의 내용을 총괄해서 해석한 것이지, 공자의 당초의 뜻이 이와 같다는 말이 아니다. 대개 공자의 당초의 뜻은 단지 《주례(周禮)》〈고공기(考工記)〉의 어구(語句)를 빌려서 "흰색으로 칠을 한다.〔素以爲絢〕"라는 시의 뜻을 해석해 주려는 것이었을 뿐이요, 의사(意思)가 아직 '예(禮)' 자에는 미치지 못했는데, 자하가 '후(後)'라는 하나의 글자를 인연하여 곧장 이 의사를 드러내자, 부자(夫子)가 다시 "나를 흥기시키는구나.〔起予〕"라는 말로 허여하였으니, 하나를 발하면 다시 하나를 이으면서 번갈아 창화(唱和)한 그 운치를 지금도 받들어 음미할 수 있다.

"체제(禘祭)의 설을 아는 자는 천하의 일에 대해서 마치 이 손바닥 위에 올려놓고 보는 것과 같을 것이다.〔知其說者之於天下也 其如示諸斯乎〕"라는 경문에 대하여 내가 살펴보건대, 선왕이 선조를 받드는 정성이 지극히 깊고 지극히 간절했기 때문에, 부모로부터 조(祖)로 올라가고 조(祖)로부터 다시 시조(始祖)를 나오게 한 조(祖)에게까지 미쳐서,[48] 그들에게도 반드시 때에 맞춰 제사를 지낸 뒤에야 비로소 근본에

47 이것이……말이다 : 대본에는 '比繪事後素之說也'로 되어 있으나, '比'는 '此'의 잘못이기에 바로잡아 번역하였다. 양씨는 이 말 앞에 "단맛이 오미를 받을 수 있고……〔甘受和……〕"라는 《예기》〈예기(禮器)〉의 말을 인용하였는데, 이 말이 바로 '회사후소(繪事後素)'의 설과 같다고 주장하였다.

48 선왕이……미쳐서 : 《의례(儀禮)》〈상복(喪服)〉 부장기장(不杖期章)의 "인후가 된 사람은 그 부모를 위해 기년복(期年服)으로 보답한다.〔爲人後者 爲其父母 報〕"라는

보답하고 조상을 추모하는〔報本追遠〕 도(道)를 극진히 하고 그 마음을 충족할 수 있었던 것이요, 그러면서도 자기 마음대로 제사 지낸 것이 아니라 실로 감동시켜서 흠향(歆享)하게 하는〔格享〕 도리가 있었던 것이다. 대개 자손의 정신은 바로 조고(祖考)의 정신인 만큼, 비록 연세가 이미 멀어지고 세대가 이미 떨어졌더라도, 참으로 정성으로 감동시키면 흠향하지 않을 리가 없는 것이다. 이것이 바로 체설(禘說)의 대의(大意)이다.-이는 그 대의를 약간 말한 것에 불과할 뿐이요, 감히 스스로 안다고 말한 것은 아니다.-

그러나 '체제(禘祭)의 설을 안다.'라고 말한 것은, 반드시 환하게 진실로 아는 것이 마치 눈앞의 물건을 보는 것처럼 된 뒤에야 비로소 안다고 말할 수가 있는 것이다. 평이하고 절근(切近)한 일에 대해서는 혹 유추해서 통하거나 신회(神會)해서 알 수도 있겠지만, 체제에 대해서는 그 도(道)가 지극히 깊고 지극히 그윽하며 지극히 광활하고 지극히 심원한 만큼, 그 이치를 오래도록 완색하여 실제로 깊은 조예를 쌓은 것이 마치 성인(聖人)이 '사물의 신묘한 변화를 궁구하여 아는 것〔窮神知化〕'처럼 되고 성인이 인효(仁孝)하고 성경(誠敬)하는 것처럼 되지 않으면, 결코 환하게 융회(融會)할 수가 없는 것이요, 일단 환하게 융회할 수 없으면 아무리 억지로 힘써서 감동시키려 해도 그렇

조목의 전(傳)에 "금수는 어미가 있는 것만 알고 아비가 있는 것은 모른다. 시골 사람들은 부모에게 무슨 구별이 있느냐고 한다. 도회지의 사람들은 부친을 높일 줄을 안다. 대부와 학사는 조부를 높일 줄을 안다. 제후는 그들의 태조에게까지 제사를 올린다. 천자는 그들의 시조를 나오게 한 분에게까지 제사를 올린다.〔禽獸 知母而不知父 野人曰 父母何算焉 都邑之士 知尊禰矣 大夫及學士 知尊祖矣 諸侯及其太祖 天子及其始祖之所自出〕"라는 말이 나온다.

게 될 수가 없는 것이다. 이 때문에 이 설에 대해서 참으로 알 수 있게 된 그때에는 그 지위가 이미 지극한 경지에 도달해서, 천하의 이치를 알 수 없는 것이 없고 천하의 사물을 감동시킬 수 없는 것이 없어서, 천하를 다스림에 자연히 거침이 없어질 것이다.

대개 천하의 일은 유현(幽顯 내외(內外)) 근원(近遠)을 막론하고 하나의 이(理)일 뿐이다. 그리고 아는 데 난이(難易)가 있고 느끼는 데 심천(深淺)이 있지만, 만약 그중에서 어려운 것〔難者〕과 깊은 것〔深者〕에 대해서 알고 느낄 수 있으면, 쉬운 것〔易者〕과 얕은 것〔淺者〕은 당연히 알 수가 있다. 대저 이 의리는 특별히 교묘한 것이 없으니, 단지 체제의 설을 알게 되면 그때에 그 의리가 대단히 명백해지고 덕성(德性)이 완전히 성취되어, 천하의 일에 대해서 자연히 거침이 없어져서 막힘이 없게 되리라는 점을 인식하기만 하면 될 것이다. 지난번에 도암(陶菴 이재(李縡))이 물어보셨을 그때에는 내가 미처 읽지 못했기 때문에 사양했었는데, 그 문인이 체설(禘說)을 지어 올린 것을 보니 말이 매우 장황하고 요령이 없었다. 지금 비로소 생각나는 대로 이와 같이 설을 지어 보았지만, 이 역시 꼭 맞는 말이라고 나 스스로 감히 단정하지 못하겠는데, 도암은 어떻게 생각하실지 모르겠다.

"내가 제사에 참여하지 않으면 제사를 안 지낸 것과 같다.〔吾不與祭如不祭〕"의 주에서 "정성이 알맹이이고, 의례(儀禮)는 껍데기이다.〔誠爲實 禮爲虛〕"라고 한 것에 대한 나의 생각은 이러하다.

제사의 도(道)에서 정성과 의례는 하나라도 빠져서는 안 된다. 그러나 흠향하는 소이(所以)는 정성에 있는 것이지 의례에 있는 것이 아니다. 정성이 있으면 귀신이 흠향하여 의례 또한 알맹이가 되지만, 정성이 없으면 귀신이 흠향하지 않아서 의례는 단지 허문(虛文)이 될 뿐이니, 알맹이가 되느냐 허문이 되느냐의 여부가 일체 정성의 유무(有無)에 달려 있기 때문에 껍데기라고 하는 것이다.-정성이 있으면 의례도 알맹이가 되지만, 알맹이가 되는 소이는 바로 정성이 있기 때문이니, 이런 이유에서 또한 의례를 껍데기라고 말하는 것이다.-

예컨대 정사(政事)를 행함에도 덕(德)과 법(法) 중에 하나라도 빠져서는 물론 안 된다. 그러나 백성이 교화되는 소이는 그 덕 때문이지 법 때문이 아니다. 그 덕이 있으면 그 법이 모두 알맹이가 되어 백성이 교화되겠지만, 그 덕이 없으면 법이 아무리 갖추어졌어도 모두 허문이 되어 백성이 교화되지 않는다. 그 법이 알맹이가 되느냐 허문이 되느냐가 일체 덕의 유무에 달려 있고 보면, 법도 껍데기라고 말할 수가 있다.

대개 이 양구(兩句)는 정성〔誠〕과 의례〔禮〕를 종합해서 말한 것이지, 단지 정성이 없는 의례를 끄집어내어 껍데기〔虛〕라고 말한 것이 아니니,-이 '예(禮)' 자는 바로 희생(犧牲)·변두(籩豆), 승강(升降)·진퇴(進退)의 의문(儀文)일 뿐이다.- 깊이 완미해 보면 알 수가 있다.-소주(小註)에 나오는 보씨(輔氏)의 말[49]은 본의를 잃은 것 같다.-

49 소주(小註)에……말 : 보씨(輔氏)는 경원 보씨(慶源輔氏) 즉 남송의 성리학자 보광(輔廣)을 말한다. 자(字)는 한경(漢卿), 호는 잠암(潛菴)이며, 당시에 사람들이 부이(傅貽) 선생이라고 일컬었다. 여조겸(呂祖謙)을 거쳐 주희를 사사(師事)하여 주희의 애제자가 되었다. 저서에 《사서찬소(四書纂疏)》와 《육경집해(六經集解)》 등이 있다. 《논어》 〈팔일(八佾)〉의 소주에 "의례가 껍데기라는 것은 모든 의례가 껍데기라는 말이 아니라 단지 제사를 섭행(攝行)하는 의례를 가리켜서 말한 것일 뿐이요, 정성이 알맹이라는 것은 신령이 앞에 계신 듯이 하는 성의(誠意)를 가리켜서 말한 것이다.〔禮爲虛 非言凡禮皆虛 特指攝祭之禮而言耳 誠爲實則指如在之誠意言也〕"라는 그의 해설이 보인다.

소무(韶武)[50]에 대해서 내가 살펴보건대, 소(韶)는 읍손(揖遜)하며 화순(和順)하는 아름다움을 극진히 하였고, 무(武)는 도려(蹈厲)하며 발양(發揚)하는 아름다움을 극진히 하였으니, 이것이 이른바 "각각 그 성용의 아름다움을 극진히 했다.〔各盡其聲容之美〕"라고 하는 것이다. 그러나 그것이 아름답게 된 소이(所以)는 매우 같지 않은 점이 있으니, 이를 비유하자면 옥(玉)과 눈〔雪〕이 각각 그 '흰 것〔白〕'을 극진히 하였으나,-미(美)를 비유한 것이다.- 희게 된 그 소이는 다른 것과 같다. 옥은 온윤(溫潤)하며 화수(和粹)하고 눈은 한열(寒烈)하고 초결(峭潔)한 점에서 원래 우열을 말할 수 있으니, 이것이 이른바 "실제로는 같지 않은 점이 있다.〔其實有不同也〕"라고 하는 것이다.-선(善)을 비유한 것이다.-

가령 순(舜)이 무왕(武王)의 때를 당했다면, 혹 정벌하지 않을 수 없었다고 하더라도 어쩌면 달리 행할 도리가 있어 그 악(樂)이 무(武)에 비해 훨씬 화평해져서 단지 발양하며 도려하지만은 않았을지도 모른다. 이와 같이 되었다면 또 '지극히 선하다.〔盡善〕'라고 말할 수 있지 않았겠는가.-무(武)가 지극히 아름다운 것은 물론 자기의 아름다움을 극진히 한 것이다. 그러나 만약 소(韶)에 비교한다면, 발양하며 도려하는 것은 참으로 읍손하고 화순하는 것만은 못한 것이다.-

50 소무(韶武) : 소는 순(舜) 임금의 음악이고 무는 주 무왕(周武王)의 음악이다. 《논어》 〈팔일〉에 공자가 소에 대해서 "지극히 아름답고, 또 지극히 선하다.〔盡美矣又盡善也〕"라고 평하고, 무에 대해서 "지극히 아름답지만 지극히 선하지는 않다.〔盡美矣 未盡善也〕"라고 평한 내용이 보인다.

중용 을묘년(1735, 영조11)

中庸 乙卯

서 序

정물재(程勿齋)[51]가 "허령은 심(心)의 체(體)이고, 지각은 심의 용(用)이다.〔虛靈心之體 知覺心之用〕"라고 하였는데, 이에 대해서 농암(農巖 김창협(金昌協))이 말하기를 "심(心)이란 물건은 본래 체질(體質)이나 방소(方所)가 없고, 또 스스로 신명불측(神明不測)하니, 이것이 바로 허령이라는 두 글자가 성립된 소이(所以)로서, 애당초 동정(動靜)과 체용(體用)의 구분이 있는 것이 아니다. 그런데 지금 단지 안에 있는 체(體)에 볼 수 있는 형(形)이 없는 것만을 보고, 사물에 응하는 용(用)에 애당초 자취〔跡〕가 없는 것은 알지 못했으니, 그러고 보면 '허(虛)' 자를 본 것도 벌써 엉성하다고 하겠다. 더군다나 '영(靈)' 자의 뜻이 '정(靜)'의 한쪽에만 국한되지 않는다는 것은 더욱 명백해서 알기가 쉬운데, 지금 이 점을 살피지 못하고는 모두 싸잡아서 '이 심(心)의 미발(未發)의 체(體)'라고 하였으니, 이것이 어찌 허령의 묘리를 아는

51 정물재(程勿齋) : 주희의 삼전제자(三傳弟子)인 정약용(程若庸)을 말한다. 자(字)는 달원(達原)이다. 이른 나이에 요로(饒魯)를 사사(師事)하여 주희의 진전(眞傳)을 얻었다고 전한다. 남송 도종(度宗) 함순(咸淳) 4년(1268) 진사(進士)에 급제하였으며, 안정서원(安定書院), 임여서원(臨汝書院), 무이서원(武夷書院)의 산장(山長)을 누차 역임하여 학자들이 물재(勿齋) 선생이라고 일컬었다. 저서에 《성리자훈강의(性理字訓講義)》 100편이 있다.

것이겠는가. 그리고 지각으로 말하면 본래 이것도 '이 심(心)의 전체가 소소영령(昭昭靈靈)한 것'을 가리켜 말한 것이니, 비록 사물이 이르지 않고 사려가 싹트기 이전이라고 하더라도, 방촌(方寸)의 안은 원래 언제나 환히 밝아서 어둡지 않은 것이다. 그런데 지금 지각을 설명하면서 오로지 '이 심(心)이 사물에 감응하여 동(動)하는 것'으로만 말을 하였으니, 그렇다면 또 어떻게 지각의 뜻을 완전히 드러낼 수가 있겠는가. 대저 심(心)의 허령지각(虛靈知覺)은 동정을 관통하고 체용을 아우른 것으로서, 허령의 체(體)는 지각이 미발한 때에 있는 것이고 허령의 용(用)은 지각이 이발(已發)한 때에 드러나는 것이니, 별도로 두 가지가 있는 것이 아니다.〔心之爲物 本無體質方所 而又自神明不測 此虛靈二字之所以立 而初非有動靜體用之殊者也 今也但見其體之在中者 無形可見 而不知其用之應物者 未始有跡 則其看得虛字已粗矣 況靈字之義 不止於靜一邊 尤明白易見 今不察此 竝以爲此心未發之體 此豈爲識虛靈之妙者哉 至於知覺 本亦指此心全體昭昭靈靈者而爲言 是雖事物未至 思慮未萌 而方寸之中 固嘗了然不昧 今說知覺 專以此心感物而動者爲言 則又豈足以盡知覺之義哉 大抵心之虛靈知覺 貫動靜而兼體用 虛靈之體 知覺之存於未發者 虛靈之用 知覺之見於已發者 非有二也〕"[52]라고 하였다.

내가 살펴보건대, 농암의 이 주장은 명백하고도 간직(簡直)하여 인습하는 비루한 폐단을 일소하였다고 하겠다. 다만 물재(勿齋)의 주장도 "정(靜)할 때에는 지각이 전무(全無)하고 동(動)할 때에는 허령할 수 없다."라고 말하는 것이 아니요, 단지 허령은 이 심(心)의 전덕(全

52 심(心)이란……아니다 : 한국문집총간 162집에 수록된《농암집(農巖集)》권19 〈답도이(答道以)〉에 나오는 내용 중에서 중간의 일부분을 생략하고 인용한 것이다.

德)을 표현하려고 한 것이기 때문에 체(體)라고 말하였고, 지각이라는 이름을 얻게 된 까닭도 이발(已發)에서 근원한 것이기 때문에 용(用)이라고 말하였을 뿐이다. 그리고 체용(體用)의 구분은 단지 동정(動靜)을 가지고 말하는 것일 뿐으로서, 사실을 말하자면 체(體)는 용(用)이 미발(未發)한 것이고 용은 체가 이발한 것이니, 애당초 그것이 어떻게 두 개의 물건으로 확연히 나뉘어서 서로 상관이 없겠는가. 그렇다면 일단 허령이라고 말한 이상에는 비록 지각을 말하지 않더라도 알 수 있고 느낄 수 있어서 소소영령(昭昭靈靈)하는 뜻이 원래 그 안에 들어 있는 것이요, 일단 지각이라고 말한 이상에는 비록 허령을 말하지 않더라도 신명불측(神明不測)하여 사물에 응할 때 자취가 없는 뜻도 자연히 볼 수 있으니, 어찌 꼭 허령지각(虛靈知覺)이라는 네 글자를 함께 거론하여 통째로 말해야만 비로소 내외(內外)를 합하는 묘리(妙理)를 다할 수 있다고 하겠는가.

허령은 거울의 밝음〔明〕과 같고, 지각은 거울의 비춤〔照〕과 같은데, 거울의 명(明)과 조(照)를 체(體)와 용(用)으로 나누는 것이 무방하다면, 허령과 지각만 유독 체와 용으로 나눌 수 없겠는가.-아직 사물이 다가오지 않았을 때에도 능히 조(照)하는 것은 원래 그대로 있고, 이미 조한 뒤에도 본래 명(明)한 것은 또한 여전히 그대로인데, 그것이 각각 위주로 하는 바가 있기 때문에 체와 용으로 나눌 수가 있는 것이다. 심(心)의 허령지각도 이와 같다.- 대저 이 뜻은 단지 이 심(心)의 본체(本體)의 측면에 나아가서 그 대의(大意)를 파악하기만 하면, 체용을 나누거나 체용을 나누지 않거나, 그 주장은 애당초 그다지 차이가 없는 것이다.-허령은 지각이 미발한 때에 있는 것이고 지각은 허령이 이발한 때에 드러나는 것이니, 미발에도 이 물사(物事)이고 이발에도 이 물사인 것이다. 이에 대해서 융회(融會)하는 점이 있으면 나누거나 합하거나 모두 안 될 것이 없다.- 이러한 곳은 둘 다 인정해야 할 것이니, 무턱대고 저것을 버리고 이것을 취할 필요는 없는 것이다. 그리고 퇴계(退溪 이황(李滉)) 이하 여러 선생들이 많이 그 말을 채택하였으니, 일필(一筆)로 지워 버리는 것은 더더욱 부당하다고 하겠다.

수장 首章

인(人)과 물(物)의 성(性)이 같은지 다른지〔人物性同異〕의 설과 관련하여 논한 것이 이루 말할 수 없이 많다. 그러나 내가 나름대로 생각해 보건대, 이 문제는 단지 본연(本然)과 기질(氣質)의 설에 대해서 분명히 파악을 하면 저절로 씻은 듯이 의혹이 없어질 것이다.

대개 인물(人物)의 귀천(貴賤)이 거세(巨細 대소)와 정추(精粗)를 막론하고 조금이라도 같지 않음이 없는 것은 본연지성(本然之性)이고, 통색(通塞)과 편전(偏全)에 따라 청탁(淸濁)과 수박(粹駁)이 나뉘어서 분분하게 하나가 아닌 것은 기질지성(氣質之性)이다. 그러므로 본연지성의 측면에서 말한다면 사람의 성(性)이 바로 금수(禽獸)의 성이고 금수의 성이 바로 초목(草木)의 성으로서 애당초 털끝만큼의 차이가 없는 것이요, 기질지성의 측면에서 말한다면 사람의 성은 금수의 성이 아니고 금수의 성은 초목의 성이 아님은 물론이요, 사람과 금수와 초목 가운데에서도 각자 만 가지로 다른 점이 있는 것이다.

본연지성은 그 원초(元初)의 전체가 수연(粹然)하여 무잡(無雜)한 측면에서 말하는 것이고, 기질지성은 그 기품(氣稟)이 구폐(拘蔽)되고 나서 현재 운용되는 측면에서 말하는 것이다.-기질지성이 본연지성 밖에 있는 것이 아니라, 단지 이 성(性)이 기질 속에 빠져 있어서 그 기질을 따라 각자 하나의 성이 되는 것일 뿐이다.- 주자(朱子)의 여러 가지 설을 보면 물론 차이가 많이 나지만, 요컨대는 이 양단(兩端)에서 벗어나지 않는다고 할 수 있다.

《중용장구(中庸章句)》에서 "인(人)과 물(物)이 세상에 나올 적에 각기 부여받은 바의 이(理)를 얻음으로 인하여 건순과 오상의 덕을 삼게 된다.〔人物之生 因各得其所賦之理 以爲健順五常之德〕"[53]라고 말한 이것은 본연(本然)을 가지고 말한 것이고, 《맹자집주(孟子集註)》에서 "인의예지를 품수(稟受)하는 것이 어찌 물(物)이 얻어서 온전히 할 바이겠는가.〔仁義禮智之稟 豈物之所得而全哉〕"[54]라고 한 이것은 기질(氣質)을 가지고 말한 것이다. 그리고 이 밖에 "하나의 근원을 논하면 이(理)는 같고 기(氣)는 다르다.〔論一原則理同而氣異者〕"와 같은 것은 -〈답황상백서(答黃商伯書)〉에 보인다.- 본연지성을 가리키고, "체(體)가 다른 것을 살펴보면 기(氣)는 그래도 서로 비슷하지만 이(理)는 완전히 다르다.〔觀異體則氣猶相近 而理絶不同者〕"와 같은 것은 기질지성을 가리킨다.[55]-이(理)가 완전히 다르다는 것도 혼명(昏明)과 통색(通塞)이 같지 않기

53 인(人)과……된다 : 《중용장구》 제1장의 "하늘이 명한 것을 성이라 한다.〔天命之謂性〕"에 대한 주희의 주석에 나온다. 오상(五常)은 인의예지신(仁義禮智信)의 오성(五性)을 말한다. 건순(健順)은 각각 건곤(乾坤) 즉 천지(天地)의 성(性)으로, 양(陽)과 음(陰)을 말한다. 《주역》 〈설괘전(說卦傳)〉에 "건은 건이요, 곤은 순이다.〔乾健坤順〕"라고 하였다.

54 인의예지를……바이겠는가 : 《맹자》 〈고자 상(告子上)〉 생지위성장(生之謂性章)의 주희의 해설 중에 나온다.

55 그리고……가리킨다 : 녹문이 일부 단어를 생략하고 인용하였는데, 원문을 소개하면 다음과 같다. "만물은 근원이 하나라는 점에서 논하면 이(理)는 같고 기(氣)는 다르다. 그러나 만물의 체(體)가 다르다는 점에서 살펴보면 기(氣)는 그래도 서로 비슷하지

때문에, 성(性)에 전(全)과 부전(不全)의 차이가 있음을 말한 것이니, 이 역시 현재 운용되는 측면에서 말한 것이지 본성(本性)을 가리킨 것이 아니다.- 또 "하늘이 물(物)을 낼 적에 그 이(理)는 원래 차별이 없다.〔天之生物 其理固無差別〕"와 같은 것은-〈답서자융서(答徐子融書)〉에 보인다.- 본연지성을 가리키고, "인물이 품수(稟受)하는 형기가 같지 않기 때문에 그 심(心)에 명・암의 구분이 있고 성(性)에 전・부전의 차이가 있다.〔人物所稟形氣不同 故其心有明暗之殊 而性有全不全之異〕"와 같은 것은 기질지성을 가리킨다.[56]-본성(本性)은 동일하지만 기(氣)에 통색이 있고 심(心)에 명암이 있기 때문에 그 본체(本體)를 온전히 할 수도 있고 그 본체를 온전히 하지 못할 수도 있는데, 이른바 전부전(全不全)이라고 하는 것도 현재 운용하는 곳을 가리켜 말한 것이지 본체에도 다과(多寡)와 편전(偏全)이 있다는 말이 아니다.-

이것을 가지고 감합(勘合 대조 검토)해 보면 주자의 설뿐만이 아니라, 공맹(孔孟)으로부터 정장(程張 정이(程頤)와 장재(張載))에 이르기까지 비록 그 말뜻이 차이가 나고 곡절이 다양하더라도 각각 귀취(歸趣)를 얻어서 막히는 점이 없게 될 것이다. 그런데 지금 논하는 자들은 왕왕 이를 융회(融會)하지 못한 나머지, 《중용(中庸)》을 위주로 하는 자들은 인(人)과 물(物)에 전혀 다른 점이 없다면서 견강부회하여 물(物)도 건순(健順)과 오상(五常)을 얻는 증거로 내세우고, 《맹자》를 위주로 하는 자들은 또 오상과 전체를 생(生)을 받기 이전으로 밀어 두고-이

만 이(理)는 완전히 다르다.〔論萬物之一原 則理同而氣異 觀萬物之異體 則氣猶相近 而理絶不同〕"《朱子語類 卷4 性理1 人物之性氣質之性》

56 또……가리킨다 : 인용문은 《회암집(晦菴集)》 권58 〈답서자융(答徐子融)〉에 보인다.

것은 물(物)이 생을 받는 것을 말한다.- 생을 받은 이후는 전체를 구비할 수 없다고 주장한다. 이와 같은 것들은 모두 타당하지 못한 점이 있다고 여겨지는데, 지금 상세히 변론할 겨를이 없기에 단지 이상과 같이 대의(大意)만 논하는 바이다.-이 장(章)에서 인물의 성(性)을 논한 것을 보면 말이 많이 엉성하지만, 의논의 본말(本末)을 보여 줄 요량으로 그냥 보존해 두었다. 뒤에 정론(定論)이 따로 있다. ○자주(自註)이다.-

주자가 말하기를 "하나의 어묵과 하나의 기거가 태극의 묘리(妙理) 아닌 것이 없다.〔一語默一起居 無非太極之妙〕"[57]라고 하였다.-주자의 말은 여기까지이다.- 내가 일찍이 사능(士能 송능상(宋能相))과 더불어 인물성동이(人物性同異)의 문제에 대해서 쟁론(爭論)하였는데, 내가 "공(公)은 인의예지(仁義禮智)의 이(理)가 단지 방촌(方寸) 안에만 있다고 생각하는가, 아니면 강자(腔子)[58]를 가득 채운 것이 모두 이것이라고 생각하는가."라고 하고는, 손을 들어 굽혔다 펴면서 말하기를 "굽히는 것〔屈〕은 바로 성(誠)의 복(復)이고, 펴는 것〔伸〕은 바로 성의 통(通)이다."라고 하였더니, 사능이 웃고 대답하지 않기에 나도 더 이상 그의 말을 추궁하지 않았다. 그런데 지금 주자의 이 조목을 가지고 살펴보니, 바로 나의 뜻과 조금도 다를 것이 없었다.

대저 천지에 가득한 것은 모두가 음양오행(陰陽五行)의 기(氣)이고,

57 하나의……없다 : '태극중정인의(太極中正仁義)'의 설과 관련하여 장경부(張敬夫)에게 답한 글의 결론 부분에 이 내용이 나온다. 《朱子全書 卷52》

58 강자(腔子) : 가슴과 배 사이에 있는 빈 곳으로, 옛사람들이 심장(心臟) 부근을 지칭한 말인데, 우리 몸의 내면을 뜻하는 말로 쓰인다.

모두가 원형이정(元亨利貞)의 이(理)이니, 워낙 커서 천하가 실어 담을 수 없을 정도에 이르러도 이 기(氣)와 이 이(理)는 한 번도 흠궐(欠闕 부족)해진 적이 없었다.[59] 가령 금수와 초목이 생사(生死)와 성쇠(盛衰)를 반복하는 것은 물론 쉽게 볼 수 있는 것이지만, 바싹 마른 물건이나 굽고 불린 그릇의 경우에도 개합(開闔)과 동정(動靜)이 있지 않은 것이 없는데, 개(開)와 동(動)은 바로 신(伸)이고 통(通)이고 원형(元亨)이고 인예(仁禮)인 것이며, 합(闔)과 정(靜)은 바로 굴(屈)이고 복(復)이고 이정(利貞)이고 의지(義智)인 것이다. 이와 같이 상하(上下) 대소(大小)가 단지 하나의 이(理)일 뿐인데, 지금 조수(鳥獸)와 초목처럼 분명해서 보기 쉬운 곳마저 몽롱(朦朧)함을 면치 못하니, 다른 것이야 더 말해 무엇 하겠는가.

정자(程子)가 말한 "성(性)이 바로 이(理)이다.〔性卽理也〕"라는 한 구절을 주자가 극구 찬탄하면서, 진한(秦漢) 이래로 아무도 감히 이렇게 말하지 못했다고 하였는데,[60] 지금 계속 고집을 피우면서 "성(性)과 이(理)는 같지 않다."라고 우겨 대니, 도대체 이것이 무슨 뜻인지 알지 못하겠다. 사능(士能)은 "성(性)과 이(理)를 분별한 것이 주자에게서

59 워낙……없었다 : 무외(無外) 즉 밖이 없는 무한대(無限大)의 세계 어느 곳에서도 모두 이 원리가 적용된다는 말이다. 《중용장구》 제12장에 "군자가 무한대의 측면을 이야기하면 천하의 사람들이 모두 달려들어도 워낙 커서 실어 담을 수가 없고, 무한소(無限小)의 측면을 이야기하면 천하의 사람들이 모두 달려들어도 워낙 작아서 쪼개어 나눌 수가 없다.〔君子語大 天下莫能載焉 語小 天下莫能破焉〕"라는 말이 나온다.

60 정자(程子)가……하였는데 : 《회암집(晦菴集)》 권58 〈답서자융(答徐子融)〉에 "이천 선생이 '성이 바로 이이다.'라고 말하였는데, 이 하나의 구절은 예로부터 아무도 감히 이렇게 말하지 못하였다.〔伊川先生言性卽理也 此一句自古無人敢如此道〕"라는 주희의 말이 나온다.

나왔다."라고 하였는데, 이는 바로 호리(毫釐)의 차이가 천리(千里)의 잘못을 빚어낸 것이라고 하겠다. 대저 주자가 분별한 까닭은 하늘〔天〕에 있느냐 사람〔人〕에게 있느냐에 따라서 이름 붙이는 것이 같지 않음을 보여 주려 하였을 뿐이지, 성(性)과 이(理)를 두 개의 물건으로 여겨서 그런 것이 아니다. 그래서 그의 평상시 문자(文字)를 보아도 서로 바꿔서〔互換〕 사용한 부분이 매우 많은 것이다.

《태극해(太極解)》[61]에서 "성(性)이 그 주재(主宰)가 되고, 음양과 오행이 그 씨줄과 날줄로 서로 뒤섞였다.〔性爲之主 而陰陽五行爲之經緯錯綜〕"라고 한 것은 하늘의 차원에서 성(性)을 설명한 것이고, 진기지(陳器之)에게 답한 글에서 "성(性)은 태극의 혼연한 체(體)이다.〔性是太極渾然之體〕"[62]라고 한 것은 사람의 입장에서 이(理)를 설명한 것이다. 대개 성(性)과 명(命)에 물론 천인(天人)의 구분이 있긴 하지만, 사실은 이 이(理)가 하늘에 있으면 명(命)이라고 부르고 이 이가 사람에게 있으면 성(性)이라고 부르는 것일 뿐이지, 두 개의 물건이 따로 있는 것이 아니다.-주자가 참찬화육장(參贊化育章)의 《혹문(或問)》에서 이일분수(理一分殊)를 논한 뜻도 바로 이와 같다.- 천인(天人)의 구분이 있기 때문에 분별해

61 태극해(太極解) : 주희가 지은 《태극해의(太極解義)》를 말한다. 주돈이(周敦頤)의 〈태극도(太極圖)〉를 해설한 《태극도해(太極圖解)》와 〈태극도설(太極圖說)〉을 해설한 《태극도설해(太極圖說解)》의 두 부분으로 되어 있다. 《성리대전(性理大全)》 권1에 수록되어 있다.

62 성(性)은……체(體)이다 : 《회암집(晦菴集)》 권58 〈답진기지(答陳器之)〉에 "성(性)은 태극의 혼연한 체(體)이니, 본래 명자(名字)로 말할 수 없다. 다만 그 안에 만 가지 이치를 포함하여 갖추고 있는데, 법도가 되는 큰 것에 네 가지가 있으므로, 이를 명명(命名)해서 인의예지라고 한 것이다.〔性是太極渾然之體 本不可以名字言 但其中含具萬理 而綱理之大者有四 故命之曰仁義禮智〕"라는 말이 나온다.

서 말할 수도 있고, 실제로는 두 개가 있는 것이 아니기 때문에 호환(互換)해서 쓸 수도 있는 것이니, 이것이 바로 종횡으로 설하면서 활동하는 것이 명쾌하여 한구석에 응체(凝滯)되지 않는 소이라고 하겠다.

그런데 사능(士能)은 '일단 이(理)라고 말했으면 이(理)로 확정된 만큼 다시 성(性)이라고는 이를 수 없고, 일단 성(性)이라고 말했으면 성으로 확정된 만큼 다시 이(理)라고 이를 수 없다. 이와 성 사이에는 면목(面目)상으로 통국(通局)의 차이가 있고, 분수(分數)상으로 다과(多寡)의 다름이 있다.'라고 여기기 때문에, 한번 주자가 분별하는 설을 보기만 하면 곧장 "성(性)과 이(理)에는 참으로 두 개의 물사(物事)인 점이 있다."라고 말하면서, 더 이상 그렇게 말한 뜻이 무엇인지는 깊이 살펴보지 않는데, 이것이 바로 뜻이 막히고 한쪽에 치우쳐서 말이 되지 않는 이유이다. 그 의론(議論)의 항목이 하나둘이 아니지만, 그 근본은 전적으로 여기에 있기 때문에, 내가 여기에서 상세히 분변해 보았다.

《태극해(太極解)》에서 또 "혼연한 태극의 전체가 일물의 안에 각각 갖추어지지 않음이 없다.〔渾然太極之全體 無不各具於一物之中〕"라고 하였는데, 사능이 또 왕왕 이 말을 거론하면서도 끝내 "인의예지(仁義禮智)가 각각 일물 안에 갖추어졌다."라고는 말하지 않으니, 모르겠다만 인의예지 이외에 별도로 태극의 전체가 있다는 것인가. 실로 이해할 수가 없다.

'불가수유리(不可須臾離)'[63]는 단지 '그것을 얻어서 잠시라도 떠날 수

63 불가수유리(不可須臾離) : 《중용장구》 제1장의 "도라는 것은 잠시라도 떠날 수 없는 것이다. 떠날 수 있다면 그것은 도가 아니다. 그런 까닭에 군자는 자기가 보지 않는

없다.〔不可得以須臾離〕'라는 의사(意思)로 보아야 마땅하다. 대개 이 도(道)의 용(用)은 어느 물(物)에나 있지 않음이 없고 어느 때나 그렇지 않음이 없지만, 그것이 도(道)가 되는 까닭은 또 모두가 천명(天命)과 인심(人心)의 본연(本然)에서 나오는 것이지 인(人)의 사지(私智)가 하는 것이 아니기 때문이다. 이것이 바로 어느 때를 막론하고 도를 얻어서 잠시라도 떠날 수 없는 까닭이니, 혹 잠시라도 떠나면 곧바로 천명과 인심을 등지고 치닫게 되는 것이다.

백춘(伯春 김원행(金元行))은 말하기를 "이것은 비록 떠나려고 해도 떠날 수 없다는 뜻이다."라고 하였는데, 그 의사를 살펴보면 대개 "이 도는 없는 곳이 없으니, 비록 잠시 빠져나오고 싶어도 그럴 수 없다."라고 하는 것이다. 이것이 귀산(龜山)의 '의식(衣食) 작식(作息)의 설'[64]

바에도 경계하고 근신하는 것이며, 자기가 듣지 않는 바에도 걱정하고 두려워하는 것이다.〔道也者 不可須臾離也 可離非道也 是故 君子戒愼乎其所不睹 恐懼乎其所不聞〕"라는 말에서 발췌한 것이다. 이 번역은 주희의 해설에 따른 것이다. 본문의 다음 장에서 거론한 '부도(不睹)'와 '불문(不聞)'이라는 말도 여기에서 나왔다.

64 귀산(龜山)의……설 : 귀산은 정자(程子)의 제자인 양시(楊時)이다. 의식(衣食) 작식(作息)은 "추우면 옷을 입고 배고프면 밥 먹으며, 해가 뜨면 일을 하고 어두워지면 휴식한다.〔寒而衣 飢而食 日出而作 晦而息〕"의 준말이다. 그가 《중용》의 불가수유리장(不可須臾離章)을 해설하면서 "대저 천지 사이에 가득한 어느 것인들 도가 아니겠는가. 도인데 떠날 수 있다면 그 도는 달리 있는 데가 있는 것이다. 비유컨대 사방에는 일정한 방위가 있어서 동쪽으로 가면 서쪽을 떠나고 남쪽으로 가면 북쪽을 떠나니 이런 것은 떠날 수가 있겠지만, 어디를 간들 도가 아닌 것이 없다면 어떻게 떠날 수가 있겠는가. 그러므로 추우면 옷을 입고 배고프면 밥을 먹으며, 해가 뜨면 일을 하고 어두워지면 휴식을 하며, 귀로 듣고 눈으로 보며 손으로 들고 발로 걷는 것이 도가 아닌 것이 없는데, 이것이 바로 백성들이 날마다 도를 쓰면서도 알지 못하는 까닭이다.〔夫盈天地之間 孰非道乎 道而可離 則道有在矣 譬之四方有定位焉 適東則離乎西 適南則離乎北 斯則可離也

과 같지 않은 것 같지만, 《장구(章句)》의 본의(本意)가 아니라는 점에서는 매한가지이다. 대개 《장구》의 뜻은 "도가 비록 나에게 있지 않은 적이 없더라도, 그 도를 떠나면 떠나게 되는 것이다."라고 하는 것인데, 백춘이 생각한 대로라면 비록 내 멋대로 아무렇게나 행동하는 때라도 도는 언제나 떠나는 일이 없을 것이다. 도가 어떤 상황이나 있지 않음이 없는 면을 발명(發明)하는 점에서는 힘이 없지 않겠지만, 아무래도 《장구》의 완비된 뜻만은 못하다고 할 것이다. 이것 또한 생각이 치밀하지 못한 탓이 아닐까 싶은데, 《장구》와 《혹문》을 자세히 완미하면 이 뜻이 저절로 분명해질 것이다.-나도 일찍이 이와 같이 보았다가 얼마 뒤에 그 잘못을 자각하였는데, 나중에 《혹문》을 보았더니 과연 그러하였다.- 혹자는 '가(可)' 자를 '당(當)' 자의 뜻으로 보려고 하는데, 그것이 무방할 것 같기도 하지만 자세히 완미하면 그것도 주자의 뜻이 아니다.

'보지 않고 듣지 않는 것〔不覩不聞〕'과 '미발(未發)'을 분별해서 말하면 생뚱맞은 소리같이 들릴지도 모르지만, 아무래도 분별해서 말하지 않으면 안 될 사정이 있다. 대개 범범하게 말하면 '부도불문(不覩不聞)'

若夫無適而非道 則烏得而離耶 故寒而衣 飢而食 日出而作 晦而息 耳目之視聽 手足之擧履 無非道也 此百姓所以日用而不知〕"라고 하였는데, 이에 대해서 주희가 "형이상과 형이하의 구별에 대해서 무지할 뿐만 아니라, 불교의 '작용하는 것이 성(性)이다.'라는 잘못된 주장에 떨어졌다. 그리고 학자로 하여금 '도는 없는 곳이 없음을 내가 이미 알고 있나니, 내 멋대로 아무렇게나 행동한다 해도 어떤 것인들 도가 아닌 것이 없을 것이다.'라고 잘못 말하게 할 것이니, 어찌 되겠는가.〔不惟昧於形而上下之別 而墮於釋氏作用是性之失 且使學者 誤謂道無不在 吾旣知之 則雖猖狂妄行 亦無適而非道矣 其可乎〕"라고 신랄하게 비판하였다. 귀산의 이 설을 보통 무적비도(無適非道)의 설이라고 부른다. 《中庸或問 卷上》

이 물론 '미발(未發)'에 속할 수도 있겠지만, 자세히 추리하면 '부도불문'을 무턱대고 '미발'이라고 말할 수는 없다. 이것은 널리 인용하고 멀리 비유할 필요도 없이 그저 목전(目前)의 일만 예로 들어도 자연히 알 수가 있다.

가령 우리가 고요히 앉아 있을 때에 하나의 물건도 눈에 걸리는 것이 없고 하나의 일도 귀에 들어오는 것이 없으며 사려가 분분하던 것 또한 모두 물러나 없어졌다고 해도, 그 심체(心體)가 혼궤(昏憒)하고 산란(散亂)하여 그다지 광명(光明)하지도 않고, 위미(委靡)하고 쇠삽(衰颯)하여 그다지 활락(活絡)하지도 않을 경우에는, 명경지수(明鏡止水)가 적적성성(寂寂惺惺)한 경계(境界)와 비교해서 약간의 차이가 있을 뿐만이 아닐 것이다. 대저 듣는 것도 없고 보는 것도 없어진 경우에는 '부도불문'이라고 말할 수는 있겠지만, 명경지수의 경계에 미치지 못했다면 어떻게 무턱대고 그것을 '미발'이라고 말할 수가 있겠는가.-농암(農巖)이 "성현의 차원에서 말하면 '부도불문'이 바로 '미발'이겠지만, 중인의 처지에서 말하면 '부도불문'을 곧바로 '미발'이라고 말할 수 없다.……〔自聖賢分上言之則不覩不聞 卽是未發 自衆人分上言之則不覩不聞 不可便謂之未發……〕" 하였는데, 이 말이 매우 명확하고 적절하다. 대개 《중용(中庸)》의 이 단락은 일반적으로 학자가 용공(用功)하는 일을 논한 것이니, 그렇다면 당연히 중인을 대상으로 말한 것이다.-

이 때문에 《장구》에서 "계구(戒懼 계신공구(戒愼恐懼))의 공부를 통해 자신을 단속하는 일로부터 시작해서, 지극히 고요하게 홀로 거하는 상황에서도 편의(偏倚 치우침과 기울어짐)가 없도록 하여 마음의 본체(本體)를 보존하며 잃지 않는 경지에까지 나아가야 한다.〔自戒懼而約之 以至於至靜之中 無所偏倚 而其守不失〕"라고 하였고, 《혹문》에서도 "'부도불문'의 그 이전부터 시작해서 계구의 공부를 더욱 엄격히 하고 더욱 공경히 하여, 털끝만큼도 편의가 없는 경지에까지 나아가야 한다.〔自其不睹不聞之前 而所以戒懼者愈嚴愈敬 以至於無一毫之偏倚〕"라고 한 것인데, 여기에서 '자기(自其)'와 '이지(以至)'의 글자를 보면 '부도불문'과 '지정무편의(至靜無偏倚)'의 경계를 뒤섞어서 동일시하지 않은 것이 분명하다. 그리고 《어류(語類)》의 홍심변훈(紅心邊暈)[65]의 비유를 통해서도 이 사실을 확인할 수가 있다.-'미발'이 바로 홍심(紅心)이고, '부도불문'은 홍심의 변훈(邊暈)에 통하는 것이다. 대개 '미발'이 물론 '부도불문'의 밖에 있는 것은 아니지만, 단지 '부도불문'한다고 해서 곧장 '미발'이라고 말할 수는 없는데, 정밀하게 살펴보면 이 사실을 자연히 알 수가 있다.- 백춘(伯春)은 분별해서 보는 대신에 단지 《장구》의 '이지어(以至於)' 세 글자를 활간(活看 변통해서 보는 것)하려고 하는데,-그는 "'이지(以至)'의 글자를 '기수불실(其守不失)'의 아래에서 해석하여 곧장 아래까지 보아 내려가야 한다.……" 하였다.- 그 뜻이 매우 좋지 않은 것은 아니지만, 아무래도 문의(文義)에는 미진한 점이 있어서 통하기 어렵다. 그리고 사리(事理)의 공부로 말하더라도 소루한 인상을 주는데, 이러한 지적을 어떻게 생각할지 모르겠다. 홍심변훈의 비유가 끝내 의의가 있으니, 세밀하게 사색하지 않으면 안 될 것이다.-만약 "'미발'의 그 이전부터 시작해서 '계구'의 공부를 더욱 엄격히 하고 더욱 공경히 하여, 털끝만큼도 치우침과

65 홍심변훈(紅心邊暈) : 홍심은 과녁 중앙의 홍점(紅點)으로 10점에 해당하는 자리라면, 변훈은 홍심 주위의 9점, 8점 등에 해당하는 자리이다. 《주자어류(朱子語類)》 권62에 "그 중(中)에 이르는〔致〕 것은 활쏘기와 비슷한 점이 있다. 과녁판을 맞히거나, 살받이를 맞히거나, 홍심 주위의 변훈을 맞히거나 하는 것은 모두 아직 치(致)가 못 된다. 모름지기 중앙의 홍심에 맞아야만 비로소 치가 되는 것이다.〔致其中 與射相似 有中貼者 有中垜者 有中紅心之邊暈者 皆是未致 須是到那中心 方始爲致〕"라는 주희의 말이 나온다.

기울어짐이 없는 경지에 나아가야 한다.……" 한다면 과연 무슨 말이 되겠는가.-

농암(農巖)이 '부도불문(不覩不聞)'을 단지 '외물과 접하기 이전의 시기〔未接物時〕'로 이해하려 하면서, 사려(思慮)가 분란(紛亂)한 것을 '부도불문'에 포함시켜도 무방하다고 말하였는데,-이는 대개 '도(覩)'와 '문(聞)' 두 글자를 시(視)와 청(聽)의 뜻으로 이해하지 않은 것이다.- 내 생각에는 그 말이 옳지 않을 듯싶다.

주자(朱子)가 '부도불문'을 '자기가 보거나 듣지 않는 것'으로 해석하고, '염려가 싹트는 것'을 '남이 보거나 듣지 않는 것'으로 해석하였고 보면, '염려가 싹트는 것'을 '부도불문'의 시절로 여기지 않은 것이 분명하다. 그리고 여자약(呂子約)[66]에게 답한 글에서 말하기를 "보지 않고 듣지 않는 바에서 계구(戒懼)한다는 것은, 사려가 일어나지 않을 때부터 일찌감치 계구한다는 말과 같다.……"[67] 했고 보면 그 뜻이 더욱

66 여자약(呂子約) : 여조겸(呂祖謙)의 동생 여조검(呂祖儉)이다. 자약은 그의 자이고, 호는 대우(大愚)이다.

67 보지……같다 : 녹문이 중요 부분만 발췌하여 인용했는데, 이해를 돕기 위하여 관련 내용을 소개하면 다음과 같다. "위에서 이미 '도는 잠시라도 떠날 수 없다.'라고 말했고 보면, 이는 곧 정추(精粗)와 은현(隱顯)의 사이를 막론하고 모두 떠날 수 없는 것이 되기 때문에, '보지 않고 듣지 않는 바에서 계구(戒懼)한다.'라고 말해서 그 뜻을 포괄한 것이니, 이는 '사려가 일어나지 않을 때부터 일찌감치 계구한다.'라는 말과 같은 것으로서, 보는 바와 듣는 바에는 계구하지 않고 보지 않고 듣지 않는 바에만 계구한다는 말이 아니다.〔既言道不可須臾離 卽是無精粗隱微之間 皆不可離 故言戒懼乎不覩不聞以該之 若曰自其思慮未起之時早已戒懼 非謂不戒懼乎所覩所聞 而只戒懼乎不睹不聞也〕" '계구(戒懼)'는 대본에는 '戒謹'으로 되어 있는데, '謹'은 '懼'의 잘못이기에 바로잡아 번역하였다.《朱子全書 卷24 答呂子約》 그런데 이 내용은 녹문의 반론이라기보다는 오히려 농암의 주장에 설득력을 더해 주는 것으로 볼 수도 있지 않을까 하는 것이 역자의 생각이다.

분명해서 의심할 여지가 없다. 대개 농암도 '부도불문'과 '미발(未發)'을 분별해서 말하려 했기 때문에 이와 같이 하였겠지만, 나는 비록 도문(睹聞)을 시청(視聽)의 뜻으로 이해하더라도 분별하지 못할 걱정은 없다고 생각한다. 그 설은 이미 앞에서 대략 소개하였으니, 여기서는 다시 거론하지 않겠다.-범범하게 논하면 보고 듣는 것이 없을 때가 물론 미발이라고 말할 수도 있겠지만, 자세히 궁구하면 분별해야 할 사정이 없을 수 없는 것이다.-

"지극히 고요하게 홀로 거하는 상황에서도 편의(偏倚)가 없도록 하여〔至靜之中 無所偏倚〕"라는 구절은 하구(下句)[68]와 상대해서 말했기 때문에 이와 같이 된 것이다. 따라서 독자로서는 응당 곧장 아래까지 이어서 보아야만 할 것이요, 혹시라도 문구(文句)에 구애되지 않아야 자연히 의심이 없게 될 것인데, 선유(先儒)가 왕왕 여기에 걸린 나머지 '미발(未發) 이전에도 편의가 있고 없는 구분이 있는 것'으로 의심하곤 하였으니, 이에 대해서는 내가 적이 이해가 되지 않는 바이다.-혹자는 '지정(至靜)'을 단지 '외물을 접하기 이전의 시기〔未接物時〕'라는 뜻으로 파악하려 하는데, 이것 역시 온당하지 않다. 일단 '지정'이라고 말했으면, 이것이 미발이 아니고 무엇이겠는가.-

미발곤복(未發坤復)의 설[69]과 관련하여, 우옹(尤翁 송시열(宋時烈))이

68 하구(下句) : "신독(愼獨)의 공부를 통해 정밀하게 살피는 일로부터 시작해서, 외물을 응접해야 하는 상황에서도 조금도 차질을 빚는 일이 없도록 하여 어디에서나 그렇지 않음이 없는 경지에까지 나아가야 한다.〔自謹獨而精之 以至於應物之處 無少差謬而無適不然〕"라는 구절을 말한다. 《중용장구》 제1장 치중화(致中和)의 대목을 해설한 주희의 말 속에 나온다.

69 미발곤복(未發坤復)의 설 : 미발(未發)이 곤괘(坤卦)에 속하는지 복괘(復卦)에

미발(未發)에는 '두 가지 경우〔兩般〕'가 있다고 한 것이 옳은지도 물론 감히 알지 못하겠지만, 내가 주자의 설을 초년(初年)과 만년(晩年)의 설로 나누어서 취사하려고 했던 것도 상세히 고찰하지 못한 잘못이 있다고 하겠다.

내가 살펴보건대, 주자가 〈기논성답고후(記論性答藁後)〉[70]에서 정식으로 이 일을 논하여 말하기를 "경부(敬夫 장식(張栻))에게 답한 글에서 내가 복(復)과 간(艮)의 두 괘(卦)를 말한 것도 정자(程子 정이(程頤))의 뜻에 근본을 둔 것이다. 그런데 택지(擇之 임용중(林用中))가 '사려가 아직 싹트지 않은 것은 곤괘의 일이니, 복괘에 해당시키면 안 된다.'라고 의심하였는데, 이에 대해서 나는 다음과 같이 말하고자 한다. 이것은 바로 《역전(易傳)》에서 '그 사이에 멈출 수가 없다.〔無間容息〕'라고 말한 것이다. 대저 사려가 아직 싹트지 않은 것이 물론 곤(坤)이긴 하지만,

속하는지에 대한 주희의 설을 말한다. 주희가 장식(張栻)에게 답한 글에서는 "마음이 보존되어 있을 때는 사려가 아직 싹트지 않았어도 지각은 어둡지 않다. 이것은 정(靜) 가운데의 동(動)으로서, 복괘를 통해서 천지의 마음을 알 수 있다고 하는 것이다.〔方其存也 思慮未萌而知覺不昧 是則靜中之動 復之所以見天地之心也〕"라고 하여 미발을 복괘에 소속시키고, 여조검(呂祖儉)에게 답한 글에서는 "지극히 고요한 때에는 능지(能知) 능각(能覺)하는 것만 있을 뿐, 소지(所知) 소각(所覺)하는 일은 없다. 이것은 《주역》의 괘 가운데 순곤(純坤)이면서 양(陽)이 없지 않은 상(象)이다.〔至靜之時 但有能知能覺者 而無所知所覺之事 此於易卦爲純坤不爲無陽之象〕"라고 하여 미발을 곤괘에 소속시키는 등, 그 내용을 각각 달리하여 학자들의 의혹을 불러일으켰다. 《晦菴集 卷32 答張欽夫, 卷48 答呂子約》

70 기논성답고후(記論性答藁後) : '주희 자신이 성(性)에 대해서 답한 원고 뒤에 기록한 글'이라는 뜻으로, 《회암집(晦菴集)》 권75에 수록되어 있다. 맨 마지막에 "임진 중추일에 썼다."라는 말이 있는데, 임진년은 1172년으로 주희의 나이 43세 되던 해이다. 한편 만년의 정론으로 일컫는 《혹문(或問)》은 기유년(1189) 이후의 작품으로 평한다.

지각이 어둡지 않은 것으로 말하면 그것은 복(復)인 것이다. 따라서 위에서 내가 그렇게 말한 것이 잘못은 아니지만 사의에 미비한 점이 있었다고 할 것이요, 택지가 의심한 것이 비록 지나치지만 그가 살핀 것은 또한 치밀했다고 하겠다.〔答敬夫書所謂復艮二卦 亦本程子之意 而擇之疑思慮未萌是坤卦事 不應以復當之 予謂此乃易傳所謂無間容息處 夫思慮未萌固坤也 而曰知覺不昧則復矣 此雖未爲有失 而詞意有未具 擇之之疑雖過 然其察之亦密矣〕"라고 하였다.-주자의 말은 여기까지이다.-

여기에 의거하건대, 주자가 '복괘(復卦)' 운운한 것은, 11월에 '하나의 양〔一陽〕'이 이미 생겨난 곳을 가리킨 것이 아니라, 바로 10월에 양(陽)이 없지 않은 곳을 가리켜서 복괘라고 한 것이다. 대개 복괘가 비록 자(子)에서 이루어져도 실제로는 해(亥)에서 시작되는 것으로서, 정자(程子)가 "박괘(剝卦)가 위에서 소진되면서, 복괘가 아래에서 생성된다.〔剝盡於上而復生於下〕"라고 한 것이 바로 이것을 말하는데,-무간용식(無間容息)이라는 말도 이런 뜻이다.- 주자가 하나의 획(畫)을 나누어 30분(分)으로 만들어서 이해했고 보면,[71] 그 뜻이 더욱 명백하여 알기 쉽다고 하겠다.-인심(人心)을 가지고 말을 하면, 사려가 아직 싹트지 않은 것은

71 주자가……보면 : 주희의 문인인 시거(時擧) 즉 반자선(潘子善)이 10월을 어째서 양월(陽月)이라고 칭하는지 질문하자, 주희가 "복괘의 일양(一陽)은 갑자기 생기는 것이 아니라, 바로 곤괘 속에서 축적해서 나오는 것이다. 그리고 한 달이 30일인 만큼, 복괘 양(陽)의 획(畫) 하나를 가지고 나누어서 30분(分)을 만드는데, 소설 뒤로부터 하루에 1분씩 생기는 과정에서, 상면의 음(陰)이 1분씩 쫓겨나면 하면에서 곧 양(陽)이 1분씩 생겨난 결과, 11월의 반(半)에 이르러 일양이 비로소 이루어지는 것이다.……〔復之一陽 不頓然便生 乃是自坤卦中積來 且一月三十日 以復之一陽 分作三十分 從小雪後便一日生一分 上面趲得一分 下面便生一分 到十一月半 一陽始成也……〕"라고 한 내용이 《주자어류(朱子語類)》 권71에 나온다.

곤(坤)이지만, 지각이 어둡지 않은 것은 복(復)이 시작되는 것이고, 사려가 이미 싹튼 것은 복(復)이 이루어진 것인데, 장경부(張敬夫)에게 답한 글에서 말한 복괘는 바로 복이 시작되는 곳을 가리킨다. 그러나 이른바 시작되는 곳이란 단지 곤괘(坤卦)의 이면(裏面)에 있는 것으로서, 소자(邵子 소옹(邵雍))가 "음이 양을 머금고 있다.〔陰含陽〕"라고 한 것이 이것이니, 시작되는 곳이 별도로 있는 것이 아니다.-

그러고 보면 주자의 양설(兩說)은 애당초 조금도 차이가 없만, 단지 장경부에게 답한 글의 뜻이 간략하여 사람의 의혹을 사기 쉬운 점이 있었으므로, "사의에 미비한 점이 있었다.〔詞意有未具〕"라고 말한 것이다. 그리고 택지(擇之)가 그 뜻을 살피지 못하고서 무작정 의심한 것이 바로 나의 소견과 같았으므로 선생이 이와 같이 깨우쳐 준 것이다.

회가(晦可 송명흠(宋明欽)) 형이 말하기를 "내가 살펴보건대, 〈양관설차의(養觀說箚疑)〉[72]에서 말하기를 '〈논성답고후(論性答藁後)〉에서 말한 것 역시 〈양관설〉의 내용과 동일하였다. 대개 《혹문(或問)》에서는 단지 지각할 수 있는 것〔能知覺〕만을 정중유물(靜中有物)[73]이라고 한

72 양관설차의(養觀說箚疑) : 주희가 지은 〈정이양관설(程頤養觀說)〉이라는 소론(小論)에 대한 송시열(宋時烈)의 논평이다. 〈양관설〉은 《회암집(晦菴集)》 권67에 수록되어 있다.

73 정중유물(靜中有物) : 정이(程頤)가 제시한 성리학의 명제로, 정(靜) 속에 물(物)이 있다는 뜻인데, 여기에서 정은 미발(未發) 혹은 적연부동(寂然不動)이라는 말과 통하고, 물은 깨어 있는 주체 의식으로서, 불가(佛家)의 일물(一物)과 같다. 본문에 나오는 능지각(能知覺)은 지각할 수 있는 주체(主體)를 가리킨다. 여기에서 능(能)은 불가의 용어인 능소(能所)에서 나온 말로, 능(能)은 주재(主宰)하는 당체(當體)를 가리키고, 소(所)는 그 대상이 되는 것 즉 외물을 가리킨다. 《중용혹문(中庸或問)》에 정중유물과 관련된 설이 자세히 소개되어 있다.

반면에 여기서는 곧장 지각(知覺)으로 말을 하였고, 《혹문》에서는 지각이 어둡지 않은 것〔知覺不昧〕을 정중유물이라고 한 반면에 여기서는 곧장 복괘(復卦)의 일양(一陽)이 이미 회복된 것〔復卦一陽已復〕으로 말을 하였으니, 어쩌면 초년(初年)과 만년(晩年)의 설이 각각 달라서 그런 것인지도 모르겠다. 《중용혹문(中庸或問)》이 이루어진 것은 대개 기유년(1189) 이후의 일이고, 〈답고(答藁)〉가 이루어진 것은 임진년(1172)의 일이니, 《혹문》의 설이 만년의 정론(定論)인 것 같다.'라고 하였다.-〈차의(箚疑)〉는 여기까지이다.- 내가 이 내용을 보고 비로소 〈논성답고후(論性答藁後)〉도 정론이 아니고, 우옹(尤翁)이 윤(尹)[74]에게 답한 한 단락도-즉 미발(未發)에 두 가지 경우〔兩般〕가 있다고 주장한 설을 말한다.- 만년에 논한 것과는 다르다는 것을 알았다."라고 하였다.-회형(晦兄)의 설은 여기까지이다.-

내가 살펴보건대, 우옹의 이 설이 지극히 통쾌하니, 이전에 설한 것은 대개 초년의 설이라서 그렇게 말하였다고 여겨진다. 다만 "곧장 지각으로 말을 하였다.〔直以知覺爲言〕"라고 한 것은 〈양관설(養觀說)〉의 '정중(靜中)의 지각(知覺)'을 '지각되는 그것〔所知覺〕'으로 여긴 것 같은데 이는 주자의 뜻이 아닐 듯싶고, 회형이 〈논성답고후〉의 말을 정론이 아니라고 한 것도 타당하지 못하다고 생각된다.

다시 살펴보건대, 복괘(復卦)와 간괘(艮卦)를 동(動)과 정(靜)으로 구분한 것은 실로 정자(程子 정이(程頤))가 소계명(蘇季明)에게 답한 설에서 나온 것이다.-《유서(遺書)》 제18에 보인다.- 주자가 〈양관설(養觀

74 윤(尹) : 미상이다. 명재(明齋) 윤증(尹拯)이 아닐까 추측해 본다.

說)〉에서 '정자의 이 장〔程子此章〕'이라고 말한 것이나-거기에서 '정중지각(靜中知覺)'이라고 말하고, '동상구정(動上求靜)'이라고 말한 것은 모두 정자의 말이다.- 〈답고후(答藁後)〉에서 "또한 정자에 근본을 둔 것이다.〔亦本程子〕"라고 말한 것은 모두 이것을 가리킨다. 그런데 《혹문》과 여서(呂書 여조겸(呂祖儉)에게 답한 글)에서는 그만 차례로 그 설을 거론하여 병통을 지적하면서 "기록하는 자가 본래의 취지를 잃었다.〔記者失指〕"라고 말하였으니,-곤괘(坤卦)를 배대(配對)한 것도 그 복괘(復卦)의 설을 반박하여 바로잡기 위함이었다.- 그러고 보면 주자의 설에 초년과 만년의 차이가 있다고 생각하여, "〈답고〉의 내용 역시 정론이 아니다.〔答藁亦非定論〕"라고 말하는 것도 그럴 만한 이유가 원래 있다고 하겠다.

다만 주자는 "그 사이에 멈출 수가 없다.〔無間容息〕"라는 뜻에 입각해서 말을 하였으니, 그렇다면 그가 복괘를 말한 것이 비록 미안(未安)한 것 같기는 해도 실제로 병통이 되지는 않는다. 하지만 정자의 경우는 곧장 복괘 하면(下面)의 일획(一畫)을 가지고 설하면서 "어떻게 정(靜)이라고 말할 수 있겠는가.〔安得謂之靜〕"라고 하였으니,[75] 그렇다면 이는 곧 이미 이루어진 괘〔已成之卦〕를 가리킨 것이다. 그러고 보면 정자와 주자 2인의 설이 비록 같다고 하더라도 그 의도는 완전히 분별

75 정자의……하였으니 : 《이정유서(二程遺書)》 권18 〈답소계명서(答蘇季明書)〉에 "이미 지각(知覺)이 있다면 이는 곧 동(動)이니, 어떻게 정(靜)이라고 말할 수 있겠는가. 그런데 사람들은 '복괘(復卦)를 통해서 천지의 마음을 볼 수 있다.'라는 《주역》의 말을 해설하면서 모두 '지극히 고요한 곳〔至靜〕에서 천지의 마음을 볼 수 있다.'라고 말하니, 이것은 잘못이다. 복괘 하면의 일획이 곧 동이니, 어떻게 정이라고 말할 수 있겠는가.〔旣有知覺 却是動也 怎生言靜 人說復其見天地之心 皆以謂至靜能見天地之心 非也 復之卦下面一畫便是動也 安得謂之靜〕"라는 정이(程頤)의 말이 나온다.

되는 점이 있으니, -생각건대, 주자가 정자의 설에 대해서 처음에는 무간용식(無間容息)의 뜻에 입각해서 융통성 있게 보려고〔活看〕 하다가, 만년에 이르러서야 '하면의 일획……〔下面一畫……〕'이라고 한 정자의 말은 끝내 억지로 통하게 하기 어렵다는 것을 깨달았고, 또 학자들이 많이 이 설을 고집하면서 '듣고 봄이 없는 것'을 미발(未發)로 여기는 등 그 유폐(流弊)가 무궁한 것을 보았으므로, 곧바로 변론하여 바로잡는 설을 내놓은 것이 아닌가 한다.- 독자는 또한 이 점을 알아 두지 않으면 안 될 것이다.

회형(晦兄 송명흠(宋明欽))의 일설(一說)에 "학자는 응당 《혹문》의 정론(定論)을 위주로 해야 하고, 산견(散見)되는 제설(諸說)에 대해서는 단지 그 본의(本意)를 활간(活看)하면 될 것이다."라고 하였는데, 이 말이 가장 타당하다고 하겠다. -주자가 장서(張書 장식에게 답한 글)에서 "복괘(復卦)를 통해서 천지의 마음을 볼 수 있다.〔復見天地心〕"라는 것을 가지고 말을 하고, 또 "동짓날에는 관문을 닫는다.〔至日閉關〕"라는 복괘의 말을 인용하였는데, 이것이 비록 《주역(周易)》의 말을 빌려 쓴 것이라고 할지라도, 글자를 놓은 것이 너무 무거우니 언어를 구사하는 면에서 병통이 있지 않나 싶다.-

혹자가 말하기를 "주자가 '도불가리(道不可離)'의 절(節)에서는 '계구(戒懼)가 동(動)과 정(靜)에 모두 통함'을 드러내 밝혔는데, '치중(致中)'의 주(註)에서는 단지 정만 말하고 동의 한쪽은 소속시키지 않았으니, 이는 아무래도 미안할 듯하다."라고 하였다.

이에 대해서 내가 살펴보건대, 계구가 물론 동정(動靜)을 겸한 것이긴 하지만, '보지 않고 듣지 않는 것〔不睹不聞〕'은 바로 정(靜)이다. 따라서 그 뜻을 살펴보면 "비록 보지 않고 듣지 않는 때라도 응당 계구해야 한다."라고 말하는 것과 같으니, 이는 외면을 통해서 내면을 지극히 하는 것이요, 그 뜻이 또한 "보지 않고 듣지 않는 그 이전부터 이미 먼저 계구하고 있다."라고 말하는 것과도 같으니, 이는 '체(體)를 위주로 하여 용(用)을 포함한 것〔主體而包乎用〕'이다. 이 두 개의 뜻을 아울러 갖춰야 마땅하니, 《장구(章句)》에서 비록 상의(上義)를 위주로 했더라도 하의(下義)가 더욱 간절(簡切)한 만큼, 《장구》의 미진한 뜻을 보충하는 것이 좋을 것이다.

대저 계구가 정(靜)을 위주로 하는 것은 바로 구내(句內)의 뜻이고, 계구가 동(動)까지 겸하는 것은 바로 언외(言外)의 뜻이다.-이 점은 상의와 하의가 모두 그러하다.- 그 뜻이 이렇고 보면 비록 동정을 겸했다고 말하더라도 위주로 해서 말한 그것은 바로 정(靜)에 있는 것이다. 그래서 '치중화(致中和)'의 장구(章句)에서 곧장 계구와 근독을 동정으로 나누어서 설한 것이니, 이를 통해서 단지 서로 발명(發明)해 주는 것을 볼 수 있을 뿐이요 서로 모순되는 것은 느끼지 못하겠다.

대개 '중화(中和)'의 1절(節)이 계구·근독의 아래에 긴밀하게 연결되어 분명히 조응(照應)하고 있고, 말장(末章)의 '잠긴 것이 비록 엎드려 있으나〔潛雖伏矣〕'와 '방 귀퉁이에 부끄럽지 않게 한다.〔不愧屋漏〕'라는 두 단(段)이 또 수장(首章)과 기(起)·결(結)의 관계를 이루며 확실하게 부합하고 있으니, 계구가 정(靜)을 위주로 해야 마땅하다는 것을 여기에서도 확인할 수가 있다. 지금 만약 범범하게 동정을 겸하는 것이라고 여기면서, 거꾸로 주자가 동정을 나눈 것이 위의 글과 모순된다고 의심한다면, 이는 주자의 본지(本旨)를 생각함에 미처 살피지 못한 점이 있을 듯싶다.

다시 《중용혹문》을 자세히 살펴보건대, "그러므로 군자는 그 눈이 봄에 미치지 않는 곳에서 계신한다.〔是以君子戒愼乎其目之所不及見〕" 에서부터-여기에서 다음 구절까지이다.- "색(色)으로 징험하고 소리로 발하기를 기다린 뒤에 그 힘을 씀이 있는 것이 아니다.〔不待其徵於色發於聲然後有以用其力也〕"까지의 한 단이 바로 내가 위에서 말한 하설(下說)과-체를 위주로 하여 용을 포함한 것〔主體而包乎用〕- 같았으니, 대개 양설(兩說)을 잘 관찰하면 단지 하나의 뜻임을 알 수 있을 것이다.

2장 二章

시중(時中)은 미발(未發)과 이발(已發)을 통틀어서 말하는 것인가, 아니면 단지 이발의 중(中)의 중만 말하는 것인가의 문제와 관련해서, 회형(晦兄)은 말하기를 "《장구(章句)》에서 '치우치지 않고 기울어지지 않아서 과와 불급이 없는 것〔不偏不倚無過不及〕'으로 '중(中)' 자를 풀었고, 또 '보지 않을 때에도 계근하고 듣지 않을 때에도 공구하여 어느 때나 중(中)이 아닌 경우가 없다.〔戒謹不覩 恐懼不聞 而無時不中〕'라고 하였다. 그렇다면 시중의 뜻은 응당 '정(靜)할 때에는 성(性)의 중(中)을 얻고 동(動)할 때에는 정(情)의 중을 얻는 것'이라고 해야 하니, 이것이 바로 '어느 때나 중이 아닌 경우가 없다.'라고 하는 의미로서, 수장(首章)의 주(註)에 나오는 '어느 때나 그렇지 않은 경우가 없다.〔無時不然〕'라고 한 뜻과 같은 것이다.……" 하였다. 그런데 내가 살펴보건대, 이 설이 옳기는 하지만, 중용(中庸)의 중(中)이 비록 중(中)과 화(和)를 겸한다고 하더라도, 중점은 덕행(德行)의 측면에 있는 것이니, 그렇다면 시중(時中)의 중(中)도 이와 같이 보아야 마땅할 것이다.

덕행(德行)은 단지 이발(已發)의 행사(行事) 쪽에 소속시켜 보아야 할 것이니, 이는 대개 시중(時中)의 뜻은 그 중점이 이발에 있기 때문이다. 그래서 유씨(游氏)가 이와 같이 말한 것이지만, 그 뜻에 미진한 점이 있기 때문에 주자가 "실제로는 중(中)과 화(和)의 뜻을 겸하였다.〔實兼中和〕"라는 말로 보충한 것이다. 주자가 '그러나〔然〕'라고 말한 글자의 뜻을 살펴보면 유씨의 뜻이 본래 그와 같지 않다는 것을 알 수 있는데, 요씨(饒氏)는 "덕(德)은 바로 성정의 덕이니 중화가 이것이요, 행(行)은 바로 행사에 보이는 것이니 시중이 이것이다.〔德卽性情之德 中和是也 行卽見諸行事者 時中是也〕"라고 하였으니, 그 말이 자질구레하다는 인상을 준다.[76]

11장 十一章

'중도에 그만두는 것〔半塗而廢〕'은 바로 '능히 중용(中庸)을 택하고도 지키지 못하는 것〔能擇而不能守〕'인데, 주자가 "이것은 지(知)가 될 수 없다.〔不得爲知〕"라고 말했고 보면,-7장의 장구(章句)에 이 말이 나온다.- 이는 곧 지(知)가 불급(不及)한 것이다.-《장구(章句)》에서 "지(知)가 거기에

76 요씨(饒氏)는……준다 : 중화(中和)를 중용(中庸)으로 바꿔서 말한 것에 대해, 유씨(游氏)가 "성정으로써 말하면 중화라고 하고, 덕행으로써 말하면 중용이라고 한다.〔以性情言之 則曰中和 以德行言之 則曰中庸〕"라고 해설하였는데, 이에 대해서 요씨가 유씨의 말을 더 자세히 설명하려고 덧붙인 말들이 오히려 적절치 못한 군더더기가 되고 말았다고 녹문이 비판한 것이다. 유씨는 정자(程子)의 문인인 유작(游酢)을 말하고, 요씨는 주희의 문인인 면재(勉齋) 황간(黃幹)에게 배운 요로(饒魯)를 말한다. 요씨의 설은 소주에 자세히 실려 있다.

미치기에 족하다.〔知足以及之〕"라고 말한 것은, "도를 따라 행한다.〔遵道而行〕"라는 말을 해석하려다 보니 이렇게 말한 것이다. 그렇지만 이미 "행(行)에 미치지 못함이 있다.〔行有不逮〕"라고 말했고 보면, 위의 말은 곧 지(知)가 미급(未及)한 것이니, 독자는 작자의 본뜻을 유추해서 알아야 할 것이다.- '행에 미치지 못함이 있는 것〔行有不逮〕'은 인(仁)이 불급(不及)한 것이고, '강하게 해야 할 경우에 강하게 하지 못하는 것〔當强不强〕'은 용(勇)이 불급한 것인데, 지금의 독자는 왕왕 용(勇)의 측면에만 초점을 맞추니, 이는 옳지 않을 듯하다.

'은벽(隱僻)한 것을 찾고 괴이한 짓을 행하는 것〔素隱行怪〕'은 지인용(知仁勇)이 과(過)한 것이니 '중용에 따르면〔依乎中庸〕' 그 과(過)가 없어지게 되고, '중도에 그만두는 것〔半塗而廢〕'은 지인용이 불급(不及)한 것이니 '알아주지 않아도 후회하지 않으면〔不知不悔〕' 불급한 것이 없어지게 되니, 과가 없고 불급이 없게 되는 이것을 바로 '중용의 성덕(成德)'이라고 한다는 《장구》의 해석이 너무나도 분명하다고 하겠다. 그럼에도 불구하고, 진 신안(陳新安 진력(陳櫟))은 그만 "중용에 따르면 지인(知仁)이 아울러 극진해지고, 알아주지 않아도 후회하지 않으면 용(勇)에 힘입지 않고도 여유 있게 된다.〔依乎中庸 知仁兼盡 不知不悔 不待勇而裕如〕"라고 하였으니, 이는 잘못이라고 하겠다.

'용(勇)' 자는 지(知)와 행(行)에 통용되기 때문에, 《장구》에서 반드시 이 지와 행을 짝으로 거론하여 용(勇)으로 합치곤 한다. 예컨대 '강하게 해서는 안 되는 경우에 강하게 하는 것〔不當强而强〕'이나 '강하게 해야 할 경우에 강하게 하지 못하는 것〔當强而不强〕'이나 '용(勇)에 힘입지 않고도 여유 있게 되는 것〔不賴勇而裕如〕' 등이 모두 이와 같은 예인데, 9장의 '의(義)가 정밀하고 인(仁)이 완숙하여 털끝만큼도 인욕의 사(私)가 없는 것〔義精仁熟而無一毫人欲之私〕'이나, 20장에서 삼덕(三德 지인용)을 나눈 곳을 보아도 그렇지 않은 것이 없다.

'은벽(隱僻)한 것을 찾는 일〔索隱〕'을 하지 않아서 지(知)에 참되지 않은 것이 없게 되면 지(知)가 극진한 것이요,-8장의 장구(章句)에 "안자(顔子)는 대개 참으로 알았다고 하겠다. 그래서 능히 중용을 택하고 능히 지키는 것이 이와 같았다.〔顔子蓋眞知 故能擇能守如此〕"라고 하였다. 그렇다면 능히 택하고서도 지키지 못하는 것은 바로 지(知)가 참되지 못해서이다.- '괴이한 짓을 행하는 것〔行怪〕'을 하지 않아서 행(行)에 미치지 못하는 점이 없게 되면 인(仁)이 지극한 것이다. '강하게 해서는 안 되는 경우에 강하게 하는 것'을 하지 않을 뿐만 아니라 여기에 또 '강하게 해야 할 경우에 강하게 하지 못하는 것'을 못 하게 하는 가운데, 지성(至誠)으로 중단함이 없어서 '생각하거나 힘쓰는 것을 기다리지 않게 되면〔不待思勉〕', 용(勇)에 힘입지 않고도 여유 있게 될 것이다. 회형(晦兄)이 "'중용에 따르는 것〔依乎中庸〕'과 '후회하지 않는다.〔不悔〕'라는 두 구(句)를 합하여 지의 극진함〔知之盡〕과 인의 지극함〔仁之至〕이 되는 것이고, 용(勇)은 그 안에 들어 있다."라고 말한 것은 옳다. 그런데 또 "'알아주지 않아도 후회하지 않는 것〔不知不悔〕'은 '중도에 그만두는 것〔半塗而廢〕'과 상대되기 때문에 용(勇)의 일이 된다."라고 말한 것은 거꾸로 본지(本旨)를 어지럽힌 것이라고 하겠다.

12장 十二章

비(費)는 도(道)의 용(用)이고 은(隱)은 도의 체(體)이니,[77] 그렇다면 이 둘을 중(中)과 화(和)에 나누어 소속시켜도 무방할 듯하다. 선유(先儒)도 많이 이와 같이 설했는데, 주자의 설을 보면 "화(和) 위에 자연히 은(隱)이 있으니, 다시 미발(未發)의 중(中)을 은(隱)으로 할 필요는 없다."[78]라고 말한 대목이 있으니, 그 뜻은 과연 어떤 것이라고 하겠는가.

이에 대해서 회형(晦兄)은 말하기를 "비은(費隱)이라는 것은 단지 이 이(理)가 있지 않은 곳이 없음을 밝힌 것이니, 그렇기 때문에 이 편(篇) 안에서 전적으로 비(費)를 설했어도 은(隱)이 그 안에 들어 있는 것이다. 그리고 중화(中和)로 말하면 미발(未發)·이발(已發)과 대본(大本)·달도(達道)의 명칭인데, 대본의 측면에서 보면 지정지중(至靜至中)하여 참으로 숨길 수 없는 그것을 역시 비(費)라고 말할 수 있지만 -주자가 "이때에는 이목이 응당 더더욱 정명해진다.〔此時耳目當益精明〕"라고 말한 것이 이것이다. 또 예컨대 고금(古今)의 사람들이 이미 모두 그 중(中)을 이룬 것과 같은 것도 비(費)라고 말할 수 있다.- 그 속에는 중(中)이 되게 하는 연고(緣故)가

77 비(費)는……체(體)이니 : "군자의 도는 비(費)하고 은(隱)하다.〔君子之道 費而隱〕"라는 《중용장구》 제12장의 경문에 대해서, 주희가 "비(費)는 용(用)이 광대함을 말한 것이요, 은(隱)은 체(體)가 은미함을 말한 것이다."라고 해설하였다.

78 화(和)……없다 : 녹문이 《주자어류(朱子語類)》 권63 〈중용 제12장〉의 "화(和)에도 비(費)가 있고 은(隱)이 있으니, 중(中)을 은(隱)이라고 하고 화(和)를 비(費)라고 하는 것은 부당하다. 그 명칭을 얻은 것이 비록 분명하다 해도 이 역시 비(費)인 것이다.〔和亦有費有隱 不當以中爲隱以和爲費 得其名處 雖是效 亦是費〕"라는 주희의 말을 간추려 정리한 것이다.

따로 있는 것이요, 달도의 측면에서 보면 사사물물(事事物物)에 중(中)이 아닌 것이 없는 그곳을 비(費)라고 말할 수 있지만 그 속에는 또한 화(和)가 되게 하는 연고가 있는 것이니, 주자가 하단에서 '그 명칭을 얻은 것이 비록 분명하다 해도 이 역시 비(費)인 것이다.〔得其名處雖是效 亦是費〕'라고 말한 것을 자세히 완미하면, 분명히 이해할 수가 있다. 또 진문울(陳文蔚)의 '성(誠)을 은(隱)으로 삼는다.〔以誠爲隱〕'라는 한마디 말[79]을 보더라도, '은(隱)'이라는 한 글자는 아무래도 끌어다 붙여서 비유할 수 없다는 것을 더욱 확인할 수 있다."라고 하였다.

내가 살펴보건대, 회형의 설이 대체적으로 그 뜻은 옳다. 다만 화(和)의 소이연(所以然)이 바로 중(中)인 것인데,-측은(惻隱)의 소이연이 인(仁)이고, 수오(羞惡)의 소이연이 의(義)이다.- 지금 "화(和) 위에 자연히 은(隱)이 있다.……" 한다면, 모르겠다만 중(中) 이외에 화(和)가 되게 하는 연고가 별도로 있는 것인가. 나의 의문점은 바로 여기에 있다.

다시 자세히 살펴보건대, 중(中)과 화(和)는 이 심(心)의 미발(未發)과 이발(已發)의 명칭이니, 미발과 이발에는 시절(時節)이 있고 분단(分段)이 있다고 하겠다. 그러나 비(費)와 은(隱)의 경우는 단지 이 도(道)가 지극히 광대하고 지극히 은미함을 말한 것으로서, 물(物)에 나아가면 비(費)가 그 안에 들어 있고 비(費)에 나아가면 은(隱)이 그 안에 들어 있는 만큼, 분단도 없고 시절도 없으니, 주자가 "현(顯)에 나아가도 미(微)가 밖에 있을 수 없다.〔卽顯而微不能外〕"[80]라고 말한

79 진문울(陳文蔚)의……말 : 진문울은 주희의 문인이다. 재경(才卿)이라는 자(字)로 많이 불린다. 이 말의 출처는 미상이다.

것이 이것이다.-측은(惻隱)에 나아가면 인(仁)의 이(理)가 그 안에 들어 있고, 수오(羞惡)에 나아가면 의(義)의 이가 그 안에 들어 있는 것이다.-

따라서 지금 만약 화(和)를 비(費)라고 하고 중(中)을 은(隱)이라고 한다면, 이는 이발(已發)의 시절에 은(隱)이 그 안에 행해지지 않아서, 반드시 이 심(心)이 적연부동(寂然不動)하여 미발(未發)하기를 기다린 뒤에야 비로소 은(隱)이라고 말할 수 있으니, 비와 은이 두 개의 별개의 일이 되고 말 것이다.

대개 도(道)의 소이연(所以然)이 물론 성(性)이긴 하다. 그러나 이는 단지 이 용(用)에 나아가서도 체(體)가 '밖에 있지 않음〔不外〕'을 말한 것일 뿐이니, 만약 동(動)과 정(靜)을 가지고 나누려 한다면 이것은 곧 안 될 일이다. 주자의 뜻은 바로 이와 같으니, 그가 미발이라는 두 글자를 거론한 것을 살펴보아도 알 수가 있다.

회형(晦兄)의 설에 이런 의사(意思)가 있는 것 같기도 하지만 상세

80 현(顯)에……없다 : 정주학의 유명한 명제 중의 하나인 체용일원(體用一源) 현미무간(顯微無間)을 언급하는 과정에서 주희가 설명한 내용 중 일부분으로, 《회암집(晦菴集)》 권30 〈답왕상서(答汪尙書)〉에 "지극히 은미한 것〔微〕은 이(理)이고, 지극히 드러난 것〔顯〕은 상(象)이다. 체(體)와 용(用)이 하나의 근원이고, 드러남과 은미함이 간격이 없다. 대개 이(理)의 측면에서 말하면 체에 나아가도 용이 그 안에 들어 있으니 이것이 이른바 일원이요, 상(象)의 측면에서 말하면 현(顯)에 나아가도 미(微)가 밖에 있을 수 없으니 이것이 이른바 무간이다.〔至微者理也 至著者象也 體用一源 顯微無間 蓋自理而言 則卽體而用在其中 所謂一源也 自象而言 則卽顯而微不能外 所謂無間也〕"라는 말이 나온다. 여기에서 체(體)가 본질, 본체, 이치〔理〕, 형이상(形而上)의 절대적 진리를 표상하는 개념으로서 미(微)를 그 속성으로 하고 있다면, 용(用)은 작용, 기능, 자취〔迹〕, 형이하(形而下)의 현상 세계를 표상하는 개념으로서 현(顯)을 그 속성으로 하고 있다고 할 수 있다.

히 갖추지 못하였고, 또 대본(大本)을 논한 곳의 표현에 불분명한 점이 있으니, 마땅히 말하기를 "천하 만물에 성(性)이 들어 있지 않음이 없으니 이것이 중(中) 위에 자연히 비(費)가 있게 되는 까닭이다. 그런데 다만 이 달도(達道)에는 곧 조짐이 없으니 이것이 화(和) 위에 자연히 은(隱)이 있게 되는 까닭이다.……"라고 해야만 옳을 것이다.-체용(體用)이라는 두 글자는 여러 가지로 해석된다. 천지(天地)의 측면에서 말하면 만물이 각각 그 성명(性命)을 바르게 하는 것이 용(用)이고, 그 소이연이 되는 것이 체(體)이다. 인(人)의 입장에서 말하면 사물의 당연한 이(理)가 용이고, 그 소이연이 되는 것이 체이다. 내가 위의 조목에서 설한 것과 같은 경우는 단지 아래의 한 절(截)에 나아가서 논한 것일 뿐이다.○또 중화(中和)를 아울러 말한다면, 동(動)하든 정(靜)하든 간에 이(理)가 있지 않음이 없는 것이 바로 비(費)이니, 이른바 "태극에 동정이 있는 것은 천명이 유행하는 것이다.〔太極之有動靜 天命之流行也〕"[81]라고 말한 것이 이것이다. 그리고 단지 중(中)만 가지고 말한다면 만리(萬理)가 모두 갖추어져서 사물에 찬연히 드러난 것도 비라고 말할 수 있으니, "체에 나아가도 용이 그 안에 들어 있다.〔卽體而用在其中也〕"라고 말한 것이 이것이다.-

내가 예전에 율곡(栗谷 이이(李珥))의 "당연이 비(費)이고, 소이연이 은(隱)이다.〔當然爲費 所以然爲隱〕"라는 설에 대하여 "비은(費隱)은 단지 하나의 물사(物事)일 뿐이다. 반면에 당연과 소이연에는 '각각 위주로 하여 말하는 것〔所就而言之〕'이 원래 분별이 있는 것이다.……"라고 의심하였으며, 또 주자의 "단지 이 당연의 이(理)가 충막무짐(沖

81 태극에……것이다 : 주희가 주돈이의 〈태극도설(太極圖說)〉을 해설한 내용 중 일부분이다. 《太極解義》

漠無朕)한 것이다."[82]라는 설을 인용하여 "당연은 물론 비(費)이다. 그러나 은(隱)도 여기에서 벗어나지 않는데, 어찌하여 꼭 분별해서 소이연을 은(隱)이라고 하는가."라고 말하였다. 그러고는 이 문제를 도암(陶菴 이재(李縡))에게 질의하였는데, 비록 해석해 주셨으나 끝내 의혹을 해소하지는 못하였다.

그러다가 저번에 화양(華陽)에서 며칠 동안 혈전(血戰)을 벌이는 과정에서, 당연과 소이연이 일찍이 분리된 적이 없다는 사실을 비로소 간취(看取)하였다. 그리하여 전일에 의심했던 것은 원래 의심할 필요가 없는 것으로서, 주(朱)・율(栗) 두 선생의 설이 애당초 털끝만큼도 차이가 없다는 것을 분명히 깨달았다. 대개 전일에는 비(費)와 은(隱)이 두 개의 물건〔物〕이 아니라는 것만 알았을 뿐, 당연과 소이연이 또한 두 개의 일〔事〕이 아니라는 것은 알지 못했던 것이니, 천하의 의리(義理)를 어떻게 쉽게 말할 수 있겠는가.

'천지가 다하지 못하는 것〔天地所不能盡〕' 역시 이(理) 안에 들어 있는 것을 말할 따름이다. 예컨대 추워야 할 때 춥고 더워야 할 때 더운 것이나 선(善)을 행하면 복을 내리고 불선(不善)을 행하면 재앙을 내리는 것 등은 상리(常理)이지만, 혹 추워야 할 때 덥거나 더워야

82 단지……것이다 : 《회암집(晦菴集)》 권48 〈답여자약(答呂子約)〉의 "단지 이 당연의 이(理)가 충막무짐(沖漠無朕)한 것이지, 이 이(理) 외에 별도로 충막무짐한 일물(一物)이 있는 것이 아님을 알아야 한다.〔須看得只此當然之理沖漠無朕 非此理之外別有一物沖漠無朕也〕"라는 말에서 발췌한 것이다. 충막무짐은 텅 비어 조짐이 없다는 뜻으로, 공적무형(空寂無形)이라는 말과 같다. 대본에는 '卽此當然之理 沖漠無朕'으로 되어 있으나, 문맥을 살펴 '卽'을 '只'로 바로잡아 번역하였다.

할 때 추운 것이나 선을 행해도 재앙을 내리고 불선을 행해도 복을 내리는 것 등은 이(理)의 변(變)으로서, 사람이 천지에 대해 유감스럽게 생각하는 점이니, 이것을 가지고 천지가 다하지 못한다고 할 수는 있다. 그러나 하늘이 만물을 실어 주고〔形載〕 땅이 만물을 덮어 주는〔生覆〕 것은 이(理) 안에 결코 없는데, 이에 대해서도 천지가 다하지 못한다고 말하는 이유는 무엇인지 매우 의심스러웠다. 만약 이 설대로라면 하늘은 하늘이 할 일을 행할 뿐만 아니라 반드시 땅의 일까지 아울러 행해야만 비로소 도(道)를 다했다고 말할 수 있을 것이요, 땅은 땅이 할 일을 행할 뿐만 아니라 반드시 하늘의 일까지 아울러 행해야만 비로소 도를 다했다고 말할 수 있을 것인데, 이런 이치는 없을 듯하니 어떻게 이해해야 할지 모르겠다.

다시 자세히 살펴보건대, 이것은 "하늘이 반드시 덮어 주고 또 실어 주어야 하며, 땅이 반드시 실어 주고 또 덮어 주어야만 비로소 그 도를 다한다."라는 말이 아니라, 역시 "덮어 주는 것이 이(理)이지만 땅은 그렇게 하지 못하고, 실어 주는 것도 이(理)이지만 하늘은 그렇게 하지 못하는데, 하늘과 땅이 그렇게 하지 못하는 것도 이(理) 안에 들어 있지 않은 것이 없다."라는 말이니, 추위와 더위나 재앙과 복 및 '성인도 못하는 바가 있다.〔聖人有所不能〕'라는 뜻과는 그 의미가 조금 다르다.

'공자가 지위를 얻지 못한 것〔孔子不得位〕'에 대해서는, 사람들이 천지에 유감을 품는 것이라고 말해도 좋고, 성인도 하지 못하는 바가 있다고 말해도 좋다.

'반드시 일삼는 것이 있어야 하지만 미리 기한을 정하지 말아야 하는 것〔必有事焉而勿正〕'[83]은 이 마음을 보존하기 위해서이다. 이 마음이 일단 보존되면 전체가 모습을 드러내고 묘용(妙用)이 밝게 작동하여, 동쪽으로 가도 이러하고 서쪽으로 가도 이러할 것이니, 주자가 "솔개가 날고 물고기가 뛰는 이 도리가 접촉하는 곳마다 환히 드러난다.〔鳶飛魚躍 觸處朗然〕"라고 말하고, "좌우로 오가도 모두 천리이니, 어떻게 쾌활하지 않겠는가.〔左來右去 盡是天理 如何不快活〕"라고 말한 것이 이것이다.[84] 만약 이에 대해서 말없이 이해하면 정자가 "활발발(活潑潑)한 경지를 함께한다.〔同活潑潑地〕"[85]라고 한 것이 굳이 추구(推究)하지 않더라도 자연히 심목(心目)의 사이에 밝게 드러날 것이니, 보고 듣고

83 반드시……것 : 《맹자》 〈공손추 상(公孫丑上)〉의 "반드시 호연지기를 기르는 것을 일로 삼되 미리 기한을 정하지 말고서, 마음속으로 잊지도 말고 억지로 조장하지도 말아야 한다.〔必有事焉而勿正 心勿忘 勿助長也〕"라는 말을 발췌한 것이다.

84 주자가……이것이다 : 앞의 인용문은 《회암집(晦菴集)》 권32 〈답장경부(答張敬夫)〉에 나오고, 뒤의 인용문은 《주자어류(朱子語類)》 권29에 보인다.

85 활발발(活潑潑)한 경지를 함께한다 : 정이(程頤)가 《중용장구》 제12장의 "《시》에 이르기를 '솔개는 날아서 하늘에 이르고, 물고기는 못에서 뛴다.'라고 하였으니, 이는 천지의 도가 높은 하늘이나 낮은 못이나 모두 똑같이 행해지고 있음을 말한 것이다.〔詩云鳶飛戾天 魚躍于淵 言其上下察也〕"라는 말에 대해서, "이 한 단락은 자사(子思)가 긴요하게 사람을 위해 말해 준 것으로, '반드시 일삼는 것이 있어야 하지만 미리 기한을 정하지 말고서 마음속으로 잊지도 말고 억지로 조장하지도 말아야 한다.'라는 뜻과 활발발한 경지를 함께하는 것인데, 이런 도리를 체득할 때에는 활발발해지겠지만, 체득하지 못할 때에는 그저 정신만 수고롭게 할 것이다.〔此一段 子思喫緊爲人處 與必有事焉而勿正心之意 同活潑潑地 會得時活潑潑地 不會得時只是弄精神〕"라고 말한 내용이 《이정유서(二程遺書)》 권3 〈사현도기억평일어(謝顯道記憶平日語)〉에 나온다. 활발발은 생기(生氣)가 충만한 것을 말한다.

말하는 것 모두가 이 일에 상관없게 될 것이다.

주자가 임택지(林擇之)에게 답한 글에서 이르기를 "반드시 일삼는 것이 있어야 하지만 미리 기한을 정하지 말고서 마음속으로 잊지도 말고 억지로 조장하지도 않는다면, 이 마음이 우뚝하게 동정을 관통하여 안으로 경(敬)이 확립되고 밖으로 의(義)가 행해진 결과 어디를 가더라도 천리의 바름 아닌 것이 없게 될 것이다.〔必有事焉而勿正 心勿忘 勿助長 則此心卓然 貫通動靜 敬立義行 無往而非天理之正矣〕"라고 하였고, 또 이르기를 "노자의 무위가 되지도 않을뿐더러 작위하는 바도 있지 않으니, 이것이 바로 천명이 유행하며 솔개가 날고 물고기가 뛰는 전체인 것이다.〔旣不爲老子之無爲 又非有所作爲 此便是天命流行鳶飛魚躍之全體〕"라고 하였는데,[86] -주자의 말은 여기까지이다.- 이 말을 깊이 음미하면 정자의 '활발발(活潑潑)한 경지'와 그 뜻을 같이함을 알 수 있을 것이다. -《맹자혹문(孟子或問)》에 이르기를 "이것은 천리가 유행하며 절로 그렇게 되는 묘리(妙理)를 형용한 것이다. 대개 일삼는 바가 없이 잊어버리면 인욕(人欲)의 사(私)가 일어나고, 미리 기한을 정해서 조장하면 마음 씀이 지나쳐서 역시 인욕의 사를 면치 못한다. 그러므로 반드시 이 두 가지의 폐단을 끊은 뒤에야 천리(天理)의 절로 그러한 묘리가 일용(日用) 사이에 유행하여 발현될 것이니, 이는 마치 솔개가 날아서 하늘에 이르고 물고기가 뛰어서 못에서 노니는 것과 같으며, 증점(曾點)이 기수(沂水)에 가서 목욕을 하고 기우제 드리는 곳에서 바람을 쏘인 뒤에 노래하며 돌아오는 것[87]과 같다고

86 주자가……하였는데 : 《회암집(晦菴集)》 권43에 나오는 34개의 〈답임택지(答林擇之)〉 중 21번째와 24번째의 답서에 이 내용이 보인다.

87 증점(曾點)이……것 : 공자의 제자 증점이 "늦은 봄에 봄옷이 만들어지면 관을 쓴

하겠다.〔此所以形容天理流行自然之妙也 蓋無所事而忘則人欲之私作 正焉而助之長則其用心之過 亦不免於人欲之私也 故必絶是二者之累而後 天理自然之妙 得以流行發見於日用之間 若鳶之飛而戾於天也 魚之躍而出於淵也 若曾點之浴沂風雩而詠以歸也〕"라고 하였다.- 천지(天地)의 측면에서 말하면 솔개와 물고기〔鳶魚〕가 바로 사물(事物)이고, 사람의 입장에서 말하면 사물이 바로 연어(鳶魚)인 것이다. 이는 억지로 끌어다 붙여서 비유한 것이 아니니, 천인(天人)의 사이에는 하나의 이(理)가 있을 뿐이다. 정자가 "즐거워하면 이 마음이 생겨날 것이니, 이 마음이 생겨나면 어떻게 그만둘 수 있겠는가.〔樂則生生則烏可已〕"[88]라고 하였는데, 이 말이 확실하다고 하겠다.

"군자의 도는 단서가 부부에게서 시작되는데, 그 지극함에 미쳐서는 천지에 밝게 드러난다.〔君子之道 造端乎夫婦 及其至也 察乎天地〕"라고 하였는데, 이것은 단지 가까이로는 부부의 거실 사이로부터 멀리로는 성인(聖人)과 천지(天地)에 이르기까지 '다하지 못하는 바〔所不能盡〕'가 있다는 뜻일 뿐이지, 군자가 공력을 기울이는 일〔用功〕은 아닌 것이다. 주자가 이르기를 "이는 단지 위의 글을 재차 반복해서 설한 것이다.〔此只是再疊說上文〕"라고 하였고, 호백봉(胡伯逢)에게 답한 글에

벗 대여섯 명과 아이들 예닐곱 명을 데리고 기수에 가서 목욕을 하고 기우제 드리는 곳에서 바람을 쏘인 뒤에 노래하며 돌아오겠다.〔莫春者 春服旣成 冠者五六人 童子六七人 浴乎沂 風乎舞雩 詠而歸〕"라고 자신의 뜻을 밝히자, 공자가 감탄하며 허여한 고사를 말한다. 증점은 증자(曾子)의 아버지이다.

88 즐거워하면……있겠는가 : 원래는 《맹자》 〈이루 상(離婁上)〉에 나오는 맹자의 말인데, 정이(程頤)가 연비어약(鳶飛魚躍)의 대목과 관련하여 이 말을 인용해서 설명해 준 내용이 《이정수언(二程粹言)》 권하(卷下)에 보인다.

이르기를 "이것은 군자의 도는 부부의 은밀함에서 단서가 시작되는 것으로서, 그 극치를 말하면 하늘과 땅의 높고 깊은 곳까지 밝게 드러남을 말한 것이다. 그러나 기미를 알고 신독하는 군자가 아니라면, 그 누가 이를 체득할 수 있겠는가.〔此君子之道所以造端乎夫婦之微密 而語其極則察乎天地之高深也 然非知幾愼獨之君子 其孰能體之〕"라고 하였다.-주자의 말은 여기까지이다.- 대개 단서가 부부에게서 시작된다는 것은 단지 범범하게 도체(道體)를 말하였을 뿐이고, 군자가 체득하는 것은 바로 아래에 나오는 한 절(截)의 일이다. 그렇다면 경문에 나오는 두 개의 '부부'라는 글자는 단지 하나의 뜻일 뿐인데, 사계(沙溪 김장생(金長生))와 계곡(谿谷 장유(張維))이 이에 대해서 깊이 의심을 품은 것이 나는 이해가 되지 않는다.

13장 十三章

회형(晦兄)이 말하기를 "12장에서 '성인도 능하지 못하다.〔聖人所不能〕'라고 한 것은 바로 진짜로 능하지 못한 것이지만, 13장에서 '나는 한 가지도 능하지 못하다.〔某未能一〕'라고 한 것이야 어찌 진짜로 능하지 못한 것이겠는가. 그런데도 주자가 비(費)에 나누어 소속시킨 것은 무엇 때문인가?"라고 하기에, 내가 답하기를 "'나는 한 가지도 능하지 못하다.'라고 한 것이 물론 스스로 억누른 말이긴 하다. 그러나 실제로 도리(道理)란 무궁하여, 비록 성인이라도 다하지 못하는 점이 있기 때문에, 그 마음을 낮추어서 항상 부족한 점이 있는 듯이 하는 것이니,-그 마음에 스스로 부족하다고 여기는 이것이 곧 도리가 무궁한 대목이요, 이것이 곧 성인이 다하지 못하는 대목이다.- 주자가 '마음속으로는 실제로 자신이 성인이라고 생각하면서 짐짓 이렇게 겸양(謙讓)하신 것이 아니다.〔非心實自聖 而姑爲是退托〕'[89]라고 한 것이 이것이다. 그렇다면 이 장의 '나는 한 가지도 능하지 못하다.'라는 말을 '진짜로 능하지 못한 것'이라고 이해해도 원래 무방한 것이다. 《장구(章句)》에서 '나는 한 가지도 능하지 못하다.'라고 한 데 대해 '성인도 능하지 못하다.〔聖人所不能〕'라고 해설한 것은 성인의 뜻을 깊이 체득한 것이니, 이를 깊이 체득한다면 매우 의미가 있을 것이다."라고 하였다.

15장 十五章

여씨(呂氏)가 부모를 편안하게 해 드리는 것을 멀고 높은 것이라고 하고, 처자와 화합하고 형제와 잘 지내는 것을 가깝고 낮은 것이라고 해설하였는데, 주자가 이 해설을 상세하고 확실하다고 평하였으니, 지금 그대로 따라야 할 것이다.

16장 十六章

귀신(鬼神)은 이기(二氣 음기(陰氣)와 양기(陽氣))의 영처(靈處 영험한 곳)이니, 비록 그것을 보거나 들을 수 없다고 하더라도 본디 형이하(形而下)에서 벗어나지 않는 것인데, 《장구(章句)》에서 '보이지 않고 들리지 않는다는 것〔不見不聞〕'을 가지고 은(隱)에 소속시킨 것은 무엇 때

89 마음속으로는……아니다 : 《논어》〈위정(爲政)〉 지학장(志學章)의 장구에 이 내용이 보인다.

문인가? 이것이 바로 내가 몇 년 동안 계속 의심하면서도 분명히 알지 못한 점이었다.

일찍이 이 문제를 가지고 도암(陶菴 이재(李縡))에게 질의하였더니 그 설이 이(理)를 위주로 하는 것 같았고, 그 뒤에 또 우옹(尤翁 송시열(宋時烈))의 설을 보니 그 뜻도 그러하였다. 그래서 마침내 《혹문(或問)》과 《어류(語類)》 및 《대전(大全)》의 여러 설을 가져다가 상세히 고찰하고 검증하였더니 대개 그와 같은 설이 많았으므로 이에 비로소 그러한 것으로 믿게는 되었으나 여전히 막혀서 통하지 않는 곳이 없지 않았다.

그러다가 지난번에 백춘(伯春 김원행(金元行))과 이 문제를 논하였는데 나의 의견과 서로 계합(契合)하는 점이 있는 것 같았고, 이른바 막혀서 통하지 않던 곳도 녹아서 풀어지는 것 같았으므로 마침내 추론하고 연역하여 하나의 설을 짓게 되었으니, 이는 우옹과 도암 양로(兩老)의 뜻을 발명(發明)한 것이라고 하겠다.

대개 귀신이라는 것은 이기(二氣)의 양능(良能)이요 음양(陰陽)의 영처인 것이다. 그러므로 그 계분(界分 경계(境界))을 논하자면 물론 형이하에 소속시켜야 하겠지만, 이른바 양능이나 영처라는 것에는 실제로 볼 수 있는 형상이나 접할 수 있는 성취(聲臭)가 있지 않고, 단지 '절로 그러한 것〔自然〕'이 이와 같을 뿐이니, 바로 주자가 "천지와 통한다.〔與天地通〕"라고 말한 그것이다.-주자가 말하기를 "정기는 물(物)에 나아가서 말한 것이고, 혼백은 인(人)에 나아가서 말한 것이고, 귀신은 인(人)과 분리해서 말한 것이다. 굴신왕래(屈伸往來)나 음양합산(陰陽合散)이라고 말하지 않고 귀신이라고 말한 것은, 귀신이 대개 천지와 통하는 것인 만큼 그것이 만물의 체(體)가 되어 물(物)이 처음부터 끝까지 빠뜨릴 수 없는 것이기 때문이다.〔精氣就物而言 魂魄就人而

言 鬼神離乎人而言 不曰屈伸往來陰陽合散 而曰鬼神 則鬼神蓋與天地通 所以爲萬物之體 而物之終始不能遺也〕"[90]라고 하였다.-

그러므로 그것을 이(理)라고 말해도 원래 무방한 것인데,-《역(易)》에 이르기를 "신(神)이란 만물 속에서 묘하게 작동하는 것을 말한다.〔神也者 妙萬物而爲言〕"[91]라고 하였는데, 그 주(註)에서 주자가 "소이연(所以然)을 가지고 말한 것이다."라고 하였다. 그리고 《통서(通書)》의 주에서는 곧바로 "신(神)은 태극이다.〔神爲太極〕"라고 하였으며, 정자도 이와 같이 설한 것이 많다.○하나의 귀신에 대해서 기(氣)에 소속시키기도 하고 이(理)에 소속시키기도 하는 이것이야말로 긴요하게 착안할 곳이다.○주자는 또 양씨(楊氏)의 "만물 속에서 묘하게 작용하며 어디든 있지 않은 곳이 없다.〔妙萬物而無不在〕"[92]라는 한 마디 말을 수긍하면서 《집략(輯略)》에 기록해 넣었다.- 이 장(章)에서 그 덕(德)의 성대함을 극찬하면서 "은미한 것이 드러나니, 성(誠)을 가릴 수가 없다.〔微之顯 誠之不可揜〕"라는 말로 결론을 지었고 보면, 전적으로 실리(實理)로써 말한 것임을 알 수가 있다. 이것이 바로 주자가 후씨(侯氏 후중량(侯仲良))의 설을 배척하며 '보이지 않고 들리지 않는 것〔不見不聞〕'을 은(隱)으로 삼은 까닭이라고 하겠다.

혹자가 말하기를 "이 귀신이 만약 이(理)로써 말한 것이라면, 주자가 어째서 별도로 훈고(訓詁)를 지어서 사람이 쉽게 이해하게 하지 않고

90 정기는……때문이다 : 녹문이 《주자어류(朱子語類)》 권63에 실려 있는 내용을 그대로 옮겨 와 인용하였다.

91 신(神)이란……말한다 : 《주역》 〈설괘전(說卦傳)〉 6장에 나오는 말이다.

92 만물……없다 : 주희가 지은 《중용집략(中庸輯略)》 권상(卷上) 16장에 "귀신이 물(物)의 본체가 되어 빠뜨릴 수 없는 것은 대개 만물 속에서 묘하게 작용하며 어디든 있지 않은 곳이 없기 때문이다.〔鬼神體物而不可遺 蓋其妙萬物而無不在故也〕"라는 양시(楊時)의 설이 소개되어 있다.

는, 그만 양능(良能)과 영처(靈處) 등의 설을 가지고 범연(泛然)하게 해설해 놓은 것인가."라고 하기에, 내가 말하기를 "양능과 영처가 바로 귀신의 정의(正義)이니, 비록 이(理)를 가지고 말한다고 하더라도 어떻게 양능과 영처의 테두리를 벗어나서 또 다른 귀신이 있을 수 있겠는가. 그러므로 단지 하나의 지두(地頭 지경(地境))일 뿐이지만, 능히 굴신(屈伸)하는 측면에서 말하면 기(氣)에 소속시킬 수 있지만, '자연히 그러한 것〔自然恁地〕'의 측면에서-'자연임지(自然恁地)'라는 표현도 주자가 말한 것이다.- 말하면 이(理)에 소속시킬 수 있는 것이다. 그 나뉨은 대개 털끝만큼도 용납할 수 없이 분명하지만, 모두 양능과 영처의 테두리 밖으로 벗어나지 않는다.-이것이 바로 이기(理氣)가 혼융(混融)하여 간격이 없는 묘리(妙理)인 것이다.- 그렇기 때문에 이 장을 해석하는 자가 이 말을 버리고서는 귀신의 묘함을 드러낼 수가 없고, 이 장을 읽는 자가 이 말을 버리고서는 귀신의 실상을 볼 수가 없는데, 그대가 오히려 의심하는 것은 어째서인가."라고 하였다.

이에 혹자가 다시 말하기를 "이미 양능과 영처로 해석해 놓고는 달리 또 명백한 말이 없으니, 후인(後人)으로 하여금 장차 무엇을 근거로 해서 그것이 이(理)인지 기(氣)인지 분변할 수 있게 하겠는가."라고 하기에, 내가 말하기를 "언제 명백하게 말하지 않은 적이 있었던가. 다만 독자가 살피지 못할 따름이다. 《장구》에서 이미 덕(德)을 성정(性情)과 공효(功效)라고 하였고, 《혹문》에서는 후씨(侯氏)가 귀신과 덕(德)을 나누어 형이상과 형이하로 삼은 설을 배척하였으니, 그렇다면 귀신과 덕을 전적으로 형이상에 소속시킨 것이 분명하다. 그리고 이미 '귀신은 형체와 소리가 없다.〔鬼神無形與聲〕'라고 말하였을 뿐만 아니라, 또 '보아도 보이지 않고 들어도 들리지 않는 것〔視不見 聽不聞〕'

을 은(隱)으로 삼았으니, 그렇다면 귀신을 소이연(所以然)의 이(理)로 삼은 것이 더욱 확실하다고 하겠다.-이는 단지 은(隱)의 측면에서 말했기 때문에 이렇게 말한 것일 뿐이요, 실제로 귀신은 비(費)와 은(隱)에 통하는 것이다.- 다만 전일에 읽을 때에는 단지 귀신이 기(氣)인 것으로만 알았기 때문에 이와 같은 명백한 지결(旨訣)에 대해서도 의심이 없을 수 없었으니, 생각하면 웃음이 나올 따름이다."라고 하였다.

귀신의 문제와 관련하여 윤중삼(尹重三)[93]에게 답하였는데, 그 글의 내용을 소개하면 다음과 같다.

"전유(前諭 전에 보내온 글)에서 귀신을 형이하로 하고 성(誠)을 형이상으로 한 것에 대해서는, 지금 이미 그 오류를 스스로 깨달으셨으니 더 이상 논의할 것이 물론 없다고 하겠습니다. 그런데 지금 보내신 글을 보건대, 또 귀신과 덕(德)을 모두 기(氣)에 소속시켰으니, 이것은 그 오류의 정도가 더욱 심할 듯싶습니다.

대저 귀신의 덕이 이미 기(氣)라고 한다면, '보이지 않고 들리지 않는 것〔不見不聞〕'도 기에 속해야 할 텐데, 참으로 이와 같다면 《장구》에서 '보이지 않고 들리지 않는 것은 은(隱)이다.〔不見不聞隱也〕' 라고 한 것은 과연 어떻게 설해야 통하겠습니까. 나의 소견은 전서(前書)에서 이미 그 단서를 드러냈습니다만, 다시 극론(極論)하여 가르침을 구할까 합니다.

대저 천지 사이에는 이(理)와 기(氣)가 있을 따름이니, 이가 아니

93 윤중삼(尹重三) : 성명은 미상이다. 이 글 이외에 《녹문집》 권4에 〈답윤중삼(答尹重三)〉이라는 다른 글이 실려 있는데, 참고할 만하다.

면 곧 기인 것이고 기가 아니면 곧 이인 것입니다. 따라서 어떤 때는 이(理)가 되고 어떤 때는 기(氣)가 되어 양쪽의 지보(地步 지위)를 모두 겸하는 물건은 있지 않은데, 유독 이 귀신만은 기라고 말을 하는 것도 가능하고 이라고 말을 하는 것도 가능합니다. 이는 대개 그것이 지정(至精) 지미(至微)하고 지신(至神) 지묘(至妙)하여 애당초 일정한 체〔定體〕가 없고 일정한 이름〔定名〕도 없이, 오직 가리키는 바가 어떤 것인지에 달려 있기 때문이니, 이것이 바로 혼융(混融)하여 간격이 없는 묘리(妙理)라고 하는 것입니다.

이 때문에 기(氣)를 위주로 해서 말을 하면 음(陰)과 백(魄)이 귀(鬼)가 되고 양(陽)과 혼(魂)이 신(神)이 되어 귀(鬼)와 신(神)이 모두 형이하의 것이 되고, 이(理)를 위주로 해서 말을 하면 인(仁)과 예(禮)가 신(神)이 되고 의(義)와 지(智)가 귀(鬼)가 되어-이 말에 놀랄 수도 있을 것 같습니다만, 자세히 완미하면 의심하지 않아도 될 것이니, 단지 주자가 '인(仁)은 목신(木神)이고, 의(義)는 금신(金神)이다.'[94]라고 말한 것만 보

94 인(仁)은……금신(金神)이다 : 《논어혹문(論語或問)》 〈학이(學而)〉의 "사람은 오행(五行)의 기(氣)를 품수(稟受)하여 태어났다. 그러므로 심(心)이 미발(未發)의 상태에서는 인(仁)·의(義)·예(禮)·지(智)·신(信)의 성(性)을 갖추어 그것을 체(體)로 삼고, 이발(已發)의 상태에서는 측은, 수오, 공경, 시비, 성실의 정(情)이 있어서 그것을 용(用)으로 삼는 것이다. 대개 목신(木神)을 인이라고 하니 이는 애(愛)의 이(理)로서 그것이 발하면 측은이 되고, 화신(火神)을 예라고 하니 이는 경(敬)의 이로서 그것이 발하면 공경이 되고, 금신(金神)을 의라고 하니 이는 의(宜)의 이로서 그것이 발하면 수오가 되고, 수신(水神)을 지라고 하니 이는 별(別)의 이로서 그것이 발하면 시비가 되고, 토신(土神)을 신이라고 하니 이는 실유(實有)의 이로서 그것이 발하면 충신(忠信)이 되는데, 이 모두가 천리(天理)의 당연함이요 인심(人心)의 오묘한 점이라고 하겠다.〔人稟五行之氣以生 故其爲心也未發 則具仁義禮智信之性以爲之體 已發則

아도 알 수 있을 것입니다.- 신(神)과 귀(鬼) 모두 형이상의 것이 됩니다.

시험 삼아 선민(先民)의 말로 증명해 보더라도, 거기에도 역시 이 양단(兩端)이 있습니다. 예컨대 공자(孔子)가 '기(氣)라는 것은 신(神)의 성대한 작용을 말하고, 백(魄)이라는 것은 귀(鬼)의 성대한 작용을 말한다.'라고 말한 것과 정씨(鄭氏)가 허흡(虛吸)과 총명(聰明)을 말한 것[95]은 바로 기를 위주로 해서 말한 것이고, 《대역(大易)》에서 '신(神)은 만물 속에서 묘하게 작용하는 것이다.〔神妙萬物〕'[96]라고 말한 것과 《통서(通書)》에서 '동(動)하되 동하지 않고 정(靜)하되 정하지 않은 것〔動而無動 靜而無靜〕'[97]이라고 말한 것은 바로 이를 위주로 해서 말한 것입니다.-《통서》에 이르기를 '동(動)하면 정(靜)이 없고 정하면 동이 없는 것은 물(物)이다. 동하되 동하지 않고 정하되 정하지 않은 것은 신(神)이다. 물은 국한되어 통하지 못하지만, 신은 만물 속에서 묘하게 작동한다.〔動

有惻隱羞惡恭敬是非誠實之情以爲之用 蓋木神曰仁則愛之理也而其發爲惻隱 火神曰禮則敬之理也而其發爲恭敬 金神曰義則宜之理也而其發爲羞惡 水神曰智則別之理也而其發爲是非 土神曰信則實有之理也而其發爲忠信 是皆天理之固然 人心之所爲妙也〕"라는 주희의 말에서 발췌한 것이다.

95 공자(孔子)가……것 : 《예기》 〈제의(祭義)〉에 "기(氣)라는 것은 신(神)의 성대한 작용을 말하고, 백(魄)이라는 것은 귀(鬼)의 성대한 작용을 말한다. 그러므로 귀와 신을 합해서 설해야만 가르침이 완전해지는 것이다.〔氣也者 神之盛也 魄也者 鬼之盛也 合鬼與神 教之至也〕"라는 공자의 말이 나오는데, 이에 대해서 정현(鄭玄)이 "호흡이 출입하는 것이 기(氣)이고, 이목이 정명한 것이 백(魄)이다. 기(氣)는 혼(魂)을 말한다.〔噓吸出入者氣也 耳目之精明爲魄 氣則魂之謂也〕"라고 해설하였다. 《禮記集說 卷112 祭義》

96 신(神)은……것이다 : 《주역》 〈설괘전(說卦傳)〉 6장의 말을 줄인 것이다.

97 동(動)하되……것 : 주돈이(周敦頤)의 《통서(通書)》 제16 〈동정(動靜)〉에 나오는 내용을 발췌한 것이다.

而無靜 靜而無動 物也 動而無動 靜而無靜 神也 物則不通 神妙萬物〕'라고 하였는데, 주자가 이를 해석하여 말하기를 '신(神)은 형체를 벗어나지 않으면서도 형체에 구속되지 않는다.〔神則不離於形而不囿於形矣〕'라고 하였고, 또 말하기를 '이것은 형이상의 이(理)를 말한 것인데, 이(理)는 신묘하여 헤아릴 수가 없다.〔此言形而上之理也 理則神而莫測〕'라고 하였다. ○《시경》〈소아(小雅) 정월(正月)〉 '유황상제(惟皇上帝)'의 주에 '상제는 천(天)의 신(神)인데, 정자는 「형체로 말하면 천이라고 하고, 주재로 말하면 제(帝)라고 한다.」라고 하였다.〔上帝天之神也 程子曰以形體謂之天 以主宰謂之帝〕'라고 하였는데, 이것도 이(理)로써 말한 것이다.- 그런데 《중용》의 이 장에서는 그 덕(德)의 성대함을 극론하면서 '은미한 것이 드러나니, 성(誠)을 가릴 수가 없다.〔微之顯 誠之不可揜〕'라는 말로 결론을 지었으니, 그렇다면 이(理)를 위주로 하고 기(氣)를 위주로 하지 않았다는 것을 또 어찌 분명히 볼 수 있지 않겠습니까.

그리고 '귀신의 덕 됨〔鬼神之爲德〕'은 바로 '중용의 덕 됨〔中庸之爲德〕'과 그 어법(語法)이 흡사합니다.[98] 중용과 덕이 이미 이 이(理)를 위주로 했다면 귀신과 덕이 또 어찌 이것과 유독 다르겠습니까. 그리고 귀신과 덕이 모두 이(理)에 속한다면, '보이지 않고 들리지 않는 것〔不見不聞〕'도 바로 이 물사(物事)이고, '체물(體物)'과 '여재(如在)'[99]도 바로 이 물사인 것이며, '은미한 것이 드러남〔微顯〕'도 이

98 귀신의……흡사합니다 : 《논어》〈옹야(雍也)〉의 "중용의 덕 됨이 참으로 지극하다.〔中庸之爲德也 其至矣乎〕"라는 공자의 말과 《중용장구》 제16장의 "귀신의 덕 됨이 참으로 성대하다.〔鬼神之爲德 其盛矣乎〕"라는 공자의 말이 중용과 귀신이라는 말만 다를 뿐 그 어투가 비슷하다는 말이다.

99 체물(體物)과 여재(如在) : 《중용장구》 제16장의 "물의 본체가 되어 빠뜨릴 수 없다.〔體物而不可遺〕"와 "그 좌우에 있는 듯하다.〔如在其左右〕"라는 말을 줄인 것이다.

물사이고 '성(誠)'도 이 물사인 것이니, 이렇게 해야만 상하(上下)의 문리(文理)가 원융(圓融)하게 관통되어 절로 무궁한 의미가 있게 될 것입니다. 그렇지 않고 혹 나누어서 둘로 만들거나 혹 기(氣)에 모두 소속시킨다면 문자(文字)가 뒤뚱거리고 의리(義理)가 천단(淺短)하게 됨은 물론이요, 언뜻 보면 기뻐할 만한 것처럼 보일지라도 조금 시간이 지나면 그 의미가 곧장 퇴색되고 말 것이니, 성인(聖人)이 입언(立言)하여 명명한 그 뜻이 어찌 이와 같을 수 있겠습니까.

더구나 20장의 혹문(或問)에서 귀신의 덕과 천(天)의 도(道)를 나란히 거론하여 이 이(理)의 지실(至實)한 면을 밝혔고 보면, 그 덕이 기(氣)에 소속될 수 없다는 것을 더 분변할 필요가 없는데, 주자도 이에 대해서 이미 말한 바가 있습니다. 이미 나누어서 둘로 만들 수도 없고 또 덕을 기(氣)라고 할 수도 없다면, 귀신과 덕을 함께 이(理)로 귀결 짓는 것 말고 또 무슨 설을 달리 제기할 수 있겠습니까.

삼가 바라건대 구견(舊見)을 씻어 버리고 먼저 양능(良能)과 영처(靈處) 위에 나아가서 이기(理氣)가 혼융(混融)한 그 묘리(妙理)를 인식한 뒤에, 다시 《중용》을 가져다가 위주로 하는 것이 이(理)에 있는지 기(氣)에 있는지를 탐구해 보십시오. 이와 같이 추구(推究)하며 읽어 오고 읽어 가노라면 자연히 의혹이 해소되어 깨달으면서 더 이상 의심할 바가 없게 될 것입니다."

맹성백(孟成伯 맹이대(孟以大))이 글을 보냈는데, 그 대략에 "전서(前書)에서 말한 '합일(合一)'이란 형이상(形而上)과 형이하(形而下)가 분리되지도 않고 뒤섞이지도 않음을 말한 것이 아니고, 단지 지극히 은미한 곳에 자연히 지극히 묘한 기(氣)와 지극히 묘한 이(理)가 완전히 하나로 합일하여 묘하고 묘한 것이 있다는 말인데, 이것을 어찌 알지 못하는 자와 말할 수 있겠습니까."라고 하고, 또 말하기를 "귀신이라는 것을 요약해서 말하면 하나의 신(神)에 지나지 않을 뿐인데, 이 신이라고 하는 것이 이(理)이겠습니까, 기(氣)이겠습니까. 만약 기라고 설하면 기는 곧 자취가 있고, 만약 이라고 설하면 이는 본래 '하는 것〔爲〕'이 없으니, 나는 그 신이라는 것을 과연 뭐라고 이름 붙여야 할지 모르겠습니다. 영처라고 하고 양능이라고 하는 것은 기(氣)라고 말하는 것과 같고, 문견(聞見)도 없고 성취(聲臭)도 없다고 하는 것은 이(理)라고 말하는 것과 같습니다."라고 하였다.

또 말하기를 "주자가 매양 양능과 영처를 설할 때면, 으레 '이의 자연〔理之自然〕'이라고 하고 '이가 이와 같다.〔理如此〕'라고 하였으며, 또 '성정이 곧 이이다.〔性情則理〕'라고 하였는데 이것도 분명히 양능과 영처를 말한 것입니다.-점점 설하는 것이 이와 기가 합일하는 계분(界分)에 이르고 있습니다.- 문견도 없고 성취도 없는 이(理)를 가지고 양능(良能)과 영처(靈處)라고 지적해서 말할 수 있다면-이를 기와 합한 것입니다.- 양능과 영처 역시 문견 성취를 말할 만한 것이 있지 않음이 분명합니다.-기를 이와 합한 것입니다.- 이렇게 되면 반드시 기(氣)와 비슷하면서도 기 아닌 것이 존재하고 이(理)와 비슷하면서도 이 아닌 것이 존재하여, 이(理)는 독자적으로 이를 이루지 못하고 기(氣)는 독자적으로 기를 이루지 못하니, 결국에는 또 어떤 것이 이이고 어떤 것이 기인지 알 수 없게 됩니다. 그렇다면 신(神)이라고 하는 것을 이(理)라고 말해도 되고 이가 아니라고 말해도 될 것이며, 기(氣)라고 말해도 되고 기가 아니라고 말해도 될 것입니다."라고 하였다.-이것이 바로 이기가 합일한 지극히 묘하고 묘한 곳입니다.-

또 말하기를 "이런 도리를 모르고서 추적(粗迹 조잡한 자취)의 기(氣)를 가지고 귀신(鬼神)을 가리키는 것은 논할 가치도 없습니다만, 이(理)라고 말하면서도 합일(合一)하는 그 묘리(妙理)를 알지 못한다면 이것 또한 어떻게 이기의 본원(本原)을 참으로 안다고 말할 수 있겠습니까.……" 하였다.

이에 내가 다음과 같이 답하였다.

"존형(尊兄)의 전서(前書)에 이기합일(理氣合一)의 논이 있었습니다만, 그 어의(語意)를 살펴보건대 이와 기를 마구 뒤섞어서 말한 것 같기에 내가 감히 그렇지 않음을 변론했습니다. 그런데 지금 반복해서 깨우쳐 주시는 글을 받아 보고는, 비로소 본의(本意)가 나의 의견과 애당초 조금도 차이가 없음을 알았습니다.

대저 양능과 영처가 귀신의 정의(正義)이고 보면, 귀신의 계분(界分)은 원래 기(氣)에 속해야 마땅할 것입니다. 그러나 기(氣)라고 하는 것이 지극히 정묘(精妙)하고 지극히 은미(隱微)하며 지극히 현오(玄奧)하여 실로 보고 들을 수 있는 형체와 소리가 있는 것이 아니니, 이것이 바로 주자가 말한 '자연히 그러한 것〔自然恁地〕'과 '천지와 통하는 것〔與天地通〕'입니다.-일단 양능이라고 말하고 영처라고 말한 이상에는, 그것이 비록 기(氣)라고 말을 하더라도, 다른 '기' 자와는 전혀 같지 않습니다.- 그러므로 그것을 이(理)라고 말한다 해도 무방한 것입니다.

이 하나의 귀신에 대해서 양능과 영처의 측면에서는 기(氣)라고 말할 수 있고, '자연임지(自然恁地)'의 측면에서는 이(理)라고 말할 수 있는데, 그 기와 그 이 사이에는 머리털 하나 들어갈 틈도 없으니,-양능 · 영처 및 자연임지의 하어(下語)가 비록 차이가 있는 것 같아도 단지 하나의 지두(地頭)일 뿐이니, '양(良)' 자는 바로 자연(自然)의 뜻인 것입니다.-

이것이 바로 이와 기가 혼융(混融)하여 간격이 없는 묘리(妙理)라고 하겠습니다.-이것이 바로 내서(來書)에서 '분리되지도 않고 뒤섞이지도 않은 것을 가리킨 것이 아니다.……' 하고, '지극히 묘한 기와 지극히 묘한 이가 완전히 하나로 합일한 것이다.……'라고 하신 뜻입니다.- 따라서 내유(來諭)에서 '이라고 말해도 되고 기라고 말해도 된다.'라고 말한 것은 전모(全貌)를 분명히 파악했다고 말할 만합니다. 다만 언어를 구사하실 즈음에 혹 너무 호탕하게 치달은 곳도 있으니, 예컨대 '이(理) 역시 분명히 양능과 영처를 말한 것이다.……' 한 것이나 '이(理)와 비슷하면서도 이가 아니고 기(氣)와 비슷하면서도 기가 아니다.……' 한 것이 이것입니다.-물론 활간(活看)을 하면 이렇게 말해도 무방하겠습니다만, 아무래도 이 말에는 병통이 있습니다.- 다시 자세히 생각해서 회답해 주시면 다행이겠습니다."

우암(尤庵 송시열(宋時烈))이 말하기를 "귀신(鬼神)에는 이기(二氣 음양)를 가지고 말한 것도 있고, 실리(實理)를 가지고 말한 것도 있으니, 《장구(章句)》를 살펴보면 알 수 있다. 그런데 이 장(章)은 그 덕이 극성(極盛)한 것을 말하고, '성(誠)을 가릴 수 없다.〔誠之不可揜〕'라는 말로 결론을 맺었으니, 그렇다면 이(理)를 위주로 해서 말한 것임을 알 수 있다. 그리고 주 선생이 후씨(侯氏 후중량(侯仲良))의 설을 비난한 것은, 전적으로 그가 귀신과 덕(德)을 나누어 형이상(形而上)과 형이하(形而下)로 삼은 데에 있다. 중용(中庸)과 덕(德)을 이미 나눌 수 없다면, 귀신과 덕을 또 어떻게 나눌 수 있겠는가."라고 하였다.

내가 살펴보건대, 우옹(尤翁)의 이 설이 대의(大意)는 좋다. 다만 그가 《장구》를 살펴보면 알 수 있다고 한 것은, 이기(二氣)의 양능(良

能)을 실리(實理)로 여기고, 천지(天地)의 공용(功用) 조화(造化)의 자취를 이기(二氣)로 여긴 것 같은데, 이것은 상량(商量)이 부족하지 않았나 싶다.-다시 살펴보건대, 우옹이 장구 운운한 것은, 이 장의 장구를 가리킨 것이 아닌 듯하니, 재확인을 요한다.-

도암(陶菴 이재(李縡))이 말하기를 "귀신의 의의(意義)는 그 중점이 양능(良能)과 영처(靈處) 위에 있다. 음양(陰陽)은 물론 형이하이지만, 귀신은 형체와 소리가 없으므로 음양이라고 하지 않고 귀신이라고 하였으니, 여기에서 이기(理氣)가 혼륜(混淪)하여 간격이 없는 묘리를 볼 수 있다. 주자가 후씨(侯氏)의 설을 배척한 것은 바로 그가 귀신과 덕(德)을 나누어 이물(二物)로 하고는 형이상과 형이하라고 말했기 때문이니, 그러고 보면 혹자의 설은 공격하지 않아도 절로 무너질 것이다.-혹자의 설은 바로 아래에 나오는 채장(蔡丈 채지홍(蔡之洪))의 설을 말한다.- 여자약(呂子約)에게 답한 글에서는 전적으로 실리(實理)를 설했는데, 《혹문(或問)》의 설과 어긋나는 점을 보지 못하겠다."라고 하였다.-주자가 여자약에게 답한 글에서 말하기를 "귀신은 기(氣)가 굴신하는 것이다. 그 덕(德)은 천명의 실리이니, 그것이 이른바 성(誠)이라는 것이다.〔鬼神是氣之屈伸 其德則天命之實理 所謂誠也〕"[100]라고 하였다.-

내가 살펴보건대, 이 설이 지극히 정확하고 의미가 있다. 다만 자약(子約)에게 답한 글은 아무래도 곡절(曲折)이 부족하니, 매번 활간(活

100 귀신은……것이다 : 《회암집(晦菴集)》 권47 〈답여자약(答呂子約)〉에 나온다. 거기에는 대본의 '鬼神是氣之屈伸'이 "귀신은 단지 기가 굴신하는 것일 뿐이다.〔鬼神只是氣之屈伸〕"로 되어 있다.

看)하려 해 보지만 아직도 융석(融釋)하지 못했다.

백춘(伯春 김원행(金元行))이 말하기를 "범범하게 귀신을 논한다면 물론 형이하(形而下)에 소속시켜야 할 것이다. 그러나 이 장(章)에서 귀신의 '덕 됨〔爲德〕'을 말한 것은 실리(實理)로써 말한 것인데, 《장구》에서는 곧장 귀신을 해석했기 때문에 기(氣)로써 말한 것이다."라고 하였다.

내가 살펴보건대, 이 설이 대체로는 물론 옳지만, 그래도 미비한 점이 있는 것 같다.

회형(晦兄 송명흠(宋明欽))이 말하기를 "귀신은 본래 형이하의 물(物)이지만 그 덕(德)은 이(理)이다. 그러므로 귀신의 자취를 말하면 귀신까지 기(氣)가 되는 것이고, 귀신의 덕(德)을 말하면 귀신까지 이(理)가 되는 것이다. 단지 하나의 귀신이지만 가리키는 바에 따라 귀추(歸趨)가 달라지는 만큼, 이것을 가지고 마침내 귀신은 형이상(形而上)이라고 말해서는 안 된다."라고 하고, 또 말하기를 "《장구(章句)》에서 '음양이 합하고 흩어지는 소위(所爲) 아닌 것이 없다.〔莫非陰陽合散之所爲〕'라고 하였고, 또 '음양이 합하고 흩어지는 것이 실(實) 아닌 것이 없다.〔陰陽合散 無非實者〕'라고 하였고 보면, 이것은 또 음양으로 호언(互言)[101]을 한 것이다. 이는 대개 음양이 행해지는 소이(所以)와 귀신이 신령한 소이가 실리(實理)일 뿐이라는 말이니, 이미 실리라고 말한

101 호언(互言) : 글을 지을 적에 뜻이 같은 다른 말을 교차해서 사용함으로써 같은 글자가 중복되는 것을 피하는 수법을 말한다.

이상에는, 음양이라고 해서 추(粗)한 것이 되지 않고 귀신이라고 해서 정(精)한 것이 되지 않는다. 그런데 지금 먼저 귀신을 해석하여 형이상이라고 해 놓고는, 또 '음양이라고 말하지 않고 귀신이라고 말한 이것을 통해서 이기(理氣)가 혼융(渾融)한 묘리를 볼 수 있다.'라고 하니, 이는 주자의 뜻이 아닐 듯싶다."라고 하고, 또 말하기를 "이(理)가 있으면 기(氣)가 있고 기가 행해지면 이가 행해지는 이것이 바로 이른바 '간격이 없는 묘리'라고 하는 것이니, 어찌 귀신이 이(理)가 되기를 기다린 뒤에야 쾌하겠는가."라고 하였다.

내가 살펴보건대, 회형(晦兄)의 이 설이 비록 원활(圓活)한 듯이 보이지만, 경문(經文)과 장구(章句)로 자세히 연구해 보면 아무래도 잘못을 면치 못할 듯싶다. 지금 많은 말을 할 필요도 없이, 우선 귀신이 어떤 것인지 살펴보면 바로 이기(二氣 음양)의 양능(良能)이고, 양능이 어떤 것인지 살펴보면 바로 '보아도 보이지 않고 들어도 들리지 않는〔視不見聽不聞〕' 것이며,-주자가 말하기를 "보이지 않고 들리지 않는 것이 귀신의 성정이다.〔不見不聞 是性情〕"라고 하였고, 또 보한경(輔漢卿 보광(輔廣))의 "성정(性情)은 양능(良能)인지,……"라는 질문에 대해서 옳다고 하였다.- '보아도 보이지 않고 들어도 들리지 않는 것'이 어떤 것인지 살펴보면 바로 은(隱)이니,-주자가 말하기를 "보이지 않고 들리지 않는 것이 은이다.〔不見不聞隱也〕"라고 하였다.- 그렇다면 '덕(德)'이라는 글자를 기다릴 것도 없이 단지 '귀신(鬼神)'이라는 두 글자만으로도 바로 그것이 본래 '소리도 없고 냄새도 없는〔無聲無臭〕' 이(理)임이 분명하다. 그래서 《장구》에서 곧장 "귀신은 형체와 소리가 없다.〔鬼神無形與聲〕"라고 하였으니, 그 뜻을 알 수가 있다.

회형(晦兄)의 말 중에 "이미 실리(實理)라고 말했고 보면, 음양이라고 해서 추(粗)한 것이 되지 않고 귀신이라고 해서 정(精)한 것이 되지 않는다."라는 내용이 있다. 그 뜻은 대개 "귀신은 단지 기(氣)일 뿐이지만, '위덕(爲德 덕 됨)'이라는 글자와 이어졌기 때문에 귀신까지 이(理)가 되니, 이미 '위덕'이라고 말한 이상에는 비록 귀신이라고 말을 하지 않고 '음양지위덕(陰陽之爲德)'이라고 말을 하더라도 음양까지 이(理)가 된다."라는 것인데, 이는 귀신의 계분(界分)의 지극히 정밀하고 지극히 오묘한 곳에 대해서 자세히 생각해 보지도 않은 채 그저 외면(外面)을 따라 어물쩍 말하고 넘어간 것일 뿐이다.

대저 음양을 버리면 달리 귀신을 탐구할 곳이 없기 때문에 《장구》에서 반드시 '음양'이라는 글자를 거론한 것인데, 이미 "귀신은 음양의 영(靈)이다."라고 말했고 보면 이것이 또 어찌 곧장 음양을 귀신이라고 여긴 것이겠는가. 《장구》에서 "음양이 합하고 흩어지는 것이다.〔陰陽合散〕"라고 말한 것도 중점은 '합산(合散)'이라는 글자에 있으니,-합하고 흩어지는 것이 곧 귀신이다.- 귀신과 음양을 호언(互言)한 것이 아니다. 지금 음양으로 귀신을 대체하여 "음양의 덕 됨이 참으로 성대하다. 보아도 보이지 않고 들어도 들리지 않는다.……〔陰陽之爲德 其盛矣乎 視之而不見 聽之而不聞……〕"라고 할 경우에, 《장구》에서 해석하기를 "음양은 형체와 소리가 없다."라고 한다면, 이것이 과연 무슨 말이 되겠는가.-비록 덕(德)이라는 글자를 연결한다 하더라도, 음양은 형이하(形而下)인 것으로서, 볼 수 있고 들을 수 있으니, 어떻게 이(理)라고 말할 수 있겠으며, 어떻게 형체와 소리가 없다고 말할 수 있겠는가.-

그리고 회형(晦兄)이 비록 "귀신까지 이(理)가 된다."라고 말을 했어도, 또 "마침내 귀신은 형이상(形而上)이라고 말해서는 안 된다."라고 말했고 보면, 이(理)가 된다고 말한 그것도 허영(虛影 허상(虛像))에 지나지 않을 따름이요, 참으로 이(理)라고 여긴 것이 아니다.-이는 대개

'귀신지위덕(鬼神之爲德)'을 하나로 이어서 보고 둘로 나누어 보려 하지 않은 것으로서, 만약 귀신만 단독으로 논하면 단지 형이하일 뿐이라는 말이다.- 만약 그렇다면 후씨(侯氏)의 설에 곡절(曲折)이 부족하다고 하더라도 완전히 잘못된 지경에 이르지는 않은 것이 되는데, 주자가 어찌 꼭 애면글면 그런 그의 설을 기척(譏斥)하였겠는가.-주자가 '상천지재(上天之載)'를 해석하여 말하기를 "상천(上天)은 창창(蒼蒼)한 것이요, 이(理)는 '재(載)' 자에 있다.……"[102] 하였고 보면 이는 상천과 재(載)를 나누어 형이상과 형이하로 한 것이다. 귀신이 만약 기(氣)일 뿐이라면 귀신지덕(鬼神之德)과 상천지재(上天之載)의 어법이 완전히 똑같으니, 후씨(侯氏)가 이것을 둘로 나눈다고 해서 안 될 것이 뭐가 있겠는가. 귀신까지 이(理)가 된다는 설을 내놓은 것은 대개 후씨의 설에 가깝게 될까 염려해서이겠지만, 그 귀추(歸趨)를 요약하면 그 설 역시 후씨의 설과 그다지 큰 차이가 없게 된다고 하겠다.-

대저 경문(經文)에서 '귀신의 덕 됨〔鬼神之爲德〕'이라고 말한 것은, '귀신'이라는 글자가 곧 중(重)하고 '위덕(爲德)'이라는 글자는 곧 경(輕)하며, '귀신'이라는 글자가 곧 실(實)하고 '위덕'이라는 글자는 곧 허(虛)한 것으로서, '위덕'은 단지 하문(下文)에서 말한 것처럼 귀신에 대해서 그 정상(情狀)을 말한 것일 뿐이다.-'위(爲)'라는 글자에 주목해야

102 상천(上天)은……있다 : 주희의 제자 진순(陳淳)이 "《태극해》에서 '상천지재 무성무취(上天之載無聲無臭)'를 인용하였는데, 이 상천지재가 바로 태극입니까?〔太極解引上天之載 無聲無臭 此上天之載卽是太極否〕"라고 묻자, 주희가 "창창한 것이 상천이고, '이(理)'는 '재(載)'라는 글자 위에 있다.〔蒼蒼者是上天 理在載字上〕"라고 대답한 내용이 《주자어류(朱子語類)》 권94에 보인다. 《시경》 〈대아(大雅) 문왕(文王)〉에 "하늘이 하는 일은 소리도 없고 냄새도 없다.〔上天之載 無聲無臭〕"라는 말이 나오는데, 자사(子思)가 《중용》 맨 마지막에서 이를 인용하여 "하늘이 하는 일은 소리도 없고 냄새도 없다고 《시경》에서 말했는데, 이 정도가 되어야 지극하다고 할 것이다.〔上天之載 無聲無臭 至矣〕"라고 결론지었다.

할 것이다.- 이에 대해서는 주자가 인용한 '중용의 덕 됨〔中庸之爲德〕'을 살펴보면 알 수가 있는데, 그가 혹인(或人)에게 답한 글에서 또 "모름지기 양능과 영처 위에서 그 덕을 인식해야 한다.〔須於良能靈處上認取其德〕"라고 했고 보면,-귀신은 양능이고, 양능은 성정(性情)이다. 그렇다면 귀신과 덕(德)은 단지 하나의 지두(地頭)일 뿐으로서 '덕(德)' 자는 허(虛)하니, 가령 '위덕(爲德)'이라는 글자를 없애 버리고 단지 "귀신은 참으로 성대하다. 보아도 보이지 않고 들어도 들리지 않는다.……〔鬼神其盛矣乎 視而不見聽而不聞……〕" 한다고 해도 어찌 말이 되지 않겠는가. 그러나 만약 귀신 대신 음양으로 대체한다면 어떻게 이와 같이 설할 수 있겠는가.- 그 뜻이 더욱 명백하다고 하겠다.

만약 회형(晦兄)의 설과 같이 한다면, '귀신'이라는 글자가 거꾸로 경(輕)하고 허(虛)한 반면에 '위덕(爲德)'이라는 글자가 오히려 중(重)하고 실(實)해져서 귀신의 묘리를 볼 수가 없으니, 양능(良能)과 영처(靈處) 등 정심(精深)하고 미묘한 허다한 설들도 모두 허망하게 되어,-귀신이 보이지 않고 들리지 않는 것이 단지 '덕(德)' 자에 의지할 뿐이라면, 이 양능과 영처도 본래 은(隱)이 되기에 부족할 것이다.- 귀신의 한 장(章)이 완전히 골력(骨力)이 없어지고 말 것이니, 이것이 어찌 성인(聖人)의 뜻이라고 하겠는가.

회형(晦兄)의 설을 얼핏 보면 나의 소견과 크게 차이가 없는 것 같지만, 자세히 연구해 보면 남과 북처럼 완전히 다르다.

대개 나의 생각은 '귀신(鬼神)은 본래 형체와 소리가 없는 물사(物事)이지만, 본래 이기(理氣)가 혼융(渾融)한 지두(地頭)이기 때문에, 이(理)라고 하든 기(氣)라고 하든 모두 안 될 것이 없고, 오직 가리키는 것이 무엇이냐에 달려 있다. 그런데 이 장(章)은 덕(德)으로 시작해서 성(誠)으로 끝냈고 보면, 이 귀신은 곧 이(理)이지 기(氣)는 아니며 형이상(形而上)이지 형이하(形而下)인 것은 아니다.'라는 것이니, 이는 참된 경계(境界)라고 할 것이다.

반면에 회형의 생각은 '귀신은 본래 형이하의 기(氣)인데, 단지 「덕(德)」 자와 연결되었기 때문에 귀신까지 이(理)가 되는 것일 뿐이요, 만약 귀신의 계분(界分)을 논한다면 여전히 기(氣)의 위에 있는 것이다.'라는 것이니,-'보이지 않고 들리지 않는 것〔不見不聞〕'과 '물의 본체가 되고〔體物〕 좌우에 있는 듯한 것〔如在〕'을 모두 '덕(德)' 자에 귀결시켰다.- 이는 이(理)라고 하는 것이 그만 허망한 경계가 되고 마는 것이다.

이 두 설은 시비와 득실을 곧장 판단하기가 쉽지 않으니, 독자로서는 먼저 "귀신은 단지 음양(陰陽)일 뿐인가 아니면 음양의 영처(靈處)인가? 이것은 형체와 소리가 있는 물(物)인가 아니면 형체와 소리가 없는 물인가? 《장구(章句)》에서 말한 양능(良能)과 영처는 귀신의 덕(德)을 해석한 것인가 아니면 귀신만을 해석한 것인가? 귀신은 형체와 소리가 없다고 한 것은 '덕(德)' 자를 가리키는가 아니면 곧장 귀신을 가리키는가? 형체와 소리가 없는 것은 이(理)인가 기(氣)인가? 귀신이 만약 기(氣)일 뿐이라면 '귀신은 형체와 소리가 없다.'라고 하는 것이 말이 되는가 말이 되지 않는가?" 등의 문제에 대해서 심사숙고해야 할 것이다. 이와 같이 반복해서 연구하며 체인(體認)하다 보면 자연히 하나의 참된 견해가 생겨나서 심목(心目)의 사이에 환히 드러날 것이니, 금일의 시비와 득실은 아침나절이 지나지 않아서 결판이 날 것이다.

회형(晦兄)의 뜻도 곧장 귀신을 음양이라고 하는 것은 아니다. 대개 그의 생각은 '귀신과 음양에 비록 정추(精粗)의 구별이 있긴 하지만,

일단 「덕 됨〔爲德〕」이라고 말한 상태에서는 귀신이라 하든 음양이라 하든 함께 이(理)로 귀결되는 것은 똑같으니, 정추를 말할 필요가 없다. 그리고 일단 「덕(德)」 자를 제거한 상태에서는 음양이라 하든 귀신이라 하든 형이하가 되는 것은 똑같으니, 정추를 또 말하는 것은 부당하다.'라는 것이다. 그 뜻이 대견하지 않은 것은 아니지만, '귀신이 보이지 않고 들리지 않는 것은 애당초 「덕」 자에 의지하는 것이 아니고, 음양은 비록 「덕」 자를 연결하더라도 끝내 형체와 소리가 없다고 말할 수 없는 것'은 어떻게 하겠는가. 다시 자세히 생각해야만 할 것이다.

회형(晦兄)이 또 말하기를 "중사(仲思 녹문의 자(字))가 '《역(易)》의 문사(文辭) 및 《통서(通書)》에 신(神)을 이(理)라고 한 곳이 많다.'라고 하기에, 나도 일찍이 이와 같이 보려고 했는데, 요즘 와서 세 가지 장애가 있음을 깨달았다. 대저 《장구(章句)》에서 이미 성정(性情)으로 덕(德)을 훈석하였는데, 지금 먼저 귀신에 대해서 무리하게 이(理)라고 해석하면, 이른바 귀신의 덕(德)이란 것이 이(理)의 성(性)이라고 말하는 것과 같게 되니, 이것이 첫 번째 장애이다. 《장구》에서 이미 '보이지 않고 들리지 않는 것〔不見不聞〕'을 은(隱)이라고 하였는데, 지금 '공용(功用)이 절로 그러한 곳〔自然處〕'을 불견불문(不見不聞)이라고 하면, 이는 이(理)의 용(用)을 은(隱)으로 하는 것이 되니, 이것이 두 번째 장애이다. 귀신은 본래 천지(天地)의 묘용(妙用)인 것인데, 지금 전적으로 이(理)라고 말하면, 이는 이(理)에 작용하는 것이 있어서 기(氣)를 기다릴 필요도 없고 기(氣)가 오히려 이(理)를 타고서 행하는 것이 되니, 이것이 세 번째 장애이다.……"라고 하였는데, 이 말에도 옳지 않은 점이 있다.

귀신의 덕(德)은 중용(中庸)의 덕이나 성(性)의 덕과 같으니, 고금의 어법에 이와 같은 것이 매우 많다. 그리고 성정은 정상(情狀)과 체단(體段)이라고 말하는 것과 같다.-불견불문이 귀신의 덕이 되는 것은, 불편불의(不偏不倚)가 성(性)의 덕이 되는 것과 같다.- 지금 귀신의 덕이 '이(理)의 성(性)'이라고 말하는 것과 같다고 한다면, 중용의 덕 역시 '이(理)의 덕'이 되어야 할 텐데, 이는 도대체 말이 되지 않는다.

비(費)와 은(隱), 체(體)와 용(用)은 애당초 두 개의 물사(物事)가 따로 있는 것이 아니고, 단지 하나의 지두(地頭)에 대해서 '옆으로 보느냐 비스듬히 보느냐〔橫側看〕'[103]에 달려 있을 뿐이다. 지금 우선 이른바 '공용이 절로 그러한 곳〔自然處〕'을 가지고 말해 보건대, 자연(自然)의 이(理)가 굴(屈)의 상황에 있든 신(伸)의 상황에 있든 그것을 체(體)로 하지 않음이 없는 것은 용(用)이고 비(費)이며, 이 자연의 이가 실제로 형체와 소리가 있지 않은 것은 체(體)이고 은(隱)이니, 어찌 전적으로 '이(理)의 용(用)'이라고 할 수가 있겠는가.

그리고 "이(理)에 작용하는 것이 있게 된다.〔理有作用〕"라고 한 한 단락의 말은 내용이 자세하지 않은 점이 있으니, 억지로 대답하지 못하겠다. 오직 양능(良能)과 영처(靈處)에 나아가서 이기(理氣)가 혼융(混融)한 측면에 대해 분명히 안목을 붙인다면, 허다한 의심이 자연히 없어질 것이다.

103 옆으로……보느냐 : 각도에 따라 달리 보이는 것을 말한다. 소식(蘇軾)의 "밖에서 여산(廬山)을 옆으로 보면 능선이요 비스듬히 보면 봉우리라, 보는 곳의 원근에 따라 산의 고저가 각각 같지 않다. 여산의 진면목을 알지 못하는 것은, 자신이 이 산속에 있기 때문일 뿐.〔橫看成嶺側成峯 遠近高低各不同 不識廬山眞面目 只緣身在此山中〕"이라는 시구에서 나온 것이다.《蘇東坡詩集 卷23 題西林壁》

요쌍봉(饒雙峯 요로(饒魯))이 말하기를 "이것은 귀신의 비은(費隱)을 가지고 도(道)의 비은을 밝힌 것이다.〔此以鬼神之費隱 明道之費隱〕"라고 하였다.

내가 살펴보건대, 주자가 "귀신의 비은은 바로 군자의 도의 비은이니, 둘이 있는 것이 아니다.……〔鬼神之費隱 卽君子之道之費隱 非有二也……〕" 하였고 보면, 쌍봉(雙峯)의 설은 변박(辨駁)하지 않아도 그 부당함을 알 수가 있다.

채장(蔡丈)-이름은 지홍(之洪)이다.-이 말하기를 "'보이지 않고 들리지 않는 것〔不見不聞〕'은 귀신의 이(理)를 가리킨다. 귀신의 경우는 단지 '볼 수 있고 들을 수 있는 것〔可見可聞〕'에 해당시켜야 할 것이다."라고 하였다.

내가 살펴보건대, 이 설은 후씨(侯氏 후중량(侯仲良))의 설과 다른 것 같으면서도 사실은 그다지 큰 차이가 나지 않는다. 이는 바로 주자가 말한 대로 '얼핏 보면 대단한 발견처럼 여겨지는 것〔乍見如可喜者〕'이라고나 할 것이니, 경문(經文)의 사리(事理)를 자세히 추구(推究)해 보면 크게 잘못되었음을 알 수 있다.

퇴계(退溪)가 말하기를 "주자는 단지 형이하인 귀신의 성정과 공효가 '실제로 그러한 곳〔實然處〕'을 가리켜서 이것을 덕(德)이라고 하였으니, 이것이 바로 그 이(理)이고 그 성(誠)인 것이다. 반면에 후씨는 귀신을 형이하의 일물(一物)로 여기고, 그것이 구비한 이(理)를 가리켜서 형이상의 일물로 여겼으니, 이것은 귀신과 덕(德)을 판연히 이물(二物)로 인식한 것이다. 주자가 후씨를 비난한 이유는 바로 여기에 있다.〔朱子只指形而下之鬼神性情功效之實然處 以是爲德 卽其理也其誠也 侯氏則以鬼神爲形而下之一物 指其所具之理 以爲形而上之一物 是以鬼神與德 判然認作二物 朱子所以非之者 正在於此也〕"[104]라고 하였다.

내가 퇴옹(退翁)의 뜻을 살펴보건대, 그는 '귀신의 덕은 단지 형이하인 귀신에 나아가서 그 성정과 공효가 실제로 그러한 곳을 가리킨 것일 뿐이요, 귀신을 떠나서 따로 덕이라는 것이 있는 것이 아니다. 그런데 후씨(侯氏)는 그만 판연히 이물(二物)로 만들었기 때문에 주자가 배척한 것이다.'라고 여긴 듯하다. 이 말이 후씨의 설과 차이가 있는 것 같지만, 이미 귀신을 형이하라고 하고 덕을 이(理)와 성(性)이라고 했고 보면, 이는 바로 귀신과 덕을 둘로 나눈 것으로서 바로 후씨의 설이라고 할 것이니, 주자의 뜻이 아닐 듯싶다.

17장 十七章

"그 재질을 따라 돈독히 해 준다.〔因其材而篤焉〕"라는 구절은 "심은 것은 북돋아 주고〔栽培〕, 기운 것은 엎어 버린다.〔傾覆〕"라는 두 구(句)와 연결해서 보아야 하겠지만, 그러면 '만물을 생한다.〔生物〕'라는 글자와 서로 방애(妨礙)가 되지 않을까 하는 생각이 든다.

104 주자는……있다 : 한국문집총간 29집에 수록된 《퇴계집(退溪集)》 권14 〈답이숙헌문목(答李叔獻問目)〉에 나온다. 대본의 '卽其理也誠也'는 《퇴계집》에 의거하여 '卽其理也其誠也'로 바로잡아 번역하였다.

18장 十八章

농암(農巖 김창협(金昌協))이 말하기를 "제사(祭祀)의 예(禮)는 물론 위에서부터 융숭하게 하고 '이를 미루어 아래에까지 미치는〔推以及下〕' 것이다. 그러나 상복(喪服)의 경우에는 위로 갈수록 간략하게 하되, 오직 삼년상만은 천자(天子)도 줄이지 않으니, 이는 바로 '아래로부터 위에까지 미치는〔自下達上〕' 것이다. 경문(經文)에서 '천자에까지 이른다.〔達于天子〕'라고 한 말을 고찰해 보아도 알 수 있으니, 이 대목은 추기급인(推己及人)이라고 말하면 안 될 듯싶다."라고 하였다.[105]

내가 살펴보건대, 제후(諸侯)의 신분에서는 '없애는 것〔絶〕'이 예(禮)이고, 대부의 신분에서는 줄이는 것〔降〕이 예이고, 사서인(士庶人)의 신분에서는 줄이지 않는 것이 또한 예이니, 이와 같이 예법(禮法)을 제정하여 군신 상하로 하여금 각각 그 예를 극진히 하지 않음이 없게 한 것이 바로 추기급인이라고 말한 의미이다. 대개 자기 몸에 행할 뿐만 아니라 이를 미루어 제후와 대부와 사서인에게까지 미치게 함으로써 각각 그 예를 극진히 하지 않음이 없게 하였고, 지금 행할

105 농암(農巖)이……하였다 : 《중용장구》 제18장의 경문에 "기년(期年)의 상은 대부에게까지 적용하고, 삼년의 상은 천자에게까지 적용하였으니, 부모에 대한 삼년상은 신분의 귀천을 막론하고 똑같이 하게 하였다.〔期之喪 達乎大夫 三年之喪 達乎天子 父母之喪 無貴賤一也〕"라고 하였는데, 이에 대해서 주희가 "상복의 경우는, 기년 이하는 제후는 없애고 대부는 줄였는데, 부모의 상은 상하가 똑같게 하였으니, 이는 추기급인(推己及人)을 한 것이다.〔喪服 自期以下 諸侯絶 大夫降 而父母之喪 上下同之 推己以及人也〕"라고 해설한 것을 농암 김창협(金昌協)이 비판한 것이다. 추기급인은 자기 마음을 미루어 남에게 미친다는 뜻으로, 여기서는 통치자가 자기 아래로 추기급인함을 두고 말한 것이다.

뿐만 아니라 또 이를 미루어 후세에까지 이르게 함으로써, 또한 각각 그 예를 극진히 하지 않음이 없게 하였으므로, 이 장구(章句)에서 '추기급인'이라는 말로 결론지은 것이니, 이러한 곳은 억지로 의단(疑端)을 낼 필요가 없을 듯싶다.

20장 二十章

삼지(三知)와 삼행(三行)은 '이미 알고 이미 행한 것'으로 말하였으니 바로 하문(下文)의 명선 성신(明善誠身)의 일이 이에 해당하고, 삼근(三近)은 '지(知)를 구하고 행(行)을 구하는 것'으로 말하였으니 바로 하문의 택선 고집(擇善固執)의 공(功)이 이에 해당한다.[106]

106 삼지(三知)와……해당한다 : 《중용장구》 제20장에 "어떤 사람은 태어나면서부터 도를 알고, 어떤 사람은 배워서 알고, 어떤 사람은 곤고해져서야 알지만, 그 도를 아는 점에서는 똑같다. 어떤 사람은 편하게 느끼면서 도를 행하고, 어떤 이는 이롭게 생각해서 행하고, 어떤 사람은 억지로 힘써서 행하지만, 공을 이루는 점에서는 똑같다. 학(學)을 좋아하는 것은 지(知)에 가깝고, 힘써 행하는 것은 인(仁)에 가깝고, 부끄러움을 아는 것은 용(勇)에 가깝다.〔或生而知之 或學而知之 或困而知之 及其知之 一也 或安而行之 或利而行之 或勉强而行之 及其成功 一也 好學近乎知 力行近乎仁 知恥近乎勇〕"라는 말이 나온다. 삼지는 생이지지(生而知之)와 학이지지(學而知之)와 곤이지지(困而知之)를 말하고, 삼행(三行)은 안이행지(安而行之)와 이이행지(利而行之)와 면강이행지(勉强而行之)를 말하고, 삼근(三近)은 호학(好學)으로부터 근호용(近乎勇)까지를 말한다. 그리고 이 말 뒤에 "몸을 참되게 하는 길이 있으니, 선을 분명히 알지 못하면 몸을 참되게 하지 못할 것이다.〔誠身有道 不明乎善 不誠乎身矣〕"라는 말과 "참되려고 노력하는 것이 사람의 도이다.……그것은 즉 선을 택해서 굳게 잡는 것이다.〔誠之者人之道也……擇善而固執之者也〕"라는 말이 나오는데, 본문의 명선 성신(明善誠身)과 택선 고집(擇善固執)은 이 말을 요약한 것이다. 또 본문의 아래에 '차례〔次〕'에

대개 상문(上文)에서 일단 달덕(達德)을 말한 뒤에 삼지(三知)와 삼행(三行)으로 이어받았고, "아는 점과 공을 이루는 점에서는 똑같다."라고 결론을 지었고 보면,-지지(知之)와 행지(行之)의 이 '지(之)' 자는 이미 그렇게 되었다는 뜻의 어사(語辭)이다.- 이 세 가지를 모두 달덕으로 여긴 것임을 알 수 있다. 이에 애공(哀公)이 아름답고 지극하다는 말을 발하자 공자가 다시 삼근(三近)을 설하였는데, 이는 대개 덕에 들어가는 방법〔入德之方〕을 보여 준 것이니, 상하(上下)의 말뜻이 너무도 명백하다고 하겠다. 그렇기 때문에 삼근의 장구(章句)에서 "이는 달덕에 미치지 못하여 덕에 들어가기를 구하는 일을 말한 것이다.〔此未及乎達德 而求以入德之事也〕"라고 하였으니, 경문(經文)의 취지를 깊이 터득했다고 말할 만한데, 《혹문》을 보면 더욱 자상하고 분명해서 더 이상 여온(餘蘊 미진한 점)이 없다고 하겠다.-곤면(困勉)의 대목을 논한 곳에서 "곤심횡려(困心橫慮)한 뒤에야 알게 되고, 열심히 힘써서 억지로 고친 뒤에야 행하게 된다.〔困心橫慮而後知之 勉力强矯而後行之〕"라고 하였고,[107] 또 "천리(天理)가 거의 없어질 정도로 오래된 뒤에야 돌이킬 수 있다.〔天理旣亡 久而後能反之〕"라고 하였는데,[108] 이 말을 상세히 음미하면 의심이 자연히 해소될 것이다.-

대한 말이 나오는데, 이는 주희가 삼근을 해설한 내용 중 "윗글에서 삼지가 지(知)가 되고, 삼행이 인(仁)이 되는 것을 통해서 보면, 이 삼근은 용(勇)의 차례에 해당한다.〔通上文三知爲知 三行爲仁 則此三近者 勇之次也〕"의 차례〔次〕에서 기인한 것이다.

107 곤면(困勉)의……하였고 : 곤심횡려(困心橫慮)는 노심초사하면서 떨쳐 일어날 계책을 세운다는 말이다. 《맹자》〈고자 하(告子下)〉의 "사람은 항상 잘못을 범하고 난 뒤에 고치게 되나니, 마음이 곤고해지고 걱정스러운 생각이 가슴속에 가득 걸린 뒤에야 떨쳐 일어나게 되는 것〔困於心 橫於慮而後作〕이다."라는 말에서 나온 것이다.

108 천리(天理)가……하였는데 : 대본에는 '天理旣亡 久而後反之'로 되어 있는데, '後' 뒤에 '能'을 보충하여 번역하였다.

그런데 듣건대, 회형(晦兄 송명흠(宋明欽))이 역행(力行)과 면행(勉行 면강이행지(勉强而行之))에 대해서 난이(難易)와 심천(淺深)을 나누었다고 하는데, 이는 옳지 않은 일일 듯싶다. 만약 학리(學利)와 곤면[109]을 단지 학자가 공력을 들이는 일〔用功之事〕로 여긴다면, 설령 그것이 호학(好學)과 역행의 지위(地位)에 비해서 조금 높다고 하더라도, 덕에 들어가는 일〔入德之事〕이 되는 것은 똑같으니, 어찌 그것만 유독 어떤 것의 차례〔次〕가 되지 않고 냉큼 달덕(達德)이 될 수가 있겠는가. 그리고 만약 "지인용(知仁勇)은 단지 종류별로 나눈 것일 뿐이요 애당초 그 성덕(成德)의 여부는 따지지 않은 것이다."라고 한다면, 이른바 삼근(三近)이라는 것이 설령 학리(學利)와 곤면(困勉)에 비해서 그 등급이 조금 낮다고 하더라도, 그것이 지인용의 일이 되는 것은 똑같으니, 어찌 그것만 유독 달덕에 참여하지 못한 채 그만 어떤 것의 차례나 되고 말겠는가.

회형의 설에 대해서는 이렇게 하든 저렇게 하든 모두 합당한 이유를 찾을 수가 없다. 그래서 나는 단연코 "삼지(三知)와 삼행(三行)은 이미 알고 이미 행한〔已知已行〕 성덕의 곳을 가지고 말한 것이고, 삼근은 지(知)를 구하고 행(行)을 구하는〔求知求行〕 입덕(入德)의 곳을 가지고 말한 것이다."라고 말하는 것인데, 이 소견이 어떨지 모르겠다.-학리를 생안(生安 생지(生知)와 안행(安行))에 비교하고 곤면을 학리에 비교하면 서로 간에 또한 차이가 있긴 하지만, 똑같이 달덕이 되는 데에는 아무런 지장이 없다. 그렇다면 호학(好學)과 역행(力行)이 또 곤면보다 아래에 있다고 하더라도, 위에서 말한 것과

109 학리(學利)와 곤면 : 학리는 학이지지(學而知之)와 이이행지(利而行之)를, 곤면은 곤이지지(困而知之)와 면강이행지(勉强而行之)를 줄인 것이다.

다를 것이 뭐가 있기에 유독 어떤 것의 차례가 되어야 하겠는가. 이런 점을 바로 주목해서 보아야 할 것이다.-

백춘(伯春 김원행(金元行))이 말하기를 "박학(博學)·독행(篤行)과 호학·역행의 사이에는 천심(淺深) 고하(高下)의 구별이 있는 것인가?"라고 하기에, 내가 말하기를 "이는 바로 명변(明辨 분명하게 분변함)하기 좋은 곳이다. 삼지와 삼행은 달덕이고 삼근(三近)은 입덕의 일이며, 명선(明善)과 성신(誠身)은 달덕이고 오목(五目)[110]은 입덕의 일이다. 경문(經文)에 삼근에 대해서는 '이 세 가지를 알면 수신의 방법을 알 것이다.〔知斯三者 則知所以修身〕'라고 하였고, 오목(五目)에 대해서는 '실제로 이 방법에 능하면 어리석더라도 반드시 밝아지며, 유약하더라도 반드시 강해진다.〔果能此道矣 雖愚必明 雖柔必强〕'라고 하였는데, 수신(修身)은 바로 성지(誠之 참되려고 노력함)의 일이고, 명(明)과 강(强)은 바로 수신의 공효(功效)이다. 그리고 《장구(章句)》에서 삼근에 대해서는 '이는 달덕에 미치지 못하여 덕에 들어가기를 구하는 일이다.〔此未及乎達德 而求以入德之事〕'라고 하였고, 오목에 대해서는 '선을 택한 뒤에 선을 밝힐 수 있고, 굳게 잡은 뒤에 몸을 참되게 할 수 있다.〔擇善然後可以明善 固執而後可以誠身〕'라고 하였으며, 또 '밝

110 오목(五目) : 《중용장구》 제20장에 "참되려고 노력하는 것〔誠之〕이 사람의 도이다.……그것은 즉 선을 택해서 굳게 잡는 것이다. 그러기 위해서는 널리 배우고, 자세히 묻고, 신중히 생각하고, 분명하게 분변해야 하며, 그러고는 독실하게 실천해야 한다.〔誠之者人之道也……擇善而固執之者也 博學之 審問之 愼思之 明辨之 篤行之〕"라는 말이 나오는데, 여기에 나오는 박학(博學), 심문(審問), 신사(愼思), 명변(明辨), 독행(篤行)을 성지(誠之)의 다섯 가지 조목〔五目〕이라고 한다.

아지는 것은 선을 택한 공효이고, 강해지는 것은 굳게 잡은 효과이다.〔明者擇善之功 强者固執之效〕'라고 하였는데, 달덕은 바로 명성(明誠)[111]에 해당하고, 택선(擇善) 고집(固執)은 바로 덕에 들어가는〔入德〕 방법이다. 이와 같이 위아래의 말뜻이 서로 조응(照應)하고 차제(次第)와 조리(條理)가 조금도 어긋남이 없는 만큼, 학문사변(學問思辨)과 호학(好學), 독행(篤行)과 역행(力行), 오부조(五不措)[112]와 지치(知恥) 사이에 비록 상세하고 간략한 말의 차이가 있더라도, 이들은 단지 완전히 부합하는 하나의 지두(地頭)일 뿐이니, 어찌 고하와 천심을 말할 수 있겠는가."라고 하였다.

이에 혹자가 말하기를 "그렇다면 《장구》에서 오목(五目)을 학지(學知) 이행(利行)이라고 하고, 오부조(五不措)를 곤지(困知) 면행(勉行)이라고 한 것은 무엇 때문인가?"라고 하기에, 내가 말하기를 "오목과 삼지(三知) 삼행(三行)의 관계를, 분별하는 측면에서 말하면 비록 달덕(達德)과 입덕(入德)의 차이가 있는 것이 상문(上文)에서 말한 것과

111 명성(明誠) : 밝아져서 참되게 되는 것을 말한다. 《중용장구》 제21장의 "하늘의 참됨으로 말미암아 인간이 밝아지는 것을 성이라 하고, 인간이 밝아짐으로 말미암아 하늘의 참됨을 회복하는 것을 교라고 하니, 참되면 밝아지고 밝아지면 참되게 되는 것이다.〔自誠明謂之性 自明誠謂之敎 誠則明矣 明則誠矣〕"라는 말에서 나온 것이다.

112 오부조(五不措) : 그만두지 말아야 하는 다섯 가지라는 뜻으로, 《중용장구》 제20장의 "배우지 않는다면 모르지만 일단 배울진댄 잘하지 못하면 그만두지 말며, 묻지 않는다면 모르지만 일단 물을진댄 알지 못하면 그만두지 말며, 생각하지 않는다면 모르지만 일단 생각할진댄 터득하지 못하면 그만두지 말며, 분변하지 않는다면 모르지만 일단 분변할진댄 분명하게 하지 못하면 그만두지 말며, 행하지 않는다면 모르지만 일단 행할진댄 독실하게 하지 못하면 그만두지 말 것이다.〔有不學 學之 不能 不措也 有不問 問之 不知 不措也 有不思 思之 不得 不措也 有不辨 辨之 不明 不措也 有不行 行之 不篤 不措也〕"라는 말에서 나온 것이다.

같지만, 그 일의 측면에서 말하면 학문사변은 본디 지(知)의 일이고 독행은 본디 인(仁)의 일이고 부조(不措)는 본디 용(勇)의 일이니, 학리(學利) 이하의 사람이 용공(用工)에 착수하여 성공(成功)에 이르는 방법도 실로 여기에서 벗어나지 않는다.-학리 곤면을 종결 단계에서 말하면 실로 명성(明誠)의 성덕(成德)이 되어 생안(生安)과 그 귀결이 같고, 시작 단계에서 말하면 단지 택선(擇善)·고집(固執), 호학·역행의 일일 뿐이니, 정히 융통성 있게 보아야 할 것이다.- 그렇기 때문에 여기에서 곧장 분류해서 소속시킨 것일 따름이니, 11장의 주(註)에서 '이 편(篇)의 대지(大旨)는 삼달덕(三達德)으로 입도(入道)의 문(門)을 삼는다.'라고 한 그 뜻도 이와 같다.-이 장은 입덕의 일로 지인용(知仁勇)을 삼았고, 11장은 지인용으로 입도의 문을 삼았으니, 모두 융통성 있게 설한 것이다.- 그러나 이미 '학문사변은 선을 택하는 것으로서 지(知)가 되고, 독행은 굳게 잡는 것으로서 인(仁)이 된다.〔學問思辨所以擇善而爲知 篤行所以固執而爲仁〕'라고 말했고 보면, 글자를 사용하는 그 사이에 극진하게 의사(意思)를 둔 것이 털끝만큼의 오차도 용납하지 않았으니, 이 점을 독자는 상세히 살펴보아야 할 것이다."라고 하였다.

혹자가 또 말하기를 "그렇다면 삼근(三近)은 어떻게 분류하여 소속시켜야 하는가?"라고 하기에, 내가 말하기를 "분별하는 측면에서 말하면, 호학(好學)은 학지(學知)와 곤지(困知)의 일이고, 역행(力行)은 이행(利行)과 면행(勉行)의 일이며, 지치(知恥)는 지(知)와 행(行)에 모두 통한다. 그러나 등급의 측면에서 말하면, 호학과 역행은 학리(學利)의 일이고, 지치는 곤면(困勉)의 일이다. 주자가 오목(五目)을 학리로 하고, 오부조(五不措)를 곤면으로 한 것은 바로 등급의 측면에서 말한 것일 뿐이다."라고 하였다.

25장 二十五章

"성(誠)은 스스로 이루어지는 것이다.〔誠者自成〕"와 "성은 물의 끝과 시작이다.〔誠者物之終始〕"의 두 '성(誠)' 자는 실리(實理 진실한 도리)와 실심(實心)을 통틀어 말한 것이고, "성이 아니면 물이 없다.〔不誠無物〕"와 "성을 귀하게 여긴다.〔誠之爲貴〕"와 "성은 스스로 자기를 이룰 뿐만이 아니다.〔誠者非自成已〕"의 세 '성(誠)' 자는 단지 인분(人分 사람의 본분)에 나아가 실심으로 말한 것이다. "물(物)이 각자 이루어지는 것〔物之所以自成〕"과 "물의 시작과 끝〔物之終始〕"의 두 '물(物)' 자는 만물(萬物)과 인사(人事)를 통틀어 말한 것이고, "성이 아니면 물이 없다.〔不誠無物〕"의 물은 단지 인사로만 말한 것이며, "물을 이루어 준다.〔成物〕"의 물은 또 만물을 가리킨다.

이 장의 처음과 끝에 나오는 두 개의 '자성(自成)'은 단지 하나의 뜻일 뿐이다.-'자(自)' 자는 '각기 스스로〔各自〕'의 뜻으로 보아야 한다.- 그러므로 《혹문(或問)》에서 정자(程子)의 "자식의 도리를 이루고, 신하의 도리를 이룬다."라는 말을 인용하고 "이와 같이 해야만 하문(下文)과 상응한다."라고 하였으니,[113] 그 뜻이 어떠한지를 알 수 있는데, 다만 장의

113 혹문(或問)에서……하였으니 : 《중용혹문》에 "경문(經文)의 자성과 자도는 정자의 설처럼 해석해야만 하문과 상응한다.〔自成自道 如程子說 乃與下文相應〕"라는 주희의 해설이 나오는데, 정자의 설이란 "성자자성(誠者自成)은, 지성(至誠)으로 어버이를 섬기면 인자(人子)의 도리를 이루고, 지성으로 임금을 섬기면 인신(人臣)의 도리를 이룬다는 말과 같다.〔誠者自成 如至誠事親 成人子 至誠事君 成人臣〕"와 "학자는 참되지 않으면 안 된다. 비록 그렇지만 참이란 도의 근본을 알아서 참되게 하는 데에 달려 있는 것이다.〔學者不可以不誠 雖然 誠者在知道本而誠之矣〕"라는 말을 가리킨다.

처음에 나오는 것은 만물을 통틀어 말한 것일 뿐이다. 혹자는 그만 두 개의 '자(自)' 자를 나누어 두 개의 뜻으로 보려고 하는데, 그러면 매우 자질구레해질 듯싶다.

이 장은 대체로 인도(人道)를 논했기 때문에, 처음부터 끝까지 그 뜻의 중점이 인심(人心) 위에 있다.-장 첫머리의 "성(誠)은 심(心)으로 말한 것이다.〔誠以心言〕"라는 《장구(章句)》의 말을 살펴보면 알 수 있다.- 다만 인심의 실(實)은 실로 천리(天理)에 근원하기 때문에, 그 근본을 미루어 말함으로써 인심이 어디에서 왔는지를 보여 준 것일 뿐이다. 내가 대의(大意)를 터득한 것이 이와 같은데, 그래도 아직은 협흡(浹洽 융해(融解))하지 못했으니 우선은 다시 완미할 때까지 기다려야 하겠다.

27장 二十七章

12장은 지극히 작고 지극히 미세한 하나의 일을 가지고 말했기 때문에 "안이 없다.〔無內〕"라고 말함으로써 이 밖에 더 이상 쪼갤 안이 없음을 설하였다. 이 장은 삼천(三千) 삼백(三百)[114]의 만 가지 다른 것을 가지고 말했기 때문에 "간격이 없다.〔無間〕"라고 말함으로써 여기서나 저기서나 도(道)에 간격이 없음을 설하였으니, 앞뒤로 언어를 선택한 것에 각각 타당함이 있다고 하겠다.

114 삼천(三千) 삼백(三百) : 경문에 나오는 "예의가 삼백 가지요, 위의가 삼천 가지이다.〔禮儀三百 威儀三千〕"라는 말을 가리킨다. 예의는 경례(經禮) 즉 큰 예법을 말하고, 위의는 곡례(曲禮) 즉 작은 예법을 말한다.

혹자는 말하기를 "존덕성(尊德性)은 덕을 닦는〔修德〕 일이고, 도문학(道問學)은 도를 모으는〔凝道〕 일이다."라고 한다. 그러나 나는, 존덕성과 도문학 모두 수덕(修德)하며 응도(凝道)하는 일이니, 《장구》와 《혹문(或問)》의 말을 논하지 않고 단지 경문(經文)의 어맥(語脈) 자체만 보더라도 이 뜻이 지극히 분명하다고 생각한다.

대개 "높음이 하늘에 다하였다.〔峻極于天〕"라고 한 것은 바로 대덕(大德)의 돈화(敦化)로서 이것이 하문(下文)에서 덕성(德性)이라고 말한 것이요, '삼천 삼백'이라고 한 것은 바로 소덕(小德)의 천류(川流)로서 이것이 하문에서 문학(問學)이라고 말한 것이다.-이는 위의 글을 이어받아 범연하게 말했기 때문에 이와 같이 설한 것이요, 실제로는 학(學)과 도(道)에 '능소(能所)'[115]의 분별이 있는 것인데, 《혹문》에서도 그와 같이 설하였다.- 존(尊 높이는 것)하는 목적은 이 대덕을 닦아서 도(道)의 큰 것을 모으기 위해서이고, 도(道 말미암는 것)하는 목적은 이 소덕(小德)을 닦아서 도의 작은 것을 모으기 위해서이다. 이는 그 문리(文理)가 조창(條暢)하고 근절(根節)이 분명하며, 그 공부가 간이(簡易)하고 의미가 심장(深長)하니, 시험 삼아 이것을 가지고 반복해서 상세히 완미하면 자연히 도리가 타당해져서 희열을 맛볼 수 있게 될 것이다.

지금 만약 존(尊)을 수덕(修德)으로 보고 도(道)를 응도(凝道)로 본다면, 이는 도(道)와 덕(德)이 나뉘어 두 개의 물건이 되고, 수(修)와 응(凝)이 그만 두 방면의 공부가 되고 말 것이요, 또 경문(經文)의 어세(語勢)로 미루어 보더라도 매우 뒤뚱거리고 모순되어 문리를 이루

115 능소(能所) : 원래 불가(佛家)의 용어인데, 능(能)은 능동적으로 주재(主宰)하는 당체(當體)를 가리키고, 소(所)는 피동적으로 그 대상이 되는 것을 가리킨다.

지 못할 것이다. 백춘(伯春 김원행(金元行))은 '혹자와 나의 설을 모두 인정하려는〔兩存〕' 뜻을 두고 있는 것 같은데, 그것이 비록 완비된 것 같지만 아무래도 온당치 않은 느낌을 지울 수 없다. 나 역시 처음에는 혹자의 말도 옳지 않을까 하고 의심했지만, 지금은 이미 그렇지 않다는 것을 분명하게 알게 되었다.

《혹문(或問)》에서 운운한 글에 대하여-"대저 이 다섯 구절[116]은〔大抵此五句〕"에서부터 "이 덕을 닦고 이 도를 이룬다.〔修是德而凝是道也〕"까지이다.- 예전에는 그저 범연(泛然)하게 보아 넘기다가 지금에 와서야 그 말이 분명하고 쇄락하여 털끝만큼도 장애가 없음을 알았다. 이는 그야말로 조각조각 적심(赤心 단심(丹心))을 발휘하여 사람에게 설명해 준 것이니, 아, 지극하다고 하겠다.

116 다섯 구절 : 존덕성(尊德性)의 항목, 즉 "군자는 덕성을 존숭하고 학문을 연구한다. 넓고 큰 것을 끝까지 추구하면서 정밀하고 은미한 것을 완전히 파악하고, 높고 밝은 최고의 경지를 이루면서 중용의 길을 걷는다. 옛것을 익히면서 새것을 알고, 후덕한 자세를 돈독히 하며 예를 숭상한다.〔君子尊德性而道問學 致廣大而盡精微 極高明而道中庸 溫故而知新 敦厚以崇禮〕"의 5구(句)를 말한다. 《중용혹문》에 나오는 관련 부분의 내용을 소개하면 다음과 같다. "대저 이 다섯 구절은 수장(首章)에 나오는 도체(道體)의 대소(大小)를 이어받아 말했기 때문에 한 구절 안에 모두 대소의 두 가지 뜻을 구비하고 있다. 예컨대 덕성(德性)과 광대(廣大)와 고명(高明)과 고(故)와 후(厚)는 도(道)의 큰 것이요, 문학(問學)과 정미(精微)와 중용(中庸)과 신(新)과 예(禮)는 도의 작은 것이며, 존(尊)하고 도(道)하고 치(致)하고 진(盡)하고 극(極)하고 온(溫)하고 지(知)하고 돈(敦)하고 숭(崇)하는 것은 이 덕을 닦고 이 도를 모으기 위한 것이다.〔大抵此五句 承章首道體大小而言 故一句之內 皆具大小二意 如德性也廣大也高明也故也厚也 道之大也 問學也精微也中庸也新也禮也 道之小也 尊之道之致之盡之極之溫之知之敦之崇之 所以修是德而凝是道也〕"

"아랫사람이 되어 배반하지 않는다.〔爲下不倍〕"에 대한 언해(諺解)의 훈독은 잘못일 듯싶다. 내가 살펴보건대, 《중용혹문》에 이르기를 "도의 크고 작은 것에 대해서 체득하지 않음이 없다. 그래서 위에 있든 아래에 있든 간에, 그리고 치세(治世)에 있든 난세(亂世)에 있든 간에, 언제나 적의(適宜)하지 않음이 없는 것이다.〔於道之大小 無所不體 故居上居下 在治在亂 無所不宜〕"라고 하였으니, 이에 의거하면 4개 절(節)의 일이 되어야 마땅하다.

"밝고 밝아 그 몸을 보전한다.〔明哲保身〕"에 대해서, 백춘(伯春)이 말하기를 "이는 경문(經文)의 거상(居上)·거하(居下), 유도(有道)·무도(無道)의 4구(句)를 통틀어 결론지은 것이다."라고 하였다. 내가 살펴보건대, 《시경(詩經)》의 주(註)에 이르기를 "명(明)은 이치에 밝은 것이고, 철(哲)은 일을 자세히 살피는 것이다. 보신(保身)은 이치를 따라서 몸을 지키는 것이요, 이(利)를 따르고 해(害)를 피하여 구차하게 몸을 온전히 함을 말한 것이 아니다.〔明明於理 哲察於事 保身 蓋順理以守身 非趨利避害 偸以全軀之謂也〕"[117]라고 하였으니, 이것을 가지고 살펴보면 백춘의 설이 옳은 것 같다.

왕씨(王氏)의 사대지(四大支)의 설은 자기의 설이 아니라 바로 《장구(章句)》의 뜻이다.[118] 독자는 응당 이것을 위주로 하되, 주자(朱子)

117 명(明)은……아니다 : 《시경》〈대아(大雅) 증민(烝民)〉의 주에 보인다.

118 왕씨(王氏)의……뜻이다 : 주희가 〈독중용법(讀中庸法)〉에서 "《중용》은 여섯 개의 대절로 나누어서 보아야 한다.〔中庸當作六大節看〕"라고 하며 수장(首章)에서 33장

의 육절(六節 육대절(六大節))의 설을 착종(錯綜 검토하고 참작하는 것)해서 살펴보아야 상세히 갖출 수 있을 것이다.

까지 6개의 절목으로 나누어 설명하였고, 나중에는 《장구(章句)》에서 다시 이것을 사대절(四大節)로 줄여서 정리하였는데, 노재 왕씨(魯齋王氏) 즉 왕백(王柏)이 이 《장구》의 분절(分節)을 참작하여 다시 사대지(四大支)의 설을 내놓은 것을 말한다. 〈독중용법〉의 소주(小註)에 이에 대한 내용이 자세히 실려 있다. 왕백은 자신의 독특한 학설을 다수 제기하였는데, 《중용》의 내용을 분절한 이 사대지의 설도 그중의 하나이다. 사람의 몸 가운데 지(支)가 크고 절(節)이 작아서 지(支)에 절(節)이 있는 점을 고려하여, 주희의 대절(大節)에 대해서 대지(大支)라고 명명했다고 한다.

녹문집

제14권

잡저 雜著

의례 신유년(1741, 영조17) 임술년(1742)
儀禮 辛酉壬戌

상복 喪服

비(菲)는 짚신〔屨〕이다. 주공(周公) 때에는 구(屨)라고 부르고, 자하(子夏) 때에는 비(菲)라고 불렀다. 우옹(尤翁 송시열(宋時烈))이 '풀의 몸체〔草體〕'라고 해석한 것은 조감(照勘)을 잘못한 것인 듯하다.[1]

전병주미(翦屛柱楣)[2]에 대해서 내가 살펴보건대, 당나라 양수(楊

1 비(菲)는……듯하다 : 《의례(儀禮)》 〈상복(喪服)〉 전(傳)에 "관구는 왕골 짚신인데, 외납으로 한다.〔菅屨者 菅菲也 外納〕"라는 말이 나오는데, 민태중(閔泰重)이 "관(菅)은 비(菲)와 같지 않습니까?〔菅與菲不同否〕"라고 물었을 때에 송시열이 "관은 풀 이름이고, 비는 풀의 몸체이다.〔菅 草名 菲 草體也〕"라고 대답한 내용이 《송자대전(宋子大全)》 권86 〈답민사앙(答閔士昂)〉에 나온다. 외납은 짚신을 삼다가 남은 끝을 밖으로 향해 엮는 것으로, 추악함을 취하여 장식하지 않는 뜻을 보인 것이다.

2 전병주미(翦屛柱楣) : 《의례》 〈상복〉 전의 "우제(虞祭)를 지낸 뒤에는, 주위를 가로막은 지게문 가의 풀을 베어 내고, 상인방(上引枋)에 기둥을 받쳐서 햇빛이 조금 들어오게 하고, 잘 때에는 부들자리를 깐다.〔旣虞 翦屛 柱楣 寢有席〕"라는 말에서 발췌한 것이다.

垂)의 〈상복도설(喪服圖說)〉에 "무릇 여막(廬幕)을 지을 적에는 먼저 나무 하나를 담장 아래에 가로질러 놓되, 담장과 5척(尺) 떨어진 땅에 눕혀 놓고서 미(楣 상인방(上引枋))로 삼는다. 그러고는 바로 그 위에다 다섯 개의 서까래를 올려놓고서 동쪽 담 위에 비스듬히 걸쳐 놓은 뒤에, 짚을 엮어 만든 거적을 그 위에 덮는다. 남쪽과 북쪽 면 역시 거적을 둘러쳐서 막고, 북쪽을 향해서 문을 내는데, 문에는 거친 베로 발〔簾〕을 드리운다.……〔凡起廬 先以一木橫於墻下 去墻五尺 臥於地爲楣 卽立五椽於上 斜倚東墉上 以草苫蓋之 其南北面亦以草屛之 向北開門 門簾以縗布……〕"라고 하였다. 이에 의거하면 주미(柱楣)라는 것은 땅에 눕혀 놓은 나무를 들어서 그 양쪽 끝머리에 기둥을 받쳐 세우는 것을 말하고, 전병(翦屛)이라는 것은 남쪽과 북쪽 면을 가로막은 풀들을 베어 내는 것을 말한다.

"아버지가 장자(長子)를 위해서 입는다.〔父爲長子〕"[3]의 주(註)에도 "적자(嫡子)를 세울 때에는 장자로 한다.〔立嫡以長〕"라고 하였는데, 이 주의 뜻은 대개 "경문(經文)에서 적자를 말하지 않고 반드시 장자를 칭한 것은, 역시 적자를 세울 때에는 반드시 장자로 하는 것이니, 차자(次子)가 비록 현능(賢能)하더라도 세우지 않는 것이요, 비록 세웠다고 하더라도 적자가 되지 않음을 밝히기 위함이다. 만약 적자로 말을

3 아버지가……입는다 : 《의례》 〈상복(喪服)〉 참최장(斬衰章)의 경문(經文)이다. 《의례》에는 주공(周公)이 지었다는 경문이 있고, 이 경문을 해설한 자하(子夏)의 전(傳)이 있고, 이 전을 해설한 한(漢)나라 정현(鄭玄)의 주(註)가 있고, 이 주를 해설한 당나라 가공언(賈公彦)의 소(疏)가 있다. 주와 소를 《의례》의 양대 해설로 꼽는다.

하면 장자를 세우는 뜻이 드러나지 않는다."라는 의미이다. 대개 정(鄭 정현(鄭玄))의 이 구절은 본래 《공양전(公羊傳)》의 "적자를 세울 때에는 장자로 하지 현능한 것으로 하지 않는다.〔立嫡以長 不以賢〕"[4]라는 글에서 나온 것이니, 그렇다면 그 뜻이 당연히 이와 같아야 할 것이다. 따라서 소(疏)의 설[5]은 잘못된 것이 아닐까 한다.

우옹(尤翁 송시열(宋時烈))이 "폐하는 인종의 적자입니다.……〔陛下仁宗之嫡子……〕"라는 이천(伊川 정이(程頤))의 말을 인용하여, 비록 인후(人後 남의 후사(後嗣))가 된 자라 할지라도 '적자에서 적자로 계승하는〔嫡嫡相承〕' 증거로 삼을 수 있다고 하였는데, 나의 의견은 이와 다르다.

범연(泛然)하게 종통(宗統)이 전해지는 것을 논한다면, 비록 방지(旁支)에서 승중(承重)[6]한 자라 할지라도 적자라고 말할 수 있으니,

4 적자를……않는다 : 《춘추(春秋)》 은공(隱公) 원년의 "원년의 봄, 주(周)나라 천자가 반포한 역법(曆法)으로 정월이다.〔元年 春 王正月〕"에 대한 《공양전》의 해설에 "은공은 나이도 많고 현능한데, 어째서 왕의 후계자가 되면 안 되는가. 적자를 세울 때에는 장자로 하지 현능한 것으로 하지 않으며, 적자를 세울 때에는 신분이 귀한 것으로 하지 나이로 하지 않기 때문이다. 환공은 어째서 신분이 귀한가? 모친이 귀하기 때문이다. 모친이 귀하면 아들이 어째서 귀한가? 아들은 모친 때문에 귀해지고, 모친은 아들 때문에 귀해지는 것이다.〔隱長又賢 何以不宜立 立適以長不以賢 立子以貴不以長 桓何以貴 母貴也 母貴則子何以貴 子以母貴 母以子貴〕"라는 내용이 나온다.

5 소(疏)의 설 : "첫 번째 아들이 죽으면, 적처 소생의 두 번째 연장자를 취하여 세우는데, 그를 또한 장자라고 이름한다.〔第一子死 則取嫡妻所生第二長子立之 亦名長子〕"라는 내용을 말한다. 현종 즉위년(1659)의 기해예송(己亥禮訟) 때에 남인(南人) 윤휴(尹鑴)가 기년복(期年服)을 주장하는 서인(西人) 송시열(宋時烈)의 예론(禮論)을 반박하면서 이 구절을 인용하였다.

6 승중(承重) : 상제(喪祭)와 종묘(宗廟)의 중책이 자손에게 전해지는 것을 말한다.

예컨대 주(周)나라 무왕(武王)이 문왕(文王)의 적자가 된 것과 송나라 영종(英宗)이 인종(仁宗)의 적자가 된 것이 이것이다. 그러나 경(經)의 본지(本旨)를 유추하여 적서(嫡庶)가 나뉘는 것을 극언(極言)한다면, 반드시 친생(親生)의 장자라야 비로소 정체(正體)[7]가 되는 만큼, 무왕은 체이부정(體而不正)[8]이고 영종은 전중비정체(傳重非正體)이니, 이는 매우 분명하여 의심할 것이 없다.

장자가 폐질(廢疾)이 있어서 전중(傳重)하지 못하고 차자가 승중(承重)했을 때에도 그 차자를 위해서 삼년복을 입어 줄 수 없다. 이는

조(祖)의 입장에서는 전중(傳重)이라고 하고, 손(孫)의 입장에서는 승중, 혹은 수중(受重)이라고 한다.

7 정체(正體) : 종통(宗統)을 계승한 적장자(嫡長子)를 말한다. 정(正)은 적장(嫡長)이라는 말이고, 체(體)는 그 몸이 부조(父祖)를 계승했다는 말이다.

8 체이부정(體而不正) : 몸은 부조(父祖)를 계승했으나〔體〕, 적장(嫡長)이 아니라는〔不正〕 뜻으로, 비록 가통(家統)을 이은 아들이라도 부모가 그를 위해 삼년복을 입지 않는 네 가지 경우의 하나에 속한다. 이른바 이 사종설(四種說)과 관련하여 《의례주소(儀禮註疏)》 권29 〈상복(喪服)〉 가공언(賈公彦)의 소(疏)에 "비록 승중을 했어도, 삼년복을 입지 않는 네 가지 종류가 있다. 첫째는 정(正)・체(體)이기는 하나 전중(傳重)하지 못한 것이니 적자가 폐질이 있어서 종묘를 주관할 수 없는 경우요, 둘째는 전중은 했으나 정(正)・체(體)가 아닌 것이니 서손이 뒤를 이은 경우요, 셋째는 체(體)이기는 하지만 정(正)이 아닌 것이니 서자가 뒤를 이은 경우요, 넷째는 정(正)이기는 하지만 체(體)가 아닌 것이니 적손이 뒤를 이은 경우를 말한다.〔雖承重不得三年有四種 一則正體不得傳重 謂適子有廢疾不堪主宗廟也 二則傳重非正體庶孫爲後是也 三則體而不正立庶子爲後是也 四則正而不體立適孫爲後是也〕"라는 말이 나온다. 기해예송(己亥禮訟) 때에 송시열 등의 서인(西人) 쪽에서는 이 사종설 가운데 세 번째가 효종에게 해당한다고 하여, 인조(仁祖)의 계비(繼妃)인 자의대비(慈懿大妃) 조씨(趙氏)가 삼년복 대신에 기년복(期年服)을 입어야 한다고 주장하여 관철하였다.

대개 장자가 전중하지 못했더라도 여전히 정체(正體)가 될 수 있고, 여전히 적자의 이름을 잃지 않아서이니, 그래서 〈상복(喪服)〉의 소(疏)에서도 "정체이긴 하지만 전중하지 못한 것이다.〔正體不傳重〕"라고 한 것이고, 〈소기(小記)〉에서도 '적부로서 시아버지의 후사(後嗣)가 되지 못한 경우〔嫡婦不爲舅後〕'[9]라고 한 것이다. 이렇게 되면 비록 폐질이 있는 장자라 하더라도 적자라고 말하지 않을 수 없으니, 그렇다면 차자로서 승중한 자가 적자가 될 수 없는 것은 그 안에 자연히 들어 있는 것이다.

〈상복소기(喪服小記)〉에 "서자가 왕위를 이어받았을 경우에도 이와 같이 한다.〔庶子王亦如之〕"라고 하였는데, 그 주에 "세자가 폐질 때문에 왕이 될 수 없어서 서자가 왕위를 이어받은 경우에는……〔世子有廢疾不可立 而庶子立……〕"[10] 하였다. 이에 의거하면, 차자가 폐질자(廢疾者)를 대신해서 승중했을 때에는 결국 서자가 후사가 된 경우로 귀결되니, 본연(本然)의 적장(嫡長)과 견줄 수 없다는 것이 어찌 분명하지 않은가. 따라서 우옹(尤翁)이 "장자에게 폐질이 있으면 차자가 당연히

9 적부로서……경우 : 《예기(禮記)》〈상복소기(喪服小記)〉에 "적부로서 시아버지의 후사(後嗣)가 되지 못한 자는 시어머니가 그녀를 위해 소공복(小功服)을 입는다.〔適婦不爲舅後者 則姑爲之小功〕"라고 하였는데, 그 주(註)에 "남편에게 폐질이 있거나 다른 연고가 있거나 죽어서 아들이 없어 수중하지 못한 경우이다.〔謂夫有廢疾 若他故 若死而無子 不受重者也〕"라고 하였다. 즉 적자인 장자에게 무슨 사정이 있어서 부친의 뒤를 잇지 못한 경우에는 장자의 아내 즉 맏며느리의 상을 당해서 시부모가 서자(庶子)와 서부(庶婦)에 대한 상복인 소공복을 입는 것을 말한다.

10 세자가……경우에는 : 본문에 인용된 내용 뒤의 생략된 부분은 "시부모는 세자의 아내 즉 맏며느리를 위해서 소공복을 입는다.〔其舅姑爲其婦小功〕"이다.

장자가 되니 부친은 그를 위해 삼년복을 입는다."라고 한 것은 온당치 않을 듯하다.

〈소기(小記)〉에 "적부로서 시아버지의 후사가 되지 못한 자는 시어머니가 그녀를 위해 소공복(小功服)을 입는다.〔嫡婦不爲舅後 姑爲之小功〕"라고 하였는데, 그 주에 "무릇 부모와 아들, 시부모와 며느리의 관계에서, 장차 적자에게 전중(傳重)하지 않을 경우와 장차 전중을 받을 자가 적자(嫡子)가 아닐 경우에는, 복을 입을 적에 모두 서자와 서부에 대한 복과 같이 한다.〔凡父母於子 舅姑於婦 將不傳重於嫡及將所傳重者非嫡 服之皆如庶子庶婦也〕"라고 하였다. 이 몇 구절의 말뜻이 탁연(卓然)하여 이를 통해서 분명히 간파할 수 있으니, 분분한 설들은 대가 쪼개지듯 깨질 것이다.

'적자에게 전중하지 않을 경우〔不傳重於嫡〕'와 '전중을 받을 자가 적자가 아닌 경우〔所傳重者非嫡〕'라는 이 두 구절을 자세히 살펴볼 필요가 있다. 대개 적(嫡)과 비적(非嫡)은 모두 전중과 불전중(不傳重) 이전에 있는 것으로서, 그 본연의 지위를 가지고 말한 것이다. 그러므로 적자는 본래 적자인데 폐질(廢疾) 때문에 불전중한 것이고, 차자(次子)는 본래 적자가 아닌데 적자의 폐질 때문에 수중(受重)한 것이다. 그렇다면 '전중비적(傳重非嫡)'이라는 말은, 바로 폐질자(廢疾者)의 아우로서 전중하는 자를 가리켜 말한 것인데, '무릇〔凡〕'이라는 하나의 글자가 포괄하는 범위가 넓으니, 첩자(妾子)로서 후사가 되는 자와 방지(旁支)로서 대종(大宗)의 후사가 되는 자도 당연히 이 안에 포함되어야 할 것이다. 그리고 '전중비적'의 '비적'이 이미 본연의 지위를 가지고 말한 것이고 보면, 방지로서 뒤를 이은 자가 아직 뒤를 잇기 이전에는 적(嫡)이라고 해야 하겠는가, 적이 아니라고 해야 하겠는가.-혹자는 타자(他子)를 양자로 삼는 것을 '정(正)이기는 하지만 체(體)가 아닌 경우〔正而不體〕'라고 하는데, 소(疏)에서 이미 타자를 양자로 삼는 것과 서자가 전중하는 것을 다 함께 '전중비적'의 예문(禮文)에서 해설했고 보면, '정(正)'이라는 하나의 글자를 타자에게 가할 수 없는 것이 분명하다. 그러므로 나는 그런 경우에는 '전중은 했으나 정(正)·체(體)가 아닌 것〔傳重非正體〕'이라고 말해야 옳지, '정이불체(正而不體)'라고 말하는 것은 부당하다고 생각한다.-[11]

'적자에게 전중하지 않은 경우〔不傳重於嫡〕'의 해설이 나오는 그 주에 "남편에게 폐질이 있거나 다른 연고가 있거나 죽어서 아들이 없어 수중하지 못한 경우이다.……〔有廢疾他故 若死而無子不受重……〕" 하였다. 이에 의거하면 장자가 죽고 아들이 없어서 장차 그를 위해 입후(立後 후사를 세우는 것)하여 전중할 경우에는 삼년복을 입지만, 그를 위해서 입후하려 하지 않고 차자에게 전할 경우에는 삼년복을 입지 않는다. 그리고 비록 아들이 있더라도 그에게 전중을 하지 않는 것이 마치 태중(太中)이 명도(明道)에게 한 것[12]과 같다면, 이 경우에도 삼

11 혹자는……생각한다 : 정이불체(正而不體)와 전중비정체(傳重非正體)는 이른바 사종설(四種說)에 나오는 두 개의 항목이다. 132쪽 주8 참조.

12 태중(太中)이……것 : 태중은 태중대부(太中大夫)에 오른 정향(程珦)을 말하는데, 그는 정호(程顥)와 정이(程頤)의 부친이다. 정향이 80세의 나이로 죽었을 때에, 이미 5년 전에 55세의 나이로 죽은 맏아들 정호에게 장손(長孫)인 정앙(程昻)이 있었으나, 정호 생전에 정향이 미리 전중(傳重)을 하지 않은 관계로, 적손인 정앙 대신에 차자(次子)인 정이가 상제(喪祭)를 주관하였고, 정이가 죽을 때에도 자기의 맏아들인

년복을 입지 않아야 할 것 같다. 이에 대해서는 비록 예문(禮文)이 없긴 하지만, 사례(事例)를 유추해 보면 이와 같이 하는 것이 마땅할 듯하다. 대개 전(傳)에서 "장자는 선조(先祖)에게 정체(正體)가 되고, 또 그야말로 장차 전중을 받을 자이기 때문이다.〔正體於上 又乃將所傳重〕"라고 말한 이 두 구절이 너무나도 분명하니, 정(正)이 되고 체(體)가 되고 전중을 받는 이 세 가지 조건 중에서 하나라도 갖추지 못하면 결코 삼년복을 입을 수 없는 것이다.-다시 살펴보건대, 명도가 살아 있을 적에 본디 전중하려 했지만 죽어서 수중하지 못한 것은 원래 태중(太中)의 잘못인 만큼, 이는 폐질이 있거나 아들이 없는 경우와는 같지 않으니 삼년복을 입는 것이 옳을 듯하다. 그러나 만약 장자가 살아 있을 적에 부친이 그에게 전중하려 하지 않고 차자를 세운 것이 마치 문왕(文王)이 백읍고(伯邑考)에게 한 것[13]과 같다면 삼년복을 입을 수 없으니, 이는 바로 '다른 연고〔他故〕'가 있는 경우라고 하겠다.-

〈소기(小記)〉의 소(疏)에 "네 가지 경우는-사종(四種)을 가리킨다.- 모두 기년복에 해당하니, 결코 참최복을 입을 수 없다.〔四者皆期 悉不得斬〕"라고 하였다. 내가 살펴보건대, 사종(四種 사종설(四種說)) 중에서 적자(嫡子)에게 폐질(廢疾)이 있는 경우와 서자(庶子)가 뒤를 이은 경우와 적손(嫡孫)이 뒤를 이은 경우의 세 가지는 물론 모두 기년복에

정단언(程端彦)으로 하여금 종묘를 주관하게 함으로써 '적통(嫡統)을 빼앗았다.〔奪嫡〕'라는 혐의가 있게 한 고사를 말한다.

13 문왕(文王)이……것 : 문왕이 태사(太姒)에게 장가들어 백읍고(伯邑考)와 발(發)이라는 아들을 두었는데, 장남 백읍고가 일찍 죽자 그의 아들인 적손(嫡孫)을 제쳐 놓고 차남 발을 세웠다. 그가 주(周)나라 무왕(武王)이다. 장남이 죽으면 차남을 후계자로 세우는 것이 은(殷)나라의 예법(禮法)이었다.

해당하지만, 서손(庶孫)이 뒤를 이은 경우는 대공복(大功服)에 해당할 듯싶다. 《상복도식(喪服圖式)》에 의하면, 진(晉)나라 장만(蔣萬)이 범선(范宣)에게 "적손이 죽고 후사가 없으면, 차자의 후사가 조부를 승중(承重)할 수 있는가?〔嫡孫亡無後 次子之後可得傳祖重否〕"라고 묻자, 범선이 "서손이 적손과 다른 점이라면, 다만 부친이 그를 위해 삼년복을 입지 않고 조부가 그를 위해 기년복을 입지 않는 것인데, 그 서손이 부조의 복을 입는 것은 적손과 다를 수가 없다.〔庶孫之異於嫡者 但父不爲之三年 祖不爲之周 而孫服父祖不得殊也〕"라고 답하였는데,[14] 이 설이 타당하지 않을까 싶다.

참최장(斬衰章)에서 "부친이 장자를 위해 입는다.〔父爲長子〕"라고

14 서손이……답하였는데 : 본문에 인용된 《상복도식(喪服圖式)》의 이 내용 바로 앞에 "예(禮)에 조부의 후사가 된 자는 조부를 위해 삼년복을 입는 것으로 되어 있는데, 여기에서 적서(嫡庶)를 말하지 않은 것은 적서 모두에 통용되기 때문이다. 후사가 없으면 오히려 남의 아들도 데려다가 후사를 삼는 법인데, 하물며 현재 손자가 있는데 승중(承重)하지 못하겠는가.〔禮 爲祖後者三年 不言嫡庶則通之矣 無後猶取繼 況見有孫而不承之耶〕"라는 범선(范宣)의 대답이 실려 있다. 이 내용을 참고하면 본문을 이해하는 데 도움이 될 것이다. 《通典 卷88 嫡孫亡無後次孫爲祖持重議》 범선은 동진(東晉) 사람으로, 자(字)는 선자(宣子)이다. 벼슬하지 않고 독서에 열중하여 박학하였으며 특히 삼례(三禮)에 정통하였는데, 저서에 《예역논란(禮易論難)》이 있다. 《상복도식》은 《의례상복도식(儀禮喪服圖式)》의 준말로, 《의례경전통해속(儀禮經傳通解續)》에 편입되어 있다. 주희가 《의례》를 중심으로 해서 《예기》와 경사(經史)의 예설(禮說) 및 선유(先儒)의 학설 등을 모아 《의례경전통해》를 만들었는데, 주희가 죽은 뒤에 면재 황씨(勉齋黃氏)가 편찬한 《상례(喪禮)》 15권과 양복(楊復)이 편찬한 《의례상복도식》 2권 및 《제례(祭禮)》 13권을 함께 수록해서 그 속편인 《의례경전통해속》을 발간하였다. 《儀禮經傳通解續 卷16》

하였다. 내가 살펴보건대, 폐질자(廢疾者)와 노전자(老傳者)[15]의 아들은 장자를 위해서 삼년복을 입을 수 없을 것 같다. 대개 적자가 있으면 적손이 없는 것이고, 부후(父後)가 된 자라야 장자를 위해서 참최복(斬衰服)을 입을 수 있기 때문이다.[16]

"공사대부(公士大夫 공경대부(公卿大夫))의 중신(衆臣 가신(家臣))이 그 군(君)을 위하여 입는 복이다.〔公士大夫之衆臣 爲其君〕"의 소(疏)에 "영지(領地)가 있든 없든 중신은 그를 위해서 모두 지팡이를 짚고 복을 입는다.……〔有地無地 衆臣爲之皆有杖……〕" 하였다. 내가 살펴보건대, 경(經)의 상문(上文) 군조(君條)의 주(註)에 이르기를 "천자 제후 및 경대부로서 영지를 소유한 자를 모두 군(君)이라고 한다.〔天子諸侯及卿大夫有地者 皆曰君〕"라고 하였고, 이 조(條)의 전(傳)에 이르기를

15 노전자(老傳者) : 70세가 되어 쇠하고 병들어서 제사를 비롯하여 모든 집안일을 자식에게 전해 준 자라는 말이다. 《예기》〈곡례 상(曲禮上)〉의 "칠십 세가 되면 노(老)라고 한다. 이 나이가 되면 집안일을 자식에게 전해 준다.〔七十曰老而傳〕"라는 말에서 나온 것이다.

16 대개……때문이다 : 폐질자(廢疾者)와 노전자(老傳者)인 부친이 적장자(嫡長子)로 살아 있는 한 그 아들이 부친의 적통(嫡統)을 빼앗아 적손(嫡孫)이 될 수는 없는 일이요, 그렇다면 자기의 장자도 서손(庶孫)의 하나가 될 수밖에 없으니, 서손을 위해서는 바로 위의 글에 나온 것처럼 그 부친이 삼년복을 입을 수 없다는 것이 녹문의 논리가 아닌가 싶다. 《예기》〈상복(喪服)〉 부장기(不杖期) 적손조(適孫條)에 "적자가 있으면 적손은 없다. 손부 역시 그와 같다.〔有適子 無適孫 孫婦亦如之〕"라고 하였는데, 그 주(註)에 "주(周)나라의 도는 적자가 죽으면 적손을 세웠다. 그런데 이 적손은 장차 위로 조(祖)의 후사가 될 자이지만, 적장자가 있으면 모두 서손일 따름이다. 손부 역시 그와 같아서, 적부가 있으면 역시 서손의 처일 뿐이다.〔周之道 適子死 立適孫 是適孫將上爲祖後者也 長子在 則皆爲庶孫耳 孫婦亦如之 適婦在 亦爲庶孫之婦〕"라고 하였다.

"군(君)은 영지를 소유한 자를 말한다.〔君謂有地者也〕"라고 하였다. 그렇다면 영지를 소유한 뒤에야 비로소 신(臣)이 있어서 군(君)이라고 하는 것이요, 영지가 없으면 신이 없어서 역시 군이라고 칭하지 않는 것이다. 이러고 보면 영지가 없는 공경대부는 그 관속(官屬)이 응당 사(士)의 복례(僕隷)와 동등해서 군복(君服)으로 복을 입을 수 없으니, 소(疏)의 설은 잘못된 듯싶다.

장기장(杖期章)의 '부친 생존 시에 모친을 위해 입는 복〔父在爲母〕'의 전(傳)에 "아들이 또한 감히 입지 못한다.〔子亦不敢服也〕"라고 하였는데, 그 아래에 "군주가 입어 주는 복은 아들도 감히 입지 않을 수 없다.〔君之所爲服 子亦不敢不服也〕"라는 12자(字)가 있어야 마땅하다. 주(註)에서 "군주가 입어 주는 복은 부인과 적부를 말한다.〔君之所爲服謂夫人與嫡婦也〕"라고 말한 것은 바로 이 구(句)를 해설한 것인데, 면재(勉齋 황간(黃榦))가 그 전(傳)을 삭제하고 그 주(註)만 보존했기 때문에 주의 설이 귀속(歸屬)할 곳이 없게 되었으니, 응당 "아들도 감히 입지 않을 수 없다는 것은 군주의 정통을 말하는 것인데, 정통은 부인과 적부를 가리킨다.〔子亦不敢不服也者 謂君之正統也 正統指夫人嫡婦也〕"라는 구소(舊疏)를 그대로 따라야 할 듯하다. 면재가 그 글을 인용하면서 '불복(不服)'의 '불(不)' 자를 삭제한 것은 아무래도 부당한 듯싶은데, 어쩌면 판본(板本)에 탈자(脫字)와 오자(誤字)가 많이 있어서 그렇게 된지도 모르겠다.

'출처의 아들이 그 어미를 위해 입는 복〔出妻之子爲母〕'의 장(章) 처음에 나오는 전(傳)의 내용은 자하(子夏)의 전이고, 그 아래에 나오는 두 개의 전의 내용은 구전(舊傳)이다. 대개 자하가 "출처의 아들은 외조부모를 위해서 입는 복이 없다.〔出妻之子爲外祖父母無服〕"라는 것을 말하면서 구전의 "은의(恩義)가 단절된 족(族)에게는 복을 입는 일이 없지만, 지친(至親)인 모자(母子) 사이에는 이어진다.〔絶族無施服 親者屬〕"라는 말을 인용하여 증명하였고, 또 "출처의 아들이 부후가 된 경우에는 출모를 위한 복이 없다.〔出妻之子爲父後者 爲出母無服〕"라는 것을 말하면서 다시 구전의 "부친과 일체가 되기 때문이다.……〔與尊者爲一體……〕"의 내용을 인용하여 증명하는 과정에서, 그 글이 쌍관(雙關)[17]의 문자와 흡사하게 되고 말았다. 그런데 소(疏)의 설을 보면 그만 '부후(父後)' 운운한 것을 구전이라고 하고 하문(下文)의 전(傳)을 자하의 전이라고 하였는데, 그렇게 하면 문세(文勢)가 얼올(卼卼 불순(不順))해서 문맥이 통할 수가 없다.-'출처지자(出妻之子)' 운운의 15자와 또 '출처지자' 운운의 14자를 합한 29자가 자하의 전문(傳文)이다.-

모친은 같고 부친은 다른〔同母異父〕 곤제(昆弟 형제)에 대해서, 자유(子游)는 대공복(大功服)을 입어야 한다고 하였고, 자하(子夏)는 자최기년복(齊衰期年服)을 입어야 한다고 하였다. 그러나 나는 두 설이 모두 잘못되었으니, 응당 "은의가 단절된 족에게는 복을 입는 일이 없지만, 지친인 모자 사이에는 이어진다.〔絶族無施服 親者屬〕"라는 의리에 입각하여 복을 입지 말아야 한다고 생각한다. 대개 모친이 가출(嫁出)했으면 족의 은의가 이미 단절되었으나, 오직 모친 자신은 지친이기 때문에 모친을 위해서만 복을 입고, 모친의 부모나 자식에 대해서는

17 쌍관(雙關) : 짝을 맞추어 글을 짓는 문장수식법의 하나이다.

유추해서 적용하지 않는 것이니, 이 의리는 지극히 분명하여 의심할 것이 없다.

그런데 정현(鄭玄)이 그만 "지친인 모자 사이에는 이어진다.〔親者屬〕"라는 한 구절을 인용하여 대공복 입는 것을 옳다고 하였으니, 이는 경(經)의 본지(本旨)를 크게 잃은 것이다. 그래서 왕숙(王肅)이 "'친자속'은 출모 자신을 말한 것이지, 출모의 자식을 말한 것이 아니다.〔親者屬 謂出母之身 非謂出母之子也〕"라고 반박한 말이 매우 명쾌하다. 다만 "이부(異父)의 곤제에 대해서 대공복을 입는 것은 계부(繼父)를 따라서 입는 것이다."라고 한 것은 문제가 있다고 생각한다.

대저 복(服)을 입느냐 복을 입지 않느냐 하는 것은 단지 모친을 기준으로 하는 것이니, 모친을 기준으로 하여 방급(旁及 연관되는 것)의 도(道)가 있으면 복을 입고 모친을 기준으로 하여 방급의 도가 없으면 복을 입지 않는 식으로 처리하면 될 뿐이다. 가령 계부와 같은 경우는 비록 은의(恩義)를 감안하여 복을 입는다고 하더라도, 어찌 종복(從服)[18]을 하는 도리가 있기야 하겠는가. 예(禮)에 "자모(慈母)의 부모에게는 복을 입지 않는다."[19]라고 하였고 보면, 성인(聖人)의 뜻이 무엇인

18 종복(從服) : 남을 따라서 복을 입는다는 뜻으로, 인친(姻親)이나 군상(君上) 등의 친족을 위해 입는 상복 여섯 가지를 말하는데, 《예기》 〈대전(大傳)〉에 그 내용이 실려 있다.

19 자모(慈母)의……않는다 : 《예기》 〈상복소기(喪服小記)〉에 "자모의 부모에게는 복이 없다.〔爲慈母之父母無服〕"라고 하였는데, 그 주(註)에 "은애(恩愛)가 미치지 못하기 때문이다.〔恩不能及〕"라고 하였다. 자모는 어려서부터 자기를 키워 준 서모(庶母)를 말한다. 《의례》 〈상복(喪服)〉에 "자모는 모친과 같다.〔慈母如母〕"라고 하였는데, 그 전(傳)에 "종신토록 모친처럼 대하고, 죽으면 모친처럼 삼년복을 입는다.〔終其身如母 死則喪之三年如母〕"라고 하였다.

지 알 수가 있다. 정현이 모친을 따라야 한다고 해설한 것은 옳지만, '무시복(無施服)', '친자속(親者屬)'의 두 구(句)에 대해서만은 제대로 간파하지 못하였다.-《가어(家語)》를 살펴보건대, 공자(孔子)가 "계부와 동거할 적에는 이부의 곤제에 대해서 남을 따라 복을 입지만, 동거하지 않을 적에는 계부에 대해서도 복을 입지 않는데, 하물며 그 아들이겠는가.〔繼父同居則異父昆弟從爲之服 不同居 繼父且猶不服 況其子乎〕"라고 하였다. 왕숙(王肅)의 설은 대개 여기에 근거한 것일 듯한데, 《가어》의 설은 감히 믿지 못하겠다.-

다시 살펴보건대, 부자와 곤제를 지친이라고 하니, 정현이 이부(異父)의 곤제를 친(親)이라고 한 것은 역시 이것을 근거로 한 것 같다. 그러나 곤제가 지친이 되는 것은 바로 부친이 같기 때문이다. 모친이 이미 부친에게 죄를 얻어서 족절(族絶 친족 관계가 끊어짐)되었고, 그 곤제가 이미 절족(絶族)된 뒤에 태어나 자기와 이족(異族)이고 보면 곧 노인(路人 행인)인 것이다. 이는 정녕 고당숭(高堂崇)이 "외가보다도 훨씬 소원하다.〔疏於外家遠矣〕"라고 말한 자이니,[20] 어찌 단지 동모

20 고당숭(高堂崇)이……자이니 : 위 명제(魏明帝) 경초(景初) 연간에 상서사부(尙書祠部)에서 "모친은 같지만 부친이 다른 형제에 대해서는 몇 달의 복을 입어야 하느냐?〔同母異父昆弟服應幾月〕"라고 물었을 때에, 고당숭이 "성인이 예법을 제정할 때에 외친에 대해서는 정복이 시마에 불과하였으니, 이것이 외친과 내친을 구별한 분명한 법도라고 할 것이다. 외조부모는 존(尊)으로 더하고 모친을 따라서 명(名)을 더해도 모두 소공일 뿐이고, 구(舅)는 시복일 따름이다. 외형제는 이족(異族)으로서 관계가 이어질 곳이 없으니 외가보다도 훨씬 소원하다. 그러므로 예(禮)의 차서로 볼 때 복(服)이 있을 수 없는 것이다.〔聖人制禮 外親正服 不過緦麻 異外內之明理也 外祖父母以尊加 從母以名加 皆小功 舅緦服而已 外兄弟異族無屬 疏於外家遠矣 故於禮序 不得有服〕"라고 답변한 내용이 《통전(通典)》 권91 대공성인구월조(大功成人九月條)에 보인다.

(同母)의 형제라는 이유만으로 대뜸 친(親)이라고 말해서야 되겠는가.-《가례(家禮)》에서는 소공(小功)에 해당한다고 하였으나, 일체 《통해(通解)》의 설을 정론(正論)으로 삼는 것이 타당할 듯하다.-

조모(祖母)가 가출(嫁出)한 경우에도 '무시복(無施服)'의 의리에 입각하여 복을 입지 말아야 하는지에 대해서는 다시 상량해 보아야 하겠다.

부장기장(不杖期章)의 "세부모(世父母)[21]와 숙부모(叔父母)를 위해 기년복(期年服)을 입는다.〔世父母 叔父母〕"의 전(傳)에 "인후(人後 종자(宗子)의 뒤를 잇는 양자(養子))가 된 자가 소후자(所後者 인후의 양부(養父))의 곤제(昆弟)를 위해 입는다.〔爲人後者爲所後者之昆弟〕"라고 하였다.

내가 살펴보건대, 참최장(斬衰章)의 '위인후자(爲人後者)'의 전(傳)에 말하기를 "소후자의 조부모와 처를 비롯하여 처의 부모와 곤제 및 곤제의 자식을 위해 입는다.〔爲所後者之祖父母妻 妻之父母昆弟 昆弟之子〕"라고 하였는데, 곤제는 소후자의 처의 곤제를 말하고, 곤제의 자식은 처의 곤제의 자식을 말하는 것이지, 소후자의 곤제와 곤제의 자식을 말하는 것이 아니다. 그렇기 때문에 아래에 나오는 시장(緦章)의 구(舅) 및 구의 자식의 조(條)에서 이 말을 함께 인용한 것이다.

그런데 지금 세숙부모조(世叔父母條)에서 그만 소후자의 곤제로 간주하여 인용한 것만도 그 까닭을 감히 알지 못하겠는데, 심지어는 아래

21 세부모(世父母) : 백부모(伯父母)의 별칭이다. 세(世)는 대(代)를 잇는다는 뜻이다.

의 곤제조(昆弟條)에서 또 소후자의 곤제의 자식으로 간주하여 인용함으로써, 그야말로 참최장의 전(傳)에서 운운한 것을 소후자의 곤제의 자식을 진짜로 가리킨 것으로 만들어 버렸다. 자기 입장에서는 종부(從父)의 곤제를 위해서 대공(大功)을 입는 것이지 곤제를 위해서 기(期)를 입는 것이 아닌데, 이것을 여기에 인용한 것은 더욱 착오를 범한 듯하다. 이것이 어쩌면 전각(傳刻)할 즈음에 혹 잘못된 점이 있어서인지, 아니면 별다른 의의가 있는데도 내가 이해하지 못해서인지 모르겠다.

"적손을 위하여 입는다.〔嫡孫〕"의 전(傳)에 "적자가 있으면, 적손은 없다. 손부 역시 그와 같다.〔有嫡子 無嫡孫 孫婦亦如之〕"라는 말이 있는데, 그 주(註)에 "적부가 있으면 역시 서손의 아내일 뿐이다.〔嫡婦在則亦爲庶孫之婦〕"라고 하였다. 《가례(家禮)》 소공조(小功條)에서 "적손, 또는 증손·현손으로서 응당 후사가 될 자의 아내를 위하여 입는데, 그 시어머니가 살아 있으면 입지 않는다.〔爲嫡孫若曾玄孫之當爲後者之婦 其姑在則否〕"라고 한 것은 아마도 여기에서 나온 듯하다.

그러나 적손부(嫡孫婦)가 남편의 조부모를 위해 입을 때에는 시어머니가 살아 있다고 해서 승중(承重)의 복(服)을 따르지 않는 것은 불가하니, 이는 종복(從服)을 행하는 것이 중(重)하기 때문이다. 존자(尊者)가 비자(卑者)를 위해 입는 복(服)과 비자가 존자를 위해 입는 복은 그 의리가 원래 같지 않으니, 우복(愚伏 정경세(鄭經世))이 "시어머니가 살아 있으면 입지 않는다.〔姑在則否〕"의 예문(禮文)을 손부가 남편의 조부모를 위해 입는 복에 적용하려 한 것은 미안할 듯하다.

"고(姑)와 자매와 딸로서 제사를 주관할 사람이 없는 자에 대해서 입는 복이다.〔姑姊妹女子子無主者〕"[22]에 대하여, 사계(沙溪 김장생(金長生))는 말하기를 "딸이 있으면 자식이 없다고 말할 수 없다.〔有女子則不可謂無子〕"라고 하였다. 그러나 내 생각에, 자식이 없는 것을 슬퍼하는 것은 제주(祭主)가 없기 때문인데, 딸이 있다고 해도 제주가 있다고 말할 수는 없을 듯하니, 사계의 말이 의심스럽다.-또 살펴보건대, 《문해속(問解續)》[23]에 "남편의 전실 자식과 서자는 자기의 소생이 아니므로 기년복을 입어야 하고, 계후한 자식은 자기 소생과 같으므로 강복한다.〔夫之前室子庶子 非己出當服期 繼後子卽同己出降服〕"라고 하였는데, 내 생각에는 전실의 자식과 서자가 있으면 제주가 없다고 말할 수는 없을 듯하니, 이 말도 의심스럽다.-

"인후(人後)가 된 사람이 그 부모를 위해서 입는다.〔爲人後者爲其父母〕"의 전(傳)에 "대종(大宗)의 중한 지위를 잇는 책임을 맡은 경우, 소종(小宗)에 대해서는 상복의 등급을 낮춰야 한다."라고 하였다.[24] 이

22 고(姑)와……복이다 : 《의례》 〈상복(喪服)〉 부장기장(不杖期章)의 경문(經文)에 나오는데, 여기서 고(姑)는 부친의 자매 즉 고모를 가리킨다. 전문(全文)은 "다른 사람에게 시집간 고(姑)와 자매와 딸 가운데 제사를 주관할 사람이 없는 자에 대해서 입는 복이다. 고와 자매는 보복(報服)을 입는다.〔姑姊女子子適人無主者 姑姊妹報〕"이다.

23 문해속(問解續) : 김장생(金長生)이 예(禮)에 관해 문답 형식으로 지은 《의례문해(疑禮問解)》의 빠진 내용을 그의 아들 김집(金集)이 보완해서 편찬한 《의례문해속편(疑禮問解續編)》을 말한다.

24 인후(人後)가……하였다 : 《의례》 〈상복〉 부장기장에 "인후가 된 사람이 그 부모를 위해서 입는다. 보복(報服)이다.〔爲人後者 爲其父母 報〕"라는 경문(經文)이 나오는데, 이를 해설한 전문(傳文)에 "대종(大宗)의 후계자가 된 사람은 어째서 자기 부친에 대하여 기년복을 입어야 하는가. 부친에 대한 참최복(斬衰服)을 두 번 입을 수는 없기

경문(經文)과 전문(傳文)에 의거하면, 모름지기 대종의 후사가 끊긴 뒤에 족인(族人)이 지자(支子)를 그 후사로 삼고 그 본종(本宗)을 강등하는 것이니, 이는 대개 대종은 '존귀한 시조(始祖)의 혈통〔尊之統〕'으로서 군도(君道)와 같은 점이 있는 만큼 후사가 끊어지게 할 수 없기 때문이다. 그렇지 않다면 부자(父子)는 천속(天屬 천륜(天倫))인데 어떻게 사의(私意)로 끊거나 이을 수가 있겠는가.

대저 부모를 위해서 삼년복을 입는 것이야말로 천지의 대의(大義)인데, 지금 대종의 부담도 없으면서 스스로 자기 부모의 상복을 강등한다면 의리에 비추어 볼 때 마음이 편안하겠는가. 비록 부친이나 군주처럼 존귀한 신분이라도 어떻게 사의로 그 자식에게 부모와의 관계를 끊으라고 가르칠 수 있겠는가.

지금 만약 조가(朝家 조정)에서 크게 법제를 제정하되, 대종이 끊어질 경우에는 족인이 그를 위해 입후(立後)하게 하고 소종(小宗)이 끊어질 경우에는 각각 그 종족 안에서 적임자를 물색하여 있으면 입후하고 없으면 입후하지 않게 하며, 그밖에 지자로서 후사가 없는 자는 모두 조묘(祖廟)에 부식(祔食)하고 입후를 허락하지 않는 방식으로 마련한다면, 인륜을 바로잡을 수 있고 잘못된 풍속을 변화시킬 수 있으며 고례(古禮)를 회복할 수 있을 것이다.

'위인후자(爲人後者)'의 소(疏)에 "적자가 이미 후사를 얻을 수 없었

때문이다. 어째서 두 번 입을 수 없는 것인가. 대종의 중한 자리를 잇는 책임을 맡은 경우, 소종에 대해서는 상복의 등급을 낮춰야 하기 때문이다.〔何以期也 不貳斬也 何以不貳斬也 持重於大宗者 降其小宗也〕"라는 말이 나온다.

다면, 후사가 없을 때에도 응당 입후를 하는 의리가 있어야 한다.〔嫡子旣不得後人 則無後亦當有立後之義也〕"라고 하였으니, 이에 의거하면 소종의 후사가 끊어질 경우에도 응당 입후를 해야 한다. 그러나 《공양전(公羊傳)》 하휴(何休)의 주(註)에서는 "소종에 후사가 없으면 끊어지지만, 대종에 후사가 없으면 끊어지지 않게 한다.……〔小宗無子則絶 大宗無子則不絶……〕" 하였고, 또 '위인후자 위기부모(爲人後者爲其父母)'의 소(疏)를 아래에 소개하며 그 설을 인용하였으니, 위의 소와는 합치되지 않는다고 하겠다.

대저 전(傳)에서 이미 "인후가 된 자는 누구의 뒤를 잇는가. 대종의 뒤를 잇는다. 어째서 대종의 뒤를 잇는 것인가. 대종은 존귀한 시조(始祖)의 혈통이기 때문이다.〔爲人後者孰後 後大宗也 曷爲後大宗 大宗者尊之統也〕"라고 말해 놓고는, 또 "대종은 종족을 수렴(收斂)하는 자이니 끊어지게 할 수 없다. 그래서 족인이 지자로 대종의 뒤를 잇게 하는 것이다.〔大宗者收族者也 不可以絶 故族人以支子後大宗也〕"라고 하였는데, 이 말뜻을 자세히 살펴보면 전적으로 '백세토록 조천(祧遷)하지 않는〔百世不遷〕' 대종을 가지고 말한 것이다.

그리고 〈상복소기(喪服小記)〉의 '적부로서 시아버지의 후사가 되지 못한 경우〔嫡婦不爲舅後〕'의 주(註)에서 말하기를 "남편이 죽었는데 아들이 없어서 수중하지 못했다.……〔死而無子 不受重……〕" 하였는데,[25] 일단 "아들이 없어서 수중하지 못했다.〔無子 不受重〕"라고 말했고 보면, 적자(嫡子)에게 아들이 없어서 수중하지 못하고 지서(支庶)에게

25 상복소기(喪服小記)의……하였는데 : 녹문이 필요한 부분만 발췌해서 인용하였다. 전체 내용에 대해서는 133쪽 주9 참조.

전했다는 것을 알 수 있다.

또 〈증자문(曾子問)〉에 "종자가 상(殤 미성년의 죽음)으로 죽으면 서자를 후사로 삼지 못한다.〔宗子爲殤而死 庶子不爲後也〕"라고 하였는데, 그 소(疏)에 "이것은 대종(大宗)을 가리켜 말한 것임을 알겠다. 하휴(何休)가 '소종(小宗)에 후사가 없으면 끊어진다.'라고 하였고, 경문(經文)의 '서자를 후사로 삼지 못한다.'라는 말은 종자가 상(殤)으로 죽어서 후사가 될 수 없다면, 상(殤)이 아닌 경우에는 후사가 될 수 있다는 말이기 때문에, 이것이 대종임을 아는 것이다.〔知此指大宗者 何休云小宗無子則絶 經文庶子不爲後 謂宗子殤死不得爲後 若非殤則得爲後 故知是大宗也〕"[26]라고 하였다. 또 본경(本經)의 기(記)[27]의 "인후가 된 자는 형제에 대해서 한 등급 강복(降服)을 한다.〔爲人後者 於兄弟降一等〕"에 대한 주(註)에서도 "종자가 되었다고 강복하지 않는다는 혐의를 받을까 염려해서이다.……〔嫌其爲宗子不降……〕"[28] 하였고 보면, 대종

26 이것은……것이다 : 본문의 이해를 돕기 위하여 이 소(疏)의 전문(全文)을 소개하면 다음과 같다. "이 경문(經文)은 대종을 가리켜 말한 것임을 알겠다. 왜냐하면 하휴(何休)의 《공양전(公羊傳)》 주(註)에 '소종에 후사가 없으면 끊어지지만, 대종에 후사가 없으면 끊어지지 않게 하니, 적통(嫡統)의 근본을 중하게 하기 위해서이다.'라고 하였고, 상문에서 '서자를 후사로 삼지 못한다.'라고 한 것은 '대종의 아들이 상(殤)으로 죽어서 후사가 될 수 없다면 상이 아닌 경우에는 후사가 될 수 있다.'라는 말이기 때문에, 이것이 대종임을 안 것이다.〔知此經指大宗者 以何休公羊註云 小宗無子則絶 大宗無子則不絶 重適之本 上文庶子不爲後 謂大宗子在殤而死不得爲後 若非殤則得爲後 故知是大宗也〕"

27 기(記) : 《의례》의 경의(經義)를 해석하고 혹 미비한 문자를 보충하기도 한 작자 미상의 글로, 경문(經文) 뒤에 실려 있는데, 여기에도 당연히 전(傳)과 주(註)와 소(疏)가 있다. 본문은 물론 〈상복(喪服)〉의 기이다.

이 아니면 후사를 세우는 의리가 없다는 것이 어찌 분명하지 않은가.

대개 부자의 천륜은 인력으로 끊거나 잇거나 할 수 없는 것이다. 그러나 오직 대종의 경우만은 존통(尊統 존귀한 시조(始祖)의 혈통)이 위에 있는 만큼 단절되게 할 수 없기 때문에 입후(立後)를 할 수 있지만, 소종의 경우는 5세(世)만에 체천(遞遷)하는 등 존통이 아래에 있는 만큼 그 적자(嫡子)와 적손(嫡孫)에게 후사가 없으면 단지 지자(支子)와 지손(支孫)으로써 조예(祖禰 조부와 부친)를 승중(承重)하게 하면 될 뿐이요, 그 적자와 적손을 위해서 입후를 할 필요는 없는 것이니, 이 대목이 바로 성인(聖人)의 용의(用意)가 지극히 정밀하고 지극히 심오한 곳이라고 하겠다.-대종은 종족의 범위가 넓기 때문에 적자가 그래도 남의 후사가 되지 않지만, 소종을 위해서 입후할 경우에는 적자도 때로 남의 후사가 되는 일을 면할 수 없다.-

그러나 근세(近世)에 대종의 법은 거의 폐기되고 대종의 법을 소종으로 옮겨서 행한 지 이미 오래되었는데, 종법(宗法)을 엄하게 한다는 측면에서 보면 이것도 해로울 것은 없다. 그리고 상기(上記)한 소(疏)의 설에 근거할 만한 점이 있기 때문에 정주(程朱) 이래로 모두 이의가 없었고, 심지어는 "지자(支子)가 독자(獨子)라도 소종의 인후(人後)가

28 종자가……염려해서이다 : 대본에는 '嫌其爲大宗不降'으로 되어 있으나, 기(記)에는 '嫌其爲宗子不降'으로 되어 있기에, 대종(大宗)이나 종자(宗子)나 비록 뜻이 같다 해도, 원문에 의거해서 '大宗'을 '宗子'로 바로잡아 번역하였다. 소(疏)에서는 "지자가 대종의 후사가 된 뒤에는 종자라는 존귀하고 소중한 신분이 되는 만큼, 본친에게 감히 강복하지 않는다는 혐의가 있게 될까 걱정되기 때문에, 보복(報服)을 입는다고 말하여 해명한 것이다.〔支子爲大宗後 宗子尊重 恐本親有不敢降服之嫌 故云報以明之〕"라고 하여 더욱 친절하게 설명해 주고 있다.

되는 법을 의기(義起)[29]할 수 있다."라는 설 역시 후현(後賢)이 절충한 뜻이고 보면 지금 응당 준수해야 하겠지만, 고례(古禮)의 본의(本意)에 대해서는 후인(後人)이 알아 두지 않으면 안 되겠기에 이렇게 언급한 것일 뿐이다.-내가 살펴보건대, 《대명률(大明律)》에 "대종이 끊어지면 입후하고, 소종이 끊어지면 입후하지 않는다.〔大宗絶立後 小宗絶不立後〕"라고 하였다.-

지자(支子)를 입후(立後)하는 것은 본디 예(禮)가 아니다. 그러나 행해 온 지 이미 오래되었고, 또 《통전(通典)》의 설이 있어서 약간 의거할 데가 있으니, 만약 부친이 명한다면 그래도 핑계를 댈 곳이 있겠지만, 부친의 명도 없이 인후(人後)가 되기라도 한다면, 윤리를 무너뜨리는 것으로 이보다 더 심한 일은 없을 것이다. 성인(聖人)이 확상(矍相)[30]에서 활을 쏠 적에 들어오지 못하게 한 것도 이와 비슷한 경우가 아닐까 싶다.

송형 사행(宋兄士行 송문흠(宋文欽))이 말하기를 "자식을 남에게 주는

29 의기(義起) : 경전의 본문에는 없지만 의리에 입각해서 새로 만들어 행하는 예법을 말한다. 《예기》 〈예운(禮運)〉의 "선왕의 예법에는 그러한 예가 없을지라도, 의리에 입각해서 새로 마련할 수도 있다.〔禮雖先王未之有 可以義起也〕"라는 말에서 나온 것이다.

30 확상(矍相) : 산동성(山東省) 곡부(曲阜) 궐리(闕里) 서쪽의 지명으로, 후대에 학궁(學宮)에서 사례(射禮)를 익히는 장소로 쓰였다. 공자가 확상의 포(圃), 즉 노나라 학궁 곁의 택지(澤地)에서 향사례(鄕射禮)를 행할 적에 구경하는 사람들이 담처럼 빙 둘러섰는데, 이때 자로(子路)에게 "패군(敗軍)한 장수와 망국의 대부와 인후가 된 자는 들어오지 못하게 하고, 그 외에는 모두 들어오게 하라.〔賁軍之將 亡國之大夫 與爲人後者 不入 其餘皆入〕"라고 말하게 하자, 떠나는 자가 반 들어온 자가 반이었다는 고사가 전한다. 《禮記 射義》

것은 부친과 임금의 권한에 속할 뿐이니, 이와 같은 대사(大事)는 부인(婦人)이 천단(擅斷)할 수 있는 일이 아니다. 그리고 부인이 따라야 할 곳은 장자(長子)에게 있는데, 장자가 또 어떻게 감히 아우를 남에게 주겠는가."라고 하였는데, 이 소견이 지극히 고매하다.

대개 부인에게는 삼종(三從)의 의리가 있을 뿐이요, 전용(專用 독자적으로 행하는 것)하는 도리는 없으니, 부친은 자식의 하늘이고 남편은 아내의 하늘인 것이다.[31] 기(記)에 이르기를 "하늘에는 두 개의 해가 없고, 땅에는 두 명의 왕이 없고, 나라에는 두 명의 군주가 없고, 집에는 두 명의 존자(尊者)가 없다.〔天無二日 土無二王 國無二君 家無二尊〕"[32] 라고 하였다.

이런 까닭에 자모(慈母)와 서모(庶母)와 서조모(庶祖母)의 후사가

31 부인에게는……것이다 :《의례》〈상복〉 부장기(不杖期)에 "시집간 딸자식이 그 부모를 위하여 입는다.〔女子子適人者 爲其父母〕"라고 하였는데, 그 전(傳)에 "어째서 기년(期年)인가. 부인은 참최(斬衰)를 둘로 하지 않기 때문이다. 참최를 둘로 하지 않는 것은 어째서인가. 부인에게는 삼종(三從)의 의리가 있고, 전용(專用)하는 도리가 없기 때문이다. 그래서 출가하기 전에는 부친을 따르고, 출가해서는 남편을 따르고, 남편이 죽으면 아들을 따른다. 그러므로 부친은 자식의 하늘이요, 남편은 아내의 하늘인 것이다. 부인이 참최를 둘로 하지 않는다는 것은, 하늘을 둘로 하지 않는다는 말과 같다.〔何以期也 婦人不貳斬也 不貳斬者何 婦人有三從之義 無專用之道 故未嫁從父 旣嫁從夫 夫死從子 故父者 子之天也 夫者妻之天也 婦人不貳斬者猶曰不貳天也〕"라는 말이 나온다.

32 하늘에는……없다 :《예기》〈상복사제(喪服四制)〉에 "하늘에는 두 개의 해가 없고, 땅에는 두 명의 왕이 없고, 나라에는 두 명의 군주가 없고, 집에는 두 명의 존자(尊者)가 없으니, 하나를 가지고 다스리는 것이다. 그러므로 부친 생존 시에 모친을 위하여 자최 기년복을 입는 것은, 두 명의 존자가 없음을 보여 주는 것이다.〔天無二日 土無二王 國無二君 家無二尊 以一治之也 故父在 爲母齊衰期者 見無二尊也〕"라는 말이 나온다.

되는 것도 반드시 부친의 명을 위주로 해야 하니,[33] 부친의 명이 없으면 비록 은의(恩義)가 있다고 하더라도 거상(居喪)을 감히 모친과 같이 하지 못하는 법이다. 더구나 자기 부모와의 관계를 끊고 남의 후사가 되는 것을 고인(古人)이 '하늘을 옮기는 일〔移天〕'이라고 하였는데, 그럼에도 부친에게 명령을 받지 않고서 그런 일을 한단 말인가. 남편이 죽으면 아들을 따라야 하는데〔夫死從子〕, 이것은 형이 또 아우에게 명할 수 없는 일이다. 도암(陶菴 이재(李縡))이 말하기를 "비록 대종(大宗)의 모친이라 하더라도 독단으로 허락할 수는 없다. 문장(門長)이 상언(上言)하여 군명(君命)을 기다리는 것이 옳다."라고 하였는데, 이 의리가 매우 직절(直截)하다.

우암(尤庵 송시열(宋時烈))이 민대수(閔大受 민정중(閔鼎重))에게 답한 글에 "'인후(人後)가 된 자가 그 부모를 위해서 입는다. 보복(報服)이다.'[34]의 소(疏)에 '보(報)라고 말한 것은 사정(私情)을 깊이 억눌러서,

33 자모(慈母)와……하니 : 《의례》 〈상복(喪服)〉 소최 삼년(疏衰三年)에 "자모는 모친과 같다.〔慈母如母〕"라고 하였는데, 그 전(傳)에 "아들이 없는 첩과 모친이 없는 첩의 아들에 대하여, 부친이 첩에게는 '너의 아들로 여겨라.'라고 명하고, 아들에게는 '너의 어머니로 여겨라.'라고 명한다. 이런 경우에는 그 자모가 생존 시에는 모친처럼 종신토록 봉양하고, 자모가 죽으면 모친과 같은 삼년상을 지내니, 이는 부친의 명을 귀중하게 여기는 뜻이다.〔妾之無子者 妾子之無母者 父命妾曰 女以爲子 命子曰 女以爲母 若是則生養之終其身如母 死則喪之三年如母 貴父命也〕"라고 하였다. 소최(疏衰)는 자최(齊衰)와 같다. 또 《예기》 〈상복소기(喪服小記)〉에 "자모의 후사가 되는 자는 서모의 후사가 될 수도 있고, 조서모의 후사가 될 수도 있다.〔爲慈母後者 爲庶母可也 爲祖庶母可也〕"라는 말이 나온다.

34 인후(人後)가……보복(報服)이다 : 이 경문에 대해서 우암 송시열(宋時烈)은 보

본래 관계가 소원한 자들이 서로 보답하는 법과 같게 하기 위해서이다.' 라고 하였다. 대개 반드시 '보(報)'라고 말한 것은, 그 생부모가 출계한 아들을 위해서 대공(大功)의 복을 입자 그 아들이 소생부모(所生父母)를 위해서 기년복(期年服)을 입는데, 이를 흡사 본래 관계가 소원한 자들이라서 저쪽이 대공복(大功服)을 입어 주기 때문에 부득이 기년복으로 보답하는 것처럼 한 것이니, 대개 이와 같이 하지 않으면 소생부모를 부모로 여기는 혐의가 있기 때문이다.……〔爲人後者爲其父母報 疏曰言報者 深抑之 使同本疏相報故也 蓋必言報者 其生父母 爲其出繼子服大功 而其子爲所生服期 似若本疏 而彼爲大功 故不得已報以期者然 蓋不如此 則嫌於以所生爲父母故也……〕" 하였다.

그러나 내가 살펴보건대, 〈상복(喪服)〉의 "인후(人後)가 된 자가 그 부모를 위해서 입는다. 보복(報服)이다.〔爲人後者 爲其父母 報〕"에 나오는 '보(報)'는 그 부모가 출계한 아들을 위해서 기년(期年)으로 보답하는 것이다. 대개 아들이 부모를 위해 기년으로 강복(降服)을 하면 부모도 그 아들을 위해서 역시 대공으로 강복을 해야 하는데, 지금 아들이 기년으로 강복했는데도 부모가 대공으로 강복하지 않음을 말한 것은, 부모가 아들에 대한 사정(私情)을 깊이 억눌러서 백숙부모(伯叔父母)가 형제의 아들에게 기년으로 보답하는 것과 같게 한 것이다.

대개 부모가 자식에 대해서나 조부모가 손자에 대해서는 모두 '서로

복의 주체를 인후자(人後者)로 파악하고 설명하였는데, 녹문은 그 주체가 인후자의 소생부모(所生父母)라면서 반박하고 있다. 녹문의 지적이 타당하다. 《송자대전(宋子大全)》 권59 정사년 정월의 〈여민대수(與閔大受)〉라는 제목의 별지(別紙)에 이 내용이 자주(自註)로 나온다.

보답하는〔相報〕' 법이 없으니, 이는 존강(尊降)[35]을 하기 때문이다. 그러나 방친(旁親)은 그렇지 않아서 반드시 상보(相報)하게끔 되어 있다. 그러므로 부모가 출계한 아들에 대해서 또한 방친이 상보하는 것과 같게 한 것이니, 이는 사은(私恩)을 억누르기 위해서이다. 지금 '보(報)' 자를 자(子)에 소속시켜서 "그 부모가 대공을 입기 때문에 아들이 부모를 위해 기년을 입는다."라고 말한 것은 조감(照勘)을 잘못한 것인 듯싶다. '보(報)' 자는 독자적으로 하나의 구(句)가 되어야 마땅하다.

남편이 인후(人後)가 되었을 경우에 그의 처는 구고(舅姑)를 위해서 대공(大功)을 입는다. 대개 남편이 이미 백숙부모에 대한 복(服)으로 자기 부모의 복을 입고 부모도 곤제(昆弟)의 아들에 대한 복으로 자기 남편의 복을 입게 되었고 보면, 그의 처도 응당 남편이 백숙부모에게 입는 복으로 구고의 복을 입어야 할 것이니, 이렇게 해야만 예의(禮意)가 밝게 드러나서 의심이 없게 될 것이다.

그런데 《문해속(問解續)》에서는 "송(宋)나라 때부터 부(婦 며느리)는 자기 남편을 따라서 구고에 대한 복이 자최(齊衰)와 참최(斬衰)였다. 그렇다면 본생(本生)의 구고에 대해서도 응당 삼년복을 낮춰서 기년복을 입어야 할 것이다."라고 하였다. 대저 성인(聖人)이 인후가 된 자에 대해서는 깊이 사정(私情)을 억눌러서 '본래 소원한 자들끼리 주고받는〔本疏往來〕' 법과 같게 하였고 보면, 며느리도 본생의 구고에 대해서 응당 '여친(餘親)이 남편에게 한 등급을 강복(降服)하는 의례에

35 존강(尊降) : 신분이 존귀해서 타인의 상(喪)에 강복(降服)하는 것을 말한다. 출가하거나 남의 후사가 된 자에게 강복하는 것은 출강(出降)이라고 한다.

의거해야 할 것이다. 며느리는 본생의 구고를 위해 기년복을 입는데 본생의 구고가 그 며느리를 위해 대공복을 입는다면, '주고받으며 서로 보답하는〔往來相報〕' 의리와 '방존(旁尊 근친(近親))을 위해서는 더 높여서 복을 입지 않는〔旁尊不加尊〕' 의리가 어디에 있다고 하겠는가.

"딸이 그 부모를 위해 입는다.〔女子子爲其父母〕"의 전(傳)에 "어째서 딸이 비녀 머리를 부러뜨리는 것을 말하고 며느리에 대해서는 말하지 않았는가. 며느리는 그대로 마치기 때문이다.〔何以言子折笄首 而不言婦 終之也〕"라고 하였는데, 이것은 "기(記)의 상문(上文)에서는 딸과 며느리를 함께 거론하다가 하문(下文)에서는 그냥 딸만을 언급하고 며느리에 대해서는 언급하지 않았는데, 그 이유는 며느리는 악계(惡笄)[36]로 머리를 틀고 그 복(服)을 마치기 때문에 그런 것이다."라는 말이다. 〈소기(小記)〉에 이르기를 "자최복(齊衰服)에 악계로 머리를 틀고 상을 마친다.〔齊衰 惡笄以終喪〕"라고 하였는데, 이 전(傳)의 '종(終)' 자도 이런 뜻이다. 주(註)의 해설은 잘못된 듯하다.

"여군(女君 정처(正妻))이 죽으면 첩은 여군의 당(黨)을 위하여 상복을 입는다.〔女君死 則妾爲女君之黨 服〕"의 주(註)에 "첩이 여군의 친속에 대하여 자신의 친속처럼 여기는 것이다.〔妾於女君之親 若其親然〕"라고 하였다. 이에 의거하면 첩이 여군의 친속에 대해서 종복(從服)을

36 악계(惡笄) : 상복에 착용하는, 대나무 등 나무로 만든 비녀를 말한다. 반면에 상골(象骨)로 만든 비녀는 길계(吉笄)라고 한다. 딸이 비녀 머리를 부러뜨릴 때의 그 비녀는 길계를 가리킨다.

입어야 하는 것은 의심할 것이 없다. 그런데 《가례(家禮)》와 《비요(備要)》에서는 모두 말하지 않았으니, 첨가해서 써넣어야 할 듯하다.

"임금의 부모를 위해서 입는다.〔爲君之父母〕"의 소(疏)에 "천자와 제후의 상에는 모두 참최복(斬衰服)을 입을 뿐이지 기년복(期年服)은 없다.〔天子諸侯皆斬無期〕"라고 하였는데, 이 단락에 대해서는 주자(朱子)가 〈상복차자(喪服箚子)〉[37]에서 남김없이 드러내 밝혔고, 우옹(尤翁)이 또 추리하여 논변한 것이 명백하여 의심할 것이 없다. 다만 체천(遞遷)을 하는 하나의 일만은, 주자가 "일실의 자리를 거연(遽然)히 비우게 된다.〔遽虛一室〕"라는 이유로 안 된다고 하였다. 따라서 가볍게 의논하기는 어려울 듯하나, 주자의 집안일을 가지고 이에 대해서 한번 말해 볼까 한다.

주감(朱鑑)[38]이 일단 부자(夫子)를 대신하여 봉사(奉祀)하게 되었

37 상복차자(喪服箚子) : 주희가 영종(寧宗)에게 건의하여 포의(布衣)와 포관(布冠) 차림으로 삼년복을 입게 한 글로, 《회암집(晦菴集)》 권14에 〈걸토론상복차자(乞討論喪服箚子)〉라는 제목으로 실려 있다. 영종의 조부인 효종(孝宗)이 죽었을 때에, 그 아들인 광종(光宗)이 폐질(廢疾)에 걸렸으므로 광종의 아들인 영종이 선양을 받아서 대신 상주가 되었는데, 이때 영종이 주희의 이 차자를 받아들여 그대로 따랐다.

38 주감(朱鑑) : 주희의 손자 이름이다. 젊은 나이에 주희보다 먼저 죽은 큰아들 주숙(朱塾)의 아들이다. 뒤에 나오는 수지(受之)는 주숙의 자(字)이다. 주희가 치사(致仕)하고 나서 손자인 주감에게 집안일을 전하며 가묘(家廟)에 고한 이른바 〈전중고묘문(傳重告廟文)〉이 《회암집》 권86에 〈치사고가묘문(致仕告家廟文)〉이라는 제목으로 실려 있다. 치사는 벼슬을 그만두는 것을 말한다. 《예기》 〈곡례 상(曲禮上)〉에 "칠십세가 되면 노(老)라고 한다. 이 나이가 되면 집안일을 자식에게 전해 준다.〔七十曰老而傳〕"라는 말과 "대부는 나이 칠십이 되면 벼슬을 사양한다.〔大夫 七十而致事〕"라는 말이 나온다. 뒤에 나오는 노전(老傳)이라는 말은 노이전(老而傳)의 준말이다.

다면 수지(受之)를 응당 정감(正龕)에 들여야 할 터인데, 이때 만약 체천을 하지 않으면 5개의 감(龕)을 이룰 터이니 참람해서 그렇게 할 수는 없을 것이고, 만약 체천을 한다면 부자(夫子)의 신위(神位)가 곧 허감(虛龕)이 될 것이니 이는 바로 "일실의 자리를 거연히 비우게 된다.〔遽虛一室〕"라고 하는 것이다.

이 두 가지를 제외하고는 또 달리 선처할 방도가 없는데, 당시에 부자는 어떻게 처리했을지 모르겠다. 어쩌면 주감이 비록 봉사(奉祀)한다고 하더라도, "적자가 있으면 적손은 없고, 종자가 고(孤)가 아니면 상복(殤服)을 입지 않는다.〔有嫡子無嫡孫 宗子不孤 不服殤〕"[39]라는

39 적자가……않는다 : 주감이 비록 제사를 주관한다고 하더라도 적장자(嫡長子)인 주희가 살아 있는 만큼 주감 역시 서손(庶孫)일 따름이고, 또 주감이 부친처럼 주희의 보살핌을 받는 처지인 만큼 '부친이 있으면 적손도 서손으로 취급하여 상복(殤服)을 입지 않는' 의례를 주감에게 원용(援用)할 수도 있을 것이라는 말이다. '적자가 있으면 적손이 없는 것〔有適子 無適孫〕'에 대해서는 138쪽 주16 참조. 원문의 종자불고(宗子不孤)는 부친이 살아 있어서 보살핌을 받는 종자라는 뜻이다. 이와 관련하여 《예기》〈왕제(王制)〉의 "70세가 되면 빈객을 접하는 일에 종사하지 않으며, 80세가 되면 재계하고 제사 지내는 일과 상사(喪事)에 관계하지 않는다.〔七十不與賓客之事 八十齊喪之事弗及也〕"라는 경문(經文)에 대해, 그 주(註)에서 "80에 재계하지 않으면 제사도 지내지 않아서 아들이 그 대신 제사를 지내니, 이를 종자불고라고 한다.〔八十不齊則不祭也 子代之祭 是謂宗子不孤〕"라고 하였으며, 그 소(疏)에 "종자불고라는 것은, 적자가 부친을 대신하여 제사를 지내니, 이것은 부친이 있는 종자라는 말이다. 〈상복(喪服)〉에서 말한 종자고(宗子孤)는 부친이 없는 종자이다.〔宗子不孤者 此嫡子代父而祭 是有父之宗子也 喪服宗子孤者 是無父之宗子也〕"라고 하였는데, 본문의 해석에 참고할 만하다. 그리고 《의례요의(儀禮要義)》 권34에 "종자불고일 경우에는 족인(族人)이 그를 위해 상복(殤服)을 입지 않는데, 이는 부친이 살아 있기 때문으로서 주(周)나라의 예법인 '유적자무적손(有嫡子無嫡孫)'의 경우와 같다. 그 부친이 살아 있기 때문에 적자는 적손을 위해 복을 입지 못하고 서손과 같이 하는 것이니, 이런 경우는 본래 무복(無服)임을

의례(義例)를 가지고 유추해 보면, 폐질(廢疾)과 노전(老傳)[40]은 죽은 것〔沒〕과는 아무래도 차이가 있으니, 그렇다면 단지 제사만 주관하게 할 뿐 개제(改題)와 체천(遞遷)은 하지 않고, 수지(受之)의 신위(神位)도 우선 조감(祖龕)에 부식(祔食)하는 것으로 했을지도 모르겠는데, 이렇게 하면 큰 해가 없지 않았을까 하는 생각도 든다.-남계(南溪 박세채(朴世采))는 체천을 했을 것이라고 극력 주장하는데, 그렇게 할 경우에는 사람의 마음에 불안을 끝내 느꼈을 터이니, 결국 어떻게 했을지 모르겠다.-

《어류(語類)》를 보면, 심간(沈僴)이 "나이 70의 노(老)가 되어 집안일을 자식에게 전하면, 적자와 적손이 제사를 주관하니, 이렇게 되면 사당 안의 신주를 모두 바꾸고 적자나 적손의 이름을 써서 제사를 받들어야 한다. 그러나 부모가 아직 살아 계시니, 그들의 마음에 편안하겠는가.〔七十老而傳 則嫡子嫡孫主祭 如此則廟中神主都用改換 作嫡子嫡孫名奉祀 然父母猶在 於心安乎〕"라고 묻자, 주자가 "그렇다. 이와 같은 것은 행하기 어려우니, 또한 자기 몸으로 직접 행해야 할 것이다.〔然此等也難行 也且得躬親耳〕"라고 대답하였다.[41] 이는 〈고묘문(告廟文 전중고묘문(傳重告廟文))〉과 같지 않다는 의혹에 대해서, 내가 살펴보건대

밝힌 것이다. 따라서 부친도 그를 위해 상복(殤服)을 입지 못한다는 것을 알 수 있다.〔不孤則族人不爲殤服服之也者 以父在猶如周之道有嫡子無嫡孫 以其父在焉 嫡子則不爲嫡孫服 同於庶孫 明此本無服 父在亦不爲之服殤可知也〕"라는 말이 실려 있다.

40 폐질(廢疾)과 노전(老傳) : 폐질은 156쪽 주37, 노전은 156쪽 주38 참조.

41 심간(沈僴)이……대답하였다 : 《주자어류(朱子語類)》 권87에 이 내용이 실려 있다. 대본의 '廟中神主都換'과 '且得躬親耳'는 《어류》에 의거하여 '廟中神主都用改換'과 '也且得躬親耳'로 바로잡아 번역하였다.

고문(告文)도 단지 봉사(奉祀)만 하게 했을 뿐이요, 곧장 개제(改題)하고 체천(遞遷)하는 일을 말한 것이 아니니, 〈조묘의장(祧廟議狀)〉을 함께 참고해야 할 것이다.

주자의 〈조묘차자(祧廟箚子)〉에 의거하건대 체천을 하지 않은 것이 분명한데, 이미 체천을 하지 않았다면 개제도 하지 않았을 것 같다. 대개 개제를 하고서도 체천을 하지 않는다면, 이는 조(祖)를 예(禰 부친)로 삼는 것이니 어찌 말이 되겠는가.

다만 영종(寧宗 광종(光宗)의 아들)이 광종보다 먼저 죽었다고 가정한다면 어떻게 처리해야 마땅했을지에 대해서는 알지 못하겠다. 만약 영종을 정실(正室)에 들인다면 이는 바로 "일실의 자리를 거연히 비우게 된다.〔遽虛一室〕"라고 말한 것에 해당하고, 만약 부식(祔食)을 하려 한다면 살아서 천자가 되었는데 죽어서 묘(廟)에 들어갈 수 없는 경우가 어찌 있을 수 있겠는가. 이는 사가(私家)의 사체(事體)와는 자별한데 아무리 생각해도 이해할 수 없으니 지극히 의심스럽다.-영종의 상(喪)에 광종이 비록 살아 있더라도 이종(理宗 영종의 후계자)이 주관해야 할 것인데, 그렇다면 그 제주(題主)도 이종으로 하지 않을 수 없을 것이요, 만약 그렇다면 한 묘(廟)의 안에 있는 신구(新舊)의 신주(神主)에 제(題)하는 것이 같지 않을 터이니, 이것도 난처한 일이다.-

대공장(大功章)의 "적부를 위해 입는다.〔嫡婦〕"의 전(傳)에 "적(嫡)에게는 강복(降服)하지 않기 때문이다.〔不降其嫡也〕"라고 하였다. 내가 살펴보건대, 복을 입는 것이 후세에 늘어난 것을 보면 성인(聖人)의 본지(本旨)를 잃은 것이 많은데, 다만 적부에 대한 복이 기년(期年)으로 늘어나고 서부(庶婦)를 위한 복이 대공(大功)으로 늘어난 것은 경문의 미비한 점을 보완하기에 충분하다.

대개 지친(至親)에 대해서는 기년으로 제한하지만 부모에 대해서는 가륭(加隆)[42]을 하여 삼년복에 이르고, 부모가 자식에 대해서는 가륭을 하지 않고 일체 기년으로 하여 지친의 기년복만을 입으니, 이는 대개 존비(尊卑)가 같지 않아서 그런 것이다. 그러나 적자(嫡子)의 경우는 그가 조예(祖禰)의 정체(正體)가 되기 때문에 감히 강등하지 않고 삼년으로 하는 것이다. 강등을 한다는 것은 아들이 자기를 위해 입는 복보다 강등하는 것을 말한다. 부(婦)가 구고(舅姑)를 위해 남편보다 한 등급을 낮춰서 기년으로 하면, 구고가 부를 위해 역시 아들보다 한 등급을 낮춰 대공으로 하여 상보(相報 서로 보답하는 것)하지 않는 것도 존비의 의례(義例)에 따른 것이다. 그러나 적부(嫡婦)의 경우에는 역시 감히 강등하지 않고 기년으로 하는 것이다.

이와 같이 그 의례의 차차(差次 등급과 차서를 나누는 것)가 분명하여 의심할 것이 없는데, 경문에서 서부에 대하여 그만 2등급을 낮춰서 소공(小功)으로 한 것은 다른 유례(類例)와 비교하여 실로 합치하지 않는다고 할 것이다. 그리고 적부에 대해서는 서부보다 한 등급을 높여서 대공으로 하면서 며느리가 자기를 위하는 것에 견주어 여전히 한 등급을 낮추었으니, "적(嫡)에게는 강복(降服)하지 않는다.〔不降其嫡

42 가륭(加隆) : 융숭하게 예(禮)를 가한다는 뜻으로, 부모의 삼년상을 비유할 때 쓰는 말이다. 《예기》 〈삼년문(三年問)〉의 "그렇다면 어찌하여 삼년으로 하는가. 융숭한 예를 가하려고 그렇게 하는 것이다.〔然則何以三年也 曰加隆焉爾也〕"라는 말에서 연유한 것이다.

也〕"라고 하는 의리가 어디에 있다고 하겠는가.

이에 주자가 "적부에 대한 상복을 올려 기년(期年)으로 한 것은 바로 적통(嫡統)을 엄하게 하는 의리를 얻은 것이요, 서부에 대한 상복을 올려 대공으로 한 것 역시 강쇄를 차등 있게 하는 의리를 해치지 않는다.〔升嫡婦爲期 正得嚴嫡之義 升庶婦爲大功 亦未害於降殺之差也〕"라고 한 것인데, 그 말이 합당함에도 불구하고 면재(勉齋 황간(黃榦))가 오히려 의심을 한 것은 어찌된 일인가.-면재가 말하기를 "부(婦)가 구고를 위해 입는 복이 기년이기 때문에 구고가 적부에게 대공을 입는 것이니, 지금 적부에 대한 상복을 기년으로 올리는 것은 경중을 따져 강쇄하는 의리가 아니다.……〔婦服舅姑期 故舅姑服嫡婦大功 今升嫡婦爲期 非輕重降殺之義……〕" 하였다. 대저 경중을 따져서 강쇄하는 것은 서자와 서부에게 적용해야 마땅하니, 적자와 적부에게 적용하는 것은 부당하다. 이것이 바로 "적(嫡)에게는 강복하지 않는다."라고 하는 것인데, 면재의 설은 조감(照勘)을 잘못한 듯싶다.- 이 의례를 확대 적용한다면, 조부모(祖父母)는 서손부(庶孫婦)를 위해서 소공을 입어야 하고, 적손부(嫡孫婦)를 위해서 대공을 입어야 하지 않겠는가.-구고가 부(婦)를 위해서 그리고 조부모가 손부(孫婦)를 위해서, 모두 그 남편보다 2등급을 낮추는 것이 의의(意義)가 있을 것 같은데, 이를 간파하지 못하였다.-

세숙부모(世叔父母 백부모와 숙부모)가 곤제의 아들을 위해서 입는 복(服)은 본래 대공에 해당하는데, 곤제의 아들이 자기들에 대해서 이미 부친과 일체(一體)가 된다는 이유로 가존(加尊)을 하여 기년(期年)에 이르렀으므로 그들도 기년으로 보답한 것이니, 이를 미루어 나가면 그들이 곤제의 아들의 처(妻)에 대해서도 대공으로 보답해야 함을 알 수 있다.

전(傳)에 이르기를 "방존(旁尊)이라서 가존하기에 부족하다. 그래서 보복(報服)을 입는다.〔旁尊也 不足以加尊焉 故報之也〕"[43]라고 하였는데, '가존'이라는 두 글자는 바로 '강기적(降其嫡)'의 '강(降)' 자와 그 뜻이 같다. 부모가 적자(嫡子)와 적부(嫡婦)를 위해서는 적(嫡)을 중시하기 때문에 감히 강(降)하지 않고, 세숙부모가 곤제의 아들과 그 처에 대해서는 방존이기 때문에 강(降)할 수 없는 이 점에 대해서, 주자가 이르기를 "언뜻 볼 때에는 마구 뒤섞여서 두서가 없는 것 같아도,[44] 자세히 살펴보면 모두 의의가 있다.〔乍看時似雜亂無紀 仔細看則皆有義存焉〕"라고 하였는데, 지금 살펴보노라니 참으로 그 말과 같다.

"대부의 첩이 군(君)의 서자를 위하여 입는다.〔大夫之妾 爲君之庶子〕"의 소(疏)에서 '하언이자(下言二字)' 운운한 도합 11자를 정군(鄭君 정현(鄭玄))이 배치한 것이라고 말한 것이 비록 억지로 끌어다 붙인

43 방존(旁尊)이라서……입는다 : 이해를 돕기 위해 전문(全文)을 소개하며 설명을 덧붙인다. 《의례》 〈상복(喪服)〉의 "백숙부모를 위해 기년복을 입는다.〔世父母 叔父母〕"의 전문(傳文)에 "곤제(昆弟)의 아들이 백부와 숙부를 위해서 왜 기년복을 입는가. 그들은 존자와 일체가 되기 때문이다. 그렇다면 백숙부가 형제의 아들을 위해서 왜 역시 기년복을 입는 것인가. 그들은 방존인 만큼 본래 곤제의 아들이 그들을 가존(加尊)하여 기복(期服)을 입어 줄 필요가 없는데도 입어 주었으므로, 그들 역시 형제의 아들에게 기복으로 보답하는 것이다.〔世父叔父何以期也 與尊者一體也 然則昆弟之子何以亦期也 旁尊也 不足以加尊焉 故報之也〕"라는 말이 나온다. 존자는 자기 부친을 가리킨다. 방존은 근친(近親)이라는 말과 같다. 가존은 더 높여 준다는 말이다. 보복(報服)은 주고받으며 서로 보답하는 복을 말한다.

44 언뜻……같아도 : 《주자어류(朱子語類)》 권87에는 '乍看時似乎雜亂無紀'라고 하여 '乎' 1자가 더 있다.

설같이 보이기도 하지만, 다만 정주(鄭註 정현의 주)에서 반박하여 바로 잡은 것이 없는 점을 가지고 살펴보면, 전문(傳文)에 본래 이런 말이 없었음을 알 수 있다. 전(傳)에 이미 이런 말이 없었다면 반드시 정군이 배치한 것이라고 해야만 문리(文理)가 통할 수 있으니, 이렇게 본다면 소(疏)의 설에 잘못이 없을 듯싶다.

다시 이 단락을 상세히 살펴보건대, 전문의 내용이 타당한 것 같다. 대개 '딸자식으로서 대부에게 시집간 자〔女子子嫁於大夫者〕'가 그 세숙부모와 고모와 자매에 대해서는 이미 출강(出降)[45]의 이유도 있고 또 존강(尊降)의 이유도 있고 해서 소공(小功)을 입어야 마땅하니, 이 장(章)에 소속되는 것은 부당하다.

만약 "이는 세숙부모와 고모와 자매로서 자기와 존(尊)의 등급이 같은 자를 말한 것이다."라고 한다면, 경례(經例)에 의거하여 마땅히 "세숙부모와 고모와 자매가 대부의 명부를 위해 입는다.……〔世叔父母姑姊妹之爲大夫命婦者……〕" 해야 할 것이니, 이와 같이 글을 짓지는 않았을 것이 분명하다. 더구나 아래에서 이미 '대부의 처가 고모와 자매로서 대부에게 시집간 자를 위해 입는〔大夫之妻爲姑姊妹嫁於大夫者〕' 복을 말했고 보면, 여기에서 또 말한다면 내용이 중첩되지 않겠는가.

그렇다면 마땅히 전(傳)에 있는 대로 '여자자(女子子)' 운운의 한 구(句)를 상문(上文)에 소속시켜 읽어서 "대부의 첩이 군(君)의 서자 및 군의 딸자식으로서 시집간 자와 시집가지 않은 자를 위해서는 대공

45 출강(出降) : 출가(出嫁)하거나 인후(人後)가 된 자에게 강복(降服)하는 것을 말한다. 존강(尊降)은 신분이 존귀해서 타인의 상(喪)에 강복하는 것이다.

을 입는다.〔大夫之妾爲君之庶子及君之女子子嫁者未嫁者 大功也〕"라고 해야 할 것이다.-딸이 사(士)의 처(妻)가 된 경우는 여군(女君)과 똑같이 소공(小功)을 입어야 하지만, 대부에게 시집갔기 때문에 이 장(章)에 들어 있는 것이다.-

그리고 '세숙부모를 위해……〔爲世叔父母……〕' 한 것은 바로 첩 자신이 그 사친(私親)에게 복을 입는 것이다. 대개 대부의 처는 자기 사친을 위하여 2등급을 낮추는데, 첩도 이와 같이 하는 것을 혐의한 까닭에 그렇게 말한 것이다.-이 장에서 '대부의 첩이 딸자식으로서 대부에게 시집간 자를 위해 입는 복〔大夫之妾爲女子子嫁於大夫者〕'을 말하고, 하장(下章)에서 '대부의 첩이 딸자식으로서 사(士)에게 시집간 자를 위해 입는 복〔大夫之妾爲女子子爲士妻者〕'을 말한 것은 유례(類例)가 합치하는 것 같으니, 의심할 것이 없다.- 정현은 이에 대해서 미처 상세히 살피지 못한 것 같다.

"군(君)이 고모와 자매와 딸자식으로 국군(國君)에게 시집간 자를 위하여 입는다.〔君爲姑姊妹女子子嫁於國君者〕"의 주(註)에 "경대부 이하가 그 조(祖)와 예(禰)의 사당을 세워서 제사를 지낼 경우에는 대대로 이 사람을 태조(太祖)로 받들어 제사를 지낸다.……〔卿大夫已下祭其祖禰 則世世祖是人……〕" 하였다. 내가 살펴보건대, '경대부이하제기조예(卿大夫已下祭其祖禰)'의 아홉 글자는 상문에 소속시켜 살펴보아야 마땅하다. 이는 대개 "경대부 이하는 조(祖)와 예(禰)의 사당을 세워 제사 지낼 수 있지만, 공자(公子)와 공손(公孫)이 경대부 이하가 된 경우에는 제사 지낼 수 없다는 것이다.[46]"라고 말하는 것이니, 그렇

46 공자(公子)와……것이다 : 《의례》 〈상복(喪服)〉의 전(傳)에 "제후의 아들은 공자라 칭하는데, 공자는 예묘(禰廟)를 세워서 선군을 제사 지내지 못한다. 공자의 아들은

다면 '세세(世世)' 이하의 글은 다시 전문(傳文)을 거론하여 해석한 것이다. 대개 이 주(註)는 전문의 두 개의 '자(者)' 자를 재차 거론하였는데, 이 점을 자세히 살펴볼 필요가 있다.

상(殤)의 상복을 설명한 내용 중 소공장(小功章)에 나오는 '조마대질(澡麻帶絰)'에서 '질(絰)' 자는 독자적으로 하나의 구(句)가 되어야 한다. 질(絰)은 모마(牡麻)이다.[47]-대(帶)는 조(澡)하여 밑동을 자르지 않은 것이고, 질(絰)은 모마 그대로 하여 밑동을 자른 것이다. 경중(輕重)으로 볼 때 순서가 뒤바뀐 것 같으니, 이는 어찌된 일인가.-

종부(從父)의 곤제(昆弟)의 장상(長殤)[48]에 대한 복(服)과 관련하여 《의례문해(疑禮問解)》를 살펴보건대, 대단히 의심스러운 대목이 한

공손이라고 칭하는데, 공손은 조묘(祖廟)를 세워서 제후를 제사 지내지 못한다.〔諸侯之子稱公子 公子不得禰先君 公子之子稱公孫 公孫不得祖諸侯〕"라는 말이 나온다.

47 조마대질(澡麻帶絰)에서……모마(牡麻)이다 : 조마대질은 "조마(澡麻)하여 대(帶)와 질(絰)을 한다."라고 새기는 것이 일반적인데, "조마하여 대를 하고, 모마(牡麻)로 질을 한다."라고 새겨야 한다는 것이 녹문의 주장이다. 조(澡)는 물속에 담갔다가 두드려서 희게 만드는 것을 말한다. 모마는 열매를 맺지 않는 수컷 대마(大麻), 즉 '수삼'으로 시마(枲麻)라고도 한다. 《예기》 〈단궁 상(檀弓上)〉에 "사구인 혜자의 상(喪)에 자유가 마최(麻衰)와 수삼의 요질(腰絰)을 띤 최복(衰服)의 차림으로 조문하였다.〔司寇惠子之喪 子游爲之麻衰 牡麻絰〕"라는 말이 나오는데, 녹문이 혹 여기에서 암시를 받은 것이 아닌가 추측해 본다.

48 장상(長殤) : 삼상(三殤)의 하나이다. 상(殤)은 20세가 되어 관례(冠禮)를 치르기 전인 미성년자의 죽음을 말하는데, 19세에서 16세까지를 장상(長殤) 혹은 상상(上殤)이라 하고, 15세에서 12세까지를 중상(中殤)이라 하고, 12세에서 8세까지를 하상(下殤)이라고 한다. 이 삼상에 대한 상복은 각각 다르며, 7세 이전은 무복(無服)이다.

군데 있으니, 즉 시마조(緦麻條)에서 《의례(儀禮)》의 주(註)의 설을 인용하여 "'상복(殤服) 대공칠월(大功七月)'의 주에 이르기를 '종부의 곤제에 대해서 차마 강등하여 복이 없게 할 수 없기 때문이다.'라고 하였다. 이는 대개 칠월의 복제(服制)를 만들어 놓지 않으면, 종부의 곤제의 장상이 소공이 되고 중상이 시마(緦麻)가 되어 하상은 복이 없어지기 때문이다.〔殤大功七月 註云 不忍從父昆弟之降而絶也 蓋不立七月之制 則從父昆弟長殤爲小功 中殤爲緦 下殤絶故也〕"라고 말한 것이 그것이다.

지금 《의례》를 상고해 보건대 주에 이런 말은 없고, 다만 소(疏)에 이르기를 "상(殤)에는 3등이 있는데 복제(制服)에는 오직 2등만 있기 때문에, 대공하상(大功下殤)[49]에도 복이 있게 하려고 해서이다.〔殤有三等 制服唯二等者 欲使大功下殤有服故也〕"라고 하였을 뿐인데, 그 뜻은 대개 "상(殤)은 모두 3등인데 복제에는 단지 상상(上殤)과 하상(下殤)의 2등만 있을 뿐이요, 중상(中殤)은 별복(別服)을 정하지 않고서 혹 상상을 따르거나 혹 하상을 따를 따름이다. 성인(聖人)이 반드시 이와 같이 법을 제정한 것은 대공하상에도 복이 있게 하려고 해서이다."라고 하는 것이다. 대개 삼상(三殤)에 각각 그 복을 제정하면 대공장상(大功長殤)이 소공(小功)이 되고 중상이 시(緦)가 되어 하상은 복이 없게 되기 때문에, 반드시 중상을 장상에 합쳐서 똑같이 소공으로 함으로써 하상이 시(緦)가 될 수 있게 한 것이니, 이렇게 보면 그 말뜻

49 대공하상(大功下殤) : 본복(本服)이 대공(大功)에 해당하는 자가 하상(下殤)을 당한 경우라는 말이다. 뒤에 나오는 기지중상(期之中殤)이나 대공장상(大功長殤)이라는 말도 이 해석에 준한다.

이 명백하여 의심할 것이 없다.

사계(沙溪 김장생(金長生))가 인용하여 말한 것이 비록 이것과 비슷한 것 같아도, 실제로는 크게 같지 않은 점이 있다. 그가 "칠월의 복제를 만들어 놓지 않으면, 종부 곤제의 장상은 소공이 된다.……〔不立七月之制 則從父昆弟長殤爲小功……〕" 한 것은, 그 뜻이 대개 "칠월의 복제를 만들어 놓았기 때문에 종부 곤제의 장상이 칠월이 되고 중상이 소공이 되어 하상이 시(緦)가 될 수 있는 것이다. 만약 칠월의 복제를 만들어 놓지 않았으면 장상이 소공이 되고 중상이 시(緦)가 되어 하상은 복이 없어지게 될 것이다."라고 하는 것이다.

대저 종부 곤제의 장상이 소공장(小功章)에 들어 있고 보면, 그것이 칠월이 되지 않는다는 것은 참으로 변론할 필요도 없이 알 수 있는 것이다. 그리고 이른바 칠월의 복제라는 것이 비록 그 달수가 조금 줄어들었다고 하더라도 그 복(服)은 똑같이 대공(大功)이기 때문에 기지중상(期之中殤)만 여기에 들어 있고 다른 것은 여기에서 볼 수가 없는 것이다. 또 '기지중상'을 가지고 말하더라도, 달수가 비록 조금 다르긴 해도 이미 장상과 똑같이 같은 장(章)에 있으면서 중종상(中從上)[50]의 의례(義例)를 따를 뿐이고 보면, 구월이나 칠월이나 필경에는

50 중종상(中從上) : 중상(中殤)은 상상(上殤)을 따른다는 말이다. 마찬가지로 '중종하(中從下)'는 중상은 하상(下殤)을 따른다는 말이다. 《의례》〈상복(喪服)〉 시마조(緦麻條)의 전(傳)에 "장상과 중상을 위한 복은 본복(本服)에서 1등을 강등하고, 하상을 위한 복은 본복에서 2등을 강등한다. 본래 그를 위해 자최를 입어 주어야 할 자가 상(殤)을 당했을 경우에, 중상일 때에는 장상을 따라서 1등을 강등하여 대공복을 입고, 대공을 입어 주어야 할 자가 상(殤)을 당했을 경우에 중상일 때에는 하상을 따라서 2등을 강등하여 시마복을 입는다.〔長殤中殤降一等 下殤降二等 齊衰之殤中從上 大功之殤中從下〕"라는 말이 나온다.

동등한 지위로 귀결되는 것이다.

지금 대공장상(大功長殤)을 강등하여 칠월로 하면 달수는 비록 조금 줄어든 것 같아도, 복(服)은 전혀 줄어든 것이 없다. 그리고 상대공(殤大功)[51]이 정대공(正大功)보다 중하기 때문에 장(章)의 차례가 정대공의 위에 있고, 최상(衰裳)도 7승(升)으로서 정대공의 8승에 비해 더 거친 것이다. 그런데 지금 대공장상을 위해서 이 칠월의 복을 입는다면 경중이 어찌 도치되지 않겠는가. 이는 예(禮)의 뜻이 명백해서 쉽게 알 수 있는 것인데, 선생의 설이 이와 같으니 참으로 의심스럽기 그지없다.

신재(愼齋 김집(金集))의 《문해속(問解續)》에서도, 출가한 고모가 장상(長殤)의 질(姪)에 대해서 칠월의 복을 입어야 할 것 같은데 모두 소공(小功)으로 해 놓았다[52]고 의심하면서, "어쩌면 대공이 기년에 비해 조금 가볍기 때문에, 칠월의 한 절(節)을 생략하고 소공에다 합쳐 놓은 것이 아닐까.〔豈大功比期稍輕 故略七月一節 而合之於小功耶〕"라고 하였고, 우옹(尤翁 송시열)도 본생(本生) 숙부의 장상에 대한 복을 칠월로 하였는데, 이 두 사람의 설도 모두 이해가 되지 않는다.-사계(沙溪)가 인용한 《의례》의 주(註)는 끝내 찾아내지 못하였으니, 지극히 의심스럽다.-

'상(殤)으로 죽은 자의 뒤를 잇는 자는 그 복으로 복을 입는 것〔爲殤

51 상대공(殤大功) : 상(殤)을 당해서 입는 대공복이라는 뜻이다. 정대공(正大功)은 정복(正服)인 대공복을 말한다.

52 모두……놓았다 : 송나라 양복(楊復)의 《의례도해(儀禮圖解)》와 조선 중기 정구(鄭逑)의 《오복연혁도(五服沿革圖)》에서 모두 소공조(小功條)에 편입시킨 것을 말한다.

後者 以其服服之]'[53]에 대하여 내가 살펴보건대, 〈소기(小記)〉의 본문에 "장부가 관례(冠禮)를 행하였으면 상(殤)이 되지 않고 부인이 계례(笄禮)를 행하였으면 상이 되지 않는다. 상으로 죽은 자의 인후(人後)가 된 자는 그 복으로 복을 입는다.〔丈夫冠而不爲殤 婦人笄而不爲殤 爲殤後者以其服服之〕"라고 하였다. 이 말뜻을 상세히 살펴보건대, 관례를 행했을 경우에는 상(殤)이 되지 않아 남의 아비가 되는 도리가 있으니, 그의 후사가 된 자도 그의 아들이 되어야 마땅한 만큼, 본친(本親)의 복으로 복을 입을 수 없다는 것을 알 수 있다. 사행(士行 송문흠(宋文欽)) 형이 일찍이 횡거(橫渠 장재(張載))의 설을 인용하면서 "관례를 행했으면 입후(立後)해야 마땅하다."라고 하였는데, 처음에는 내가 그다지 믿지 않았으나 지금 와서 이것을 가지고 살펴보니 참으로 그 말이 옳다.

소공장(小功章)의 "종조의 곤제를 위해 입는다.〔從祖昆弟〕"의 기(記)에 "형제가 모두 다른 나라에 있으면 한 등급을 더한다.……〔兄弟皆在他邦 加一等……〕" 하였다.[54]

53 상(殤)으로……것 : 종자(宗子)의 경우에는 20세가 되기 전에 관례(冠禮)를 행하는 때도 있는데, 그자가 상(殤)의 나이에 죽었을 적에 그 후사가 된 자는 무슨 복을 입어야 하느냐 하는 문제를 말한다. '그 복〔其服〕'에 대해서는, 본친(本親) 즉 인후(人後)가 되기 이전의 형제간의 상복으로 보아야 한다는 설과 인후가 된 뒤의 부자간의 상복으로 보아야 한다는 설이 있는데, 녹문은 후자의 설을 지지하고 있다.

54 소공장(小功章)의……하였다 : 종조(從祖)의 곤제(昆弟)는 증조(曾祖)가 같은 형제를 말한다. 본문의 이해를 돕기 위하여 이 대목의 경문(經文)과 전문(傳文) 및 그 주소(註疏)를 소개하면 다음과 같다. "형제가 모두 다른 나라에 있으면 한 등급을 더한다. 부모를 미처 알지 못하고서 형제와 함께 살았으면 한 등급을 더한다.〔兄弟皆在

내가 살펴보건대, 한 문공(韓文公)이 형수를 위해 가복(加服)한 것에 대해서 선유(先儒)가 그르다고 평하였는데,[55] 평한 그 말이 옳기는

他邦 加一等 不及知父母 與兄弟居 加一等〕"라는 경문에 대해서, 주는 "모두 다른 나라에 있다는 것은 벼슬을 하여 밖에 나가 노닐거나 원수를 피해 나가 있는 것이다. 부모를 미처 모른다는 것은 부모를 일찍 여읜 것이다.〔皆在他邦 謂行仕出遊 若避仇 不及知父母 父母早卒〕"라고 해설하였고, 소는 "다른 나라에 있으면 한 등급을 더한다는 것은, 두 사람이 함께 다른 나라에 있다가 한 사람은 죽고 한 사람은 죽지 않았을 경우, 친속(親屬)에게 말을 할 수 없는 것을 불쌍하게 여기기 때문에 한 등급을 더하는 것이다. 부모를 미처 알지 못하고서 형제와 살았으면 한 등급을 더한다는 것은, 각각 부모가 있거나 부모가 일찍 죽은 상태에서 형제와 함께 살다가 죽었을 경우에는 또한 그 어린 고아(孤兒)를 당연히 불쌍하게 여겨서 기를 것이니 이에 특별히 한 등급을 더하는 것을 말한다.〔在他邦加一等者 二人共在他國 一死一不死 相愍不得辭於親眷 故加一等也 不及知父母與兄弟居加一等者 謂各有父母 或父母早卒者 與兄弟共居而死 亦當憫其孤幼相育 特加一等〕"라고 해설하였다. 또 전문에 "어떤 경우가 되면 여기서 말하는 형제라고 할 수 있는가. 소공 이하가 형제이다.〔何如則可謂之兄弟 小功以下爲兄弟〕"라고 하였는데, 그 주에 "여기에서 형제에 관한 전(傳)을 드러낸 것은, 대공 이상의 관계에서도 가복(加服)을 할까 혐의해서이다. 만약 대공 이상이 모두 다른 나라에 있다면 친분이 원래 친할 것이고, 만약 부모를 미처 알지 못했다면 당연히 재물을 같이할 것이다.〔於此發兄弟傳者 嫌大功以上又加也 大功以上 若皆在他國 則親自親矣 若不及知父母 則固同財矣〕"라고 하였다.

55 한 문공(韓文公)이……평하였는데 : 문공은 한유(韓愈)의 시호(諡號)이다. 한유가 3세 이전에 고아가 되어 형인 한회(韓會)의 보살핌을 받으며 형수인 형양 정씨(滎陽鄭氏)에게 양육되었는데, 형이 죽기 전에 "네가 어려서 형수의 양육을 받았으니, 반드시 기년(期年)의 상복을 입어라.〔爾幼養於嫂 喪服必以期〕"라고 당부하였으므로, 형이 죽고 나서 형수의 초상을 당했을 때에 한유가 "지금 와서 어찌 감히 잊을 수 있겠는가. 하늘이 실로 굽어보는 바이다.〔今其敢忘 天實臨之〕"라면서 기년복을 입었다는 기록이 《한창려집(韓昌黎集)》 권23 〈제정부인문(祭鄭夫人文)〉에 나온다. 그런데 이에 대해서 장재(張載)가 "한퇴지(韓退之)가 형수를 위해 가복(加服)을 하였는데, 대저 족속의 상(喪)에는 가복을 할 수 없는 법이다. 만약 형수에게 양육을 받았다고 해서 곧장 은혜

하다. 그러나 이것을 가지고 "무릇 복(服)이 있는 친속(親屬)에 대해서는, 비록 은혜가 있더라도 모두 가복(加服)을 하면 안 된다."라고까지 한다면, 이 기(記)와 "자기를 길러 준 서모(庶母)를 위해서 입는다.〔庶母慈己者〕"라는 소공장(小功章)의 글을 가지고 추리해 보건대, 지나친 말이 아닌가 싶다. 나의 생각에는, 소공(小功) 이하의 친속이라도 만약 양육을 받은 은혜가 있으면 그 은혜를 헤아려서 그를 위해 한 등급 올려 가복을 하고, 3세 이전에 거두어 기른 자〔收養者〕를 위해서는 국제(國制)의 삼년이나 기년을 따르더라도 무방할 듯하다. 대개 소공 이하의 은혜가 본래 소원한 것은 양육을 받는 도리가 없기 때문에 그런 것이다.

혹 형수에 대해서는 역시 소공의 복이 마땅하다고 의심할지도 모르나, 이는 그렇지 않다. 형수에 대한 복이 비록 소공이라고 할지라도, 그 은혜는 실로 지친(至親)이라서-당연히 형의 관리를 받는 관계이다.- 본래 양육을 받는 도리가 있으니, 외조부모(外祖父母)의 경우와 같다고 해도 옳을 듯하다. 그런데 〈복문(服問)〉의 주(註)에서 외조부모와 종모(從母)를 함께 외형제(外兄弟)라고 말하였고, 소(疏)에서 "무릇 소공의 친속에 대해서는 형제가 된다고 말을 하는데, 외족(外族)이기 때문

가 있다는 이유로 가복을 한다면, 이는 형의 은혜를 지극히 박하게 대하는 것이다. 대저 모친이 없을 경우에는 형수에게 양육을 받지 않으면 다시 양육받을 곳이 없다. 만약 족속의 친(親)을 위해 은혜가 있다고 해서 가복을 한다면, 자기에게 은혜가 없는 자를 대할 때에는 복을 입지 않아도 된다는 말인가.〔退之爲嫂加服 大抵族屬之喪 不可有加 若爲嫂養 便以有恩而加服 則是待兄之恩至薄 大抵無母 不養於嫂 更無處可養 若爲族屬之親 有恩而加等 則待已無恩者 可不服乎哉〕"라고 신랄하게 비판한 내용이 《장자전서(張子全書)》 권8 〈상기(喪紀)〉에 나온다.

에 외형제라고 칭한 것이다."라고 하였으니,[56] 이에 의거하면 비록 외조부모라도 다른 소공의 친속과 차이가 없을 것 같은데, 감히 확언을 하지는 못하겠다.

다시 상세히 살펴보건대, 수양(收養)과 관련한 복(服)이 《대전(大典)》에 실려 있긴 하나, 일단 '즉동기자(卽同己子)'[57]를 허여하여 그를 위한 복(服)을 중하게 했고 보면, 부자(父子)로 칭하지 않을 수 없다. 하지만 종조부모(從祖父母)나 족부모(族父母)와 같이 하는 것은 그래도 되겠지만, 조손(祖孫) 및 형제처럼 하는 것은 명실(名實)이 무란(貿亂 혼란)해지니 결코 그렇게 해서는 안 될 것이다. 대개 명(名)이라는

56 복문(服問)의……하였으니 : 《예기》 〈복문〉에 "무복을 따르면서도 유복인 경우가 있으니, 이는 공자의 처가 공자의 외형제를 위해서 입는 것이다.〔有從無服而有服 公子之妻 爲公子之外兄弟〕"라고 하였는데, 그 주(註)에서 "공자의 외조부모와 종모를 위해서 시마를 입는 것을 말한다.〔謂爲公子之外祖父母從母緦麻〕"라고 하였고, 소(疏)에서 "무릇 소공의 친속에 대해서는 형제가 된다고 말을 하는데, 동종일 경우에는 곧장 형제라고 칭하겠지만, 외족이기 때문에 외형제라고 칭한 것이다.〔凡小功者 謂爲兄弟 若同宗 直稱兄弟 以外族 故稱外兄弟也〕"라고 하였다. 고례(古禮)는, 소공 이하의 친속에 대해서는 서로 형제라고 부르고 항렬(行列)의 존비(尊卑)는 따지지 않았다. 이 〈복문〉에 나오는 '공자의 외형제'에 대해서는 설이 많은데, 녹문은 이 주(註)에서 외형제라는 말의 해설에만 주목하고 시마(緦麻)라는 말에 대해서는 무시한 인상을 준다. 대본에는 '〈복문(服問)〉의……말하였고' 부분이 '服問以外祖父母從母同謂之外兄弟'로 되어 있어서 '以外祖……外兄弟'가 〈복문〉의 원문인 것처럼 써 놓았으나, 이는 녹문의 착오로 해당 부분은 〈복문〉의 주(註)가 분명하기에 '服問' 뒤에 '註'를 보충하여 번역하였다.

57 즉동기자(卽同己子) : 곧바로 자신의 아들과 똑같이 대우한다는 뜻이다. 《경국대전(經國大典)》 등 조선조 법전의 〈형전(刑典)〉 사천조(私賤條)에 "3세 이전에 거두어 기른 자는 곧바로 자신의 아들과 똑같이 대우한다.〔三歲前收而養之者 卽同己子〕"라는 말이 나온다.

것은 인치(人治)[58]의 큰 것이니, 신중하게 하지 않으면 안 된다. 그렇다면 복이 있는 친속(親屬)에 대해서는 단지 이 기(記)에 의거하여 그를 위해 한 등급을 가복(加服)해야지, '즉동기자'의 예(禮)를 쓰면 안 될 것이다.

고례(古禮)에 사(士)의 처(妻)는 자기 자식을 직접 길렀으니, 그렇다면 자기를 길러 준 서모(庶母)와 유모(乳母)는 모두 '대부(大夫) 및 공자(公子)의 자식이 삼모(三母)[59]를 갖추는 것'을 가지고 말한 것이다. 그러나 오늘날의 사람 중에는 혹 모친이 없어서 서모에게 양육을 받는 자도 있고, 혹 모친이 있더라도 젖이 부족해서 서모와 타인의 젖으로 양육되는 자도 있는데, 이런 경우에는 비록 오월이나 삼월의 복을 입더라도 안 될 것이 없으니, 위에 나오는 "자모는 모친과 같다.〔慈母如母〕"[60] 조(條)의 주소(註疏)에 나오는 제설(諸說)을 참조해도 좋을 것이다. 그래서 《가례(家禮)》에서 대부와 사를 구분하지 않고 일괄적으로 젖을 먹여 기른 서모를 위해서는 소공(小功)을 입고 유모를 위해서는 시(緦)를 입는다고 하였으니, 지금 당연히 따라야 할 것이다.

58 인치(人治) : 인륜 도덕에 입각하여 나라를 다스리는 것을 말한다. 《예기》〈대전(大傳)〉에 "명이라는 것은 인치의 큰 것이다.〔名者 人治之大者〕"라는 말이 나오는데, 정현(鄭玄)이 "인치는 사람을 바르게 하는 것이다.〔人治所以正人〕"라고 해설하였다.

59 삼모(三母) : 옛날에 군자(君子) 즉 제후(諸侯)와 대부(大夫)가 적처(嫡妻) 소생인 자기 아들을 기를 때에 중첩(衆妾) 중에서 선택하여 자사(子師)와 자모(慈母)와 보모(保母)로 삼은 세 사람을 가리킨다. 사(士)의 경우에는 처(妻)가 직접 기른다.

60 자모는 모친과 같다 : 《의례》〈상복(喪服)〉 소최 삼년(疏衰三年)에 나온다. 141쪽 주19와 152쪽 주33 참조.

"외조부모를 위해 입는다.〔爲外祖父母〕"의 기(記)에 "모친이 집을 나가면 계모의 일가를 위해 복을 입는다.〔母出則爲繼母之黨服〕"라고 하였다. 내가 살펴보건대, 모친이 집을 나가서 계모의 일가를 위해 복을 입는 것과 소후자(所後者 양부(養父)) 처(妻)의 일가를 위해 복을 입는 것은 도종(徒從)[61]과 비슷한 점이 있다. 그러나 이미 "이통(二統)이 없다."[62]라는 의례(義例)에 입각하여 소생(所生) 모친의 일가와 관계를 끊고서 곧장 저쪽을 자기의 외가(外家)로 삼았고 보면, 모친의 존재 여부와는 상관없이 모두 복을 입어야 하니, 이는 서자(庶子)로서 인후(人後)가 된 자가 군모(君母 부친의 정처(正妻))가 있으면 감히 종복(從服)을 하지 않을 수 없고 군모가 있지 않으면 복을 입지 않는 것과는 그 의례가 같지 않은 것 같다.

주(註)에 "비록 외친(外親)이라도 이통이 없다."라고 하였다. 여기에 의거하면, 인후(人後)가 된 자가 본생(本生)의 외당(外黨 외가 친척)을 위해서는 곧장 복이 없어야 마땅하니, 한 등급을 낮추어서는 안 된다. 대개 한 등급을 낮추더라도 여전히 복을 입는 것이 되기 때문이다. 이미 소후(所後)의 모당(母黨)을 위해 복을 입게 되었는데, 또 소

61 도종(徒從) : 종복(從服)의 하나로, 친족 관계는 없지만 그냥 남을 따라서 입는 복을 말한다. 종복은 인친(姻親)이나 군상(君上)의 친족을 위해 입는 상복으로, 모두 여섯 가지가 있는데, 《예기》 〈대전(大傳)〉에 그 내용이 실려 있다.

62 이통(二統)이 없다 : "외친은 두 계통이 없다.〔外親無二統〕"라는 정현(鄭玄)의 설을 말한다. 본생(本生) 모친의 일가를 위한 상복은 《의례》에 분명한 조문이 없는데, 《개원례(開元禮)》를 만들 적에 정현의 이 주(註)를 근거로 해서 한 등급 강복하는 제도를 만들었다.

생(所生)의 모당을 위해 복을 입는다면, 이는 곧 이통이 되는 것이다. 기(記)에서 "인후가 된 자는 형제에 대해서 한 등급을 낮춘다.〔爲人後者 於兄弟降一等〕"라고 말한 것은 전적으로 본종(本宗 본친(本親))을 가리킨 것이지 외당을 아울러 가리킨 것이 아니니, 주(註)에서 "대종(大宗)이 되어 혐의해서이다."[63]라고 말한 것을 살펴보면 알 수 있다. 사계(沙溪 김장생(金長生))가 "응당 본생의 외조부모와 종모(從母)를 위해 시(緦)를 입어야 한다."라고 말한 것은 미안할 듯싶은데, 어떨지 모르겠다.

시장(緦章)에 "처의 부모를 위해 입는다.〔妻之父母〕"라고 하였다. 내가 살펴보건대, 《가례(家禮)》에서는 "처의 출모를 위해 입는다.〔爲妻之出母服〕"라고 하였는데, 경(經)과 전(傳)에 그런 글이 없으니 매우 의심스럽다. 어쩌면 처의 부모에 대해서는 단지 처를 따라서 복을 입을 뿐이요 본래 자기의 친족이 아닌 이상, 절족(絶族) 여부를 따질 필요가 없기 때문에 그런 것인가. 그렇다면 모친의 출모에 대해서도 그렇게 해야 하는 것인가. 그러나 모친과 처가 그 모친에 대해서 이미 절족이 되었다면, 그 남편이나 아들은 끝내 시복(施服)[64]과 같이 된다고 할

63 대종(大宗)이 되어 혐의해서이다 : 녹문의 인용이 간략해서 오해의 소지가 있는데, 전문(全文)은 "종자가 되더니 본친(本親)에게 강복하지 않는다는 혐의를 받을까 염려해서이다.〔嫌其爲宗子不降〕"이다. 자세한 내용은 149쪽 주28 참조.

64 시복(施服) : 방계(旁系)의 친속(親屬)에게 입는 상복을 말한다. 이복(移服)이라고도 한다. 《의례》 〈상복(喪服)〉 전(傳)에 "출처의 아들이 모친을 위해 자최기년복(齊衰期年服)을 입는다. 다만 외조부모에 대해서는 복이 없다.〔出妻之子爲母期 則爲外祖父母無服〕"라고 하고, 또 "왜냐하면 절족에는 시복이 없기 때문에……감히 그 사친에게

것이니, 어떻게 해야 할지 모르겠다.-남편의 출모에 대해서도 복이 없을 것 같다. 대개 출모 자신이 이미 쫓겨나서 자기 구고(舅姑)에게 복을 입지 않았고 보면, 처의 입장에서 고(姑)가 집을 나갔는데 또 어떻게 복을 입을 수 있겠는가. ○출가한 딸이 출모를 위해서 입는 복을 《개원례(開元禮)》에서는 대공(大功)이라고 하였는데, 부장기(不杖期)가 옳지 않을까 싶다.-

시장(緦章)의 기(記)에 "동자는 오직 당실(當室)[65]했을 때에만 시마복을 입는다.〔童子唯當室緦〕"라고 하였다. 내가 살펴보건대, 삼상보복(三殤報服)의 설[66]이 사계(沙溪)에게서 비롯되어 지금 세상에서 많이

복을 입지 못하는 것이다.〔絶族無施服……不敢服其私親也〕"라고 하였는데, 그 주(註)에 "방계로 미치는 것을 시(施)라고 한다.〔在旁而及曰施〕"라고 하였고, 소(疏)에 "방급(傍及) 즉 유추해서 미치는 것이 시(施)인데, 모친이 절족이 되었기 때문에 방급의 복이 없는 것이다.〔傍及爲施 以母爲族絶 卽無傍及之服也〕"라고 하였다. 절족은 은의(恩義)로 맺어진 친족 관계가 끊어진 것을 말한다.

65 당실(當室) : 집안일을 담당한다는 뜻으로, 부친이나 형 대신 집안일을 주관하는 것을 말한다. 고대에는 대부분 적자(嫡子)가 당실을 했으므로 적자의 별칭으로도 쓰인다. 이 《예기》 〈상복(喪服)〉의 기(記) 이외에도, 〈문상(問喪)〉에 "동자는 시마복을 입지 않지만, 당실일 경우에는 시마복을 입으며,……당실일 경우에는 문(免)도 하고 지팡이도 짚는다.〔童子不緦 唯當室緦……當室則免而杖矣〕"라는 말이 보인다.

66 삼상보복(三殤報服)의 설 : 삼상(三殤)에 해당하는 나이 어린 동자라도 상대방인 어른에게 똑같이 보답하는 복을 입어야 한다는 주장인데, 사계(沙溪) 김장생(金長生)의 《의례문해(疑禮問解)》에 "모든 복은 반드시 서로 보답해야 한다. 장자가 동자의 상에 대해서 이미 그 복을 체감했고 보면, 동자도 장자에 대해서 체감해야 하는 것이 분명하다.〔凡服必相報 長者於童子喪 已遞減其服 則童子於長者 亦遞減以報之 明矣〕"라는 말이 보인다. 체감은 차례대로 줄여 나간다는 말이다. 《상례비요(喪禮備要)》 〈동자복제(童子服制)〉에도 이 말이 실려 있다. 삼상(三殤)에 대해서는 165쪽 주48 참조.

준용하는데, 나의 생각에는 적이 미안하게 될 듯싶다. 남계(南溪 박세채(朴世采))가 "복(服)에는 장유(長幼)와 존비(尊卑)의 체(體)가 있으니, 장자(長者)야 물론 삼상(三殤)에게 강복(降服)해야 하겠지만, 동자가 어떻게 장자의 복을 줄일 수 있겠는가."[67]라고 하였는데, 이 설이 바로 성인(聖人)의 뜻을 얻은 것이다.

그리고 이른바 "동자는 시마복을 입지 않는다.〔童子無緦〕"라는 것은, 그가 유소(幼少)해서 은의(恩義)가 가벼운 자〔恩輕者〕에게는 예(禮)를 갖출 수 없기 때문이다.[68] 그렇다면 소공(小功) 이상의 은의가 중한 자〔恩重者〕에게는 자연히 예(禮)대로 해야 함을 알 수 있다. 만약 체감(遞減)을 해서 시마복이 없는 것이라고 한다면, 주소(註疏) 안에서 어찌하여 이 뜻을 설파하지 않고 범연히 '은의가 미치지 않아서〔恩不至〕'라고 해석하였겠는가. 과연 그가 체감을 한다면 어찌 단지 시마복

67 복(服)에는……있겠는가 : 한국문집총간 142집에 수록된 《남계집(南溪集)》 권14 〈답권빈지문(答權賓之問)〉에 "동자의 복은 체감해야 한다는 설이 사계에게서 비롯되었는데, 과연 그 설이 옳은지는 알지 못하겠다. 대개 예(禮)에는 상하와 존비의 체(體)가 있으니, 존자가 비록 동자라는 이유로 그 복을 줄인다고 하더라도, 비자의 입장에서는 동자라는 이유로 장상(長上)에 대한 복을 줄여서는 안 될 듯하다. 그리고 초주(譙周)의 설을 상고해 보더라도, 15세 이상은 스스로 상복(常服)을 행하니, 꼭 관(冠)을 얹은 뒤에야 정복(正服)을 이루는 것이 아니다.〔童子服遞減之說 始於沙溪 未知其果然 蓋禮有上下尊卑之體 尊者雖以童子減其服 而卑者恐不當以童子而減長上之服也 且以譙周說考之 十五以上自行常服 不必加冠而後方成正服耳〕"라는 말이 나온다.

68 동자는……때문이다 : 동자는 워낙 어려서 먼 친속에게까지 은의(恩義)가 미치지 않아 슬픔을 느끼지 못하는 까닭에, 먼 친속을 위한 삼월 시마복은 입지 않는다는 말이다. 《예기》 〈옥조(玉藻)〉에 "동자는 갖옷을 입지 않고, 솜옷을 입지 않고, 신발 머리에 장식하는 끈을 매지 않으며, 시마복을 입지 않고, 상가(喪家)의 일을 거들되 마질(麻絰)을 착용하지 않는다.〔童子不裘 不帛 不屨絇 無緦服 聽事不麻〕"라는 말이 나온다.

만 없어지겠는가. 소공복이 없어지는 경우도 있게 될 것이다.

그리고 당실(當室)의 동자도 동자인 만큼, 족인(族人)이 그가 당실했다고 해서 강복(降服)하지 않은 경우는 일찍이 있지 않았다. 참으로 보복(報服)을 중하게 여긴다면, 스스로 당실이라고 말하면서 자기에게 복을 입어 주지 않는 족인에게 어떻게 가복(加服)을 할 수가 있겠는가. 그리고 동자가 일단 시마복을 입게 된다면 소공(小功) 이상의 사람에 대해서도 마땅히 본복(本服)을 입어야 하겠는가. 그렇다면 체강(遞降)한다는 뜻이 어디에 있는가.

이러한 점들이 모두 나의 생각에는 이해가 되지 않는다. 초주(譙周 촉한(蜀漢)의 학자)가 "동자는 소공의 친속 이상에게 모두 복을 입는다.〔童子小功親以上皆服〕"라고 하였는데, 이 말이 옳을 듯싶다.-주(註)에 나오는 '은의가 미치지 못해서〔恩不至〕'라는 세 글자를 자세히 보아야 한다. 대개 체감해서 그렇다고 한다면, 비록 은의가 중한 곳이라도 당연히 강등하고 끊어야 할 것이다. ○우복(愚伏 정경세(鄭經世))이 일찍이 사계(沙溪)의 설을 변박(辨駁)한 내용이 동춘(同春 송준길(宋浚吉))의 별집(別集)에 보이는데, 그 말이 지극히 분명하다.-

〈단궁(檀弓)〉에 "붕우의 묘소에 풀이 묵으면 곡하지 않는다.〔朋友之墓有草宿而不哭〕"라고 한 말에 대해서, 정주(鄭註)에 "스승에 대해서는 심상(心喪) 삼년이고, 붕우에 대해서는 기년이다."라고 하였는데,[69] 이

69 단궁(檀弓)에……하였는데 : 《예기》〈단궁 상(檀弓上)〉에 "붕우의 묘소에 한 해를 넘겨 풀이 묵으면 곡하지 않는다.〔朋友之墓 有宿草而不哭焉〕"라는 증자(曾子)의 말이 나오는데, 이에 대해서 정현(鄭玄)이 "숙초는 뿌리가 묵은 것을 말한다. 스승에 대해서는 심상 삼년, 붕우에 대해서는 기년이 가하다.〔宿草 謂陳根也 爲師心喪三年於朋友期可〕"라고 해설하였다.

설이 지극히 옳다.

《도식(圖式)》[70]의 제복경중지의조(制服輕重之義條)에 "부친이 아들을 위해 기년복을 입기 때문에 조부가 손자를 위해 대공복을 입는데, 손자가 전중(傳重)했을 경우에는 역시 삼년복을 입는다.〔父服子期 故祖服孫大功 若傳重亦三年〕"라고 하였는데, 내가 살펴보건대 〈상복(喪服)〉의 경문(經文)에서 "조부는 적손을 위해 부장기복(不杖期服)을 입는다.〔祖爲嫡孫不杖期〕"라고 하였으니, 지금 삼년복이라고 한 것은 잘못일 듯싶다. 그리고 "증손부와 형제의 손자와 남편의 여러 조부모에 대해서는 보복(報服)으로 시마(緦麻)를 입는다.〔曾孫婦兄弟之孫與夫之諸祖父母報緦〕"라고 하였는데, 내가 살펴보건대 증손부는 무복(無服)이고,-〈상복〉의 주(註)에 보인다.- 형제의 손자는 보복인 소공(小功)이니,-소공장(小功章)의 경문에 보인다.- 지금 모두 보복으로 시마를 입는다고 말한 것은 잘못이다.

삼소공사시마조(三小功四緦麻條)[71]에 "심존중(沈存中)이 '고조는 자

70 도식(圖式) : 《의례상복도식(儀禮喪服圖式)》의 준말로, 《의례경전통해속(儀禮經傳通解續)》에 편입되어 있다. 137쪽 주14 참조. 앞으로 본문에서 〈오복연혁도(五服沿革圖)〉의 내용이 나올 때까지 녹문이 계속해서 인용하는 조문과 도표의 내용은 모두 《의례경전통해속》 권16 상하(上下)에 자세히 나온다.

71 삼소공사시마조(三小功四緦麻條) : 《의례》 〈상복(喪服)〉의 주(註)에 나오는 종조 소공(從祖小功)과 종조숙부 소공(從祖叔父小功)과 종조형제 소공(從祖兄弟小功)이 삼소공이고, 종증조 시(從曾祖緦)와 그 아들과 손자와 증손이 모두 시(緦)인 것이 사시마인데, 이들에 대해서는 모두 강쇄(降殺)하지 않는다.

최삼월이다. 단지 4세조에게만 그런 것이 아니라, 살아서 섬긴 분〔逮事〕에게는 모두 자최삼월을 입어야 한다. 고조는 대개 통칭일 따름이다.〔高祖齊衰三月 不特四世祖爲然 凡逮事皆當服齊衰三月 高祖蓋通稱耳〕'라고 하였다."[72]라는 말이 나온다. 이에 의거하면 적내손(嫡來孫)[73]이 5세조를 위해서 승중복(承重服)을 입는 것은 의심할 것이 없다.

본종복지변자조(本宗服之變者條)에 "계모가 출가하면 장기(杖期)의 보복(報服)을 입는다.〔繼母嫁杖期報〕"라고 하였다. 내가 살펴보건대, 면재(勉齋 황간(黃榦))가 〈상복(喪服)〉의 본장(本章)에서, 유울지(庾蔚之 수(隋)나라의 학자)의 설을 인용하면서 왕숙(王肅 위(魏)나라의 학자)이 "계모를 따라가서 거기에 붙어살며 양육을 받았다면 계모를 위해 복을 입는다.〔從乎繼母而寄育則爲服〕"라고 말한 것을 좋은 의견이라고 하였고, 문공(文公 주희)의 《가례(家禮)》에서도 그렇게 하였다. 그런데 지금 여기에서는 '가(嫁)' 자 아래의 '종(從)' 자를 생략하였고,[74] 주자의 설을 인용하면서 또 정주(鄭註)에서 "일찍이 모자가 되었으므

72 심존중(沈存中)이……하였다 : 존중은 송나라 심괄(沈括)의 자(字)이다. 호는 몽계옹(夢溪翁)으로, 《몽계필담(夢溪筆談)》의 저자이다. 이 밖에 《장흥집(長興集)》, 《소심양방(蘇沈良方)》 등의 저서가 있다. 이 말은 주희가 인용한 것인데, 고조(高祖)뿐 아니라 5세조, 6세조라도 만약 살아서 모셨으면 비록 친진(親盡)이 되었어도 그분을 위해 고조의 복에 의거해서 복을 입어야 한다는 말이다.

73 적내손(嫡來孫) : 적자(嫡子), 적손(嫡孫), 적증손(嫡曾孫), 적현손(嫡玄孫) 다음의 적손이다.

74 가(嫁)……생략하였고 : 《의례》 〈상복(喪服)〉 자최장기(齊衰杖期) 본주(本註)의 "부친이 죽고 나서 출가한 계모를 따라간 자가 계모를 위해 보복(報服)으로 입는다.〔父卒繼母嫁從 爲之服報〕"에서 '종(從)' 자를 빠뜨렸다는 말이다.

로 그 은혜를 끝까지 보답함을 귀하게 여기는 것이다.〔嘗爲母子 貴終其恩云〕"라고 말한 것을 거론하여 "이것이 계모를 위해 복을 입는 뜻이다.〔此爲繼母服之義〕"라고 하였다. 이는 정주를 옳게 여긴 것으로서, 본장의 주(註) 및 《가례》와 같지 않으니, 이 점이 의심스럽다.

"딸자식이 집에 있을 때 부친이 죽은 뒤에는 모친을 위해 삼년복을 입는다.〔女子子在室 父卒爲母三年〕"의 조(條)에서, '운운(云云)'하고 질문을 하자, 주자가 답하기를 "〈내칙(內則)〉의 설도 대략적으로 말한 것일 뿐이다. 조금 늦더라도 일 년에 지나지 않으니, 24세에 출가해도 늦은 것은 아니다.〔內則之說亦大槩言之 少遲不過一年 二十四而嫁 亦未爲晩也〕"[75]라고 하였다. 이에 의거하면, 〈상복(喪服)〉 본장(本章)의 소(疏)의 설을 주자가 이미 취하지 않았으니, 개정(改正)하는 것이 마땅할 듯싶다.

75 내칙(內則)의……아니다 : 《의례》 〈상복(喪服)〉 자최삼년장(齊衰三年章)의 "부친이 죽었으면 모친을 위해 입는다.〔父卒則爲母〕"에 대한 가공언(賈公彦)의 소(疏)에 "딸자식이 집에 있을 때 부친을 위하여 삼년복을 입고, 부친이 죽은 뒤에는 모친을 위해서도 삼년복을 입는다.〔女子子在室 爲父三年 父卒爲母 亦三年〕"라고 하면서, 만약 부친이 죽고 나서 삼 년이 지나기 전에 모친이 죽었을 경우에는 모친을 위해 그냥 기년복(期年服)을 입는 것이라고 주장하였는데, 그 주장의 근거로 제시한 것 중의 하나가 《예기》 〈내칙〉의 "여자는 15세에 비녀를 꽂고, 20세에 출가하는데, 사정이 있으면 23세에 출가한다.〔十有五年而笄 二十而嫁 有故二十三而嫁〕"라는 대목이었으므로, 주희가 이렇게 말한 것이다. 사정이 있다는 것은 부모상을 당한 것을 말하는데, 20세에 출가할 딸이 23세에 출가한다면 이는 "부친상과 모친상 중 하나의 상(喪)으로 그치는 것이 아니라 둘을 합친 것이다."라는 소(疏)의 주장을 주희가 인정하지 않았다는 것이 녹문의 의견이다.

〈기위모당복도(己爲母黨服圖)〉에서 주자가 "자매가 형제에 대해서 출가한 뒤에는 강복(降服)하여 대공을 입지만, 자매 자신들끼리는 강복하지 않는다."[76]라고 하였다. 내가 살펴보건대, 〈상복(喪服)〉의 경문(經文)에 "대부의 처가 고모와 자매로서 대부에게 시집간 자를 위해서 대공을 입는다.〔大夫之妻 爲姑姊妹嫁於大夫者大功〕"라고 하였고 보면, 자매 자신들끼리도 강복하지 않은 적이 없고 단지 재강(再降 재차 강복하는 것)을 하지 않을 따름이니, 주자의 설이 의심스럽다.

〈모당위기복도(母黨爲己服圖)〉에서 이천(伊川 정이(程頤))이 설한 것과 관련하여 내가 살펴보건대, 〈상복〉의 전(傳)에서 "외숙의 아들을 위해서 왜 시복(緦服)을 입느냐 하면 종복(從服)이기 때문이다. 고모의 아들을 위해서 왜 시복을 입느냐 하면 보복(報服)이기 때문이다.〔舅之子何以緦 從服也 姑之子何以緦 報之也〕"라고 하였으니, 이에 의거하면 고모의 아들이 외숙의 아들을 위하여 모친을 따라 시복을 입었기 때문에, 외숙의 아들이 고모의 아들에게 보복을 입는 것이다. 그런데 지금 이천이 "외숙의 아들에게는 무복(無服)이지만, 그가 이미 고모의 아들에게 복을 입어 주었으니, 고모의 아들이 외숙의 아들에게 보복을 입어야 한다."[77]라고 한 것은 전(傳)의 뜻과는 완전히 상반되니 의심스

76 자매가……않는다 : 자매가 출가하고 나서 자기들끼리 서로 상복을 입을 때 강복하느냐의 여부에 대한 논란과 관련하여, "자매가 형제에 대해서 출가하기 전에는 기년복이고 출가한 뒤에는 강복하여 대공을 입지만, 자매 자신들끼리는 강복하지 않는다. 그러므로 이모가 외숙보다 상이 무거운 것이다.〔姊妹於兄弟 未嫁朞 旣嫁則降爲大功 姊妹之身却不降 故姨母重於舅也〕"라는 주희의 말이 《의례경전통해속(儀禮經傳通解續)》 권16에 소개되어 있다.

럽다. 또 살펴보건대, 외친(外親)으로 외숙이나 종모(從母)와 같은 경우는 모두 자매의 아들이 모친을 따라 복을 입는 까닭에 보복을 입는 것이니, 외숙의 아들만 그런 것이 아니다. 대개 모친으로부터 미루어 나가면 종복(從服)의 의례(義例)가 있지만, 고모와 자매로부터 미루어 나가면 더 이상 미루어 나가지 못하는 것이다.

강정의복례조(降正義服例條)의 하방(下方 하면(下面))에서 면재(勉齋)가 설하기를 "역시 상대공(殤大功 상(殤)을 당해서 입는 대공복)의 경우와 같이 소공장에도 강복(降服)이 있고 정복(正服)이 있고 의복(義服)[78]이 있다.……〔亦如殤大功 小功章有降有正有義……〕"라고 하였다. 그러나 내가 살펴보건대, 상장(殤章)에는 단지 강복과 의복만 있을 뿐이고 정복은 없으니, 이 설은 조감(照勘)을 잘못한 것인 듯싶다. 또 살펴보건대, 부인이 부당(夫黨 남편의 일가)을 위해 복을 입는 것은

77 외숙의……한다 : 본문의 이해를 돕기 위하여 정이(程頤)가 "왜 시복을 입느냐 하면 보복(報服)이기 때문이다.〔何以緦 報之也〕"의 전문(傳文)을 해설한 전문(全文)을 소개하면 다음과 같다. "보복은 고모의 아들이 외숙의 아들을 위해 입는 것이다. 이성(異姓)의 복(服)은 단지 한 층(層)만 더 미루어 나갈 수 있을 뿐이니 모친을 위해서 더 미루어 나가면 외숙에 미쳐서 그치게 되지만, 고모를 위해서 더 미루어 나가면 그 아들에까지 미칠 수가 있는 것이다. 그러므로 외숙의 아들에게는 무복(無服)이지만 그가 이미 고모의 아들에게 복을 입어 준 입장이니, 고모의 아들로서도 마땅히 그를 위해 보복을 입어야 한다. 그래서 고모의 아들과 외숙의 아들은 그 복이 같은 것이다.〔報服若姑之子爲舅之子服是也 異姓之服 只推得一重 若爲母而推 則及舅而止 若爲姑而推 則可以及其子 故舅之子無服 却爲旣與姑之子爲服 姑之子須當報之也 故姑之子舅之子其服同〕"

78 의복(義服) : 상복을 입을 친속은 아니지만 특별한 의리에 입각하여 입어 주는 상복을 말한다.

물론 의복이지만, 상복(殤服)의 경우는 아무래도 자최와 대공에서 강복하여 대공과 소공이 된 것이니, 모두 강복의 예(例)를 따르는 것이 타당할 듯싶은데, 이 의견이 어떨지 모르겠다.

〈부인성복방통도(婦人成服旁通圖)〉에서 참최(斬衰)의 계조(笄條)에 "오직 첩이 군(君)의 장자를 위해 참최복을 입지만, 단지 악계(惡笄)[79]만을 사용한다.〔唯妾爲君之長子雖服斬 然只用惡笄〕"라고 하였다. 내가 살펴보건대, 첩이 군의 장자를 위해 복을 입을 때에는 여군(女君 정처(正妻))과 똑같이 자최삼년(齊衰三年)의 복을 입어야 하니, 지금 참최를 입는다고 말한 것은 잘못이다.

장조(杖條)에서 "부친 생존 시에는 모친을 위해 감히 지팡이를 짚지 못한다.〔父在爲母不敢杖〕"라고 하였는데, 이는 "지팡이를 짚고서 자리에 나아가지 않는다."라는 말이다. 《예기》〈문상(問喪)〉에 이 내용이 보인다.

〈병유상변복도(竝有喪變服圖)〉의 경포중특(輕包重特)[80]은 주소(註

79 악계(惡笄) : 상복용 나무 비녀로, 상아(象牙)로 만든 길계(吉笄)에 상대되는 말이다.

80 경포중특(輕包重特) : '경자포 중자특(輕者包重者特)'의 준말로, 더 줄여서 포특(包特)이라고도 한다. 《예기》〈간전(間傳)〉의 "참최의 상에서 우제와 졸곡을 지낸 뒤에 자최의 상을 당했을 경우에는, 가벼운 것은 포(包)를 하고 무거운 것은 특(特)을 한다.〔斬衰之喪 旣虞卒哭 遭齊衰之喪 輕者包 重者特〕"라는 말에서 나온 것인데, 포(包)는 겸하여 감싸는 것〔兼包〕을 말하고, 특(特)은 특별히 남겨서 드러내는 것〔特留〕을 말한

疏)가 지극히 명백해서 의심할 것이 없다. 대개 포(包)라는 것은 새것으로 옛것을 바꾸면서도 옛것을 포함할 수 있게 하는 것이고, 특(特)이라는 것은 옛것을 특별히 남겨서 새것으로만 바꿀 수 없게 하는 것이다. 〈상복변제(喪服變除)〉[81]에서 횡거(橫渠 장재(張載))의 설을 인용하여 "주소를 쓸 수 없다.〔註疏不可用〕"라고 하고는, "마(麻)와 갈(葛)의 질(絰) 두 개를 머리에 두른다.……〔麻葛之絰 兩施於首……〕" 하였는데, 이는 '특(特)' 자의 뜻에 근접하지 못했을뿐더러 하나의 머리에 두 개의 질을 두른다는 것도 이치상 그럴 수는 없을 듯하다.

"상(殤) 중에 장상(長殤)과 중상(中殤)의 경우는 삼년상의 갈(葛)을 바꾼다.〔殤長中變三年之葛〕"의 주(註)에 "대공의 친속이 상(殤)이 되어 소공이나 시마의 복에 해당하는 경우이다.〔大功之親爲殤 在小功緦者也〕"라고 하였는데, 이는 상문(上文)의 "마(麻)의 밑동이 있는 것을

다. 참최와 자최의 상이 겹친 경우에, 이미 참최의 우제와 졸곡을 지냈다면 자최로 참최복을 바꿀 수 있는 계기가 된 것이다. 그런데 남자는 머리〔首〕를 중히 여기고 여자는 허리〔腰〕를 중히 여기며, 따라서 상대적으로 남자는 허리를 가벼이 여기고 여자는 머리를 가벼이 여긴다. 그래서 소(疏)에서 "남자는 허리를 가볍게 여기므로 자최의 요대를 둘러서 참최의 대(帶)를 겸하여 감쌀 수 있고, 부인은 머리를 가볍게 여기므로 자최의 수질을 둘러서 참최의 질(絰)을 겸하여 감쌀 수 있다.〔男子輕腰 得著齊衰腰帶 而兼包斬衰之帶 婦人輕首 得著齊衰首絰 而包斬衰之絰〕"라고 하였는데, 이것이 경자포(輕者包)이다. 그리고 "남자는 머리를 중히 여기므로 참최의 수질을 특별히 남겨서 드러내고, 부인은 허리를 중하게 여기므로 참최의 요대를 특별히 남겨서 드러낸다.〔男子重首 特留斬衰之絰 婦人重腰 特留斬衰腰帶〕"라고 하였는데, 이것이 중자특(重者特)이다.

81 상복변제(喪服變除) : 《의례경전통해속(儀禮經傳通解續)》 권9에 수록된 〈상복변제〉를 말한다. 변제(變除)는 상복을 바꿔 입는 변복(變服)과 상복을 벗는 제복(除服)을 가리킨다.

입을 경우에는 삼년상의 갈(葛)을 바꾼다.〔麻之有本者 變三年之葛〕"라고 말한 것과 합치되지 않는다. 내 생각에 이 장상과 중상은 기년의 친속이 장상과 중상이 되어 대공으로 강복된 경우를 가리킨 것이 아닌가 한다. 하상(下殤)의 경우는 소공으로 강등되어 조마(澡麻)[82]를 하고 수질(首絰)의 밑동을 자르기 때문에 변하는 것이 없다. 그래서 "하상에는 그렇게 하지 않는다.〔下殤則否〕"라고 한 것이다.

〈오복연혁도(五服沿革圖)〉의 본종복(本宗服)에 "조부모가 죽은 뒤에 조모의 후사가 된 자는 삼년이다.〔祖父母卒而後爲祖母後者三年〕"라고 하였는데, '부모(父母)'의 '모(母)'는 연문(衍文)이 아닐까 의심된다.[83] 그런데 서자(庶子)의 장자(長子)가 자기 부친의 소생모를 위해 승중복(承重服)을 입으면 안 된다는 것에 대해서는 우옹(尤翁)의 설[84]이 지극히 명백하고 엄정하여 바로 성인(聖人)의 뜻을 얻었다. 따라서

82 조마(澡麻) : 마(麻)를 물속에 담그고 두드려서 희게 하는 것을 말한다. 165쪽 주47 참조.

83 부모(父母)의……의심된다 : 녹문의 의심은 정당하다. 《예기》〈상복소기(喪服小記)〉에 "조부가 죽은 뒤에 조모의 후사가 된 자는 조모를 위해 삼년복을 입는다.〔祖父卒而後 爲祖母後者三年〕"라고 되어 있다.

84 우옹(尤翁)의 설 : 혹자가 "첩의 아들이 부친의 후사가 되지 않았으면, 그 모친을 위해 삼년복을 입어야 한다. 그런데 그 아들이 먼저 죽었으면, 그 아들의 아들이 또한 대신해서 삼년복을 입어야 하는가?〔妾子非爲父後者 則爲其母當服三年 而其子先亡 則其子之子亦當代服三年耶〕"라고 물었을 때에, 우옹 송시열(宋時烈)이 "무릇 손자의 신분으로 대신 복을 입는 것은 조부를 계승한 통(統)이 있기 때문이다. 그런데 지금 첩의 아들의 아들은 이미 계승한 통이 없으니, 그렇다면 단지 본복만 입어야 마땅하다.〔凡以孫代服以其承祖之統 今妾子之子 旣無所承之統 則當只服本服矣〕"라고 대답한 것을 말한다.《宋子大全 卷122 答或人》

설신(薛紳)의 사건[85]은 도리에 크게 어긋나는 일일 듯싶은데, 면재(勉齋)가 그 일을 인용하면서 변정(辨正)한 것이 없으니 의심스럽기만 하다. 조서모(祖庶母)의 복은 바로 자모(慈母)의 복으로서 승중복과는 전혀 비슷하지도 않으니, 그것을 끌어다가 증명하는 것은 안 될 일이다.

〈오복연혁도〉의 부당복(夫黨服)에서 "부(婦)는 구고를 위해 부장기의 복을 입는다.〔婦爲舅姑不杖期〕"라든가 "남편의 고조부모를 위한 복은 명문(明文 분명한 예문(禮文))이 없다.……〔夫之高祖父母無明文……〕" 라고 한 것은 본경(本經)을 위주로 한 듯한데, 다만 그 아래에 조목별로 열거한 것 가운데에는 이해할 수 없는 것이 많다. 예컨대 남편의 종부곤제(從父昆弟)의 아들과 남편의 곤제(昆弟)의 손자에 대해서는 경(經)에서 소공(小功)이라고 하였고,-소공장(小功章)에 "종조조부모와 종조부모를 위하여 입는데, 보복(報服)이다.〔從祖祖父母從祖父母 報〕"라고 한 것이 이것이다.- 남편의 곤제의 자부(子婦)에 대해서는 경(經)에 명문이 없는데

85 설신(薛紳)의 사건 : 송 인종(宋仁宗) 보원(寶元) 2년(1039)에 집현교리(集賢校理) 설신이 조모 왕씨(王氏)의 복제(服制)를 조정에 묻자, 태상예원(太常禮院)과 어사대(御史臺)에 명하여 상정(詳定)해서 주문(奏聞)하게 하였다. 중관(衆官)이 참상(參詳)하여 아뢰기를 "요경(耀卿)은 왕씨의 아들이고, 설신은 왕씨의 손자이니, 자모, 서모, 조모, 서조모보다도 더욱 가까운 관계입니다. 요경이 이미 죽고 설신이 수중(受重)하여 대신 봉양을 하였으니 복을 입어야 마땅합니다.……더군다나 설신이 왕씨에게 양육받은 은혜도 있어서, 체(體)가 존(尊)하고 의(義)가 중(重)한 만큼, 관직을 그만두고 자최삼년복을 입게 하는 것이 합당합니다.〔耀卿王氏子 紳王氏孫 尤親於慈母庶母祖母庶祖母也 耀卿旣亡 紳受重代養 當服之也……況紳被王氏鞠育之恩 體尊義重 合令解官持齊衰三年之服〕"라고 하니, 조칙(詔勅)을 내려 그대로 따르게 하였다.《宋史 卷125 禮志》《儀禮經傳通解續 卷16下 儀禮喪服圖式》

도,-비록 명문이 없어도 남편과 똑같이 대공(大功)을 입어야 한다.- 〈연혁도〉에서는 그만 모조리 시(緦)라고 하였으며, 남편의 외조부모에 대해서는 경(經)에서 시(緦)라고 하였는데도,-시장(緦章)의 "남편의 여러 조부모를 위하여 입는다.〔夫之諸祖父母〕"의 주(註)에 "외조부모도 그 안에 포함된다.〔外祖父母亦在其中〕"라고 하였다.- 〈연혁도〉에서는 그만 명문이 없다고 하였다. 또 예컨대 '딸자식이 본종을 위해 입는 복〔女子子爲本宗服〕' 가운데 종부형제(從父兄弟)의 아들을 위해서는 경(經)에서 시(緦)라고 하였고,-시장에 "종조고모와 자매를 위해 입는데, 보복이다.〔從祖姑姊妹 報〕"라고 한 것이 이것이다.- 질(侄)의 처(妻)를 위해서는 경(經)에서 소공이라고 하였는데도,-소공장에 "남편의 고모와 자매를 위해 입는데, 보복이다.〔夫之姑姊妹 報〕"라고 한 것이 이것이다.- 〈연혁도〉에서는 그만 모조리 명문이 없다고 하였다. 왜 그렇게 하였는지 그 이유를 알지 못하겠으니, 지극히 의심스럽다.

《가례(家禮)》의 우졸곡조(虞卒哭條)에 몇 군데 의심스러운 곳이 있다. 내가 살펴보건대, 〈사우례(士虞禮)〉에서 "시(尸)가 들어오면 주인과 축(祝)이 절하고 시를 편히 앉게 한다."라고 한 것은 〈궤식례(饋食禮)〉의 내용과 다름이 없는데, 《가례》에는 참신(參神)의 항목이 없다. 〈사우례〉에서는 축(祝)이 주인의 왼쪽에 자리하고, 축을 읽을 때에도 이 자리에 있다고 하였는데, 《가례》에는 축을 읽을 때 주인의 오른쪽에 있다고 하였다.-주자는 《서의(書儀)》에서 우제(虞祭)와 졸곡(卒哭) 때 독축(讀祝)할 적에 좌우가 다르다고 한 것은 예(禮)의 뜻을 깊이 얻은 것이라고 하였는데, 이는 우연히 조감(照勘)을 잘못한 듯싶다.- 〈사우례〉에서는 "주인이 당상(堂上)에서 동쪽을 향하는 것이 반곡(反哭)할 때의 자리와 같으므로 축(祝)이 서향(西向)해서 고이성(告利成)[86]을 하고, 졸곡 때에도 당연히 이 자리에 그대로 있는다."라고 하였는데, 《가례》에는 졸곡에서 고이성을 할 적에 오히려 동쪽을 향한다고 하였다.-부제(祔祭)를 지낸 이후에 주인(主人)이 동방(東方)에 자리하는 것이요, 그런 뒤에야 비로소 동향(東向)하여 고이성을 할 수 있는 것이다. 대개 졸곡은 우제에 비해 그다지 변개(變改)하는 것이 없고, 단지 시(尸)에게 술을 올릴 때에 현주(玄酒)를 사용하는 것 등에서 점차 길(吉)로 향한다는 것을 약간 보일 따름이다.- 〈증자문(曾子問)〉의 "참자(斬齊)는 제사에 참여하지 않는다.〔斬齊不與祭〕"[87]에 대하여 정현(鄭玄)의 해설에서 "우제와 졸곡을 행할 때이니, 그렇다면 졸곡 때에 주인과 주부는 일을 집행하면 안 된다."라고 하였는데, 《가례》에서는 진찬(進饌)할 때에 오히려 주인과 주부를 쓴다고 하였고, 〈사우례〉에서는 "시가 숟가락을 뜨면 더 권하지 않는다."라고 하였는데, 《가례》에서는 오히려 더 먹을 것을 권한다고 하였다. 이러한 곳은 모두 알아 두지 않으면 안 될 것이다.

강신(降神)은 본래 천자와 제후의 예(禮)이니, 〈사우례〉의 "깔개에 제(祭)[88]한다.〔祭于苴〕"라고 한 절(節)에도 이런 뜻이 들어 있는 것 같

86 고이성(告利成) : 이성을 고한다는 뜻으로, 귀신의 대행자인 시(尸)에게 제사가 다 끝났다고 알리는 것이다. 이(利)는 양(養)의 뜻이고, 성(成)은 필(畢)의 뜻으로, 공양하는 예가 다 이루어졌음을 의미한다.

87 참자(斬齊)는……않는다 : 《예기》 〈증자문(曾子問)〉에 이런 내용은 없고, "참최(斬衰)의 복을 입은 자가 아니면 제사에 참여하지 않는다.〔不斬衰者不與祭〕"라는 말이 나올 뿐이다. 녹문의 착오가 아닌가 한다. 참자는 참최와 자최(齊衰)의 합성어이다.

88 제(祭) : '덜어 낸다〔除〕'는 뜻이다. 음식과 술을 들기 전에 그 음식과 술을 처음으로 만든 자에게 감사한다는 뜻으로 음식을 조금 덜어 내고 술을 기울여 땅에 조금 붓는 것을 말한다. 우리말의 고수레와 유사하다.

다. 《가례》에서 일단 이 조항을 남겨 두었고 보면 지금 그대로 따라야 하겠지만, 《예기》와 〈사우례〉에 의거하건대 강신은 마땅히 참신(參神)의 앞에 있어야 할 것이다. 그리고 이것이 일단 주(周)나라의 예(禮)이고 또 주나라 사람은 음(陰)에서 먼저 찾았던 까닭에[89] 관창(灌鬯 강신)을 먼저 하고 설소(焫蕭 분향(焚香))는 뒤에 하였는데, 지금은 그만 분향을 먼저 하고 관주(灌酒 강신)를 뒤에 하니, 이것도 미안한 듯싶다.

《의례(儀禮)》의 〈특생궤식례(特牲饋食禮)〉에 '내식식거(乃食食擧)'라는 말이 나온다. 이에 대해서 내가 살펴보건대, '내식(乃食)'이라는 두 글자는 통언(統言)을 한 것이니, 하문(下文)의 "한 번의 식사에 아홉 숟가락의 밥을 든다.〔食擧九飯〕"와 같은 것이 모두 그 안에 포함되어 있다고 하겠다.-〈소뢰(少牢)〉의 주에 "식(食)은 큰 이름이고, 작은 숫자는 반(飯 숟가락의 밥)이라고 한다.〔食大名 小數曰飯〕"라고 하였다.- '식거(食擧)'는 숟가락으로 밥을 들기 전에 폐척(肺脊 허파와 등심)을 먼저 먹는 것을 말한다. 대개 상문(上文)에서 "허파와 등심을 들어서 시(尸)에게 준다.……〔擧肺脊以授尸……〕" 하였고 보면 이 '거(擧)' 자는 폐척을 겸하여 가리킨 것이 분명하다. 그러므로 〈소뢰〉의 주에서 "거는 뇌폐(牢肺 양이나 돼지의 허파)와 정척이다.〔擧 牢肺正脊也〕"라고 한 것인데, 소(疏)에서 그만

89 주나라……까닭에 : 《예기》 〈교특생(郊特牲)〉에 "사람의 사후(死後)에 혼기는 하늘로 돌아가고, 형백은 땅으로 돌아간다. 따라서 제사에는 음(陰)과 양(陽)에서 혼백을 찾는다는 뜻이 들어 있다. 그런데 은(殷)나라 사람은 양에서 먼저 찾았고, 주(周)나라 사람은 음에서 먼저 찾았다.〔魂氣歸于天 形魄歸于地 故祭求諸陰陽之義也 殷人先求諸陽 周人先求諸陰〕"라는 말이 나온다.

'내(乃)'를 '허파를 먹는 것〔食肺〕'이라고 하고 '거(擧)'를 정척이라고 하였으니,[90] 이는 잘못되었다.

또 〈사우례〉의 '축향(祝饗)'이라는 두 글자도 통언을 한 것이다. 그 아래에서 좌식(佐食)[91]에게 제(祭)하라고 명한 것은 장차 향(饗)하려고 하면서 먼저 제하도록 명한 것이다. 제하는 일이 끝나면 축(祝)을 읽는데, 축이라는 것은 바로 '신에게 흠향하기를 고하는 말〔饗神辭〕'이다. 이 때문에 위의 축향의 주에 "향(饗)은 신에게 흠향하기를 고하는 것이다. 신에게 흠향하기를 고하는 말은 기(記)의 '애자(哀子) 모(某)의 애현상(哀顯相 제사를 돕는 사람)은'에서부터 '황조(皇祖) 모보(某父)에게 가서 슬피 협사(祫事)를 드리오니, 흠향하소서.〔饗〕'까지의 내용이 그것이다.〔饗 告神饗也 饗神辭 記所謂哀子某哀顯相至皇祖某父饗 是也〕"라고 한 것인데, 기(記)의 축사(祝辭)의 주(註)에 "축(祝)이 축문(祝文)을 읽을 때의 말이다.〔祝祝之辭也〕"라고 하였고 보면 '축이 축문을 읽는 것〔祝祝〕'은 신에게 흠향하기를 고하는 것임이 또한 분명하다.

다만 축축(祝祝)의 주(註)에 '신에게 흠향하기를 고하는 말〔饗神辭〕'이라고 하지 않고, 그만 "효자의 제사하는 말을 풀이한 것이다.〔釋孝子祭辭〕"라고 하였기 때문에, 소가(疏家)가 향신(饗神)할 때 이외에도 별도로 석효자사(釋孝子辭)가 있는 것으로 의심한 나머지, "향신과 석효자와 영시후(迎尸後 시(尸)를 맞이한 뒤) 등 이 세 경우에 모두 축사가

90 내(乃)를……하였으니 : '내식식거(乃食食擧)'의 소(疏)에 "내식은 허파를 먹는 것을 말한다. 식거는 골체와 정척을 말하는데, 조(俎)에서 들어 올려 입으로 향하기 때문에, 체(體)를 이름하여 거(擧)라고 한 것이다.〔乃食謂食肺 食擧謂骨體正脊 從俎擧鄉口 因名體爲擧〕"라고 하였다. 정척은 등심의 세 부위 중 앞의 부위를 말한다.

91 좌식(佐食) : 시(尸)가 음식을 먹도록 권하며 돕는 사람이다.

있다.〔饗神釋孝子迎尸後三者皆有辭〕"라고 말한 것이다. 그런가 하면 또 "효자의 말을 풀이하는 것은 경(經)과 기(記)에 조문이 없다.〔釋孝子 經記無文〕"라고 하고는 억지로 〈소뢰(少牢)〉의 축사를 끌어다 비의(比擬)하였는데, 이는 〈소뢰〉 축사의 "유모(柔毛 양)와 강렵(剛鬣 돼지)과 가천(嘉薦 저해(菹醢))과 보뇨(普淖 서직(黍稷))를 가지고……〔柔毛剛鬣嘉薦普淖……〕"라고 한 것이 이 기(記)의 "결생(潔牲 정결한 희생)과 강렵과 가천과 보뇨를 가지고……〔潔牲剛鬣嘉薦普淖……〕"라고 한 것과 그 말이 똑같다는 점을 전혀 알지 못한 것이니, 이미 이것을 썼는데 또 저것을 쓴다면 또한 중첩되지 않겠는가.

대개 신에게 흠향하기를 고하는 말〔告神饗〕은 효자가 제사 때에 쓰는 말로서, 축(祝)이 대신 그를 위해 풀어 준 것인데, 향신하는 입장에서 말을 하면 향사(饗辭)라고 하고, 효자의 입장에서 말을 하면 석효자사라고 하는 것이니, 이 두 가지가 따로 있는 것이 아니다. 다만 〈사우례〉에 "깔개에 제(祭)한다.〔祭于苴〕"라는 절(節)이 있는데, 그 글이 우연히 같지 않은 관계로 소가(疏家)가 제대로 살피지 못하고서 자기의 의견을 가지고 어지럽혀 놓은 것일 뿐이다. 이 밖에도 이런 부류의 잘못이 지극히 많으나, 우선 여기에 한두 가지만 적어 두는 바이다.

주역 임술년(1742, 영조18) 계해년(1743)
周易 壬戌癸亥

사람들은 모두 말하기를 "중니(仲尼 공자(孔子))가 원형이정(元亨利貞)을 해석한 것은 문왕(文王)과 다르다."라고 한다. 지금 두 분 성인이 다르게 해석한 점이 무엇일까 하고 상세히 살펴보건대, 단지 문왕은 복서(卜筮) 위주로 하고 공자는 의리(義理) 위주로 하였는데, 이것이 바로 같지 않은 점이었다. 그러나 '원형이정'의 네 글자를 해독할 때는, 문왕이 본래 "크게 형통하고 바름을 지킴에 이롭다.〔大亨而利於正〕"로 해독하였고, 공자 역시 '대형이리어정(大亨而利於正)'으로 해독하였으니, 언해(諺解)에서 한 것처럼 네 글자를 나누어 각각 해독한 일이 원래 없었다. 그리고 '황상원길(黃裳元吉)'로 말하면, 황(黃)은 중(中)의 색(色)이고 상(裳)은 하식(下飾)[92]이기 때문에 이를 해석하는 자들이 모두 중순(中順)으로 뜻을 삼곤 한다. 그러나 황상(黃裳)은 단지 황색의 상(裳)일 뿐이니, 어찌 중순의 해석에 따라서 마침내 황(黃)과 상(裳)으로 해독해서야 되겠는가. 비록 '황색의 상'으로 해독하더라도, 중순의 뜻은 원래 그 안에 그대로 담겨 있으니, 이것이 바로 주자(朱子)가 "함께 행해지면서 서로 위배되지 않는다.〔竝行而不相悖〕"[93]라고 말

92 하식(下飾) : 하의 꾸밈이라는 뜻으로, 아래에 입는 옷, 즉 하의(下衣)를 말한다. 《춘추좌씨전(春秋左氏傳)》 소공(昭公) 12년에 "상(裳)은 아래의 복식이다.〔裳 下之飾也〕"라는 말이 나온다.

93 함께……않는다 : 《중용장구(中庸章句)》 제30장의 "만물이 함께 길러지면서 서로 해치지 않으며, 도가 함께 행해지면서 서로 위배되지 않는다. 작은 덕은 냇물의 흐름과

한 것이라고 하겠다.

〈단전(彖傳)〉에 원(元)과 형(亨)에 대해서는 설명한 것이 있지만, 이(利)와 정(貞)에 대해서는 한데 합쳐서 말했는데, 〈문언(文言)〉에서 "이(利)와 정(貞)은 건(乾)의 성정이다.〔利貞者 性情也〕"라고 한 것도 이와 같으니, 그 뜻이 어디에 있는지를 알 수가 있다. 다만 〈문언〉의 맨 처음 한 단(段)에서 고어(古語)를 인용하여 원형이정(元亨利貞)을 사덕(四德)으로 분석하였는데, 이는 자복 혜백(子服惠伯)이 '황상원(黃裳元)' 세 글자를 가지고 삼덕(三德)으로 분석한 것[94]과 일례(一例)로 간주하면 그 뜻이 저절로 분명해질 것이다.

역상(易象)은 물론 천착부회(穿鑿傅會 견강부회)하면 안 된다. 그러나 그중에는 견강(牽强)할 필요 없이 자연히 부합(符合)하는 말할 수

같고, 큰 덕은 교화를 돈후히 하니, 이것이 바로 천지가 위대한 까닭이다.〔萬物竝育而不相害 道竝行而不相悖 小德 川流 大德 敦化 此天地之所以爲大也〕"라는 주희의 말에서 발췌한 것이다.

94 자복 혜백(子服惠伯)이……것 : 자복 혜백은 춘추 시대 노(魯)나라 대부 자복초(子服椒)로, 혜백은 그의 시호(諡號)이다. 노나라 비읍재(費邑宰)로 있던 남괴(南蒯)가 계손씨(季孫氏)를 배반하려 하며 시초점을 쳤는데 황상원길(黃裳元吉)의 점괘를 얻자 크게 길하게 여겨 자복 혜백에게 물어보았다. 자복 혜백이 "황은 중심의 색이고, 상은 아래를 장식하는 것이고, 원은 선행의 으뜸이다. 중심이 충성스럽지 못하면 그 색을 얻지 못하고, 아래에 있는 자가 공순하지 않으면 그 장식을 얻지 못하고, 하는 일이 선하지 않으면 그 으뜸을 얻지 못한다.〔黃中之色也 裳下之飾也 元善之長也 中不忠不得其色 下不共不得其飾 事不善不得其極〕"라고 말하면서 곡진하게 그를 훈계하였다. 《春秋左氏傳 昭公12年》

없이 묘한 경지가 또한 있다. 가령 〈이괘(履卦) 육삼(六三)〉의 "애꾸눈이 잘 보며 절름발이가 잘 걷는다.〔眇能視 跛能履〕"의 경우, 호체(互體)[95]가 이(離)와 손(巽)인 만큼 모두 육삼(六三)에 있어서 이(離)는 목(目)이 되고 손(巽)은 고(股)가 되는데, 태(兌)가 훼절(毁折)의 뜻이라서 바로 애꾸눈과 절름발이의 상(象)이 되는 것이니, 이러한 곳을 허술하게 보아 넘기면 안 될 것이다. 그런데 내주(來註)[96]를 보건대, 이(離)에 대해서는 옳게 설명하였으나, '절름발이가 걷는〔跛履〕' 상(象)에 대해서는 손(巽)을 취하지 않고 오히려 복진(伏震)[97]을 취하여

95 호체(互體) : 상하 2괘의 중괘(重卦) 안에서 2효에서 4효까지 하나의 괘를 취하고 3효에서 5효까지 하나의 괘를 취해 얻는 괘체(卦體)를 말한다. 호괘(互卦)라고도 한다. 송나라 이후에는 잡괘(雜卦)라고 칭하기도 하였다.

96 내주(來註) : 명나라 내지덕(來知德)의 해설을 말한다. 기사년(1749, 영조25) 1월에 녹문이 송명흠(宋明欽)에게 보낸 글에 "최근에 내지덕의 《주역집주(周易集註)》를 얻어서 보았는데, 그 말에 왕왕 천착견강(穿鑿牽强)한 곳이 있었고, 또 수미가 상응하지 않는 곳도 더러 있었지만, 대체로는 지극히 의미가 있어서 참고하여 연구하면 계발을 받을 곳이 매우 많았다. 대개 그 사람은 바로 만력(萬曆) 시대 사람인데, 그 자신의 말에 의하면 깊은 산속에 정좌하여 30년 동안 정밀하게 사색한 뒤에야 계오(契悟)할 수 있었다고 하니, 그가 공력을 기울인 절도가 참으로 사람을 분발하게 하는 점이 있다.〔比得來知德易註 其言往往有穿鑿牽强處 亦或有首尾不相應處 然大體極有意思 參考以究 極多啓發處 蓋其人乃萬曆時人 自言靜坐深山中 精思三十年而後 乃得契悟 其用功節度 極令人聳動〕"라는 내용이 보인다. 《鹿門集 卷2 與櫟泉宋兄》 만력은 송 신종(宋神宗)의 연호이다.

97 복진(伏震) : 손괘(巽卦)의 복체(伏體)인 진괘(震卦)라는 말이다. 복체는 괘의 음효와 양효가 모두 거꾸로 바뀐 괘체(卦體)를 말하는데, 복괘(伏卦)라고 칭하기도 한다. 복(伏)은 의복(倚伏)의 뜻으로, 음과 양 속에 각각 양과 음의 요소가 잠복해 있다는 말이다. 《노자(老子)》 58장에 "재앙 속에 복록이 기대어 있고, 복록 속에 재앙이 엎드려 있다.〔禍兮福之所倚 福兮禍之所伏〕"라는 말이 있다.

설명하였으니, 이 점은 이해할 수가 없다.

〈박괘(剝卦) 육이(六二)〉의 소상(小象)에서 "상(牀)이 깎여 받침대에까지 이른 것은 여(與)[98]가 없기 때문이다.〔剝牀以辨 未有與也〕"라고 한 것에 대하여, 정전(程傳)은 "양(陽)에 여(與)가 없기 때문에 소인이 군자를 침박(侵剝)한 것이다."라고 하였고, 본의(本義)는 "음(陰)이 아직은 크게 성하지 않은 것이다."라고 하였는데, 내 생각에 이 해설들은 모두 미안할 듯싶다. 대개 육이가 유순(柔順)하고 중정(中正)하니 원래 좋은 효〔好爻〕이지만, 유독 위에 응여(應與)가 없는 까닭에 스스로 사류(邪類)에서 빠져나오지 못한 나머지 '정도(貞道)를 없애는〔蔑貞〕' 지경에 이르게 된 것이다. 가사 그에게 여(與)가 있다면 응당 〈관괘(觀卦)〉의 '여정(女貞)'[99]이나 비괘(否卦)의 '포승(包承)'[100]이나 〈둔괘(遯卦)〉의 '집용황우(執用黃牛)'[101]처럼 될 것이니, 어찌 흉한 지경에 이르

98 여(與) : 초효(初爻)와 4효, 2효와 5효, 3효와 상효(上爻)의 음양이 각각 다른 것을 말한다. 응여(應與) 혹은 정응(正應)이라고도 하고, 그냥 줄여서 응(應)이라고 칭하기도 한다.

99 여정(女貞) : 《주역》〈관괘(觀卦) 육이(六二)〉에 "밖을 엿보며 살핌이니, 여자의 정도(貞道)에 이롭다.〔窺觀 利女貞〕"라고 하였다.

100 포승(包承) : 《주역》〈비괘(否卦) 육이(六二)〉의 "가슴에 품은 뜻이 구오(九五)의 군(君)을 떠받드는 것이니, 소인은 이렇게 하여 길하고, 대인은 지조를 지켜 비색(否塞)하니 형통하다.〔包承 小人 吉 大人 否 亨〕"라는 말에서 발췌한 것이다. 주희의 본의(本義)에서는 포승을 '포용하여 순순히 받드는 것'으로 풀었다.

101 집용황우(執用黃牛) : 《주역》〈둔괘(遯卦) 육이(六二)〉의 "황소의 가죽으로 잡아매니 견고함을 이루 말할 수 없다.〔執之用黃牛之革 莫之勝說〕"라는 말을 줄인 것이다. '막지승탈(莫之勝說)'을 본의에서는 '벗길 수 없다.'로 해석했다.

겠는가. 육삼(六三)이 부중부정(不中不正)[102]한데도 단지 응(應)이 있기 때문에 '허물이 없는〔无咎〕' 점사(占辭)를 얻었으니, 더군다나 육이의 경우야 더 말해 무엇 하겠는가.

"감(感)하는 것이 그 넓적다리에 있다.〔咸其股〕"의 소상(小象)에서 "뜻이 남을 따르는 데 있다.〔志在隨人〕"[103]라고 하였는데, 이에 대한 해설은 정전(程傳)이 잘된 것 같다. 대개 함괘(咸卦)는 하괘(下卦)의 세 효 모두가 '느끼는 것〔感〕'이 응(應)하는 효(爻)에 있으며, '역(亦)' 자는 초효(初爻)와 2효를 받아서 말한 것이다. 초효와 2효는 음효(陰爻)로서 양(陽)에 응하니 외물을 따라 움직이는 것이 마땅하지만, 3효는 양강(陽剛)으로 간체(艮體)에 있는 만큼 '멈추고 고요해야〔止而靜〕' 마땅한데 그만 또한 초효, 2효와 함께 위로 따라가며 움직이니 부끄러운 일이 되는 것이다. "잡아서 지키는 바가 낮은 것이다.〔所執下也〕"의 '하(下)' 자는 아래의 두 개의 효에서 온 것이니, '역(亦)' 자와 그 뜻이 같다고 하겠다.

다시 본의(本義)를 상세히 살펴보건대, 대개 넓적다리〔股〕가 발〔足〕

102 부중부정(不中不正) : 중도 아니고 정도 아니라는 말이다. 중은 5효의 자리를 말하고, 정은 1, 3, 5효의 자리에 양이 오고 2, 4, 6효의 자리에 음이 오는 것을 말한다. 가장 바람직한 것은 중정(中正) 즉 중하고 정한 것이다.

103 뜻이……있다 : 《주역》 〈함괘(咸卦) 구삼(九三)〉의 상사(象辭)에 "감(感)하는 것이 그 넓적다리에 있다고 한 것은, 또한 그대로 머물러 있지 않는다는 말인데, 뜻이 남을 따르는 데 있고 보면 잡아서 지키는 바가 낮은 것이다.〔咸其股 亦不處也 志在隨人 所執下也〕"라고 하였다.

을 따라 움직이기 때문에 소상(小象)에서 "잡아서 지키는 바가 낮은 것이다.〔所執下也〕"라고 말한 것 같다. 그리고 초효와 2효에서 모두 감(感)하는 것을 말하지 않았다면, 3효에서만 단독으로 말하지는 않았을 것이다. 다만 "잡아서 지키는 것을 남을 따라서 한다.〔執其隨〕"라는 효사(爻辭)는, 단지 남을 따르는 것을 옳게 여겨 잡아서 지킨다는 말일 듯싶으니, 소상의 뜻도 그래야 할 것 같다.

"조바심이 나서 왔다 갔다 하면 벗만이 너의 생각을 따를 것이다.〔憧憧往來 朋從爾思〕"[104]에서 '벗〔朋〕'은 초육(初六)을 가리킨다. 대개 정(貞)하면 이른바 "성인이 인심을 감화하매 천하가 화평해진다.〔聖人感人心而天下和平〕"[105]라는 것이 되지만, 동동(憧憧)하면 감(感)하는 바에 사적으로 응할 뿐이라서 붕(朋)이 되는 것이다. '씀을 이롭게 하여 몸을 편안히 하는 것〔利用安身〕'이 굽히는 것〔屈〕이고 '덕을 높이는 것〔崇德〕'이 펴는 것〔伸〕인데,[106] 정전(程傳)에서 이 굴신(屈伸)을 가지

104 조바심이……것이다 : 《주역》 〈함괘(咸卦) 구사(九四)〉의 효사(爻辭)이다.

105 성인이……화평해진다 : 《주역》 〈함괘 단사(彖辭)〉에 "천지가 감하매 만물이 화생하고, 성인이 인심을 감화하매 천하가 화평해지니, 감하는 바를 보면 천지 만물의 정을 볼 수 있다.〔天地感而萬物化生 聖人感人心而天下和平 觀其所感而天地萬物之情可見矣〕"라고 하였다.

106 씀을……것인데 : 《주역》 〈계사전 하(繫辭傳下)〉 5장의 "자벌레가 몸을 굽히는 것은 장차 펴기 위해서이고, 용과 뱀이 땅속에 들어앉은 것은 몸을 보전하기 위해서이다. 마찬가지로 사람이 의리를 정밀히 연구하여 신묘한 경지에 드는 것은 극진하게 쓰기 위함이요, 그 씀을 이롭게 하여 몸을 편안히 하는 것은 덕을 높이기 위함이다.〔尺蠖之屈 以求信也 龍蛇之蟄 以存身也 精義入神 以致用也 利用安身 以崇德也〕"라는 말에서 발췌한 것이다.

고 해석하지 않은 것이 의심스럽고, 〈계사(繫辭)〉의 본의(本義)에서 '이용안신(利用安身)'을 신(伸)으로 하고 '숭덕(崇德)'을 굴(屈)로 한 것도 조감(照勘)을 우연히 잘못한 것이 아닌가 싶다. 대개 "해가 가면 달이 온다.〔日往月來〕"라고 할 때에는 해가 굴(屈)이 되고 달이 신(伸)이 되지만, "달이 가면 해가 온다.〔月往日來〕"라고 할 때에는 달이 다시 굴이 되고 해가 다시 신이 되는 것이다.[107] 이것이 바로 정자(程子)가 "응(應)하는 바가 다시 감(感)이 된다.〔所應復爲感〕"[108]라고 말한 것이니, "가는 것은 굴이고, 오는 것은 신이다.〔往者屈也 來者伸也〕"라는 2구(句)를 살펴보면 이 점을 알 수가 있다.

〈함괘(咸卦) 구오(九五)〉 소상(小象)의 '지말(志末)'[109]의 뜻과 관련

107 대개……것이다 : 《주역》 〈계사전 하〉에 "해가 가면 달이 오고 달이 가면 해가 오면서, 해와 달이 서로 미루어 밝음이 생긴다.……가는 것은 굴이고 오는 것은 신이니, 굴신이 서로 감(感)하여 이로움이 생긴다.〔日往則月來 月往則日來 日月相推而明生焉……往者 屈也 來者 信也 屈信相感而利生焉〕"라고 하였다.

108 응(應)하는……된다 : 《근사록(近思錄)》 권1 〈도체(道體)〉에 "감(感)하는 것이 있으면 반드시 응하는 것이 있다. 무릇 동함이 있는 것은 모두 감이 되고, 감하면 반드시 응이 있으니, 응하는 바가 다시 감이 되고 감하는 바가 다시 응이 되어서 그치지 않는 것이다.〔有感必有應 凡有動皆爲感 感則必有應 所應復爲感 所感復有應 所以不已也〕"라는 정이(程頤)의 말이 실려 있다.

109 지말(志末) : 뜻이 낮다는 뜻으로, "감하는 것이 그 등살인 것은 뜻이 낮기 때문이다.〔咸其脢 志末也〕"라는 《주역》 〈함괘(咸卦) 구오(九五)〉의 상사(象辭)에서 발췌한 것이다. 본의(本義)는 "뜻이 낮은 것이다."라고 해독하였다. 보통은 효사(爻辭)와 상사를 모두 주공(周公)이 지은 것으로 여기지만, 녹문은 효사는 주공이 지었어도 그 해설인 상사는 공자(孔子)가 지었다는 의견을 피력한다. 《주역》 〈건괘(乾卦)〉 본의에 나오는 '象者卦之上下兩象及兩象之六爻周公所繫之辭也'라는 주희의 말에 대해서, 보통은 "상

하여, 내주(來註 내지덕(來知德)의 해설)에서 '말(末)'을 상육(上六)으로 해석한 것은 매우 옳다. 대개 구오(九五)가 양강(陽剛)으로서 존위(尊位)에 거처하고 아래에 정응(正應)을 두었으니, 〈단전(彖傳)〉에서 "성인이 인심을 감화하매 천하가 화평해진다.〔聖人感人心 而天下和平〕"라고 한 것은 바로 이것을 가리켜 말한 것이다. 그러나 효(爻)의 뜻으로 말하면, 자리가 심(心 구사(九四))의 위에 있으면서 심(心)과 서로 등지고, 상육과 친밀하게 지내면서 동체(同體)로 서로들 좋아한다. 그래서 뜻이 전적으로 위에만 있고 아래와는 상간(相干 상관(相關))하지 않으니, 비록 정응이 있더라도 막연히 상감(相感)하는 뜻이 없기 때문에, "감하는 것이 등살이다. 후회함이 없을 것이다.〔感其脢 无悔〕"라고 한 것이고, 공자가 이를 해석하여 "뜻이 낮기 때문이다.〔志末也〕"라고 한 것이다.

물(物)을 감(感)하지 못해서 부끄러울 것 같기도 하지만, 애당초 상간하지 않아서 후회할 것이 없으니, 이 '무회(无悔)'는 "남과 함께하되 교외에서 하니, 후회함이 없다.〔同人于郊 无悔〕"[110]와 서로 비슷하다고 하겠다. '동인우교무회(同人于郊无悔)'는 선유(先儒)가 저닉하궤

(象)은 괘의 위아래의 두 상과 두 상의 육효(六爻)이니, 주공이 붙인 말이다."라고 해독하면서 주공이 지었다는 근거로 제시하곤 하는데, 녹문은 원래 이 본의가 고역(古易)의 상(象) 상전(上傳) 아래에 붙어 있었던 것인 만큼 "상은 괘의 위아래 두 상이다. 그리고 위아래 상의 육효는 주공이 붙인 말이다."라고 분리해서 해독하는 것이 옳다고 하였다. 《녹문집》 권9 〈답이영이(答李永而)〉에 이에 대한 상세한 내용이 나온다.

110 남과……없다 : 《주역》 〈동인괘(同人卦) 상구(上九)〉의 효사(爻辭)에 "남과 함께하되 교외에서 하니, 후회함이 없다.〔同人于郊 无悔〕"라고 하였다. 본의(本義)는 "남과 함께하기를 교외에서 하나, 후회함이 없다."라고 해독하였다. 그 상사(象辭)는 "남과 함께하되 교외에서 함은, 뜻을 얻지 못함이다.〔同人于郊 志未得也〕"이다.

(沮溺荷蕢)[111]에 해당시켰는데, '함기매(咸其脢)'는 예컨대 백이(伯夷)와 계찰(季札)의 뜻이 물외(物外)에 있어서 천승(千乘 제후(諸侯))의 지위를 신발 벗듯 사양한 것[112]에 가깝다고 하겠다. 〈대과괘(大過卦) 단전(彖傳)〉에서는 "들보가 휘어짐은 밑동〔本〕과 끝〔末〕이 약하기 때문이다.〔棟橈本末弱也〕"라고 하였고, 〈계사(繫辭)〉에서는 "그 초(初)는 알기 어렵고, 그 상(上 상효(上爻))은 알기 쉬우니, 본과 말이라서 그렇다.〔其初難知 其上易知 本末也〕"[113]라고 하였으니, 말(末)이 상(上)이 된다는 것을 명백히 증명할 수 있다. '지말(志末)'은 '지재외(志在外)'[114]와 서로 비슷하다.

111 저닉하궤(沮溺荷蕢) : 저닉(沮溺)은 춘추 시대 초(楚)나라 은자인 장저(長沮)와 걸닉(桀溺)의 병칭이다. 공자가 그들의 비평을 듣고는 "새와 짐승과는 더불어 무리 지어 살 수 없다.〔鳥獸不可與同群〕"라고 탄식한 말이 《논어》 〈미자(微子)〉에 나온다. 하궤(荷蕢)는 삼태기를 멘 사람이라는 뜻으로 혼란한 세상을 피해 숨어 사는 은자를 가리키는데, 그가 공자의 경쇠 소리를 듣고 비평하자, 공자가 "세상을 잊는 데에 과감하구나. 출처를 그렇게만 한다면 어려울 것이 없을 것이다.〔果哉 末之難矣〕"라고 말한 내용이 《논어》 〈헌문(憲問)〉에 나온다.

112 백이(伯夷)와……것 : 신발을 벗듯 미련 없이 임금 자리를 떠난 것을 말한다. 백이는 은(殷)나라 고죽국(孤竹國)의 왕자로 왕위를 사양하고 수양산(首陽山)에서 고사리를 캐 먹다 굶어 죽어 청성(淸聖)으로 일컬어지고, 계찰(季札)은 춘추 시대 오(吳)나라 왕 수몽(壽夢)의 제4자(子)로서 역시 왕위를 버리고 현자(賢者)의 칭송을 받았다.

113 그 초(初)는……그렇다 : 《주역》 〈계사전 하(繫辭傳下)〉에 나오는 말이다. 괘의 초효(初爻)에서는 괘의 덕(德)을 알기 어렵지만, 상효(上爻)에 이르면 알기 쉬우니, 이를 나무에 비유하면 초효는 뿌리〔本〕와 같고 상효는 가지의 끝〔末〕과 같기 때문이라는 말이다.

114 지재외(志在外) : 뜻이 밖에 있다는 뜻으로, 《주역》 〈함괘(咸卦) 초육(初六)〉 상사(象辭)의 "감하는 것이 그 엄지발가락인 것은 뜻이 밖에 있는 것이다.〔咸其拇 志在外〕"라는 말에서 발췌한 것이다.

함괘(咸卦)에 대해서 대체(大體)를 가지고 말을 하면 '천지가 감(感)함에 만물이 화생하는 것〔天地感而萬物化生〕'이 되고, '유(柔)가 위이고 강(剛)이 아래인 것〔柔上剛下〕'을 가지고 말을 하면 '성인이 인심을 감화함에 천하가 화평해지는 것〔聖人感人心而天下和平〕'이 된다. 그리고 육이(六二)와 구오(九五)가 상응하는 것을 가지고 말을 하면 지극히 좋은 괘라고 말할 수 있지만, 효(爻)의 뜻을 가지고 말을 하면 아래의 삼효(三爻)가 모두 '조급하게 나아가서〔躁進〕' 흉(凶)하고 부끄러운 것이 된다.

또 상육(上六)의 '광대뼈와 뺨과 혀〔輔頰舌〕'는 흉구(凶咎 재앙)가 그 안에 들어 있고, 구사(九四)는 비록 "정(貞)하면 길(吉)하여 후회가 없다.〔貞吉悔亡〕"라고 하였지만 곧장 '동동(憧憧 조바심을 내는 것)'으로 경계하는 뜻을 보였고, 구오의 '등살에 감(感)하는 것〔咸脢〕'은 비록 "후회가 없다.〔无悔〕"라고 하였지만 이 역시 감응(感應)이 정당한 것이 아니다. 이렇게 되는 까닭은 무엇인가?

대개 함괘의 대체는 천지(天地)가 서로 감응하고 산택(山澤)이 기운을 통하니 본래 지극히 선한 것이다. 그런데 육효(六爻)를 가지고 말을 하면, 효(爻)라는 것은 천하의 동(動)을 본받는 것인데,[115] 천하의 동(動)은 사적으로 감(感)하는 것이 항상 많은 법이다. 그래서 주자(周子)가 말하기를 "길흉(吉凶)과 회린(悔吝)이 동(動)에서 생겨나는데, 길(吉)은 하나일 뿐이다."라고 한 것인데,[116] 무릇 괘(卦)가 모두 그러

115 효(爻)라는……것인데 : 《주역》 〈계사전 하(繫辭傳下)〉에 "효(爻)는 천하의 동(動)을 본받은 것이요, 상(象)은 이것을 형상화한 것이다.〔爻也者 效此者也 象也者 像此者也〕"라는 말이 나온다.

하지만 함괘(咸卦)의 정도가 심하기 때문에, 효(爻)마다 상(象)을 붙인 내용들이 자연히 이와 같이 된 것이다. 《역(易)》을 배우는 자가 단지 주공(周公)이 보여 준 경계를 가지고 자신을 단속하며 돌이킨다면, "정하면 길하다.〔貞吉〕"라는 두 글자를 통해서 감통(感通)의 도리를 극진히 하고 일괘(一卦)의 선(善)을 극대화할 수 있을 것이요, 아무리 함매(咸脢)가 고항(高亢)하더라도 그 멀리하려는 마음〔遐心〕을 되돌려서 중정(中正)의 길로 나아가게 할 수 있을 것이다. 대개 《역》의 64괘 384효는 정승(貞勝)[117]이라는 하나의 말로 요약할 수 있다.

곤괘(困卦)의 상괘(上卦)가 내려와서 정괘(井卦)의 하괘(下卦)가 되었는데, 곤괘에 있을 때에는 태(兌)가 되고 정괘에 있을 때는 손(巽)이 되었으므로 "고을을 바꾼다.〔改邑〕"라고 말한 것이다. 또 곤괘의 하괘가 올라가서 정(井)의 상괘가 되었는데, 곤괘에 있을 때나 정괘에

116 주자(周子)가……것인데 : 주자는 주돈이(周敦頤)에 대한 존칭이다. "길흉과 회린이 동(動)에서 생겨나는데, 아, 길(吉)은 하나일 뿐이니, 동을 삼가지 않아서야 되겠는가.〔吉凶悔吝生乎動 噫 吉一而已 動可不愼乎〕"라는 그의 말이 《주원공집(周元公集)》 권1 〈통서(通書) 건손익동(乾損益動)〉 제31장에 보인다. 《근사록(近思錄)》 권5 〈극기(克己)〉의 첫머리에도 소개되어 있다.

117 정승(貞勝) : 《주역》 〈계사전 하〉의 "길흉은 정승이다.〔吉凶者 貞勝者也〕"라는 말에서 나온 것으로, 보통은 "정(貞)은 정(正)이고 일(一)이다.……만 가지 변화가 비록 다르더라도 이 하나를 잡아서 제어할 수 있다.〔貞者正也一也……萬變雖殊 可以執一御也〕"라는 진(晉)나라 한강백(韓康伯)의 해설에 의거하여, "길흉 등 온갖 변화에 대해 정도(貞道)로 대응하면 항상 이긴다."라고 해독하는데, 주희는 "정(貞)은 바르고 항상 그러한 것이다.〔貞 正也常也〕"라고 하여, 길과 흉이 언제나 서로 이기려고 다투는 일이 그치지 않는다고 풀었다.

있을 때나 모두 감(坎)이 되어 변한 것이 없으므로 "우물은 바꿀 수 없다.〔不改井〕"라고 말한 것이다. 가고 온 것〔往來〕은 곤괘와 정괘 2개의 괘가 왕래함을 말한 것이지, 우물을 긷는〔汲井〕 자가 왕래함을 가리킨 것이 아니다.[118]

정괘(井卦)가 좋은 괘〔好卦〕인데도 괘사(卦辭) 아래에 있는 한 구(句)가 매우 흉(凶)한 것을 매양 의심하였는데, 지금 상세히 살펴보건대 이 한 구는 바로 구이(九二)의 하나의 효(爻)를 가지고 말한 것이었다. 대개 구이가 양강(陽剛)으로 중(中)의 자리를 얻었으나 위에 응여(應與)가 없고, 또 바로 감(坎)의 하(下)와 손(巽)의 중(中)에 해당하니, 이는 우물이 있어서 물을 먹을 수는 있으나 목(木 손(巽))이 수(水 감(坎)) 안에 들어가 위로 끌어당김이 없어서 물을 퍼낼 수 없는 상(象)이 된 것으로서, 바로 인군(人君)이 현재(賢才)를 얻었으나 허례(虛禮)로 그를 불러서 유시무종(有始無終)하는 경우에 해당한다. 구이의 입장에서는 등용되지 못하는 정도에 불과하기 때문에 효사(爻辭)에 흉한 말이 없지만, 하나의 괘(卦)를 가지고 말을 하면 인군(人君)이 현재(賢才)를

118 곤괘(困卦)의 상괘(上卦)가……아니다 : 택수곤(澤水困)을 거꾸로 뒤집어 놓은 괘가 수풍정(水風井)이기 때문에 이렇게 말한 것이다. 이런 괘를 도괘(倒卦) 혹은 반대괘(反對卦)라고 하는데, 64괘 중에 모두 28개의 도괘가 있다. 《주역》〈정괘(井卦)〉의 괘사(卦辭)에 "고을은 바꾸어도 우물은 바꿀 수 없으니, 잃음도 없고 얻음도 없으며, 가고 오는 자가 우물을 우물로 쓴다.〔井 改邑 不改井 无喪无得 往來井井〕"라고 하였다. 이는 대개 "고을은 고쳐서 옮겨 갈지라도 우물은 고쳐서 옮겨 갈 수 없으니, 우물은 잃음도 없고 얻음도 없어서, 떠나간 자나 새로 온 자나 우물을 우물로 쓰게 된다."라는 말이다.

보고서도 등용하지 못하여 백성이 혜택을 받지 못하는 가운데, 쇠퇴함을 일으킬 길이 없고 혼란함을 구제할 길이 없으니, 어찌 흉한 일이 되지 않겠는가. 구이 효사의 "동이가 깨져서 물이 아래로 샌다.〔甕弊漏〕"라는 말을 가지고 보더라도 이러한 사실을 알 수가 있다.

점을 쳐서 이 괘를 얻은 자가 만약 인군이라면, 응당 전일의 잘못을 고치고 성의를 다하여 현재를 초치(招致)해서 일을 위임(委任)하고 책성(責成)함으로써 '우물처럼 한량없이 길러 주는 혜택〔不窮之養〕'을 받아야 할 것이요, '물병을 깨뜨리는 흉함〔羸甁之凶〕'을 불러들이지 말아야 할 것이다.[119] 그리고 만약 현자(賢者)가 이 점괘를 만난다면 허례에 동요되지 말고 '동쪽 언덕 비탈 밭〔東岡之陂〕'[120]을 굳게 지켜 '졸졸 흐르는 샘물의 낙〔洋洋之泌〕'[121]을 스스로 즐기는 것이 옳을 것이다. 그 나머지는 본의(本義)의 해설처럼 하는 것이 마땅하다.

119 우물처럼……것이다 : 《주역》 〈정괘(井卦) 단사(彖辭)〉에 "우물은 길러 주면서 한량이 없다.〔井 養而不窮〕"라는 말이 나온다. 물병을 깨뜨리는 흉함은 괘사(卦辭)에서 발췌한 것이다.

120 동쪽……밭 : 고향의 농지(農地)를 비유한 말이다. 후한 안제(後漢安帝)가 특별히 예를 갖추어 주섭(周燮)을 불렀는데도 질병을 이유로 사양하며 응하지 않자, 그 종족이 "덕행을 닦는 목적은 나라를 다스리기 위해서이다. 선세(先世) 이래로 훈작과 은총을 이어서 받았는데, 그대만 유독 동쪽 언덕 비탈 밭을 지키는 것은 어째서인가.〔夫修德立行 所以爲國 自先世以來 勳寵相承 君獨何爲守東岡之陂乎〕"라고 말한 고사에서 유래한 것이다. 《後漢書 卷53 周燮列傳》

121 졸졸……낙 : 산림에 은거하며 안빈낙도(安貧樂道)하는 은사(隱士)의 생활을 말한다. 《시경》 〈진풍(陳風) 형문(衡門)〉의 "형문의 아래여, 쉬면서 노닐 만하도다. 샘물이 졸졸 흐름이여, 굶주림을 즐길 만하도다.〔衡門之下 可以棲遲 泌之洋洋 可以樂飢〕"라는 말에서 나온 것이다. 형문은 나무 하나를 옆으로 걸쳐서 만든 문이라는 뜻으로, 가난한 집을 뜻한다.

"임금이 현명하면 함께 그 복을 받으리라.〔王明竝受其福〕"[122]의 '병(竝)' 자는 구삼(九三)과 구이(九二)를 함께 가리켜서 말한 것 같다.

등〔背〕에는 그친다〔止〕는 뜻이 있고, 보이지 않는다〔不見〕는 뜻도 있다.[123] 대개 몸〔身〕은 움직이는 물체인데 등만은 유독 그쳐 있고, 보이는 것이 모두 얼굴 앞쪽에 있는데 등은 뒤쪽에 있어서 보이는 것이 없으니, '간기배(艮其背)'는 그쳐야 할 곳에 그치고 다른 것은 보지 않는 것을 의미한다. 부(父)는 자(慈)에 그치고 자(子)는 효(孝)에 그치며, 군(君)은 인(仁)에 그치고 신(臣)은 경(敬)에 그쳐서, 단지 그 도리만 보고 그 몸의 사생(死生)과 이해(利害)는 보지 않는 것이 바로 '간기배 불획기신(艮其背 不獲其身)'이다. 이와 같이 하면 비록 뜰에 사람이 있는 곳을 걸으면서 사람과 서로 접하더라도, 단지 그 도리만 보고 그 사람의 귀천(貴賤)과 강유(剛柔)는 보지 않을 것이니, 이것이 바로 '행기정 불견기인(行其庭 不見其人)'이다.

122 임금이……받으리라 : 《주역》 〈정괘(井卦) 구삼(九三)〉에 "우물을 깨끗이 청소했는데도 먹어 주지 않아서 나의 마음이 안타깝다. 내가 그 물을 길어 줄 수 있으니, 구오의 임금이 현명하면 함께 그 복을 받으리라.〔井渫不食 爲我心惻 可用汲 王明竝受其福〕"라는 말이 나온다.

123 등에는……있다 : 《주역》 〈간괘(艮卦) 단사(彖辭)〉에 "그 등에 그치면 몸을 보지 못하며, 뜰에 가면서도 사람을 보지 못하여, 허물이 없으리라.〔艮其背 不獲其身 行其庭 不見其人 无咎〕"라고 하였다. 우리의 마음을 보이지 않는 등 뒤쪽에다 두면, 눈앞에 보이는 외물(外物)에 욕심이 일어나지 않고 자기의 몸까지도 잊게 될 것이며 뜰에 사람이 있어도 보이지 않는 등 주객(主客)을 모두 초월한 안정된 상태를 유지하게 될 것이라는 말이다.

소과괘(小過卦)에 대해서는 그동안 이해하기 어려워서 골머리를 앓았다. 그런데 지금 꼼꼼히 살펴보건대, 괘효(卦爻)의 조리(條理)가 질서 있고 문란하지 않아 각각 의의가 있다는 사실을 바로 알 수 있었다.

대저 소과(小過)는 음(陰)이 양(陽)보다 과(過)하기 때문에 소과라고 말한 것이다. 이런 까닭에 음효(陰爻)에서는 과(過)를 일컫고 양효(陽爻)에서는 불과(不過)를 일컬었으니, 효의(爻義)는 대개 '주제넘게〔過越〕 위로 올라가는 것〔上進〕'을 과(過)로 삼은 것이다. 또 괘(卦)에는 '나는 새〔飛鳥〕'의 상(象)이 있어서, 가운데에 있는 두 개의 양(陽)은 새의 몸뚱이〔鳥身〕가 되고, 위아래 네 개의 음(陰)은 새의 날개〔鳥翅〕가 되는데, '비조(飛鳥)가 소리를 남김〔遺音〕에 올라감은 마땅하지 않고 내려옴이 마땅하기 때문에〔不宜上宜下〕'[124] 위로 올라가면 매양 흉하고 아래로 내려오면 매양 길하게 된 것이다.

초육(初六)은 새의 날개의 끝으로서 위로 구사(九四)의 동체(動體)에 응하여, 빨리 날며 신속하게 전진하는 까닭에, 과(過)를 말할 겨를도 없이 곧장 "그것만으로도 흉하다.〔以凶〕"라고 말한 것이다. 그리고 소상(小象)에서 "어떻게 할 수가 없다.〔不可如何也〕"라고 말한 것은 대개 "사전에 그치게 할 수가 없다.〔不可及止〕"라는 의미이다. 육이(六二) 역시 새의 날개이기 때문에 주제넘게 위로 올라가는 것이 되지만, 그래도 유순(柔順)하고 중정(中正)하여 이양(二陽 두 개의 양)을 넘어가다가 거꾸로 육오(六五)의 음효(陰爻)와 만났으므로, 이렇게 그 군(君)에게 미치지 않고서 곧장 자기의 본분으로 돌아오는 상(象)을 얻게 된 것이다. 소상에서 "신하는 과하면 안 된다.〔臣不可過也〕"라고 하

124 비조(飛鳥)가……때문에 : 《주역》 〈소과괘 단사(彖辭)〉의 말을 인용한 것이다.

였는데, 올라갈 것 같다가 거꾸로 내려오고 과했다가 과하지 않았으니, 그것이 길하게 됨을 알 수가 있다.

구삼(九三)과 구사(九四)는 양효(陽爻)의 세력이 이미 쇠약해진 데다, 구삼이 또 간체(艮體)이고 구사는 유(柔)의 자리에 거하기 때문에 모두 '불과(不過)'를 말하였으니, 이는 주제넘게 위로 올라가지 않는다는 말이다. 구삼의 경우는 올라가지 않고 내려와서 이음(二陰 두 개의 음)이 올라가는 것을 막으니, 이는 대개 간체의 위에 거하면서 이음과 일비(昵比 바짝 붙어 있는 것)하기 때문이다. 그러나 중강(重剛 구삼과 구사)이 중(中)의 자리에 있지 않고 이음이 신속하게 전진하니, 비록 방비한다고 말을 하더라도 상해를 초래하기 쉽기 때문에, "과하게 방비하지 않음에 따라서 누군가가 해칠 수도 있으니 흉하다.〔從或戕之 凶〕"라고 말한 것이니, 만약 조심하여 대비해서 '내려와야 마땅한 의리〔宜下之義〕'를 잃지 않을 수만 있다면 그래도 흉함을 면할 수가 있을 것이다. 구사의 경우는 진출하지 않고 내려와 초육(初六)과 만나니 허물이 없을 수 있다. 그러나 초육이 신속하게 전진하는 것이 양(陽)을 능가하는 만큼, 만약 초육과 함께 가면 위태해지기 때문에, "가면 위태하니 반드시 경계해야 한다.〔往厲必戒〕"라고 하였고, 또 "영구히 이 상황을 굳게 지키지 말라.〔勿用永貞〕"라고 하였으니, 이는 초육과 서로 만났더라도 부디 장구하게 사귀는 도를 굳게 지키면서 그와 함께 일하지 말라는 말이다. 소상의 "끝내 장구히 할 수 없기 때문이다.〔終不可長〕"라는 말은 〈구괘(姤卦) 단전(彖傳)〉의 "더불어 장구히 할 수 없기 때문이다.〔不可與長〕"라는 말과 같은 뜻이니, 구사가 동체(動體)에 거하는 까닭에 이와 같이 거듭 경계한 것이다.

대개 제효(諸爻)는 위로 올라가는 것〔上進〕을 과(過)로 삼고, 응효

(應爻)와 서로 만나는 것을 우(遇)로 삼는데, 그 의례(義例)가 매우 명백하다. 이 소과괘만 그런 것이 아니라, 예컨대 동인괘(同人卦)의 "대군(大軍)을 동원하여 싸워 이겨야만 서로 만난다.〔大師克 相遇〕"라든가, 규괘(睽卦)의 '군주를 만나는 것〔遇主〕과 상구(上九)의 강(剛)을 만나는 것〔遇剛〕과 좋은 남편을 만나는 것〔遇元夫〕과 비를 만나는 것〔遇雨〕'이라든가, 쾌괘(夬卦)의 "홀로 가서 비를 만난다.〔獨行遇雨〕"라든가, 풍괘(豐卦)의 '위의 짝꿍을 만나는 것〔遇配主〕과 아래의 짝꿍을 만나는 것〔遇夷主〕' 등이 모두 그러하다고 하겠다.[125]

육오(六五)는 처한 곳이 너무 높아서 일을 할 수가 없고 유순(柔順)으로 중(中)의 자리를 얻었기 때문에, 아래로 육이(六二)를 취하여 도움을 받을 수가 있다. 그래서 올라가지 않고 내려와서 과(過)해도 이정(利貞)하기 때문에, 비록 큰일을 할 수는 없어도 흉구(凶咎)의 지경에 이르지는 않은 것이다. 상육(上六)은 또 날개의 끝으로서 과(過)의 극(極)에 처하여 위로 전진하려는 뜻이 매우 급하기 때문에, 비록 응효(應爻)가 있어도 서로 만나지 않고 줄곧 주제넘게 비등(飛騰)을 하니, 이는 그야말로 과한데도 또 과하고 오르는데도 또 오르는 것인 까닭에, 재생(災眚)이 아울러 이르러서 가장 흉하게 된 것이다.

구사(九四)의 소상(小象)에서 "과(過)하지 않아 만난다고 한 것은 자리가 마땅치 않아서이다.〔不過遇之 位不當也〕"라고 하였는데, 이는

125 동인괘(同人卦)의……하겠다 : 《주역》 〈동인괘(同人卦)〉 구오의 효사(爻辭), 〈규괘(睽卦)〉 구이의 효사와 육삼의 소상(小象)과 구사의 효사와 상구의 효사, 〈쾌괘(夬卦)〉 구삼의 효사, 〈풍괘(豐卦)〉 초구의 효사와 구사의 효사 등에 이 내용이 나온다.

강(剛)으로 유(柔)의 자리에 거하기 때문에 위로 올라가지 않고 아래로 내려와 초육(初六)과 만나므로 허물이 없게 되었다는 것이니, 〈췌괘(萃卦) 구사(九四)〉의 소상(小象)에서 "대길해야 허물이 없다고 한 것은 자리가 마땅치 않아서이다.〔大吉无咎 位不當也〕"라고 한 것과 비슷하다고 하겠다.

〈기제괘(旣濟卦)〉의 동서린(東西隣)[126]에 대해서, 정전(程傳)과 본의(本義) 모두 육이(六二)를 서(西)로 하고 구오(九五)를 동(東)으로 하였으며, 문왕(文王)과 주(紂)의 고사를 여기에 배당하였다. 그러나 '실제로 그 복을 받는 것〔實受其福〕'과 '길한 운세가 크게 오는 것〔吉大來〕'을 모두 본효(本爻 구오)에 소속시키지 않고 육이(六二)에 귀결시킨 것은, 의례(義例)를 가지고 논하더라도 종내 온당치 못하다는 느낌이 든다. 내주(來註)에서 '간난(艱難)하고 비박(菲薄)하게 하여……' 한 것[127]은 참작할 만한 의견이지만, 동서린을 모두 다른 데에 귀결시키

126 기제괘(旣濟卦)의 동서린(東西隣) : 동서린은 동쪽 이웃과 서쪽 이웃이라는 뜻으로, 《주역》〈기제괘 구오(九五)〉의 "동쪽 이웃에서 소를 잡아 성대히 제사 지내는 것이 서쪽 이웃의 약제(禴祭)가 실제로 그 복을 받는 것만 못하다.〔東隣殺牛 不如西隣之禴祭 實受其福〕"라는 말에서 나온 것이다. 약제는 박제(薄祭) 즉 검소한 제사를 말한다. 그리고 그 소상(小象)에는 "동쪽 이웃에서 소를 잡아 성대히 제사 지내는 것이 서쪽 이웃의 때에 맞게 행하는 제사만 못하니, 실제로 그 복을 받음은 길한 운세가 크게 오는 것이다.〔東隣殺牛 不如西隣之時也 實受其福 吉大來也〕"라고 하였다.

127 내주(來註)에서……것 : 명나라 내지덕(來知德)의 《주역집주(周易集註)》 권12에 "구오(九五)가 존위에 거하여 기제(旣濟)의 마지막에 당하였으니, 이는 바로 혼란을 끝내는 때이다. 그래서 성인이 점치는 자를 경계하기를 '기제가 끝나려 하니 사치하고 성대하게 하기보다는 간난하고 비박하게 하여 기제의 복을 향유함이 낫다.'라고 한 것이다.〔五居尊位 當旣濟之終 正終亂之時 故聖人戒占者 曰濟將終矣 與其侈盛 不如艱難菲

고 '복(福)'과 '길(吉)' 등의 글자를 본효에 억지로 소속시킨 것은 역시 옳은 해석이 아닐 듯싶다. 나의 생각은 다음과 같다.

선천(先天)의 위치에서 이(離)는 동(東)이고 감(坎)은 서(西)인 만큼, 동린(東隣)은 바로 육이(六二)에 속하고 서린(西隣)은 바로 구오(九五)에 속하니, 이는 "저쪽의 동쪽 이웃에서 소를 잡는 것이 이쪽의 서쪽 이웃에서 약제(禴祭)를 지내는 것만 못하다."라고 하는 의미이다. 인(隣)이라는 것은 동쪽과 서쪽의 집이 서로 이웃하는 것을 말한다. 대개 구오가 장차 기제(旣濟)가 끝나려는 때를 당하여 험난한 가운데에 떨어져서 물이 새는 배 위에 앉아 있으니, 그 형세가 참으로 위태하다고 하겠다. 그러나 양강(陽剛)으로 존위(尊位)에 거하면서 아래에 정응(正應)을 두고 있고, 중정(中正)으로 통달하여 형세를 식별하고 시기를 인지하기 때문에, 대포(大布)와 대백(大帛) 차림으로 통렬하게 스스로 절약하는 것이다.[128] 따라서 종묘(宗廟)의 향사(享祀)라고 할지라도 '두 그릇의 음식만으로 제사 지낼 수 있다.〔二簋可用〕'[129]라는 마음가짐을 지니고서 '신실함이 질장구에 가득하듯 행한다면〔有孚盈缶〕'[130]

薄 以享旣濟之福〕"라는 말이 나온다. 또 내지덕은 진(震)과 태(兌)를 거론하여 거기에다 각각 동(東)과 서(西)를 배당하였다.

128 대포(大布)와……것이다 : 위(衛)나라가 적인(狄人)에게 패망한 뒤에 현군(賢君)인 위 문공(衛文公)이 거친 삼베 옷〔大布之衣〕을 입고 흰 삼베 관〔大帛之冠〕을 쓰는 등 절약을 하며 중흥에 힘쓴 결과, 원년에 혁거(革車)가 30대이던 것이 그의 말년에는 300대나 되었다는 고사를 원용한 것이다. 《春秋左氏傳 閔公2年》

129 두 그릇의……있다 : 《주역》 〈손괘(損卦) 단사(彖辭)〉의 말을 발췌한 것이다.

130 신실함이……행한다면 : 《주역》 〈비괘(比卦) 초육(初六)〉에 "신실함이 질장구에 가득하듯 행한다면, 종래에 다른 길한 운세가 돌아올 것이다.〔有孚盈缶 終來有他吉〕"라는 말이 나온다.

귀신이 와서 흠향할 것이니, 이것이 바로 '실제로 그 복을 받고〔實受其福〕' '길한 운세가 크게 오게 되는〔吉大來也〕' 소이(所以)인 것이다. 구오(九五)의 효(爻) 안에 본래 이렇게 절약을 하는 상(象)이 있으니, '실(實)' 자와 '대(大)' 자는 모두 구오를 가리켜 말한 것이라는 내씨(來氏 내지덕(來知德))의 설은 참으로 설득력이 있다고 하겠다.

대개 이 효(爻)는 원래 자체적으로 지극히 좋을 뿐만 아니라, 또 응효(應爻 육이(六二))의 '얼굴 가리개를 잃은 부인〔喪茀之婦〕'이 때가 되어 길을 가게 되니, 상하가 힘을 합쳐서 난국을 구제할 수 있는 것이다. 육사(六四)의 경우는 유(柔)로 유(柔)의 자리에 거하여 외신(畏愼)하고 계구(戒懼)하며 급한 상황을 면할 따름이지만, 구오의 경우는 양강(陽剛)으로 중정(中正)하여 군신이 마음을 같이하니, 비록 쇠퇴함을 구제할 시대를 당하여 크게 일을 행할 수는 없다고 하더라도, 비운(否運)을 만회하여 혼란에 이르지 않게 할 수는 있는 것이다. 〈감괘(坎卦) 육사(六四)〉에서 "한 동이의 술과 두 그릇의 음식, 그리고 질그릇을 사용한다.〔樽酒 簋貳 用缶〕"라고 한 것은 바로 절손(節損)하고 간약(簡約)하게 하는 일이니 대개 감괘 안에는 이런 상(象)이 있는 것이고, 또 감괘는 안〔中〕이 실(實)하여 부(孚 신실함)가 되는데 '부(孚)하면 약제(禴祭)로 해도 좋은 것〔孚乃利用禴〕'[131]이기 때문에 여기에서 약제를 거론하여 말한 것이다. 육이는 이(離)에 우(牛)의 상(象)이 있고 또 기제(旣濟)의 초(初)에 당했기 때문에 소를 잡아 성대히 제사 지내는 것으로 말을 하였고, 구오(九五)는 감(坎)의 주체가 되어 험난하고 간고(艱苦)하며 또 기제가 장차 끝나려는 때에 있기 때문에 여기에서

131 부(孚)하면……것 : 《주역》〈췌괘(萃卦) 육이(六二)〉에 이 말이 나온다.

박제(薄祭)를 거론하여 말한 것이다. 그러나 성(盛)하고 쇠(衰)한 것에서 뜻을 취한 것이 아니고, 단지 동(東)과 서(西)를 가지고 풍(豐)과 박(薄)을 상대해서 말한 것일 뿐이다. 괘사(卦辭)의 "끝에 가서는 어지러워진다.〔終亂〕"라는 말은 전적으로 상육(上六)을 가리켜서 한 말이다. 그래서 "끝에 그치면 어지러워지는 것은 그 도가 극에 이르렀기 때문이다.〔終止則亂 其道窮也〕"라고 말한 것이다.

미제괘(未濟卦)의 상구(上九)가 지극히 강명(剛明)한 덕(德)을 지니고 미제(未濟)의 끝에 거하여 그 도구를 풍부히 보유하였을뿐더러 시대 역시 뭔가 일을 해 볼 수 있는 때이긴 하지만, 이미 무위(无位)의 처지에 있는 만큼 힘써 볼 길이 없어서 그저 자신(自信)하고 자양(自養)하며 천명(天命)을 기다릴 따름이기 때문에, "믿음을 두고 술을 마신다.〔有孚于飮酒〕"라고 하였으니, 예컨대 이윤(伊尹)이 유신(有莘)의 들판에서 밭갈이를 하며 효효(囂囂)히 요순(堯舜)의 도를 즐긴 것[132]이 여기에 해당한다. 그러나 만약 탕왕(湯王)이 세 차례나 초빙했는데 그 뒤에도 여전히 효효하며 번연(幡然)히 일어나기를 생각하지 않는다면, 이른바 "술을 마시되 머리까지 적시면, 신실해야 하는 정당함을 잃는다.〔飮酒濡首 有孚失是〕"라는 격이 되고 말 것이다. 대개 번연히 한번 일어나서 군신이 제회(際會 호응)하면, 상구(上九)에서 내려와

132 이윤(伊尹)이……것 : 이윤이 평민으로 유신씨(有莘氏)의 들판에서 농사를 지으며 탕왕(湯王)의 초빙을 계속 거절하다가, 탕왕이 세 차례나 간절히 초빙하자 그 성의에 감동하여 번연(幡然)히 마음을 고쳐먹고 천하를 구제하는 일을 자임하였다는 기록이 《맹자》 〈만장 상(萬章上)〉에 나온다. 효효(囂囂)는 욕심 없이 자족(自足)하는 것을 말한다.

구이(九二)가 되고 미제(未濟)로부터 기제(旣濟)를 향해 나아갈 것이니, 상하가 상응하고 일덕(一德)으로 함께 빛나면서, 마지막에 이르면 다시 시작하여 낳고 낳는 일〔生生〕이 끝없이 전개될 것이다.

〈계사(繫辭)〉에 "하늘에서는 상(象)을 이루고, 땅에서는 형(形)을 이루니, 여기에서 변화가 나타난다.〔在天成象 在地成形 變化見矣〕"라고 하였다. 내가 살펴보건대, 여기에서 말한 변화라는 것은 단지 괘효(卦爻)의 음양(陰陽)이 서로 추역(推易)하여 진퇴(進退)하고 주류(周流)하며 때에 따라 변천하는 것일 뿐이요, 아직 시책(蓍策)과 관련해서는 설명하지 않았으니, 편내(篇內)에서 변화를 설명한 곳을 가지고 상호 참구(參究)해 보면 알 수가 있다. 그런데 주 선생(朱先生)은 그만 전적으로 '시책의 구육(九六 노양(老陽)과 노음(老陰))이 양으로 변하고 음으로 화하는 것'으로 해석하였는데,[133] 아래의 제장(諸章)에서 해석한 것을 보면 또 왕왕 이것과는 서로 부합하지 않곤 하니, 의아하다.

〈계사〉에 "강(剛)과 유(柔)가 서로 마찰하고, 팔괘가 서로 부딪친다.〔剛柔相摩 八卦相盪〕"라고 하였는데, 2에서 4가 생기고 4에서 8이 생겨서 64가 되는 것[134]이야 물론 누구나 쉽게 알 수 있지만, 전적으로

133 주 선생(朱先生)은……해석하였는데 : 《주역》 〈계사전 상(繫辭傳上)〉 1장의 본의(本義)에 "변(變)과 화(化)라는 것은, 역(易) 가운데 시책의 괘효가 음이 변하여 양이 되고 양이 화하여 음이 되는 것이다.〔變化者 易中蓍策卦爻 陰變爲陽 陽化爲陰者也〕"라고 하였다.

134 2에서……것 : 양의(兩儀)에서 사상(四象), 사상에서 팔괘(八卦), 팔괘에서 육십사괘(六十四卦)로 발전하는 것을 말한다. 본의(本義)의 "이것은 역괘(易卦)의 변화

이것만 취해서 말한 것도 아닌 듯싶다. 그리고 선생(先生 주희)이 이미 '시책(蓍策)' 운운하는 말을 가지고 상문(上文)의 '변화(變化)'를 해석하였는데, 이 단락을 해석할 때에는 또 이와 같이 말해 놓았다. 대저 6획의 위에서 1획마다 또 6획이 생겨나는 것이 64괘에서 1괘마다 각각 변하여 64가 되는 것과 그 수법이 서로 부합하고 보면 '삼이오지(參而伍之)'[135]하는 그 방법이 다르지 않을 것도 같지만, 그렇게 말한 연유를 살펴보면 아무래도 같지 않다는 느낌이 든다. 대개 6획마다 또 6획이 나오는 것은 단지 괘효가 '끊임없이 나오는 것〔生生〕'을 가지고 말한 것일 뿐이지만, 64괘가 각각 변하여 64괘가 되는 것은 반드시 시책하고 복서(卜筮)하는 그 위에 나아가서야 볼 수 있는 것이다. 상문과 하문에서 말한 '변화'의 뜻이 이처럼 서로 어긋나는데, 여기에 생각이 투철하게 미치지 못했던 점은 지극히 분개해야 할 일이다.

〈계사(繫辭)〉에 "평이하고 간략한 가운데에서 천하의 이치를 얻는다.〔易簡而天下之理得矣〕"[136]라고 하였는데, 무릇 양(陽)이라면 모두가

를 말한 것이다. 64괘의 시초는 강(剛)과 유(柔)의 2획일 뿐인데, 이 2획이 서로 마찰하여 4가 되고, 이 4가 서로 마찰하여 8이 되고, 이 8이 서로 부딪쳐서 64괘가 되었다.〔此言易卦之變化也 六十四卦之初 剛柔兩畫而已 兩相摩而爲四 四相摩而爲八 八相盪而爲六十四〕"라는 해석을 녹문이 인용한 것이다.

135 삼이오지(參而伍之) : 3으로 세고 5로 센다는 뜻으로, 계속 반복함으로써 무한한 변화를 이끌어 내는 것을 말하는데, 《주역》〈계사전 상(繫辭傳上)〉 10장의 "3으로 세고 5로 세어 변화시킨다.〔參伍以變〕"라는 말에서 나온 것이다.

136 평이하고……얻는다 : 《주역》〈계사전 상〉 1장에 이 말이 나오는데, 《주역》에서는 이(易)와 간(簡)을 각각 건(乾)과 곤(坤)이라는 두 개의 대표적인 상징물을 풀이하는 용어로 사용하였다.

건(乾)이고, 음(陰)이라면 모두가 곤(坤)인 것이다. 그래서 "하늘의 도를 세워서 음(陰)과 양(陽)이라 하고, 땅의 도를 세워서 유(柔)와 강(剛)이라 하고, 사람의 도를 세워서 인(仁)과 의(義)라고 한다.〔立天之道曰陰與陽 立地之道曰柔與剛 立人之道曰仁與義〕"[137]라고 말하였으니, 이(易)를 말하고 간(簡)을 말하면 384효(爻)가 모두 그 안에 들어 있는 것이다.

뇌정(雷霆) 풍우(風雨)와 일월(日月) 한서(寒暑)와 성남(成男) 성녀(成女)[138]로 말하면, 조화(造化)의 위에도 이런 것이 있고, 괘효(卦爻)의 위에도 이런 것이 있다. 상문(上文)에서 "변화가 나타난다.〔變化見矣〕"라고 한 것은 괘효의 측면에서 설한 것이고, 하문(下文)에서 "고동(鼓動)하고 적셔 준다.〔鼓之潤之〕"라고 한 것은 조화의 측면에서 설한 것이다. 그러나 괘효의 측면에서 설했더라도 괘효에 드러난 것은 바로 조화의 실체인 것이고, 조화의 측면에서 설했더라도 조화에 드러난 것은 바로 괘효의 변화인 것이니, 요컨대 기실은 조화가 곧 괘효이고 괘효가 곧 조화인 것으로서, 따로 두 개가 있는 것이 아니다. 이것이 바로 역(易)의 도(道)가 '넓고 커서 천하의 모든 도를 빠짐없이 갖추게 되는 소이(所以)'인 것이다.[139] 본의(本義)에서 "상문과 함께 서로 발명

137 하늘의……한다 : 《주역》 〈설괘전(說卦傳)〉에 이 말이 나온다.

138 뇌정(雷霆)……성녀(成女) : 《주역》 〈계사전 상〉 1장의 "뇌정으로 고동(鼓動)하고, 풍우로 적셔 주고, 일월이 운행하고, 한서(寒暑)가 교차하는 과정에서, 건(乾)의 도(道)는 남성을 만들어 내고, 곤(坤)의 도는 여성을 만들어 낸다.〔鼓之以雷霆 潤之以風雨 日月運行 一寒一暑 乾道成男 坤道成女〕"라는 말을 요약한 것이다.

139 역(易)의……것이다 : 《주역》 〈계사전 상〉 6장에 "대저 역이란 넓고 큰 것이다.

해 준 것이다.〔與上文相發明〕"라고 말한 것도 바로 이런 뜻인데, 운봉(雲峯 호병문(胡炳文))이 거꾸로 상문에서 말한 것을 천지(天地)에 있는 것이라고 하고 하문에 있는 것을 괘효에 있는 것이라고 하였으니, 이는 완전히 주자(朱子)의 뜻을 잃었다고 하겠다.

괘효(卦爻)의 음양(陰陽)이 서로 번갈아 추탕(推盪 추이(推移))하며 변동(變動)하고 주류(周流)함에, 천지의 일〔天地之撰〕과 만물의 속성〔萬物之情〕이 그 안에 드러나 보이지 않음이 없으니, 이것이 바로 "변화가 나타난다.〔變化見矣〕"라고 말한 그것이다. 그러니 어찌 시책(蓍策)을 말할 필요가 있겠는가. 2장(章)의 "강양(剛陽)과 유음(柔陰)이 서로 밀고 당김에 변화가 그 안에서 생겨난다.〔剛柔相推 而生變化〕"라는 말도 바로 이런 뜻이다.

"변화는 진퇴의 상(象)이요, 강유는 주야의 상이다.〔變化者 進退之象也 剛柔者 晝夜之象也〕"[140]라는 말은 하전(下傳 계사전 하(繫辭傳下)) 수

먼 것을 말하면 끝나는 곳이 없고, 가까운 것을 말하면 고요하여 바르고, 천지의 사이를 말하면 어디에도 있지 않은 곳이 없다.〔夫易 廣矣大矣 以言乎遠則不禦 以言乎邇則靜而正 以言乎天地之間則備矣〕"라는 말이 나오고, 11장에 "대저 역은 개물성무(開物成務)하는 것이니, 천하의 모든 도를 빠짐없이 갖춘 것이다.〔夫易 開物成務 冒天下之道〕"라는 말이 나온다. 개물성무는 만물의 속성을 드러내 밝혀 천하의 일을 성취시킨다는 뜻으로, 복서(卜筮)를 통해 길흉을 알아서 공을 이루게 한다는 말이다.

140 변화는……상이다 : 《주역》 〈계사전 상〉 2장의 말이다. 여기에서 강유(剛柔)는 양효(陽爻)와 음효(陰爻)를 가리킨다. 이 말 뒤에 바로 "육효가 동하는 것은 삼극의 도이다.〔六爻之動 三極之道也〕"라는 말이 이어진다. 삼극은 삼재(三才) 즉 천지인(天地人)으로, 초효와 2효가 지이고, 3효와 4효가 인이고, 5효와 상효가 천이다.

장(首章)의 "강유는 기본을 세우는 것이요, 변통은 때를 따르는 것이다.〔剛柔者立本者也 變通者趣時者也〕"라는 말과 똑같다. "육효가 동한다.〔六爻之動〕"의 '동(動)' 자도 단지 "도에는 변동함이 있다.〔道有變動〕"[141]의 동(動)일 뿐이지, 구육(九六 노양(老陽)과 노음(老陰))의 변(變)을 가리키는 것이 아니다. 하문(下文)의 "그 점(占)을 살펴본다.〔玩其占〕"[142]의 대목에 와서야 비로소 복서(卜筮)에 대한 설명이 나온다.

"하늘의 도를 세워서 음(陰)과 양(陽)이라 하고, 땅의 도를 세워서 유(柔)와 강(剛)이라 하고, 사람의 도를 세워서 인(仁)과 의(義)라고 한다.〔立天之道曰陰與陽 立地之道曰柔與剛 立人之道曰仁與義〕"라고 하였고, "천지인(天地人)의 이 삼재(三才)를 합쳐서 각기 둘로 하였기 때문에 역의 괘가 육획(六畫)으로 이루어졌으니, 육획은 다름이 아니라 삼재의 도인 것이다. 도에는 변동함이 있다. 그래서 효(爻)라고 말하는 것이다.〔兼三才而兩之 故六 六者 非他也 三才之道也 道有變動 故曰爻〕"[143]라고 하였다. 그렇다면 육효(六爻)의 변동이 어찌 삼극(三

141 도에는 변동함이 있다 : 《주역》 〈계사전 하〉 10장에 "역의 도에는 변동함이 있다. 그래서 효(爻)라고 말하는 것이다.〔道有變動 故曰爻〕"라는 말이 나온다. 효는 즉 교(交)로서 음과 양이 서로 바뀌어 교차한다는 뜻이 들어 있다.

142 그 점(占)을 살펴본다 : 《주역》 〈계사전 상〉 2장의 "거할 때에는 그 상(象)을 보고 그 사(辭)를 살펴보며, 동할 때에는 그 변(變)을 보고 그 점(占)을 살펴본다.〔居則觀其象而玩其辭 動則觀其變而玩其占〕"라는 말을 줄인 것이다. 그리고 바로 뒤에 "하늘에서 복을 내려 주니, 길해서 이롭지 않음이 없다.〔自天祐之 吉無不利〕"라는 말이 이어진다.

143 천지인(天地人)의……것이다 : 《주역》 〈계사전 하〉 10장에 이 말이 나온다.

極 삼재) 이외의 다른 곳에 있는 것이겠는가.

“거(居)할 때에는 그 상(象)을 보고 그 사(辭)를 살펴보며, 동(動)할 때에는 그 변(變)을 보고 그 점(占)을 살펴본다.〔居則觀其象而玩其辭 動則觀其變而玩其占〕”라고 한 이 두 구절이야말로 《역(易)》을 배우는 큰 방법이다. 정(靜)하든 동(動)하든 이 도리 아닌 것이 없으니, 이것이 바로 ‘하늘에서 복을 내려 주기 때문에, 길해서 이롭지 않음이 없게 되는〔自天祐之 吉無不利〕’ 소이(所以)인 것이다.

“효(爻)는 변(變)을 말함이다.〔爻者言乎變者也〕”에 대하여, 본의(本義)에서 “변(變)은 1절(節)을 가리켜 말한 것이다.〔變指一節而言〕”라고 하였다.[144] 그리고 혹자가 “도에는 변동함이 있다.〔道有變動〕”에 대해서 질문하자, 선생(先生 주희)이 답하기를 “변동이라는 것은 음양(陰陽)의 노소(老少)의 그 변(變)을 가리켜 말한 것이 아니라 괘(卦) 안에서의 변동을 말한 것이다. 예컨대 건괘 육획에서 초효(初爻)의 잠(潛)과 이효(二爻)의 현(見)과 삼효(三爻)의 척(惕)과 사효(四爻)의 약(躍)과 같은 것이 바로 변동함이 있다고 하는 것이다.〔變動不是指那陰陽老少之變 是說卦中變動 如乾卦六畫初潛二見三惕四躍 這箇便是有變

144 효(爻)는……하였다 : 《주역》 〈계사전 상〉 3장의 “단(彖)은 상(象)을 말함이요, 효(爻)는 변(變)을 말함이다.〔彖者 言乎象者也 爻者 言乎變者也〕”라는 말에 대하여, 본의(本義)에서 “단(彖)은 괘사를 말하니 문왕이 지은 것이요, 효(爻)는 효사를 말하니 주공이 지은 것이다. 상(象)은 전체를 가리켜 말한 것이요, 변(變)은 1절(節)을 가리켜 말한 것이다.〔彖謂卦辭 文王所作者 爻謂爻辭 周公所作者 象指全體而言 變指一節而言〕”라고 해설하였다.

動〕"[145]라고 하였는데, 이 설이 지극히 좋다. "그 변(變)을 보고 그 점(占)을 살펴본다.〔觀其變而玩其占〕"의 '변(變)' 자도 이와 같이 보는 것이 마땅하니, 대개 그 당시에 만난 효(爻)가 바로 변(變)인 것이다. 변(變)은 괘효(卦爻)의 측면에서 말한 것이고, 점(占)은 사(辭)의 측면에서 말한 것이니, 서(筮 시초점(蓍草占))를 쳐서 그 효(爻)를 얻은 것과 비록 서를 치지는 않았어도 자기가 만난 효가 무엇인지를 알고서 그 점을 살펴보며〔玩其占〕 의의(擬議)[146]하는 것이 모두 그 안에 들어 있는 것이다.

서(筮)를 치는 자의 입장에서 말하면, 시책(蓍策)의 변(變)과 불변(不變)을 따질 것 없이 써야 할 그 효(爻)가 바로 변(變)이고, 이 효에 관련된 사(辭)가 바로 점(占)인 것이다. 그러나 시책에 묻지 않고 현공(懸空 가설(假設))하여 의의(擬議)하는 자의 입장에서 말하면, 당시에 만난 그 효(爻)를 볼 적에 당사자가 만약 잠(潛)해야 할 사람인 경우에는 건괘(乾卦)의 초구(初九)가 변이 되고 '잠룡물용(潛龍勿用)'이 점이 되는 것이며, 만약 현(見)해야 할 사람인 경우에는 건괘의 구이(九二)가 변이

145 변동이라는……것이다 : 《주역》 〈계사전 하〉 10장의 "역(易)의 도에는 변동함이 있다. 그래서 효(爻)라고 말하는 것이다.……〔道有變動 故曰爻……〕"에 대한 질문을 받고 주희가 대답한 내용 중에 나오는데, 《주자어류(朱子語類)》 권76에 이 내용이 상세히 실려 있다.

146 의의(擬議) : 사전에 추론(推論)하며 변화를 예측하는 것을 말한다. 《주역》 〈계사전 상〉 8장의 "헤아린 뒤에 말하고, 의논한 뒤에 움직이니, 헤아리고 의논하여 그 변화를 이룬다.〔擬之而後言 議之而後動 擬議以成其變化〕"라는 말에서 나온 것이다. 이 말 뒤에 바로 공자가 효사(爻辭)를 해석하며 추론한 일곱 개의 사례가 차례로 소개되어 있다.

되고 '현룡재전 이견대인(見龍在田利見大人)'이 점이 되는 것이다.

"주야의 도를 겸하여 알았다.〔通乎晝夜之道而知〕"[147]라고 한 것은 "천지의 화육을 안다.〔知天地之化育〕"라고 말한 것과 같은데, 주자가 이에 대해서 "지극히 참되고 거짓이 없는 그것에는 말없는 가운데에 계합(契合)한 것이 있으니, 그저 보고 들음을 통해서만 안 것이 아니다.〔其極誠无妄者有默契焉 非但聞見之知而已〕"[148]라고 해설한 것이 지극히 좋다. "신(神)은 일정한 방소(方所)가 없고, 역(易)은 일정한 체(體)가 없다.〔神无方而易无體〕"라고 하였으니, 나〔我〕와 하늘〔天〕은 다시 분별이 없는 것이다.

"역(易)은 넓고도 크다. 먼 것을 말하기로 하면 끝나는 곳이 없고, 가까운 것을 말하기로 하면 고요하고 바르며, 천지의 사이를 말하기로 하면 모두 갖추어져 있다.〔易 廣矣大矣 以言乎遠則不禦 以言乎邇則靜而正 以言乎天地之間則備矣〕"[149]라고 하였다. 그렇다면 가까이로는 부부

147 주야의……알았다 : 《주역》 〈계사전 상〉 4장에 역(易)의 도리를 일러 준 성인의 덕을 찬미하면서 "천지의 조화를 틀에 집어넣듯 하여 벗어나지 않게 하였으며, 만물을 곡진히 이루어 주어 빠뜨림이 없게 하였으며, 주야의 도를 겸하여 알았다. 그러므로 신(神)은 일정한 방소(方所)가 없고, 역은 일정한 체(體)가 없는 것이다.〔範圍天地之化而不過 曲成萬物而不遺 通乎晝夜之道而知 故神无方而易无體〕"라는 말이 나온다. 주희의 해설에 의하면, 주야는 유명(幽明), 생사(生死), 귀신(鬼神)을 가리키는 대명사이다.

148 지극히……아니다 : 《중용장구》 제32장에 나오는 주희의 해설 중에서 천지의 화육에 대한 부분을 녹문이 인용한 것이다.

149 역(易)은……있다 : 《주역》 〈계사전 상〉 6장의 말이다.

의 거실에서 시작해서 멀리로는 천지의 이치를 살피는 데에 이르기까지 어느 곳인들 역(易)이 아닌 것이 있겠으며, 군자(君子)가 계신공구(戒愼恐懼)[150]하는 공부에서 어느 것인들 역(易)을 쓰지 않는 것이 있겠는가. 그런데 지금 만약 "시초(蓍草)를 세어 본〔揲蓍〕 뒤에야 괘(卦)를 고찰하고, 변(變)을 관찰한 뒤에야 점(占)을 쓰는 것이다."라고 한다면, 주자가 일생 동안 '덕업(德業)을 닦아 진보한 것〔進德修業〕'과 때에 맞게 벼슬하고 그만둔 그 정의(精義)와 묘도(妙道)는 모두 역(易)이 될 수 없고, 반드시 둔괘(遯卦)를 만나 초고(草稿)를 불사른 사건[151]이 있은 뒤에야 역(易)을 썼다고 말할 수 있다는 말인가. 윤화정(尹和靖 윤돈(尹焞))이 일찍이 말하기를 "이천 선생의 생활 자체가 모두 역(易)이다. 그가 《역》의 전(傳)을 지은 것은 단지 그 생활을 그대로

150 계신공구(戒愼恐懼) : 경계하고 근신하며 걱정하고 두려워한다는 뜻으로, 《중용장구》 제1장의 "도라는 것은 잠시도 떠날 수가 없는 것이다. 떠날 수가 있다면 그것은 도가 아니다. 그런 까닭에 군자는 보이지 않을 때에도 경계하고 근신하는 것이며, 들리지 않을 때에도 걱정하고 두려워하는 것이다.〔道也者 不可須臾離也 可離非道也 是故君子戒愼乎其所不睹 恐懼乎其所不聞〕"라는 말에서 나온 것이다.

151 둔괘(遯卦)를……사건 : 송 영종(宋寧宗) 경원(慶元) 연간에 한탁주(韓侂冑)와 조여우(趙汝愚)가 권력 쟁탈전을 벌일 적에 주희 등이 조여우의 편을 들었는데, 한탁주가 득세하고 나서 승상 조여우 이하 59인을 모조리 몰아내는 한편, 도학(道學)을 위학(僞學)이라고 규정하고는 주희의 학문을 엄금하게 하였다. 이때 주희가 수만 언의 봉사(封事)를 작성하여 조여우를 변호하려고 하였는데, 문인 채원정(蔡元定)이 점을 쳐 보니 둔괘(遯卦)가 동인괘(同人卦)로 변하였으므로, 주희가 초고(草稿)를 불사르고는 마침내 둔옹(遯翁)이라고 호를 바꿨다는 기록이 전한다. 《周易篡述 卷8》《吹劍錄外集》 위학이란 거짓된 학문이라는 뜻으로, 욕망에 따라 자기 뜻대로 살려고 하는 것이야말로 인간의 진정한 속성인 만큼, 이를 단속하여 굳이 수양하게 하려는 주희의 학문은 허위라고 한탁주가 주장하면서 도학을 배척하는 명분으로 삼았다. 이 사건을 경원당금(慶元黨禁)이라고 한다. 《宋史 卷434 儒林列傳4 蔡元定, 卷474 姦臣列傳4 韓侂冑》

옮겨서 베낀 것일 뿐이다.〔伊川先生踐履盡易 其作傳只是因而寫成〕"[152]라고 하였는데, 이 설이 지극히 좋다. 참으로 터득한 것이 있지 않으면 어떻게 이런 말을 할 수가 있겠는가. 학자는 바로 잠심(潛心)해서 완미(玩味)해야 할 것이니 허술하게 보아 넘기면 안 될 것이다.

"이간(易簡)의 선(善)은 지덕에 짝한다.〔易簡之善配至德〕"[153]라고 한 것은 바로 "하늘보다 먼저 하여도 하늘이 어기지 않는다.〔先天而天不違〕"[154]라는 말과 같으니, 지극히 묘하고 지극히 묘하다고 하겠다. 《서(書)》에 "격인(格人)과 원귀(元龜)가 감히 길함을 알려 주지 못하게 되었다.〔格人元龜 罔敢知吉〕"[155]라고 하였고 보면, 사람이 바로 거북이

152 이천……뿐이다 : 《회암집(晦菴集)》 권41 〈답정윤부(答丁允夫)〉에는 '先生踐履盡一部易 其作傳只是因而寫成'으로 되어 있다.

153 이간(易簡)의……짝한다 : 평이하고 간략한 역(易)의 선도(善道)가 크고〔大〕 넓은〔廣〕 천지(天地)의 지극한 덕과 배합한다는 뜻으로, 《주역》 〈계사전 상〉 6장에 이 말이 나온다.

154 하늘보다……않는다 : 대인(大人)이 사전에 예측한 것을 나중에 확인해 보면 하늘의 뜻과 어긋나지 않고 합치한다는 뜻으로, 《주역》 〈건괘(乾卦) 문언(文言)〉에 이 말이 나온다. 본문의 이해를 돕기 위하여 이와 관련된 부분을 소개하면 다음과 같다. "무릇 대인이란 천지와 그 덕을 합하며, 일월과 그 밝음을 합하며, 사시와 그 질서를 합하며, 귀신과 그 길흉을 합하여, 하늘보다 먼저 하여도 하늘이 어기지 않으며, 하늘보다 뒤에 하여도 천시(天時)를 받든다. 그리하여 하늘도 이 대인을 어기지 않는데, 하물며 사람이 어기겠으며, 귀신이 어기겠는가.〔夫大人者 與天地合其德 與日月合其明 與四時合其序 與鬼神合其吉凶 先天而天弗違 後天而奉天時 天且弗違 而況於人乎 況於鬼神乎〕"

155 격인(格人)과……되었다 : 격인은 지인(至人)의 뜻으로, 《주역》의 대인과 같은 말이다. 원귀(元龜)는 점을 잘 맞추는 큰 거북이라는 뜻이다. 《서경》 〈서백감려(西伯戡黎)〉에 "하늘이 이미 우리 은(殷)나라의 명을 끊었으므로, 격인과 원귀가 감히 길함을 알려 주지 못하게 되었다.〔天既訖我殷命 格人元龜 罔敢知吉〕"라는 말이 나온다.

요 거북이 바로 사람인 것이니, 이런 사람은 이른바 '옛날의 총명하고 예지로우며 신무하고 죽이지 않는 자〔古之聰明睿知神武而不殺者〕'[156]라고 할 것이다. 《중용(中庸)》에서 "지극히 참되면 귀신과 같이 된다.〔至誠如神〕"[157]라고 하고, 〈문언(文言)〉에서 "귀신과 그 길흉을 합한다.〔與鬼神合其吉凶〕"라고 한 것이 바로 이것을 가리키니, 이런 분이 바로 '하늘보다 먼저 하여도 하늘이 어기지 않는 분'이라고 할 것이다. '헤아린 뒤에 말하고, 의논한 뒤에 움직일 것〔擬之而後言 議之而後動〕'[158]이니, 이렇게 의의(擬議)를 끝없이 하여 '변화를 이루는 경지〔成變化〕'에 이르면, 시(蓍)에 물어보거나 괘(卦)를 고찰할 필요도 없이 일묵(一默) 일어(一語)가 어디를 가더라도 역(易)의 차서(次序) 아닌 것이 없어서, 미래의 일을 예견하는 신묘함이 또한 격인(格人)과 다르지 않게 될 것이다. 이것이 바로 치곡(致曲)[159]의 극공(極功 최대의 공)이니, 이쯤 되면 사람이면서 하늘의 경지에 이르렀다고 할 것이다.

점치는 사(辭)는 《역서(易書)》에 있고 점치는 시(蓍)는 궤〔櫝〕 안에

156 옛날의……자 : 역(易)의 덕에 참여할 수 있는 그런 큰 인물이라는 뜻으로, 《주역》〈계사전 상〉 11장에 이 말이 나온다.

157 지극히……된다 : 《중용장구》 제24장에 "지극히 참된 자의 특성은 앞으로의 일을 미리 아는 것이다. 화와 복이 장차 이르려 할 때에 좋아질 것을 반드시 미리 알고 좋지 못할 것을 반드시 미리 알게 된다. 그러므로 지극히 참되면 귀신과 같이 된다.〔至誠之道 可以前知 禍福將至 善必先知之 不善必先知之 故至誠如神〕"라는 말이 나온다.

158 헤아린……것 : 앞날의 변화를 예측하여 행동하는 것을 말한다. 220쪽 주146 참조.

159 치곡(致曲) : 성(誠)이 미흡하여 성인(聖人)의 경지에 이르지 못한 대현(大賢) 이하의 사람들도 자기의 부분적인 선단(善端)을 확대하여 지성(至聖)의 경지에 도달하게 되는 것을 말한다. 《중용장구》 제23장에 이에 대한 상세한 설명이 나온다.

있고 점치는 사(事)는 사람에게 있어서, 그 형세가 서로 관련이 없는 것처럼 보이기도 하지만, 한번 물어보기만 하면 곧장 명(命)을 받는 것이 메아리와 같아서 원근(遠近)도 없고 유심(幽深)도 없으니, 이렇게 되는 것에 어찌 그 소이연(所以然)이 없겠는가. 학자는 모름지기 생각해서 이를 터득해야 할 것이니, 일단 터득하게 되면 의리(義理)와 복서(卜筮)가 관통되어 하나가 될 것이다. 그리하여 이(理)를 말하면 허공에 매달려 있지 않고, 서(筮)를 말하면 술수(術數)에 떨어지지 않게 된 가운데, 일용(日用)의 사이에서도 진실하게 힘을 쓸 곳이 있게 되겠지만, 이를 터득하지 못할 경우에는 이(理)를 말해도 의미가 없게 되고 서(筮)를 말해도 의미가 없게 되고 성현(聖賢)의 말씀도 모두 이해할 수가 없게 되어, 역(易)을 써 놓은 글이 그만 쓸모없는 군더더기로 전락하고 말 것이다.

"군자가 거하면서 편안히 여기는 것은 역의 차서(次序)이다.〔君子所居而安者 易之序也〕"[160]라고 하였다. 그런가 하면 또 "거할 때에는 그 상(象)을 관찰하고 그 사(辭)를 음미한다.〔居則觀其象而玩其辭〕"라고 하였고, 또 "헤아린 뒤에 말을 하고, 의논한 뒤에 행동을 한다.〔擬之而後言 議之而後動〕"라고 하였으니, 그렇다면 역(易)이라는 것이 어찌 꼭 서(筮)하기를 기다린 뒤에야 쓸 수 있는 것이겠는가.

대저 가까이로는 일신(一身)의 동정(動靜)으로부터 멀리로는 천지

160 군자가……차서(次序)이다 : 《주역》〈계사전 상〉 2장에 나오는 말이다. 거(居)는 밖에 나가 활동하지 않고 집에 가만히 있는다는 뜻으로, 동(動)에 상대되는 정(靜)의 의미를 지니고 있다.

(天地) 만물(萬物)의 굴신(屈伸) 소장(消長)에 이르기까지 어느 것이나 어느 곳이나 어떤 상황에 처하더라도 384효(爻)의 이(理) 아닌 것이 없다고 하겠다. 그런데 군자(君子)가 평상의 알기 쉬운 곳에 대해서는 그때 만난 괘(卦)와 써야 할 효(爻)를 곧장 알아서 아무런 의심 없이 그 법(法)에 의거하여 행할 수가 있지만, 오직 그 유묘(幽眇)한 기미와 아직 이르지 않은 일에 대해서는, 성인(聖人)이 볼 때에는 물론 평상의 일과 다를 것이 없겠지만, 학자로서는 의심이 없을 수가 없는 것이다. 이렇게 되면 시(蓍)에 묻지 않을 수가 없는데, 그러면 만나는 괘(卦)와 써야 할 효(爻)가 또 생생하게 환히 드러나니, 가령 성인에게 묻는다 하더라도 이 괘와 이 효로 알려 줄 것이 분명하다. 이것이 바로 이른바 "더불어 수작할 수 있고, 더불어 신(神)을 도울 수 있다.〔可與酬酢 可與祐神〕"[161]라는 것이요, 개물성무(開物成務)[162]하는 묘리(妙理)라고 할 것이다.

대개 이(理)는 단지 하나의 이(理)가 있을 뿐이니, 시(蓍)에 묻기 이전에도 단지 이 이(理)인 것이요, 조금 뒤에 물어볼 적에도 이 이(理)가 드러난 것에 불과할 뿐 다른 것이 있는 것이 아니다. 그리고 이(理)라는 것으로 말하면 또 괘효(卦爻)에 드러나고 《역서(易書)》 안에 실려 있는데, 아주 가까운 곳에 나아가 말하면 하나의 음식이나 하나의 기거(起居) 모두가 이 물건 아님이 없다고 할 것이다.

161 더불어……있다 : 《주역》 〈계사전 상〉 9장에 "역(易)은 도를 드러내고 덕행을 신묘(神妙)하게 해 준다. 이 때문에 더불어 수작할 수 있으며, 더불어 신(神)을 도울 수 있는 것이다.〔顯道 神德 是故 可與酬酢 可與祐神矣〕"라는 말이 나온다.

162 개물성무(開物成務) : 《주역》 〈계사전 상〉 11장에 나오는 말로, 만물(萬物)의 도리에 통달하여 그 도리를 만사(萬事)에 적용해서 공을 이루는 것을 말한다.

따라서 학자는 어떤 일이거나 체인(體認)을 하고 어떤 곳에서나 계구(戒懼)를 하여, 이간(易簡)의 선(善)[163]과 지례(知禮)의 덕(德)[164]이 엎어지고 자빠지는 급한 사이에도 어긋남이 없게 하여, 넉넉하게 적셔 주고 계속 쌓여 충만하게 해야 할 것이다. 그런 뒤에 일단 의심나는 일이나 밝히기 어려운 이치가 있을 경우에, 시초(蓍草)를 세고〔揲蓍〕 괘(卦)를 구해서 변(變)을 살피고 점(占)을 음미한다면, 역(易)이 알려 주는 그 뜻이 자기가 평상시에 행한 것이나 흉중(胸中)에 담아 둔 것과 빈틈없이 계합(契合)하여, 조금 전에 의심났던 것과 밝히기 어려웠던 것들이 심목(心目) 사이에서 말끔히 풀어지면서, '사체가 굳이 말하지 않더라도 내 뜻을 알아서 움직여 주게 될 것〔四體不言而喩〕'[165] 이다. 그리하여 끊임없이 이와 같이 노력하여 '변화를 이루는〔成變化〕' 경지에 이르게 되면, 내가 곧 역(易)이요 역이 곧 내가 되어 이제는 시(蓍)에 일이 없게 될 것이다.

163 이간(易簡)의 선(善) : 《주역》〈계사전 상〉 6장의 "이간의 선은 지덕에 짝한다.〔易簡之善配至德〕"라는 말을 발췌한 것이다. 223쪽 주153 참조.

164 지례(知禮)의 덕(德) : 지례는 지숭예비(知崇禮卑)의 준말로, 지혜는 고명(高明)해야 하고 예의(禮儀)는 겸비(謙卑)해야 한다는 뜻이다. 《주역》〈계사전 상〉 7장에 "대저 역(易)은 성인이 덕(德)을 높이고 업(業)을 넓히려는 것이다. 지(知)는 높아야 하고 예(禮)는 낮춰야 하니, 높음은 하늘을 본받고 낮춤은 땅을 본받은 것이다.〔夫易聖人所以崇德而廣業也 知崇禮卑 崇效天卑法地〕"라는 말이 나오는데, 주희는 "이치를 궁구하면 지혜의 높음이 하늘과 같아서 덕이 높아지고, 이치를 따르면 예로 낮춤이 땅과 같아서 업이 넓어진다.〔窮理則知崇如天而德崇 循理則禮卑如地而業廣〕"라고 해설하였다.

165 사체(四體)가……것 : 《맹자》〈진심 상(盡心上)〉에서, 군자의 수면앙배(睟面盎背)를 설명하는 대목에 이 말이 나온다.

만약에 그렇게 하지 않고 평일(平日)에는 상(象)을 관찰하고 사(辭)를 음미하는 공부를 하지 않다가, 막상 일을 당해서 시(蓍)가 일러주는 말을 들으려고만 한다면, 심(心)과 이(理)가 서로 투합(投合)하지 않은 나머지 그 의미가 서로 접속(接續)되지 않을 것이니, 어떻게 성인의 정묘(精妙)한 말씀을 인식하고 그 이(理)의 필연을 확신할 수 있겠는가. 그리고 사람이 살면서 아침부터 저녁까지 작건 크건 간에 맞닥뜨리는 것이 일〔事〕 아닌 것이 없는데, 어떻게 그때마다 매번 시(蓍)를 귀찮게 할 수 있겠는가. 역(易)의 쓰임이라는 것이, 그저 시(蓍)에게 물어본 뒤에나 행해지고 평상의 곳에서는 행해지지 않는다면, 천지의 도를 미륜(彌綸)하고 천하의 도를 완비한 도리[166]가 과연 어디에 있다고 하겠는가.

주자가 경원(慶元) 연간에 당한 일[167]은 바로 둔괘(遯卦)의 초효(初爻)에 해당하는 것이었다. 가령 성인(聖人)이 그 일을 당했다면 그 시의(時義 당시에 해당하는 의리)로 볼 때 나아가면 안 된다는 것을 당장에 알고서 의심하지 않았을 것이다.

그러나 주자는 여기에 미치지 못했으므로 의심하지 않을 수 없어서

166 천지의……도리 : 《주역》 〈계사전 상〉 4장에 "역(易)은 천지와 똑같다. 그러므로 천지의 도를 미륜(彌綸)한다.〔易與天地準 故能彌綸天地之道〕"라는 말이 나오고, 11장에 "대저 역(易)은 개물성무(開物成務)하는 것이니, 천하의 도를 완비한 것이다.〔夫易開物成務 冒天下之道〕"라는 말이 나온다. 미륜은 두루 빠짐없이 고르게 다스린다는 뜻으로, 통섭(統攝)이나 총괄(總括)이라는 말과 같다.

167 주자가……일 : 주희가 이른바 경원당금(慶元黨禁)의 사건을 당했을 적에, 수만 언의 봉사(封事)를 작성하여 조정에 올리려다가 점괘를 살펴보고는 초고(草稿)를 불사른 일을 말한다. 222쪽 주151 참조.

시(蓍)에 나아가 물어보자, 이에 과연 이 괘(卦)와 이 효(爻)로 알려 주었는데, 그런 뒤에야 주자가 '숨어 지내면서 조용히 기다리는 것〔晦處靜竢〕'[168]이 도에 합치한다는 것을 알게 된 것이다. 이것을 가지고 추리해 보면 어떤 일이든 모두 그러하니, 역(易)이 쓰임이 되는 것을 이를 통해서 묵묵히 인식할 수가 있다.

정의입신(精義入神)은 지(知)를 높이는 것〔知崇〕이고, 이용안신(利用安身)은 예(禮)로 낮추는 것〔禮卑〕이다.[169] 내외(內外 지(知)와 예(禮))를 서로 기르면〔交養〕 신화(神化)가 절로 이르고, 성성존존(成性存

168 숨어……것 : 《주역》 〈둔괘(遯卦) 초육(初六)〉에 "둔의 꼬리라서 위태로우니, 나아가는 바가 있지 말아야 한다.〔遯尾厲 勿用有攸往〕"라고 하였는데, 그 본의(本義)에 "점치는 자는 나아가는 바가 있어서는 안 되고, 단지 숨어 지내면서 조용히 기다릴 뿐이니, 그러면 재앙을 면할 수 있다.〔占者不可以有所往 但晦處靜俟 可免災耳〕"라고 하였다. 《황극내편(皇極內篇)》의 〈범수지도(範數之圖)〉 81수(數) 가운데 1-3(一之三)의 이름이 수(守)인데, 그 점사(占辭)가 "군자는 이 점사를 참고하여 숨어 지내면서 조용히 기다린다.〔君子以晦處靜俟〕"로 되어 있다.

169 정의입신(精義入神)은……것이다 : 정의입신은 역(易)의 의(義)를 정밀히 연구하여 신묘한 경지에 든다는 뜻이고, 이용안신(利用安身)은 역의 용(用)을 이용하여 몸을 편안히 한다는 뜻이다. 《주역》 〈계사전 하〉 5장에 "자벌레가 몸을 굽히는 것은 장차 펴기 위해서이고, 용과 뱀이 땅속에 들어앉은 것은 몸을 보전하기 위해서이다. 이와 마찬가지로 사람이 정의입신하는 것은 장차 극진하게 쓰기 위해서이고, 이용안신하는 것은 덕을 높이기 위해서이다. 이 단계를 지나서 더 나아가면 혹 헤아릴 수도 없으니, 궁신지화(窮神知化)하여 덕이 성대한 성인의 경지에까지 이를 것이다.〔尺蠖之屈 以求信也 龍蛇之蟄 以存身也 精義入神 以致用也 利用安身 以崇德也 過此以往 未之或知也 窮神知化 德之盛也〕"라는 말이 나온다. 궁신지화는 사물의 신묘한 변화를 궁구하여 조화의 이치를 아는 것을 뜻한다. 지숭(知崇)과 예비(禮卑)에 대해서는 227쪽 주164 참조.

存)[170]하면 도의(道義)로 나아갈 것이다. 정자(程子)가 "경의(敬義)를 좌우에 끼고서 곧장 올라갈 것이니, 천덕(天德)에 도달하는 것이 이로부터 시작된다.〔敬義夾持直上 達天德自此〕"[171]라고 말한 것도 이 뜻이다.-경(敬)은 지숭(知崇)이고, 의(義)는 예비(禮卑)이다.-

또 정의입신(精義入神)은 '용(用)에 감추어진 것〔藏諸用〕'[172]으로서 음(陰)에 속하고, 이용안신(利用安身)은 '인(仁)에 드러난 것〔顯諸仁〕'으로서 양(陽)에 속하는데, 본의의 뜻도 그러하다. 이것이 위에서 설명한 취류(取類)[173]와는 같지 않으나, 실제로는 서로 어긋나지 않는다.

주자는 청탁(淸濁)을 가지고 말하면 지(知)는 천(天)이고 인(仁)은 지(地)이며, 동정(動靜)을 가지고 말하면 인(仁)은 양(陽)이고 지(知)는 음(陰)이라고 하였으며,[174] 또 말하기를 "인(仁)은 체(體)가 강(剛)

170 성성존존(成性存存) : 《주역》 〈계사전 상〉 7장에 "성성(成性)을 보존하고 보존하는 것이 도의로 들어가는 문이다.〔成性存存 道義之門〕"라는 말이 나온다. 성성은 타고날 때부터 이루어진 성이라는 뜻으로, 본성(本性)과 같다.

171 경의(敬義)를……시작된다 : 정호(程顥)의 말인데, 《근사록(近思錄)》 권2 〈위학(爲學)〉에 실려 있다. 경의는 《주역》 〈곤괘(坤卦) 문언(文言)〉의 "군자는 경으로써 안의 마음을 곧게 하고, 의로써 밖의 일을 바르게 하니, 이렇게 경과 의가 확립되어서 그 덕이 외롭지 않다.〔君子敬以直內 義以方外 敬義立而德不孤〕"라는 말에서 나온 것이다.

172 용(用)에 감추어진 것 : 《주역》 〈계사전 상〉 5장에 "한 번 음(陰)하고 한 번 양(陽)함을 도(道)라고 한다.……그 도는 인(仁)에 드러나고, 용에 감추어졌다.〔一陰一陽之謂道……顯諸仁 藏諸用〕"라고 하였다.

173 취류(取類) : 유사한 것을 가지고 알기 쉽게 설명한다는 뜻으로, 비유(譬喩)라는 말과 같다.

174 청탁(淸濁)을……하였으며 : 《주역》 〈계사전 상〉 5장의 "인자(仁者)는 이 도를

이고 용(用)이 유(柔)이며, 의(義)는 체(體)가 유(柔)이고 용(用)이 강(剛)이다.〔仁體剛而用柔 義體柔而用剛〕"[175]라고 하였다. 이에 대해서 융회(融會)하면 종횡(縱橫)으로 착종(錯綜)하매 막혀서 통하지 않는 곳이 전혀 없게 될 것이다.

무릇 의리를 추구(推究)하여 극진한 곳에 이르면 절로 그렇게 되는 하나의 도리가 나올 것인데, 그렇게 되면 봄기운이 융화하여 얼음이 풀어지는 것처럼 요묘(要妙 정묘(精妙))한 의미가 끝없이 우러나오면서, 더 이상 정추(精粗)와 거세(巨細)를 논할 필요가 없어질 것이니, 이것이 바로 입신(入神)[176]하는 대목이라고 하겠다. 그리고 "천하의 무엇을 생각하고 무엇을 염려하겠는가. 귀결점은 같은데 가는 길이 다르고, 모두 하나로 돌아가는데 생각이 백 가지일 뿐이다.〔天下何思何慮 同歸而殊塗 一致而百慮〕"[177]라고 하였는데, 이것이 바로 '한 번 닫고 한 번 열면서〔一闔一闢〕'[178] 천기(天機)가 자연히 유행(流行)하는 묘리(妙

보고서 인(仁)이라고 하고, 지자(知者)는 이 도를 보고서 지(知)라고 한다.〔仁者見之 謂之仁 知者見之 謂之知〕"에 대한 본의(本義)의 내용을 녹문이 간추려서 인용한 것이다.

175 인(仁)은……강(剛)이다 : 양웅(揚雄)이 "인은 유(柔)이고 의(義)는 강이다.〔仁柔義剛〕"라고 주장한 것에 대한 질문을 받고 주희가 대답한 말인데, 《주역전의부록(周易傳義附錄)》 권12 제2장에 이 말이 실려 있다.

176 입신(入神) : 정의입신(精義入神)의 입신을 말한다. 229쪽 주169 참조.

177 천하의……뿐이다 : 《주역》 〈계사전 하〉 5장에 이 말이 나온다.

178 한 번……열면서 : 《주역》 〈계사전 상〉 11장의 "문을 닫는 것을 곤(坤)이라 하고, 문을 여는 것을 건(乾)이라 하며, 한 번 닫고 한 번 여는 것을 변(變)이라 하고, 왕래하여 다하지 않음을 통(通)이라 한다.〔闔戶 謂之坤 闢戶 謂之乾 一闔一闢 謂之變 往來不窮 謂之通〕"라는 말에서 발췌한 것이다. 대본에는 '一混一闢'으로 되어 있으나, 《주역》의 원문에 의거하여 '混'을 '闔'으로 바로잡아 번역하였다.

理)로서, "반드시 호연지기(浩然之氣)를 기르는 것을 일로 삼되, 미리 효과를 기대하지 않는다.〔必有事焉而勿正〕"[179]라는 것이요 연비어약(鳶飛魚躍)[180]의 활발발(活潑潑)한 경지라고 할 것이니, 천하의 지극히 신묘한 이가 아니면 그 누가 여기에 참여할 수 있겠는가.

'학문으로 나의 지식을 넓혀 준 것〔博我以文〕'은 정의입신(精義入神)이고, '예법으로 나의 행동을 단속하게 해 준 것〔約我以禮〕'은 이용안신(利用安身)이다. "그 공부를 그만두려 해도 그만둘 수 없어서 나의 재주를 다하였다.〔欲罷不能 旣竭吾才〕"라고 한 것은 치용(致用) 숭덕(崇德)과 서로 길러 마지않는 것〔交養不已〕이고, "아무리 따라가려 해도 그 길을 알지 못하겠다.〔雖欲從之 末由也已〕"라고 한 것은 "이 단계를 지나서 더 나아가면 혹 헤아릴 수도 없으니, 궁신지화(窮神知化)하여 덕이 성대한 성인의 경지에까지 이를 것이다.〔過此以往 未之或知 窮神知化 德之盛也〕"라는 것이다.[181] 일단 〈계사(繫辭)〉를 읽고 나서 다시 《논어

179 반드시……않는다 : 《맹자》 〈공손추 상(公孫丑上)〉의 "반드시 호연지기(浩然之氣)를 기르는 것을 일로 삼되, 미리 효과를 기대하지 말고, 마음속으로 잊지 말고 억지로 조장하지 말아야 한다.〔必有事焉而勿正 心勿忘 勿助長也〕"라는 말에서 발췌한 것이다.

180 연비어약(鳶飛魚躍) : 솔개가 날고 물고기가 뛴다는 뜻으로 천지간에 약동하는 만물의 실상을 비유한 말이다. 《중용장구》 제12장에 "《시》에 이르기를 '솔개는 날아서 하늘에 이르고, 물고기는 못에서 뛴다.'라고 하였으니, 이는 천지의 도(道)가 높은 하늘이나 낮은 못이나 모두 똑같이 행해지고 있음을 말한 것이다.〔詩云鳶飛戾天 魚躍于淵 言其上下察也〕"라는 말이 나온다. 솔개 운운의 시는 《시경》 〈대아(大雅) 한록(旱麓)〉에 나온다.

181 학문으로……것이다 : 공자의 도에 대해서 안연(顔淵)이 감탄하며 술회한 뒤에 "선생님은 학문으로 나의 지식을 넓혀 주시고 예법으로 나의 행동을 단속하게 해 주셨

(論語)》를 읽어 보건대, 참으로 상호 일치하여 다시 간격이 없으니, 이는 억지로 끌어다 붙여서 비교한 것이 아니다.

〈계사(繫辭)〉와 《중용(中庸)》은 성인(聖人)의 언어 중에서도 지극히 순수한 것인데, 〈계사〉가 특히 더 오묘하니, 《통서(通書)》와 《정몽(正蒙)》[182]은 모두 여기에서 나온 것들이다. 《맹자(孟子)》의 수언(粹言)은 진심장(盡心章)에 많이 들어 있다.

다. 그래서 그 공부를 그만두려 해도 그만둘 수 없어서 나의 재주를 다하고 보니, 선생님의 도가 내 앞에 우뚝 서 있는 듯 보이긴 하는데, 아무리 따라가려 해도 그 길을 알지 못하겠다.〔夫子循循然善誘人 博我以文 約我以禮 欲罷不能 旣竭吾才 如有所立卓爾 雖欲從之 末由也已〕"라고 말한 《논어》 〈자한(子罕)〉의 내용과 《주역》 〈계사전 상〉 5장의 내용을 녹문이 비교해서 논한 것이다. 〈계사전〉의 내용에 대해서는 229쪽 주169 참조.

182 통서(通書)와 정몽(正蒙) : 《통서》는 주돈이(周敦頤)가 지었다. 그의 《태극도설(太極圖說)》이 이론서라면, 《통서》는 그 응용서라고 할 수 있다. 《정몽》은 장재(張載)의 저술이다. 널리 사람들 입에 오르내리는 〈서명(西銘)〉은 《정몽》 17장 〈건칭편(乾稱篇)〉에 속한 단문(短文)이다.

녹문집

제15권

잡저 雜著

상서 을유년(1765, 영조41) 병술년(1766)

尙書 乙酉丙戌

요전 堯典

"구족(九族)을 친애하였다.〔以親九族〕"의 주(註)에 나오는 '오복(五服)의 성이 다른 친척〔五服異姓之親〕'이라는 말을 이해할 수가 없다. 《주자대전(朱子大全)》에는 '오복'의 아래에 '지외(之外)'라는 두 글자가 있으니, 여기에 첨가해 넣는 것이 마땅할 듯하다.[1]

1 구족(九族)을……듯하다 : 《서경》〈요전(堯典)〉에 "요 임금이 큰 덕을 제대로 밝혀 구족을 친애하자 구족이 화목하게 되었으며,……〔克明俊德 以親九族 九族既睦……〕"라는 말이 나오는데, 채침(蔡沈)의 주(註)에 "구족은 고조로부터 현손까지의 친척이다. 가까운 것을 거론하여 먼 것을 포괄하였으니, 오복(五服)의 성이 다른 친척들도 이 가운데에 들어 있다.〔九族 高祖至玄孫之親 擧近以該遠 五服異姓之親 亦在其中也〕"라고 하였다. 오복은 삼년복, 기년복, 대공복, 소공복, 시마복을 말하고, 성이 다른 친척은 보통 외가와 처가의 친척들을 가리키는데, 녹문은 '오복을 입어 주는 성이 다른 친척'이라는 해설 대신, '오복을 입어 주는 친척을 제외한 성이 다른 친척'이라고 해야 옳다는 입장이다. 구족에 대한 질문을 받고 주희가 대답한 내용이 《서경집전(書經集傳)》의 소주(小註)에 보인다. 《주자대전(朱子大全)》의 전거는 미상이다.

"이에 희씨(羲氏)와 화씨(和氏)에게 명하여〔乃命羲和〕"에서부터 "아, 그대들 희씨와 화씨여.〔咨汝羲暨和〕"까지의 6절(節)은 동일한 시기에 명한 것이다. 대개 '역상수시(曆象授時)'[2]의 일에 대하여 희화(羲和 희씨와 화씨)에게 통틀어 명하고 나서, 곧바로 또 사방의 천문과 기상을 관측하는 일〔四方測候〕을 중숙(仲叔) 등 4인[3]에게 나누어 명하였고, 이와 함께 또 책력(冊曆) 만드는 법을 그들에게 통틀어 신칙한 것이다. 만약 책력이 이미 이루어진 뒤에 비로소 나누어 명했다고 한다면, '윤월성세(閏月成歲)'[4]의 법을 책력을 만들 때에 말하지 않고 오히려 책력이 이루어진 뒤에 명한 것이 되니, 이는 어떻게 설명할 것인가. 집전(集傳)에서 "책력이 이미 이루어지매 직책을 나누어 반포하고……〔曆旣成而分職以頒布……〕"[5] 한 것은, 대개 "각기 사방으로 나누어 가서 추측(推測)하고 고험(考驗)한 것이 책력이 이루어진 뒤에 있었다."라는 말이지, "책력이 이루어지고 나서야 그들에게 나누어 명했다."라는 말이 아니니, 상절(上節)의 전(傳) 끝부분에 "아래의 글에 자세히 보인다.〔詳見下文〕"[6]라고 말한 것을 보아도 그렇다는 것을 알 수 있다.

2 역상수시(曆象授時) : 요 임금이 희화(羲和)에게 명하되, '일월성신을 역상하여 농부들에게 농사철의 시기를 조심스럽게 알려 주게 한 것〔曆象日月星辰 敬授人時〕'을 말한다. 역상은 책력(冊曆)을 만들고 천문(天文) 기상(氣象)을 관측하는 것을 말한다.

3 중숙(仲叔) 등 4인 : 희중(羲仲), 희숙(羲叔)과 화중(和仲), 화숙(和叔)을 말한다.

4 윤월성세(閏月成歲) : 요 임금이 희화에게 "1년은 366일인데, 여기에 윤달을 써야만 사시를 제대로 정해서 한 해를 이룰 것이다.〔朞三百有六旬有六日 以閏月 定四時成歲〕"라면서 책력 만드는 법을 일러 준 것을 말한다.

5 책력이……반포하고 : 《서경》 〈요전(堯典)〉 '분명희중(分命羲仲)' 절의 전(傳)의 처음에 나오는 말이다.

6 아래의……보인다 : 《서경》 〈요전〉 '내명희화(乃命羲和)' 절의 전(傳)의 마지막에

"천(天)은 점점 차이가 나면서 서쪽으로 옮겨 가고, 세(歲)는 점점 차이가 나면서 동쪽으로 옮겨 간다.〔天漸差而西 歲漸差而東〕"[7]라는 전문(傳文)에 대하여, 한남당(韓南塘 한원진(韓元震))이 "동서(東西)의 두 글자가 잘못되었다."라고 말하였기에, 처음에는 그런가 하고 의심하였으나 다시 생각해 보니 그의 말이 잘못되었다.

대개 동지(冬至)에는 일(日 태양)이 허(虛)에 있는데, 허는 바로 북방칠수(北方七宿)의 가운데에 있는 별이다. 상고(上古) 시대에는 동지 자반(子半)을 역원(曆元)[8]으로 삼아서, 이십팔수(二十八宿) 모두가 이

"그 해설이 아래의 글에 자세히 보인다.〔其說詳見下文〕"라는 말이 나온다.

7 천(天)은……간다 : 이른바 세차(歲差)에 대하여 집전(集傳)에서 언급한 내용을 녹문이 인용한 것인데, 《서경》〈요전〉'신명화숙(申命和叔)' 절의 전(傳)에 나온다. 세차는 태양과 달의 인력(引力)이 지구의 적도(赤道)에 미세한 영향을 미쳐서 해마다 춘분점(春分點)이 조금씩 서쪽으로 이동하며 달라지는 현상을 말하는데, 완전히 한 바퀴 도는 데에 대략 2만 6000년의 시간이 걸린다고 한다. 집전의 내용 중 이에 대한 부분을 발췌하여 소개하면 다음과 같다. "대개 천(天)에는 365도(度)와 4분의 1도가 있고, 세(歲)에는 365일(日)과 4분의 1일이 있는데, 천도(天度)는 4분의 1도만큼 여유가 있고 세일(歲日)은 4분의 1일만큼 부족하기 때문에, 천도는 항상 평탄하게 운행하여 펼쳐지는 반면에 일도(日道)는 항상 안으로 선회하면서 줄어들게 된다. 그래서 천(天)은 점점 차이가 나면서 서쪽으로 옮겨 가고 세(歲)는 점점 차이가 나면서 동쪽으로 옮겨 가는데, 이것이 바로 세차가 생기게 되는 까닭이니, 당(唐)나라 일행(一行)이 말한 세차라는 것이 이것이다.〔蓋天有三百六十五度四分度之一 歲有三百六十五日四分日之一 天度 四分之一而有餘 歲日 四分之一而不足 故天度常平運而舒 日道常內轉而縮 天漸差而西 歲漸差而東 此歲差之由 唐一行所謂歲差者是也〕"

8 역원(曆元) : 고대에 역법(曆法)을 추산(推算)할 때의 기산점(起算點)을 말하는데, 11월 갑자삭단(甲子朔旦) 동지(冬至) 야반(夜半)을 가장 이상적인 역원으로 삼았다. 갑자삭단은 초하루가 갑자인 날을 말하고, 야반은 자반(子半)과 같은 말로 밤 12시를 말한다.

때를 기준으로 각각 그 위치를 바르게 하였으니, 천(天)과 일(日)의 운행은 모두 이 허성(虛星)으로부터 기산(起算)해야 마땅한 것이다. 따라서 집전(集傳)에서 '점서점동(漸西漸東)'을 말한 것도 당연히 북방(北方)을 기준으로 말했을 것이니, 천(天)은 물러나면서 점점 서쪽으로 옮겨 가고 일(日)은 나아가면서 점점 동쪽으로 옮겨 가는 것이 실로 당연한 일이다.-천(天)과 일(日)의 운행이 모두 북방을 기산점(起算點)으로 하여 왼쪽으로 선회하니, 나아갈 때는 동쪽이라고 말하고 물러날 때는 서쪽이라고 말하는 것은, 어세(語勢)로 볼 때에 원래 이렇게 해야 마땅하다.- 세상 사람들도 《서전(書傳)》의 권수(卷首)에 그려진 도표(圖表)[9]에 허(虛)가 서방(西方)에 있기 때문에 그렇게 의심하는데, 남당(南塘) 역시 그들과 같이 생각한 것 같다. 그러나 이는 그 도표가 단지 초저녁 하늘 한가운데 있는 별을 근거로 하여 말한 것일 뿐이지, 일(日)과 천(天)이 만나는 곳이 반드시 서방에 있다는 말이 아님을 전혀 알지 못한 것이다.

천도(天度)는 4분의 1도(度)만큼 여유가 있기 때문에 일(日)과 천(天)이 만나는 것은 대략 4분의 1일 뒤의 1각(刻) 4, 5분(分)에 있고, 세일(歲日)은 4분의 1일만큼 부족하기 때문에 동지가 항상 4분의 1일 앞의 10분(分)쯤에 있으니, 이것이 바로 세(歲)마다 점점 차이가 난 결과, 호리(毫釐)에서 시작해서 삭남(朔南 북쪽과 남쪽)으로 멀리 떨어지게 되는 이유이다.

기삼백(朞三百)[10]의 주(註)에서 가장 계산하기 어려운 곳은 월(月)

9 서전(書傳)의……도표(圖表) : 〈역상수시도(曆象授時圖)〉를 말한다.

과 일(日)이 만나는 하나의 단락이다. 대개 월(月)이 천(天)보다 13도(度)와 19분의 7도가 부족하고 보면, 일(日)보다 부족한 것은 12도와 19분의 7도가 되는데, 여기에 29일 치를 합산하면 전도(全度) 348을 얻고 여분(餘分)의 합계가 또 203이 된다. 이 203을 도법(度法)의 19로 나누면 10과 부진수(不盡數 나눠지지 않는 우수리 수) 13을 얻는데, 이것과 합쳐서 계산하면 358도와 19분의 13도가 된다. 또 12도와 19분의 7도를 통분(通分)하고 납자(納子)하여 계산하면 235가 되는데,[11] 이것을 일법(日法) 940과 비교하면 매일(每日) 4분(分)이 1분(分)에 당도(當度 우수리 없이 꼭 들어맞음)한다. 그리고 일(日)의 499분(分)은 124분(分) 7리(釐) 5호(毫)에 당도하는데, 이 124분 7리 5호를 도법의 19로 나누면 전수(全數) 6을 얻고 부진수는 10분 7리 5호가 된다. 여기에다 이전의 358도와 19분의 13도를 합쳐서 계산하면 365도와 19분도(分度)의 4분 7리 5호가 되는데, 이 19분도의 4분 7리 5호가 바로 4분의 1도(度)인 것이다.

《계몽요해(啓蒙要解)》와 《전의(傳疑)》[12]를 살펴보면, 일법(日法)

10 기삼백(朞三百) : "1년은 366일이다.……〔朞三百有六旬有六日……〕"라는 절(節)을 말한다. 238쪽 주4 참조.

11 12도와……되는데 : 12와 19분의 7에서, 12를 통분하면 19분의 228이 되고, 여기에 분자(分子)인 7을 더하면 19분의 235가 된다는 말이다.

12 계몽요해(啓蒙要解)와 전의(傳疑) : 조선 세조(世祖)가 대군(大君)으로 있을 때에 주희의 《역학계몽(易學啓蒙)》을 해석한 《역학계몽요해(易學啓蒙要解)》와 이황(李滉)이 명나라 한방기(韓邦奇)의 《역학계몽의견(易學啓蒙意見)》을 참고하여 역학을 해설한 《계몽전의(啓蒙傳疑)》를 말한다.

의 940분(分)을 분마다 분석하여 19로 만드는가 하면, 월도(月度)의 19분을 분마다 분석하여 940으로 만드는 등, 다양한 방식으로 계산하면서 어떻게 하든 서로 합치되게끔 하는데, 그 계산법이 지극히 정밀하기만 하다. 그러나 뜻을 운용하는 것이 심오하고 난해하며 계산하는 요령이 복잡하고 자잘해서, 초학(初學)으로서는 졸지에 깨달아 이해하기가 어려우니, 아무래도 내가 설명하는 이 방법이 간명(簡明)해서 알기 쉬울 뿐만이 아니라 '그렇게 되는 까닭〔所以然之故〕'까지도 손바닥을 가리키듯 환히 알려 주는 것만은 못하다고 하겠다.

"월(月)이 운행하며 하루 동안 물러나는 것을 통분(通分)하면 235가 되는데, 이것을 일법의 940과 비교하면 매일 4분(分)이 1분에 맞아떨어지고〔當度〕, 일(日)의 499분(分)은 124분 7리(釐) 5호(毫)에 맞아떨어진다.……" 하는 이것이 바로 이른바 '그렇게 되는 까닭'이다. 그런데 《요해(要解)》는 이 한 건(件)에 대해서 아무래도 설명이 부족하다고 하겠다.

"9년 동안 공적이 이루어지지 않았다.〔九載績用不成〕"라고 한 말은 크게 의심스럽다. 대저 삼고(三考)[13]를 하여 출척(黜陟)을 하는 것은 단지 평시에 고적(考績)하는 상법(常法)일 뿐이다. 바야흐로 홍수가

13 삼고(三考) : 세 차례에 걸쳐 고적(考績)하여 승강(升降)과 상벌(賞罰)을 결정하던 고대의 인사 관리 제도이다. 고적은 일정한 기준에 의거하여 관리의 성적을 고핵(考劾)하는 것을 말한다. 《서경》 〈순전(舜典)〉에 "3년에 한 번씩 성적을 고핵하고, 세 번 고핵한 다음에 무능한 자를 축출하고 유능한 자를 승진시켰다.〔三載考績 三考 黜陟幽明〕"라는 말이 나온다.

하늘에까지 잇닿아 하민(下民)이 혼점(昏墊)[14]하여 천하가 위태롭기 그지없었으니, 마땅히 불에 타고 물에 빠진 사람을 구해 내는 것처럼 이 사태를 해결했어야 할 것이다. 그런데 제요(帝堯)의 밝은 안목으로 볼 때, 곤(鯀)이 공을 세울지의 여부를 부주(敷奏 진주(陳奏))하던 날에 벌써 환히 알 수 있었을 것이요, 그가 오행(五行)을 골진(汨陳)하리라는 조짐[15]이 또한 일을 시작할 때에 반드시 드러나 보였을 것이다. 상황이 이러한데도 여전히 상법으로 처리하며 아무 말 없이 앉아서 보기만 할 뿐, 9년이라는 오랜 세월이 지나도록 변통할 것을 생각하지 않았다는 것은 성인(聖人)의 용심(用心)이 아닐 듯하다. 반복해서 생각해 보아도 이에 대한 적절한 해답을 찾지 못하겠다.

"증증(烝烝)히 다스려서 간악한 지경에 이르지 않게 하였다.〔烝烝乂不格姦〕"라는 경문(經文)에 대하여, 증남풍(曾南豐)이 "증(烝)은 증지부부(烝之浮浮)의 증(烝)과 같으니, 성덕(盛德)이 상달(上達)하여 변화시키며 익힘으로써 스스로 알지 못하게 한 것이다.〔烝如烝之浮浮之烝 盛德上達 化而熟之 使不自知也〕"라고 해설한 것[16]이 지극히 좋으니,

14 혼점(昏墊) : 홍수의 재해를 입어 고통 속에 허덕이며 어떻게 해야 할지 모르는 것을 말한다. 《서경》〈익직(益稷)〉에 "홍수가 하늘에까지 잇닿아 끝없이 넘실거리며 산을 에워싸고 언덕을 넘어 하민이 혼점하였다.〔洪水滔天 浩浩懷山襄陵 下民昏墊〕"라는 말이 나온다.

15 그가……조짐 : 곤(鯀)이 오행의 속성에 따르지 않고 어긋나게 처리함으로써 일을 그르칠 것이라는 전조(前兆)를 말한다. 《서경》〈홍범(洪範)〉에 "옛날 곤이 물의 속성을 거슬러 홍수를 막음으로써 오행의 배열을 어지럽혔다.〔在昔鯀陻洪水 汨陳其五行〕"라는 말이 나온다.

진진(進進)[17]이라는 해석에 비해서 의미가 더욱 심장하다. 주자(朱子)가 이를 취하지 않은 것은, 어쩌면 신기함을 좋아하는 폐단이 있어서 그런지도 모르겠는데, 어쨌든 이 두 개의 해설을 모두 참고하는 것이 옳다고 하겠다.

순전 舜典

이 편(篇)의 첫머리에 나오는 28자(字)[18]는 끝내 의안(疑案 의심되는

16 증남풍(曾南豐)이……것 : 본문에 인용된 말은 청나라 주학령(朱鶴齡, 1606~1683)의 《상서비전(尙書埤傳)》 권1에 나온다. 송나라 임지기(林之奇)의 《상서전해(尙書全解)》 권1에는 "증(烝)은 증지부부(烝之浮浮)의 증(烝)과 같으니, 성덕의 기가 상달하여 변화시키며 익힘으로써 스스로 알지 못하게 할 수 있었던 것이다.〔烝如烝之浮浮之烝 盛德之氣 可以上達 化而熟之 使不自知〕"라고 하여 약간 더 구체적인 내용이 실려 있다. 증지부부는 《시경》 〈대아(大雅) 생민(生民)〉의 "우리 제사를 어떻게 지내는가 하면, 혹은 방아를 찧고 혹은 절구질을 하며, 혹은 까불고 혹은 비비며, 쌀을 물에 썩썩 씻고, 솥에 쪄서 푹푹 김이 오르게 한다.〔誕我祀如何 或舂或揄 或簸或蹂 釋之叟叟 烝之浮浮〕"라는 말에서 발췌한 것이다. 증남풍은 남풍(南豐) 출신인 증공(曾鞏)을 가리키는데, 그의 〈선대부집후서(先大夫集後序)〉 맨 마지막에 "공의 성은 증씨(曾氏)요, 휘는 모(某)이며, 남풍인이다. 이 서문을 쓴 사람은 바로 공의 손(孫)인 공(鞏)이다.〔姓曾氏諱某南豐人序其書者公之孫鞏也〕"라는 말이 나온다. 《唐宋八大家文鈔 卷101》

17 진진(進進) : 나아가고 나아간다는 뜻으로, 포기하지 않고 계속 애를 쓰면서 전진하는 것을 말한다. 집전(集傳)에 "증(烝)은 진(進)의 뜻이다. 순(舜)이 불행히도 이러한 일을 만났으나, 제대로 효로써 화합하여 '나아가고 나아가며' 선(善)으로 스스로 다스려서 크게 간악한 지경에 이르지 않게 하였다는 말이다.〔烝進也 言舜不幸遭此 而能和以孝 使之進進以善自治 而不至於大爲姦惡也〕"라고 하였다.

18 28자(字) : 《서경》 〈순전(舜典)〉의 "옛 제순(帝舜)을 상고해 보건대, 중화(重華)

안건)으로 남아 있다. 실제로 이 28자가 있었다면 복생(伏生)[19]이 무슨 이유로 이 글자를 기입하지 않고 〈요전(堯典)〉과 합쳤겠으며, 맹자(孟子)가 무슨 이유로 "순(舜)이 섭정(攝政)한 지 28년 만에 요 임금이 마침내 별세하였다.〔二十有八載放勳乃徂落〕"라는 구절을 인용하면서 〈요전〉이라고 하였겠는가.[20] 《맹자집주(孟子集註)》에서 "옛날에는 혹 두 전(典)을 합쳐서 한 편으로 하기도 했다."라고 하였지만, '왈약계고(曰若稽古)' 운운한 것은 다른 편(篇)이 시작되는 첫머리인 것이 분명

라고 일컬어지며 그 덕이 제요(帝堯)와 합치하였다. 깊고 명철하고 문채 나고 밝았으며, 온화하고 공손하고 미쁘고 성실하여, 그윽한 덕이 위에 알려지니, 제요가 마침내 그에게 직위를 명하였다.〔曰若稽古帝舜 曰重華 協于帝 濬哲文明 溫恭允塞 玄德升聞 乃命以位〕"라는 문장을 말한다.

19 복생(伏生) : 한(漢)나라 제남(濟南) 사람으로, 이름은 승(勝)이고, 자(字)는 자천(子賤)이다. 원래 진(秦)나라의 박사(博士)로 《상서(尙書)》를 전공하였는데, 진 시황(秦始皇)이 분서(焚書)를 하자 《상서》를 벽 속에 감추어 두었다가 한나라가 흥기(興起)한 뒤에 꺼내어 보니 책들이 이미 산일(散佚)되고 겨우 29편(篇)만 남아 있었으므로 그것을 가지고 제(齊)와 노(魯) 사이에서 학생들을 가르쳤다. 문제(文帝)가 즉위하여 복생이 《상서》에 능하다는 말을 듣고는 그를 부르려고 하였으나, 그때 이미 나이가 90여 세나 되어 여행이 불가능하였으므로, 태상사장고(太常使掌故) 조조(晁錯)를 그에게 보내어 구전(口傳)한 29편을 받아 오게 하였는데, 이것이 바로 《금문상서(今文尙書)》이다.

20 맹자(孟子)가……하였겠는가 : 《맹자》 〈만장 상(萬章上)〉에 "〈요전(堯典)〉에 의하면, 순이 섭정한 지 28년 만에 요 임금이 마침내 별세하니, 백성들은 부모를 잃은 듯이 삼년복을 입었고, 사해는 팔음의 연주를 그쳤다고 한다.〔二十有八載放勛乃徂落 百姓如喪考妣三年 四海遏密八音〕"라는 맹자의 말이 나오는데, 그 집주(集註)에 "〈요전〉은 〈우서〉의 편명이다. 지금 이 글은 바로 〈순전〉에 보이는데, 대개 옛날의 《서경》은 두 편이 혹 한 편으로 합해지기도 한 모양이다.〔堯典虞書篇名 今此文乃見於舜典 蓋古書二篇或合爲一耳〕"라고 하였다.

하니, 참으로 이 말이 있었다면 〈요전〉과 합치고 싶어도 그렇게 할 수 없었을 듯하다. 그리고 벽서(壁書)가 이미 나온 뒤에 '알 수 있는 것들을 택정(擇定)하여〔定其可知者〕' 58편으로 만들어서 서부(書府)에 보관하고 천하에 유행시켰는데,[21] 무슨 까닭에 한(漢), 진(晉)의 500여 년을 거치도록 한 사람도 이 28자를 본 자가 없다가, 곧장 소제(蕭齊)의 세상에 이르러서 그만 대항두(大航頭)에서 얻게 되었단 말인가.[22] 이에 대해서 주자(朱子)가 의심하기를 "공전(孔傳)[23]은 양한(兩

21 벽서(壁書)가……유행시켰는데 : 벽서는 한대(漢代)에 공자(孔子)의 집 벽 속에서 발견한 장서(藏書)를 말하는데, 여기서는 《고문상서》를 지칭하는 말로 쓰였다. 《벽중서(壁中書)》 혹은 《벽경(壁經)》이라고도 한다. 《한서(漢書)》 권30 〈예문지(藝文志)〉에 "한 무제(漢武帝) 말년에 노 공왕(魯共王) 유여(劉餘)가 공자의 옛집을 헐고 궁실을 넓히려다가 고문으로 된 《상서》, 《예기》, 《논어》, 《효경》 등 수십 편을 얻었는데, 모두 고자였다.〔武帝末 魯共王 壞孔子宅 欲以廣其宮 而得古文尙書禮記論語孝經凡數十篇 皆古字也〕"라는 말이 나온다. 이 장서는 진 시황이 분서갱유(焚書坑儒)할 때에 공자의 8세손인 공부(孔鮒)가 벽 속에 감춰 둔 책으로 전해진다. 고자는 옛날 창힐(蒼頡)이 지었다는 과두 문자(蝌蚪文字)를 가리킨다. 그 뒤에 공자의 11세손인 공안국(孔安國)이 칙명(勅命)을 받들어 《서전(書傳)》 58편을 지었는데, 그 〈상서 서(尙書序)〉에 "과두의 문자가 없어진 지 이미 오래되어 지금 사람들 중에 제대로 아는 자가 없었으므로, 복생에게 얻어 들은 글을 가지고 글 뜻을 고찰하여 알 수 있는 것들을 택정(擇定)해서 예서(隷書)로 고자를 교정하고는 다시 죽간에다 베껴 썼다.〔科斗書廢已久 時人無能知者 以所聞伏生之書 考論文義 定其可知者 爲隷古定 更以竹簡寫之〕"라고 하였다.

22 소제(蕭齊)의……말인가 : 소제 즉 남조(南朝) 제(齊)의 명제(明帝) 건무(建武) 4년(497)에 오흥(吳興) 사람 요방흥(姚方興)이 대항두(大航頭)에서 발견했다는 〈순전(舜典)〉에 이른바 문제가 되는 28자가 처음으로 출현했다는 말이다. 대항두는 대항의 머리 부위라는 뜻인데, 대항은 즉 주작항(朱雀航)으로, 동진(東晉)과 남조 때에 건강(建康)의 성(城) 남쪽에 주작문(朱雀門)을 정대(正對)하여 설치한 부교(浮橋)를 말한다. 대항(大桁)이라고도 한다.

漢) 시대의 글이 아니다. 생각건대, 한(漢), 진(晉)의 사이에 어떤 사람이 이 전(傳)을 위작(僞作)하여 안국(安國)의 이름을 가탁하였고, 그 뒤에 또 어떤 사람이 이 28자와 전문(傳文)을 위조해서 보충하여 세상을 속인 것이 아닌가 한다."라고 하였는데, 의심한 이 말이 옳은지 어떤지 알지 못하겠다.

"제요(帝堯)가 순(舜)에게 오륜(五倫)을 삼가 가르치게 하였다.〔愼徽五典〕"라는 말을 〈순전(舜典)〉의 첫머리에 놓은 것이 의아하게 보일지도 모르겠으나, 고문(古文)의 체재(體裁)는 간략하니 그 자체로 체례(體例)를 이루었다고 보아도 무방할 것이다. 오직 이와 같기 때문에 그 당시에 혹 〈요전(堯典)〉과 합치는 경우도 있었을 것이니, 그렇지 않다면 두 전(典)의 계한(界限)이 분명한데 그 누가 합칠 수 있었겠는가.

'현덕(玄德)'[24]이라는 두 글자가 의심스럽다. 주자는 말하기를 "《서

23 공전(孔傳) : 공안국(孔安國)의 전(傳)이라는 말인데, 여기서는 동진(東晉) 원제(元帝) 때에 매색(梅賾)이 《고문상서》를 위작(僞作)하고 나서 공안국의 이름을 가탁하여 조정에 올린 《서전(書傳)》을 말한다. 원래 《고문상서》에는 〈요전(堯典)〉만 있을 뿐 〈순전(舜典)〉은 있지 않았는데, 매색이 요전의 '신휘오전(愼徽五典)' 이하의 내용을 별도로 떼어 내어 〈순전〉으로 만들었다. 그리고 이 〈순전〉의 첫머리에 28자가 새로 첨가된 것이 바로 대항두(大航頭)의 〈순전〉이다. 그런데 이 《고문상서》는 나중에 청(淸)나라 염약거(閻若璩) 등 고증학자들의 치밀한 실증적 조사 결과에 의해 위서(僞書)로 판정되었다. 녹문이 인용한 주자의 말은 전거 미상이다.

24 현덕(玄德) : 이른바 28자 안에 나오는 "순의 그윽한 덕이 위에 알려졌다.〔玄德升聞〕"라고 한 그 현덕을 말한다.

전(書傳)》 가운데에 현(玄)을 말한 곳은 있지 않다."[25]라고 하였다. 유잠(幽潛)으로 풀이한 것이 고주(古註)에 나오는데, 이에 대해서 공영달(孔穎達)이 노자(老子)의 '현지우현(玄之又玄)'을 인용하여 그 증거로 제시하였으나,[26] 이것 역시 친절(襯切)한 느낌은 들지 않는다. 아마도 진(晉)나라 사람이 위조해서 보충했으리라고 의심한 주자의 말이 옳을 듯하다.

'납우대록(納于大麓)'[27]에 대하여 고주(古註)에서 "만기의 정사를 대

25 서전(書傳)……않다 : 《주자어류(朱子語類)》 권78 〈상서(尙書) 순전(舜典)〉에 "현덕은 이해하기 어렵다. 《서전》 가운데에도 현(玄)을 말한 곳은 있지 않다. 지금 사람들이 피휘(避諱)하여 많이들 현(玄)을 원(元)으로 바꿔서 쓰곤 하는데, 이는 매우 잘못된 일이다.……〔玄德難曉 書傳中亦無言玄者 今人避諱多以玄爲元 甚非也……〕"라는 말이 나온다.

26 공영달(孔穎達)이……제시하였으나 : 당 태종(唐太宗) 때에 공영달이 지은 《상서정의(尙書正義)》 권3에 "노자가 '현묘하게 하고 또 현묘하게 하니 모든 현묘함이 나오는 문이다.'라고 하였고 보면, 현(玄)이라는 것은 미묘한 것의 명칭이니, 그래서 현은 유잠(幽潛)을 의미한다고 말한 것이다.〔老子云 玄之又玄 衆妙之門 則玄者微妙之名 故云玄謂幽潛也〕"라는 말이 실려 있다. 노자의 말은 《도덕경(道德經)》 1장 마지막 구절에 나온다.

27 납우대록(納于大麓) : 《서경》 〈순전(舜典)〉에 나오는 이 말에 대해서, 집전(集傳)에서는 《사기(史記)》와 소식(蘇軾)의 설을 인용하여 "제요(帝堯)가 순(舜)을 큰 산기슭에 들어가게 하였다."라고 풀었다. 그런데 《상서주소(尙書註疏)》 권2를 보면 "녹(麓)은 녹(錄)이다. 제요가 순을 받아들여 만기(萬機)의 정사를 대록(大錄)하게 한 것이다.〔麓錄也 納舜使大錄萬幾之政〕"라는 공씨전(孔氏傳)이 실려 있다. 공씨전은 공전(孔傳) 즉 공안국(孔安國)의 전주(傳註)로 전해지는 것을 말한다. 247쪽 주23 참조. 《상서주소》는 한나라 공씨전과 당나라 육덕명(陸德明)의 음의(音義), 그리고 공영달의 소(疏)로 이루어져 있다. 대록은 조정의 정사를 총괄하는 것을 말한다. 또 관명(官

록하게 한 것이다.〔大錄萬幾之政〕"라고 하였다. 그러나 '녹(麓)'을 '녹(錄)'으로 바꾼 것부터 이미 의거한 바가 없다고 할 것이요, 녹상서(錄尙書)라는 칭호도 동한(東漢)에서 시작되었고 보면, 당우(唐虞)의 시대에 어찌 이런 관명(官名)이 있었겠는가. 그리고 '미(迷)'를 착(錯)으로 새긴 것도 말이 되지 않는다.[28] 경(經)에서 만약 '풍우불미(風雨弗迷)'라고 말했다면 그런 해설이 가능할 수도 있겠지만, 지금 이미 '열풍뇌우불미(烈風雷雨弗迷)'라고 말한 것을 두고 "매서운 바람과 천둥 번개가 치며 비가 쏟아지는 것이 미착(迷錯)하거나 건복(愆伏)하는 것이 있지 않았다."라고 해석한다면, 이것이 무슨 말이 되겠는가. 집전(集傳)에서 인용한 소씨(蘇氏)의 설이 원래 평정(平正)하고 명백하여 의심할 것이 없는데, 서건학(徐乾學)은 무슨 까닭에 이 해설을 취하지 않고 그만 대록(大錄)의 설을 취하여 부회(傅會)하려고 그렇게 애를 많이 썼단 말인가. 그가 신기함을 좋아하는 것이 심하다고 하겠다.

名)으로도 쓰이는데, 후대의 녹사(錄事)나 녹상서사(錄上書事)의 명칭도 여기에서 비롯된 것이다. 고주(古註)에서 대록(大麓)을 대록(大錄)으로 해석한 것은 아마도 "제요가 순을 백규의 자리에 들여놓으니, 백규의 일이 제대로 펴졌다.〔納于百揆 百揆時敍〕"라는 상문(上文)과의 연관성을 고려했기 때문으로 보인다.

28 미(迷)를……않는다 : 《서경》 〈순전(舜典)〉의 '납우대록(納于大麓)' 다음에 나오는 '열풍뇌우불미(烈風雷雨弗迷)'에 대하여, 공전(孔傳)에서 "음양이 조화되고 풍우가 때에 맞아 각각 그 절후(節候)를 따랐을 뿐, 미착하거나 건복하는 것이 있지 않았다.〔陰陽和 風雨時 各以其節 不有迷錯愆伏〕"라고 풀이한 것을 녹문이 비판한 것이다. 집전에서는 "매서운 바람이 불고 천둥 번개가 치며 비가 쏟아져도 순(舜)은 정신이 혼미해지지 않았다."라고 해석하였다. 공전의 미착은 미혹되고 착란됨을 말하고, 건복은 음양(陰陽)이 조화를 잃어 기후가 순조롭지 못한 것을 말하는데, 《춘추좌씨전(春秋左氏傳)》 소공(昭公) 4년의 "겨울에는 양이 치성해서 따뜻한 적이 없고, 여름에는 음이 잠복해서 서늘한 적이 없다.〔冬無愆陽 夏無伏陰〕"라는 말에서 유래한 것이다.

'재선기옥형(在璿璣玉衡)'이라는 말은 선기(璿璣)와 옥형(玉衡)을 관찰하는 것을 의미하니, 집전(集傳)에서 "맨 먼저 선기와 옥형을 관찰한다.〔首察璣衡〕"라고 한 것을 보면 알 수가 있다. 그런데 언해(諺解)에서는 집전에 나오는 "선기를 살핀다.〔窺璣〕"라는 말을 잘못 보고서 '재(在)'를 규(窺)로 해석하였는데, 이렇게 하면 문리(文理)가 전혀 통하지 않는다. 그리고 '이제칠정(以齊七政)'이라는 말은 단지 그 운행(運行)하는 도수(度數)를 추산(推算)하고 이합(離合)하는 시각(時刻)을 고험(考驗)하여 차질이 없게 하는 것을 의미하니, 이는 대개 책력(冊曆)을 만들어서 농사의 시기를 알려 주는 일일 뿐이다. 그런데 삼연(三淵)은 너무 지나치게 추리한 나머지, 심지어는 "우리의 오사(五事)로부터 서정(庶政)에 이르기까지 정제(整齊)되지 않음이 없게 된다."라고까지 말하였는데,[29] 이는 타당하지 않을 듯하다. 주자가 "이 일은 무엇

29 삼연(三淵)은……말하였는데 : 삼연은 김창흡(金昌翕, 1653~1722)의 호이다. 김상헌(金尙憲)의 증손이고, 김수항(金壽恒)의 아들이며, 김창집(金昌集)과 김창협(金昌協)의 아우이다. 그의 문집에 "'재선기옥형이제칠정(在璿璣玉衡以齊七政)'의 주해는 자세하지 못한 흠이 있다. 내가 나름대로 생각건대, 처음에는 하늘을 기준으로 기구를 만들고, 다음에는 기구에 의거하여 상(象)을 완미하고, 마지막으로는 그 상(象)을 관찰하여 정사를 생각하는 것이다.……그리고 순(順)하고 역(逆)하게 되는 이유가 반드시 있을 것인데, 이를 부앙하고 참고하여 크고 작은 일에 부험한 뒤에야, 우리의 오사(五事)로부터 서정(庶政)에 이르기까지 정제(整齊)되지 않음이 없게 될 것이다.〔在璿璣玉衡以齊七政註解欠詳　竊謂始則準天以造器　中則卽器以玩象　終則察象以念政……其順其逆 必有致之之由 俯仰參考 大小符驗而後 自吾五事 以達庶政 靡有不齊之患〕"라는 말이 나온다.《三淵集 卷34 日錄 2月 2日, 韓國文集叢刊 166輯》 오사는 《서경》 〈홍범(洪範)〉에 나오는 수신(修身)의 다섯 가지 조목으로, 모습〔貌〕, 말씨〔言〕, 보는 것〔視〕, 듣는 것〔聽〕, 생각〔思〕을 말한다. 〈홍범〉에서 이 오사를 통치자의 수신 조목으로 언급했기 때문에, 김창흡이 '우리〔吾〕'라는 글자를 덧붙여서 선비에 해당하는 조목임을 밝힌 것이다. 서정은 각종 정무(政務)를 의미한다.

보다도 먼저 처리해야 할 사항이기 때문에, 또 한 번 새로 정리해서 말한 것이다."[30]라고 설명한 것은 참으로 탁견(卓見)이라고 할 만하다.

"사악에게 순문(詢問)하여, 사방의 문을 활짝 열어서 현재(賢才)가 들어오게 하고, 사방의 눈들이 환히 보이게 하고, 사방의 귀가 환히 들리게 하였다.〔詢于四岳 闢四門 明四目 達四聰〕"라고 하였는데, 이것이 바로 순(舜)이 즉위한 뒤에 가장 먼저 취한 행동이다. 한번 호령을 발하여 시행함에 문득 사방풍동(四方風動)[31]의 뜻이 깃들어 있으니, 이것이 어떠한 흉차(胸次)이며, 어떠한 안목이며, 어떠한 정신이며, 어떠한 수단이라고 하겠는가.

순(舜)이 섭정할 때에 행한 것은 옛날에 행한 법제(法制)를 더욱더 정돈한 데 불과할 따름이니, 예컨대 선기(璿璣)와 옥형(玉衡)을 관찰한 것이나 순수(巡狩)한 것이나 상형(象刑)[32]과 같은 것이 모두 그러하

30 이 일은……것이다 : 《서경》 〈순전(舜典)〉의 이 대목에 대해서 주희가 질문을 받고서 "이는 단지 또 한 번 새로 정리해서 말한 것일 뿐이다. 이 일은 무엇보다도 먼저 처리해야 할 사항이기 때문에, 이 일부터 처리해 나간 것이다.〔只是從新整理起 此是最當先理會者 故從此理會去〕"라고 답변한 내용이 《주자어류(朱子語類)》 권78에 나온다.

31 사방풍동(四方風動) : 사방에 바람이 일듯 고무한다는 말로, 천하 백성들이 문교(文敎)에 감동하여 순화(馴化)되는 것을 말한다. 《서경》 〈대우모(大禹謨)〉에, 제순(帝舜)이 "나로 하여금 원하는 대로 정치를 할 수 있게 하여, 사방이 풍동하게 한 것은 바로 너의 공로 덕분이다.〔俾予從欲以治 四方風動 惟乃之休〕"라고 고요(皐陶)를 칭찬한 말이 나온다.

32 상형(象刑) : 죄인에게 실제로 육형(肉刑)을 가하지 않고 법을 범했다는 표시로 다른 사람들과 복식(服飾)을 달리하여 스스로 치욕을 느끼게 하는 형벌을 말한다. 제순

다. 그리고 사흉(四凶)[33]을 처벌한 것은 가장 크게 행동을 취한 경우이지만, 이것도 그 죄악이 지극히 커서 속히 제거하지 않으면 안 되었기 때문에 품달(稟達)하여 행하였을 뿐이요, 그 밖에 백관(百官)에 대해서는 행동을 원래 감히 취하지 않았다. 그러다가 이렇게 즉위하고 나서는 바로 처음 시작할 때부터 진쇄(振刷)하여 한 시대의 이목(耳目)을 새롭게 하였는데, "사방의 문을 활짝 열었다.〔闢四門〕"라는 한 단락을 보면 그 모사(模寫)가 신묘해서 이를 읽노라면 완전히 사람으로 하여금 감분(感奮)하여 크게 탄식하게 한다. 그 밖에 12목(牧)에게 자문(咨問)하고 9관(官)을 임명한 일[34] 등은 그 기상(氣象)과 의사(意思)가 섭정할 때와 비교하면 크게 같지 않은데, 섭정할 때의 일이 곤도(坤道)와 같다면 즉위한 뒤의 일은 건도(乾道)와 같다는 것을 자세히 완미하

(帝舜)이 우(禹)에게 "온 천하가 나의 덕교를 실행하게 된 것은 바로 그대의 공이 이루어진 때문이니, 고요가 바야흐로 그대의 공을 받들어서 상형을 밝게 베풀고 있다.〔迪朕德 時乃功惟敍 皐陶方祗厥敍 方施象刑 惟明〕"라고 한 말이 《서경》 〈익직(益稷)〉에 나온다.

33 사흉(四凶) : 전설로 전해지는 상고 시대의 흉악한 네 명의 부족 수령들로, 삼묘(三苗), 공공(共工), 환두(驩兜), 곤(鯀)이다. 순이 섭정할 적에 이들을 정벌하여 삼묘는 삼위(三危)로 쫓아내고, 공공은 유주(幽州)에 귀양 보내고, 환두는 숭산(崇山)에 내치고, 곤은 우산(羽山)에 가두어 처벌했다는 기록이 《서경》 〈순전(舜典)〉에 나온다. 《춘추좌씨전(春秋左氏傳)》 문공(文公) 18년에는 이들의 이름이 각각 도철(饕餮), 궁기(窮奇), 혼돈(渾敦), 도올(檮杌)로 나온다.

34 12목(牧)에게……일 : 12목은 12주(州)를 다스리는 지방 장관을 말한다. 9관(官)은 중앙 정부의 장관 9인을 가리킨다. 《서경》 〈순전〉에, 제순(帝舜)이 여러 관원들에게 두루 당부한 뒤에 결론적으로 "아, 그대들 22인은 공경한 자세를 유지하며 때에 맞게 하늘의 일을 돕도록 하라.〔咨汝二十有二人 欽哉 惟時亮天功〕"라고 말하였는데, 이 22인은 12목과 9관에 사악(四岳) 1인을 합친 것이다.

면 자연히 알 수 있을 것이다.

“이 백곡을 파종하라.〔播時百穀〕”에서, ‘시(時)’는 고주(古註)에서 ‘시(是)’로 해독하였다. 언해(諺解)에서 ‘시(時)로’라고 하여 “때에 맞게 백곡을 파종하라.”라고 한 것은 옳지 않다.

“악기의 소리〔聲〕는 사람의 긴 목소리에 맞춰서 연주하는 것이고, 율(律)은 악기의 소리를 조화시키는 것이다.〔聲依永 律和聲〕”[35]라고 했고 보면, 이는 성(聲)이 있은 뒤에 율(律)이 있는 것이다. 그런데 “내가 육률과 오성을 들으려 한다.〔予欲聞六律五聲〕”[36]라고 한 것은 율이 또 성보다 앞서는 것이고, 채씨(蔡氏)의 《신서(新書)》[37]에서도 “율이 성을 낸다.〔律生聲〕”라고 하였으니, 이것은 어떻게 설명할 것인가. 대개

35 악기의 소리는……것이다 : 《서경》 〈순전〉에, 제순(帝舜)이 기(夔)에게 음악을 담당하게 하면서 “음악의 가사인 시(詩)는 뜻을 말한 것이고, 노래〔歌〕는 그 가사를 사람이 길게 늘여 부르는 것이고, 악기의 소리〔聲〕는 그 긴 목소리에 맞추어 연주하는 것이고, 율(律)은 악기의 그 소리를 조화시키는 것이다.〔詩言志 歌永言 聲依永 律和聲〕”라고 말한 데서 발췌한 것이다.

36 내가……한다 : 제순(帝舜)이 우(禹)에게 “내가 육률과 오성과 팔음을 듣고서, 잘 다스려졌는지 소홀히 했는지를 살펴 오성에 합치한 시가(詩歌)를 내고 들이려 하거든, 네가 듣고서 자세히 살펴라.〔予欲聞六律五聲八音 在治忽 以出納五言 汝聽〕”라고 당부한 말이 《서경》 〈익직(益稷)〉에 나오는데, 그 주(註)에 “율(律)이 있은 뒤에 성(聲)이 있고, 성이 있은 뒤에 팔음이 의거할 수 있다. 그래서 ‘육률과 오성과 팔음’이라고 하여 말의 순서를 이와 같이 한 것이다.〔有律而後有聲 有聲而後八音得以依據 故六律五聲八音 言之序如此也〕”라고 하였다.

37 채씨(蔡氏)의 신서(新書) : 채원정(蔡元定)의 《율려신서(律呂新書)》를 말한다. 《서경집전(書經集傳)》을 지은 채침(蔡沈)은 채원정의 아들이다.

성기(聲氣)의 근본이라는 측면에서 말하면 오성이 원래 율관(律管)의 앞에 갖추어져 있지만, 황종(黃鍾)의 측면에서 말하면 황종이 있은 뒤에 비로소 81의 수(數)가 있어서 궁(宮)이 되고, 궁(宮)이 있은 뒤에야 비로소 삼분손익(三分損益)에 의해 사성(四聲)이 되니,[38] 이 두 가지 말에는 원래 각각 타당한 점이 있는 것이다. 그러나 그 실제를 따진다면 궁(宮)이 곧 황종이고 황종이 곧 궁인 것이니, 본래 선후(先後)에 대해서 말할 것이 없다. 성(聲)의 체(體)는 천(天)에 갖추어져 있지만 그 용(用)은 율(律)을 기다려 조화되는 것이고, 율(律)의 기(器)는 인(人)에 의해 제작되지만 그 원(源)은 성(聲)에 나아가 있는 것이니, 성과 율의 묘리(妙理)에 밝은 자는 당연히 스스로 알게 될 것이다.

"나의 명을 출납하라.〔出納朕命〕"의 집전(集傳)에 나오는 '부주복역(敷奏復逆)'의 한 단락이 '짐명(朕命)'과는 직접적인 관련이 없는 만큼,

38 황종(黃鍾)의……되니 : 12율의 으뜸이며 기본이 되는 황종의 율관(律管)은 원통의 길이가 9치이고, 원통의 둘레는 직경 3푼에 원주율 3을 곱하여 9푼이 되는데, 이 9치와 9푼을 곱한 81이 양수(陽數)의 극(極)인 황종의 수(數)가 되고, 이것이 오성(五聲)의 첫 번째 소리인 궁(宮)이 된다. 삼분손익(三分損益)은 삼분손일(三分損一)과 삼분익일(三分益一)의 준말인데, 격팔상생(隔八相生)과 함께 옛날에 12율관의 음계(音階)를 정할 때에 쓰던 방법이다. 삼분손일은 전체의 3분의 1을 덜어서 3분의 2만 쓰는 것을 말하고, 삼분익일은 3분의 1을 더 늘여서 3분의 4로 만드는 것을 말하며, 격팔상생은 12율관의 간격이 여덟 칸이 떨어져야 그다음의 율관이 성립하는 것을 말하는데, 11월의 황종에서 여덟 번째 떨어진 자리는 6월의 임종(林鍾)에 해당한다. 말하자면 황종 율관의 길이인 9치에서 3분의 1을 뺀 6치가 그다음으로 상생하는 임종 율관의 길이가 되고 그 수는 6치와 9푼을 곱한 54가 되며, 임종 율관의 길이 6치에다 3분의 1을 더한 8치가 격팔상생의 음계인 태주(太簇) 율관의 길이가 되고 그 수는 8에 9를 곱한 72가 되는데, 이런 식으로 반복해서 12율이 이루어지는 것이다.

농암(農巖 김창협(金昌協))이 이를 의심한 것이 정당한데, 이에 대해서 우옹(尤翁 송시열(宋時烈))이 답한 것을 보면 감히 알지 못할 점이 있다.[39] 내 생각에는, 공영달(孔穎達)이 "서로 바꿔서 보인 것이다.〔互相

39 나의……있다 : 출납짐명(出納朕命)은, 제순(帝舜)이 용(龍)이라는 신하에게 "나는 참소하는 말이 선인의 행실을 해친 나머지 나의 무리들이 듣고서 동요하고 놀라워하게 되는 것을 미워하는 바이다. 그래서 그대를 임명하여 납언으로 삼노니, 밤낮으로 명을 출납하되 오직 진실되게 하라.〔朕堲讒說殄行 震驚朕師 命汝作納言 夙夜出納朕命惟允〕"라고 말한 내용에서 발췌한 것이다. 부주(敷奏)는 군상(君上)에게 펴서 아뢴다는 뜻으로, 진주(陳奏), 주달(奏達), 진언(進言)이라는 말과 통한다. 복역(復逆)은 신민(臣民)이 상서(上書)하여 고청(告請)하는 것을 말한다. 《서경》〈순전〉의 이 경문(經文)에 대한 집전 중에서 하문(下文)의 이해를 돕기 위하여 관련 부분을 소개하면 다음과 같다. "납언은 관명이다. 명령과 정교를 반드시 살펴서 진실한지 확인한 뒤에 나오게 하면 참설이 행해지지 못하여 교위(矯僞)가 빌붙을 곳이 없게 되고, 부주와 복역을 반드시 살펴서 진실한지 확인한 뒤에 들이게 하면 사벽이 나올 틈이 없어서 공을 이룰 계기가 마련될 수 있을 것이다.〔納言官名 命令政教 必使審之 既允而後出 則讒說不得行 而矯僞無所託矣 敷奏復逆 必使審之 既允而後入 則邪僻無自進 而功緒有所稽矣〕" 집전은, 명령정교와 부주복역을 각각 '출(出)'과 '납(納)'의 두 글자에 해당시켰지만, 경문에서 '짐명(朕命)'이라고만 하였으니, 부주복역은 신하의 일이니 상관이 없고, 오직 '명령정교'만을 가리키는 것이 아니냐고 하는 것이 농암(農巖) 김창협(金昌協)의 질문이었다. 이에 대해 우암(尤庵) 송시열(宋時烈)은 "나의 명령 중에서 옳은 것은 시행하겠다는 뜻을 부주하고, 옳지 못한 것은 시행하지 말고 복역하라.〔朕命之可者 敷奏其施行之意 不可者不行而復逆之〕"라는 뜻이라고 대답하였는데, 송시열이 이처럼 복역을 작환(繳還)의 뜻으로 잘못 해석한 것에 대하여 녹문이 하문에서 비평을 가하고 있다. 작환은 왕명에 잘못이 있을 경우 '봉해서 왕에게 반환하는 것〔封還〕'으로, 속칭 반납(返納)이라는 말과 비슷하다. 김창협과 송시열이 질의하고 응답한 내용은, 김창협이 1678년(숙종4) 송시열에게 《서경》의 내용에 대해 세 차례에 걸쳐 질문한 내용 중에 상세히 나온다. 《農巖集 卷12 上尤齋尙書問目, 韓國文集叢刊 161輯》 녹문은 이후 5편의 글에서 김창협의 의문에 대체로 동조하면서도 자기의 의견을 별도로 개진하고 있다.

見〕"라고 말한 것이 옳지 않을까 싶다.

대개 상구(上句)의 관명(官名)은 단지 '납언(納言)'이라고만 칭하고 그 출(出)은 말하지 않았으며, 하구(下句)의 '출납(出納)'은 단지 '짐명(朕命)'만을 거론하고 신하〔下〕에 대해서는 언급하지 않았으니, 관명이 납언인 것을 보면 '출납'의 납(納)은 바로 신하의 말〔下言〕을 듣고서 상(上 군상(君上))에 들이는 것임을 알 수 있고, '짐명'이라는 두 글자를 보면 명칭은 납언이지만 군상의 말〔上言〕을 받아서 하(下)에 선포하는 것도 겸하는 것임을 알 수 있다. 이 양구(兩句)를 가지고 서로 보완해야만 그 뜻이 갖추어지게 되니, 이것이 이른바 "서로 바꿔서 보였다.〔互相見〕"라는 것일 터인데, 나의 이런 생각이 옳은지는 알지 못하겠다.

집전(集傳)에 나오는 '명령정교(命令政教)'와 '부주복역(敷奏復逆)'의 2구는 대개 고주(古註)를 답습한 것인데, 그 뜻 역시 나의 이런 생각과 같을 것이다. 소주(小註)에서 진씨(陳氏)와 호씨(胡氏)[40]는 전적으로 '짐명'을 위주로 해서 해설하였을 뿐, '납언'이라는 두 글자에 대해서는 제대로 살피지 않았으니, 이 해설 역시 엉성하다고 하겠다. 만약 '납언'의 '언(言)'도 상(上)의 언(言)이라고 주장한다면, 상언(上言)은 선포하는 데에 중점이 있고, 사두(詞頭 왕명을 기록한 글)를 봉환(封還)하는 것은 단지 절목(節目) 사이의 일일 뿐이니, 이것으로 관직의 이름을 삼는다는 것은 아무래도 관명을 칭하는 뜻에 부합하지 않는다고 하겠다. 그리고 순(舜)이 용(龍)에게 명한 것은 전적으로 참설(讒

40 진씨(陳氏)와 호씨(胡氏) : 신안 진씨(新安陳氏)와 운봉 호씨(雲峯胡氏), 즉 원나라 진력(陳櫟)과 호병문(胡炳文)을 말한다.

說)을 미워해서인데, 참설이 행해지는 것이 비록 상(上)에 기인한다고 하더라도, 참설이 나아오는 것은 항상 하(下)에서 말미암는 것이니, 나아오는 것은 막지 않고 행해지는 것만 막는다면 너무 느슨하지 않겠는가.

'부주(敷奏)'는 자기의 의견을 진언(進言)하는 것이요, '복역(復逆)'은 그 명령과 정교 중에서 의논드릴 만한 것을 복난(復難)[41]하는 것으로서, 모두 하(下)의 진언에 속해야 마땅하니, 납언의 일은 아닌 것이다. 그런데 지금 세상에서는 후사(喉司 승정원(承政院))가 군명(君命)을 작환(繳還)하는 것을 복역이라고 하기 때문에 사람들이 대부분 복역을 납언에 속하는 것으로 간주하는데, 우옹(尤翁)이 "나의 명령 중에 옳지 않은 것은 복역(復逆)하라.……" 한 것도 이런 뜻이니, 이는 주자의 본의가 아닐 듯싶다.

상(上)의 말 중에 불가(不可)한 것을 작환하고, 하(下)의 말 중에 부정(不正)한 것을 퇴척(退斥)하는 이 두 개의 뜻이 모두 "오직 진실되게 하라.〔惟允〕"라는 두 글자 안에 포함되어 있으니, 집전(集傳)의 "진실한지 확인한 뒤에 나오게 하고 들어오게 하라.〔旣允而後出入〕"라는 2구를 똑바로 눈여겨보아야 할 것이다.

다시 '복역(復逆)'이라는 두 글자를 자세히 살펴보건대, 《주례(周禮)》〈천관(天官)〉에 '제신의 복과 만민의 역〔諸臣之復 萬民之逆〕'이라

41 복난(復難) : 상의 명에 이의를 제기하며 다시 상소하는 것을 말한다. 복난(覆難)이라고도 한다.

는 말이 나오는데, 그 주(註)에 "'복(復)'은 보(報)하고 반(反)함이니, 신하들이 왕명을 받고 행한 뒤에 돌아와서 왕에게 보고하는 것을 말한다. 그리고 아래에서 위에 올리는 것을 역(逆)이라고 하니, '역(逆)'은 상서(上書)하는 것을 말한다.〔復報也反也 謂群臣受王命行之訖 反報於王也 自下而上曰逆 逆謂上書〕"[42]라고 하였다. 이에 의거하면 '복(復)'과 '역(逆)' 두 글자 모두 신하가 말로 상주(上奏)하는 것을 가리킬 뿐이니, 지금의 이른바 작환(繳還)과는 다른 것이다.

또 살펴보건대, 《주례》의 "태복은 왕의 대명을 출입한다.〔太僕掌出入王之大命〕"[43]라는 경문의 주(註)에 "대명을 낸다는 것은 왕의 명에 대한 것이고, 대명을 들인다는 것은 신하들이 '행한 바를 아뢰는 것〔所奏行〕'에 대한 것이다.〔出大命 王之敎也 入大命 群臣所奏行〕"라고 하였는데, 이 소주행(所奏行)은 바로 '복역(復逆)'의 주(註)에 나오는 '신하들이 왕명을 받고 행한 뒤에 돌아와서 왕에게 보고하는 것〔群臣受王命行之訖 反報於王〕'이다. 그리고 '출납짐명(出納朕命)'은 '출입왕명(出入王命)'이라는 말과 그 뜻이 똑같고, 집전(集傳)에 나오는 '복역' 두 글자 속에도 '군신소주행(群臣所奏行)'의 의미가 포함되어 있으니, '짐명(朕

42 복(復)은……말한다 : 녹문이 정현(鄭玄)의 주를 간추려 인용한 것인데, 참고로 원문에는 '자하이상왈역(自下而上曰逆)' 앞에 "왕이 위에서 신하에게 내리는 것을 순(順)이라고 말하기 때문에〔自上而下曰順故〕"라는 말이 있다.

43 태복은……출입한다 : 《주례》 〈하관사마 하(夏官司馬下)〉에 나온다. 이 경문 뒤에 "제후의 복역을 관장한다.〔掌諸侯之復逆〕"라는 말이 이어지는데, 그 주에 "'복(復)'은 일을 진주(陳奏)하는 것을 말하고, '역(逆)'은 신하의 진주를 받아들이는 것을 말한다.〔復謂奏事也 逆謂受下奏也〕"라고 하였다.

命)'이라는 두 글자에 구애받을 것이 더욱 없다고 하겠다.

다만 '출납(出納)'의 '납(納)'으로 말하면, '군신소주행'뿐만이 아니라 모든 신민(臣民)이 상서(上書)하여 일을 말하는 것들도 모두 납(納)의 대상에 들어 있는 만큼, 전적으로 '소주행(所奏行)'으로만 간주하면 안 될 것이니, 공영달(孔穎達)의 소(疏)에서 "서로 바꿔 보였다.……〔互相見……〕" 한 말이 매우 음미할 점이 있다고 느껴진다. 또 살펴보건대, '복역(復逆)'의 '복(復)'에 대하여 정현(鄭玄)의 주(註)에서는 '행한 뒤에 돌아와 보고하는 것〔行訖反報〕'으로 해석하였지만, 만약 여기에다 복난(覆難)의 뜻도 함께 겸해서 본다면 더욱 완비될 듯한데, 이 생각이 어떨는지 모르겠다.

"아, 그대들 22인이여.〔咨汝二十有二人〕"의 주(註)에 "여기서는 사(士)의 관직 하나로 병(兵)과 형(刑)의 일을 겸하였는데, 《주례》에서는 이를 나누어 하관(夏官)과 추관(秋官)의 두 관직으로 만들었다.〔此以士一官兼兵刑之事 而周禮分爲夏秋兩官〕"라고 하였는데, 이는 주자의 설이다. '겸병형(兼兵刑)' 운운한 것은, 대개 순(舜)이 고요(皐陶)에게 명한 내용 가운데 "만이(蠻夷)가 중국을 어지럽힌다.〔蠻夷猾夏〕"[44]라는

44 만이(蠻夷)가 중국을 어지럽힌다 : 제순(帝舜)이 고요(皐陶)에게 "국외에서는 만이가 중국을 어지럽히고, 국내에서는 강도, 살인과 외간(外姦), 내구(內宄)가 발생하고 있다. 그래서 그대를 사(士)에 임명하였으니, 오형에 복죄(服罪)하게 하되 오형의 복죄를 세 군데에 가서 받게 할 것이며, 중형인 오형을 다섯 가지의 유형(流刑)으로 감하여 거할 곳을 두되 그곳을 세 등급으로 나누어 정할 것이니, 오직 밝게 살펴서 행해야만 백성들이 믿고 복종할 것이다.〔蠻夷猾夏 寇賊姦宄 汝作士 五刑有服 五服三就 五流有宅 五宅三居 惟明克允〕"라고 당부한 말이 《서경》 〈순전(舜典)〉의 이 경문의

한 구(句)에서 나온 것인데, 그 아래에서 경계한 것은 단지 오형(五刑)과 오류(五流)를 밝게 살펴 행해야 백성들이 믿는다는 것일 뿐, 그에게 군대를 동원해서 정벌하게 한 내용은 전혀 들어 있지 않다.

대개 '골하(猾夏)'란 꼭 무력을 동원해서 난리를 일으키는 것만이 아니라, 삼묘(三苗)가 완악하여 신하로서의 의무를 이행하지 않는 것[45] 등도 '골하'에 속하는 일이다. 그래서 순(舜)이 삼묘를 다스릴 적에는 일체 고요의 상형(象刑)[46]에 맡겼을 뿐이니, 예컨대 삼묘를 내쫓은 것〔竄〕과 나누어 등지고 살게 한 것〔分北〕[47]과 막아 끊은 것〔遏絶〕[48] 등은

앞부분에 나온다. 오형(五刑)은 이마에 먹물로 글자를 새겨 넣는 묵형(墨刑), 코를 베는 의형(劓刑), 발꿈치를 베는 월형(刖刑), 생식기를 제거하는 궁형(宮刑), 사형에 처하는 대벽(大辟)을 말한다.

45 삼묘(三苗)가……것 : 《서경》 〈익직(益稷)〉에 "삼묘가 완악하여 신하로서의 의무를 이행하지 않고 있다.〔苗頑弗卽工〕"라는 말이 나온다.

46 상형(象刑) : 보통은 형(刑)의 흉내를 낸다는 뜻으로, 육형(肉刑)을 가하는 대신 가벼운 벌을 내려서 죄인이 부끄러움을 느끼게 하는 것을 의미한다. 251쪽 주32 참조. 그러나 여기서는 상이전형(象以典刑)의 준말로, 국가의 정식 형벌을 뜻하는 말로 쓰였다. 《서경》 〈순전(舜典)〉에 "국가의 정식 형벌인 오형을 백성들에게 포고하였으나, 가급적 오형을 경감하여 유형(流刑)으로 대체하곤 하였다. 관부(官府)에서는 채찍의 형벌을 행하고, 학교에서는 회초리의 형벌을 행하며, 형벌은 돈을 내고 용서받을 수 있게 하였다. 무의식적인 실수나 불운해서 지은 죄는 용서하여 풀어 주었지만, 믿는 데가 있어서 끝끝내 범하는 죄인은 사형에 처하였다. 그리고 항상 다짐하기를 '공경하고 또 공경하는 마음으로 불쌍히 여기며 신중하게 형벌을 행해야 한다.'라고 하였다.〔象以典刑 流宥五刑 鞭作官刑 扑作教刑 金作贖刑 眚災肆赦 怙終賊刑 欽哉欽哉 惟刑之恤哉〕"라는 말이 나온다.

47 삼묘를……것 : 《서경》 〈순전〉에 "삼묘를 삼위로 내쫓았다.〔竄三苗于三危〕"라는 말과 "삼묘의 족속을 선류(善類)와 악류(惡類)로 나누어 서로 등지고 살게 하였다.〔分北三苗〕"라는 말이 나온다.

모두 고요의 직책이다. 그러나 삼묘가 따르지 않아서 병력을 출동시킬 때에는 특별히 우(禹)에게 명하고[49] 고요에게는 명하지 않았으니, 병(兵)과 형(刑)이 하나의 관직이 아님을 여기에서도 확인할 수 있다. 주자의 설은 우연히 조감(照勘)을 잘못한 것인 듯싶다.

대우모 大禹謨

'지승우제(祗承于帝)'[50]의 '승(承)'은 '명을 받들어 봉행하고〔承奉〕' '일을 처치했다.〔承事〕'는 뜻이다.

천조(踐祚 즉위)하여 정사를 시행할 때에는 첫머리에 곧장 '사방의 문을 활짝 열어서 현재(賢才)가 들어오게 하고, 사방의 눈들이 환히 보이게 하고, 사방의 귀가 환히 들리게 하였으며〔闢四門 明四目 達四聰〕', 자리에 임어(臨御)하여 정치를 논할 때에는 입을 열자마자 '훌륭한 말이 숨어 있지 않게 하고, 초야에 유능한 이가 남아 있지 않게

48 막아 끊은 것 : 《서경》 〈여형(呂刑)〉의 "제순(帝舜)이 죄 없이 형륙을 당한 자들을 불쌍히 여기고는, 포학하게 자행한 죄를 위엄으로 갚아 주어 사나운 묘민을 막아 끊어서, 그들의 후세가 하국(下國)에 있지 못하게 하였다.〔皇帝哀矜庶戮之不辜 報虐以威 遏絶苗民 無世在下〕"라는 말에서 발췌한 것이다.

49 삼묘가……명하고 : 제순이 우(禹)에게 "이 삼묘가 따르지 않으니, 그대가 가서 정벌하라.〔惟時有苗弗率 汝徂征〕"라고 명한 내용이 《서경》 〈대우모(大禹謨)〉에 나온다.

50 지승우제(祗承于帝) : 《서경》 〈대우모〉 첫머리의 "옛날 위대한 우 임금을 상고해 보건대, 그는 문덕(文德)의 교화를 사해에 펼치면서 순(舜) 임금을 공경히 승(承)했다.〔曰若稽古大禹 曰文命敷于四海 祗承于帝〕"라는 말에서 발췌한 것이다.

하였으니〔嘉言罔攸伏 野無遺賢〕', 성인(聖人)이 천하를 다스리는 강령(綱領)과 종지(宗旨)는 이것 말고 다른 법이 없는 것이다.

'혜적(惠迪)'과 '종역(從逆)'의 2구(句)는, 바로 익(益)의 황천권명(皇天眷命)의 말에 응답함과 동시에 순(舜)을 경계시키며 상문(上文)의 뜻을 종결한 것이다.[51]

백지(百志)[52]는 '각종 사무〔庶事〕'나 '일체의 일〔萬事〕'이라는 말과 같다.

오행(五行)은 각기 하나의 물(物)인 만큼 상극(相克)하는 것으로만 그 뜻을 삼으면 안 되고, 또 각기 그 용(用)이 있는 만큼 전적으로 곡식을 내는 것〔生穀〕으로만 그 공(功)을 삼을 필요는 없으니, 집전(集

51 혜적(惠迪)과……것이다 : 《서경》 〈대우모(大禹謨)〉에, 익(益)이 제순(帝舜)에게 "요제(堯帝)의 덕이 광대하게 운행되어 거룩하고 신묘하며 무(武)와 문(文)의 덕을 모두 구비하자, 황천이 돌아보고 명하여 사해를 다 소유하고 천하의 군주가 되게 하였습니다.〔帝德廣運 乃聖乃神 乃武乃文 皇天眷命 奄有四海 爲天下君〕"라고 제요(帝堯)를 찬미한 뒤를 이어, 우(禹)가 다시 제순에게 "선을 따르면 길하고 악을 따르면 흉하니, 이는 그림자나 메아리와 같습니다.〔惠迪吉 從逆凶 惟影響〕"라고 말한 것을 녹문이 평한 것이다.

52 백지(百志) : 백 가지 생각이라는 뜻으로, 앞으로 한번 해 보려고 마음먹은 갖가지 일을 말한다. 《서경》 〈대우모〉의 "현인에게 맡기면서 두 마음을 품지 말 것이요, 간사한 자를 제거하면서 의심하지 말 것이요, 의심스러운 계책을 이루지 말 것이니, 그래야만 백지가 제대로 성취될 것이다.〔任賢勿貳 去邪勿疑 疑謀勿成 百志惟熙〕"라는 말에서 뽑은 것이다.

傳)의 해설 가운데 '유수자(惟脩者)' 이하의 한 단락은 의아하게 여겨진다.[53] 《어류(語類)》에서 "수(水)는 제방이나 관개와 같은 것이고, 금(金)은 다섯 가지 병기(兵器)나 농기구와 같은 것이고, 화(火)는 출화와 납화라든가 야외에서 불 지르는 것을 금하는 따위와 같은 것이고, 목(木)은 일정한 시기에 벌목하는 따위와 같은 것이다.〔水如提防灌漑 金如五兵田器 火如出火納火禁焚萊之類 木如斧斤以時之類〕"[54]라고 말하였는데, 이것이 정론(定論)이 아닐까 싶다.

정자(程子)가 천리(天理)와 인욕(人欲)을 가지고 인심(人心)과 도심(道心)을 해석한 것이 본래 직절(直截)하고 명백하여 의심할 것이 없는데도, 주자는 꼭 배고프면 밥을 먹고 목마르면 물을 마시는〔飢食渴飮〕 등 상지(上智)에게도 없을 수 없는 것을 인심이라고 하면서 정자의

53 오행(五行)은……여겨진다 : "수화금목토의 오행과 곡(穀)의 정사가 제대로 닦인다.〔水火金木土穀 惟脩〕"라는 《서경》〈대우모(大禹謨)〉의 경문에 대하여, 집전에서 "수화금목토와 곡의 정사가 제대로 닦인다는 것은, 수(水)는 화(火)를 이기고 화는 금(金)을 이기고 금은 목(木)을 이기고 목은 토(土)를 이기며 오곡을 생산하는 과정에서, 서로 제재하여 지나친 것을 배출하기도 하고 서로 보조하여 부족한 것을 보충하기도 함으로써 이 여섯 가지가 닦이지 않음이 없게 하는 것이다.〔水火金木土穀惟脩者 水克火 火克金 金克木 木克土而生五穀 或相制以洩其過 或相助以補其不足 而六者無不修矣〕"라고 해설한 것을 녹문이 비평한 것이다.

54 수(水)는……것이다 : 《주자어류(朱子語類)》 권78 〈상서(尙書) 1〉에 이 내용이 나오는데, 거기에는 '납화(納火)'가 '납화(內火)'로 되어 있다. 출화(出火)와 납화는 불을 내고 들인다는 뜻으로, 각각 대장간의 용광로에 불을 붙이는 것과 불을 끄는 것을 가리킨다. 《주례(周禮)》〈하관사마(夏官司馬)〉 사관(司爟)에 "3월에 출화하면 백성들이 모두 따라서 하고, 9월에 납화하면 백성들이 또 그와 같이 한다.〔季春出火 民咸從之 季秋內火 民亦如之〕"라는 말이 나온다.

설을 미진하게 여겼다. 이는 대개 그 근본을 구명(究明)하여 말한 것으로서, 사람들 자신이 그렇게 되기 이전에 미리 검방(檢防)하게 하려 한 것일 뿐이요, 욕(慾)으로 흐른 이후에는 더 이상 인심이라고 말할 수 없다는 뜻이 아니다. 율곡이 "도심은 순수하게 선하고 악이 없으며, 인심은 선도 있고 악도 있다.〔道心純善無惡 人心有善有惡〕"라고 하였는데, 이 말이 가장 정밀하고 타당하다 하겠다.

주자가 만년(晩年)에 인심과 도심을 설할 때에는 정자의 말을 많이 인용하였는데, 이는 《어류》를 보면 알 수 있다.

사람이 사람 된 소이(所以)는 성(性)과 형(形)일 뿐인데, 심(心)은 이 성을 갖추고서 이 형을 주재(主宰)하고 있다. 그러므로 이른바 성과 형이라는 것이 모두 이 심을 통해서 작용을 하니, 이른바 인심과 도심이라는 것이 이것이다.

그런 까닭에 사람이 학문을 하는 방법은 다른 데에 있는 것이 아니라, 단지 이 두 가지의 사이를 정밀하게 살펴서, 그것이 도심인 줄을 알면 밝히고 확대하여 오직 털끝만큼이라도 도심이 드러나는 것이 미진하게 될까 두려워해야 하고, 그것이 인심인 줄을 알면 방비하고 극복하여 오직 털끝만큼이라도 인심이 정화(淨化)되는 것이 미진하게 될까 두려워해야 하니, 이와 같이 하면 될 뿐이다.

이것이 바로 이른바 유정유일(唯精唯一)이라는 것인데, 공자가 말한 극기 복례(克己復禮)[55]와 맹자가 말한 대체 소체(大體小體)[56]와 동

55 극기 복례(克己復禮) : 자신의 사욕을 이겨 천하의 공도(公道)인 예(禮)로 돌아오

자(董子)가 말한 도의 공리(道義功利)[57]와 정자가 말한 '인욕을 막고 천리를 보존하는 것〔遏人欲存天理〕'과 주자가 말한 '손을 대는 대로 곧장 두 조각을 내는 것〔觸手便作兩片〕'[58]이 모두 이것을 가리켜 말한 것일 뿐이니, 위로부터 성현(聖賢)이 서로 전한 지결(旨訣)이 분명히

게 하는 것을 말한다. 안연(顔淵)이 인(仁)에 대해서 묻자, 공자가 "극기 복례가 바로 인이다. 하루라도 극기 복례를 하면, 천하 사람들이 그 인에 귀의할 것이다.〔克己復禮爲仁 一日克己復禮 天下歸仁焉〕"라고 대답하면서, 구체적인 조목으로 시(視), 청(聽), 언(言), 동(動)의 사물(四勿)을 제시한 대목이 《논어》 〈안연〉에 나온다.

56 대체 소체(大體小體) : 《맹자》 〈고자 상(告子上)〉에 "대체를 따르면 대인이 되고, 소체를 따르면 소인이 된다.〔從其大體爲大人 從其小體爲小人〕"라는 맹자의 말이 나오는데, 주희는 "대체는 마음을 가리키고 소체는 이목(耳目) 등의 기관을 가리킨다."라고 해설하였다.

57 동자(董子)가 말한 도의 공리(道義功利) : 동자는 전한(前漢) 동중서(董仲舒)의 존칭이다. 《한서(漢書)》 권56 〈동중서전(董仲舒傳)〉에 "그 의(義)만 바르게 하고 이(利)는 꾀하지 말 것이요, 그 도(道)만 밝히고 공(功)은 계교하지 말 것이다.〔正其誼不謀其利 明其道 不計其功〕"라는 그의 말이 나온다. 이에 대해서 주희가 "동중서가 수립한 것이 매우 높으니, 후세 사람들이 옛사람보다 못한 까닭은 도의와 공리의 관문을 뚫지 못했기 때문이다.〔仲舒所立甚高 後世所以不如古人者 以道義功利關不透耳〕"라고 평한 말이 《근사록(近思錄)》 권14 〈관성현(觀聖賢)〉에 나온다.

58 손을……것 : 《회암집(晦菴集)》 권59 〈답여정숙(答余正叔)〉에 "일상생활 중에 생각이 일어나는 곳에 나아가서 공사와 의리의 소재를 분별해야 한다.……그리하여 어떤 사물이나 어떤 상황에서도 이와 같이 체찰하지 않음이 없어서, 손을 대는 대로 곧장 두 조각을 내 버린다면, 천리가 날로 분명하게 보여서 이른바 물욕의 유혹이라는 것도 통렬히 끊어 버릴 필요 없이 자연히 깨질 것이다.〔就日用間念慮起處 分別其公私義利之所在……事事物物頭頭處處無不如此體察 觸手便作兩片 則天理日見分明 所謂物欲之誘亦不待痛加遏絶而自然破矣〕"라는 주희의 말이 나온다. 대본에는 '觸手便成兩片'으로 되어 있는데, 뜻은 별 차이가 없으나 《회암집》에 의거하여 '成'을 '作'으로 바로잡아 번역하였다.

여기에 있지 또 다른 방법이 없는 것이다. 지금 만약 인심(人心)을 전적으로 '배고프면 밥을 먹고 목마르면 물을 마시는 등 사람에게 없을 수 없는 것'으로 인식하고, 욕(欲)으로 흘러들어 간 이후는 더 이상 인심이라고 말할 수 없다고 한다면, 정일(精一)의 공부가 대단히 고단해지고 대단히 무력해짐을 느낄 것이니, 이는 대순(大舜)의 본의가 아닐 듯싶다.

혹자는 말하기를 "도심(道心) 역시 발(發)하면 안 될 곳에서 '잘못 발하는〔錯發〕' 경우가 있고, '지나치거나 부족한〔過不及〕' 경우도 있다."라고 하는데, 이는 그렇지 않다. 경(經)에서 이미 '유미(惟微)'라고 말을 했고 보면, 이는 그 뜻이 단지 드러나지 않을까 걱정한 것이니 우리의 임무는 널리 확충하는 데에 있는 것이다. 가령 잘못 발하는 것과 지나치거나 부족함이 있는 것은, 그 근원이 비록 성명(性命)에서 나왔다고 하더라도, 이는 결국 형기(形氣)가 용사(用事 작용)하여 그런 것이니, 인심 쪽에 소속시켜야지 도심 쪽에 소속시키면 안 되는 것이요, 유위(惟危)라고 말해야 옳지 유미라고 말하면 안 되는 것이다. 대개 일단 도심이라고 말한 이상에는 순전히 천리(天理)인 것이니, 만약 불선(不善)과 관계가 된다면 그것은 바로 그 순간에 도심이 아닌 것이다.

주자는 측은(惻隱)과 수오(羞惡)에 '절도에 맞는 것〔中節〕'과 '절도에 맞지 않는 것〔不中節〕'이 있다고 했지,[59] 사단(四端)에 중절(中節)과

59 주자는……했지 : 《주자어류(朱子語類)》 권53에 "측은과 수오에도 절도에 맞는 것

부중절(不中節)이 있다고 말하지 않았다. 절도에 맞지 않는다면 사단이라고 말할 수 없을뿐더러 도심(道心)이라고 말할 수도 없다.

집전(集傳)의 "사사롭기는 쉽고 공정하기는 어려우며, 밝히기는 어렵고 어두워지기는 쉽다."[60]의 두 구절은 "위태로워 편안하지 못하고, 미묘하여 보기가 어렵다."[61]에 비하면 훨씬 명백하고 절실하여 맛이 있지만, "동요하기는 쉽고 돌이키기는 어렵다."[62]에 비하면 그다지 명확하지 못하다고 하겠다. 이는 채씨(蔡氏 채침(蔡沈))가 《서전(書傳)》

이 있고 맞지 않는 것이 있다. 가령 측은이 부당할 때의 측은이나 수오가 부당할 때의 수오와 같은 것은 곧 절도에 맞지 않는 것이다.〔惻隱也 羞惡也 有中節不中節 若不當惻隱而惻隱 不當羞惡而羞惡 便是不中節〕"라는 주희의 말이 나온다.

60 사사롭기는……쉽다 : 《서경》 〈대우모(大禹謨)〉의 '인심유위(人心惟危) 도심유미(道心惟微)'를 해석한 집전의 내용 중에 "인심은 사사롭기는 쉽고 공정하기는 어렵기 때문에 위태로운 것이요, 도심은 밝히기는 어렵고 어두워지기는 쉽기 때문에 은미한 것이다.〔人心易私而難公故危 道心難明而易昧故微〕"라는 말이 나온다.

61 위태로워……어렵다 : 주희가 지은 〈중용장구서(中庸章句序)〉에 "내가 일찍이 이렇게 논한 적이 있다. 심(心)의 허령지각은 하나일 뿐인데, 인심과 도심의 다름이 있다고 한 이유는, 혹은 형기의 사(私)에서 나오고 혹은 성명의 정(正)에 근원한 관계로, 지각을 하는 소이가 같지 않기 때문이다. 그렇기 때문에 혹은 위태로워 편안하지 못하고, 혹은 미묘하여 보기가 어려운 것이다.〔蓋嘗論之 心之虛靈知覺一而已矣 而以爲有人心道心之異者 則以其或生於形氣之私 或原於性命之正 而所以爲知覺者不同 是以或危殆而不安 或微妙而難見耳〕"라는 내용이 나온다.

62 동요하기는……어렵다 : 《주자대전(朱子大全)》 〈잡저(雜著) 대우모(大禹謨)〉의 주(註)에서 '인심유위(人心惟危)'와 '도심유미(道心惟微)'를 해석한 내용 중에 "인심은 동요하기는 쉽고 돌이키기는 어렵기 때문에 위태로워 편안하지 못한 것이요, 의리는 밝히기는 어렵고 어두워지기는 쉽기 때문에 은미하여 드러나지 않는 것이다.〔人心易動而難反 故危而不安 義理難明而易昧 故微而不顯〕"라는 말이 나온다.

의 서문에서 말한 대로 주자가 입으로 가르쳐 주고 손으로 가리켜 준 것을 미처 고치지 못한 것일 터인데, 남당(南塘 한원진(韓元震))은 오히려 채씨가 스스로 고친 것이라고 말을 하니, 그 뜻을 이해할 수가 없다.

주자는 신축년(1181)과 무신년(1188)의 〈연화주차(延和奏箚)〉[63]에서 모두 인심(人心)과 도심(道心)을 가지고 천리(天理)와 인욕(人欲)의 설을 지었다.

우옹(尤翁 송시열(宋時烈))이 지은 《심경석의(心經釋疑)》의 서문에 이르기를 "도(道)는 형체가 없지만 마음에 갖추 담겨 있으니, 이것으로 일신의 주(主)를 삼아서 제가, 치국, 평천하의 근본으로 삼는 것이다. 그 대(大)를 말하면 무외의 끝에 이르고, 그 소(小)를 말하면 무내의 안에 들어가니,[64] 비록 요순의 흠명(欽明 공경스럽고 총명함)과 준철(濬哲 심오하고 명철함)이라 하더라도, 어찌 이것을 벗어나서 가능하겠는가. 그러나 이미 일신의 주(主)가 된 처지에서, 이 몸 안에 이(耳), 목(目), 구(口), 비(鼻)와 오장, 백체의 형기가 있고 보면, 모든 성색, 취미와

63 연화주차(延和奏箚) : 연화전(延和殿)에서 효종(孝宗)에게 올린 주차(奏箚)를 말하는데, 신축년(1181)과 무신년(1188)에 올린 〈연화주차〉가 각각 《회암집(晦菴集)》 권13과 권14에 실려 있다.

64 그 대(大)를……들어가니 : 무외(無外)는 밖이 없다는 뜻으로 무한대의 세계를 말한다. 반면에 무내(無內)는 안이 없다는 뜻으로 무한소의 세계를 말한다. 《중용장구(中庸章句)》 제12장에 "군자가 무한대의 측면을 이야기하면 천하의 사람들이 모두 달려들어도 워낙 커서 실어 담을 수가 없고, 무한소의 측면을 이야기하면 천하의 사람들이 모두 달려들어도 워낙 작아서 쪼개어 나눌 수가 없다.〔君子語大 天下莫能載焉 語小 天下莫能破焉〕"라는 말이 나온다.

충영, 안일을 추구하는 사(私)가 또 마음을 통해 작용하여, 이른바 도(道)라는 것과 서로 빈주(賓主)가 되면서 소장(消長)을 하는 것이다. 그러니 혹시라도 이를 살피지 못하여 일단 형기에 휩쓸리게 되면, 순(舜)이 도척(盜跖)이 되고 성인(聖人)이 광인(狂人)이 되는 것도 단지 눈 깜짝할 사이에 달려 있는 것이다.〔惟道無形 該貯於心 以爲一身之主 而爲齊家治國平天下之本 語其大則極於無外 語其小則入於無內 雖堯舜之欽明濬哲 亦豈外是而能哉 然旣主於身 而身有耳目口鼻五臟百體之形氣 則凡其聲色臭味充盈安逸之私 又由心而作用 與夫所謂道者 相爲賓主消長焉 苟或不察於此 而一爲形氣之所揜 則舜之爲跖 聖之爲狂 只在瞬息俄頃之間〕"라고 하였다.

이 한 단락은 우옹이 주(註)의 설을 모방하지도 않고 예전의 말을 답습하지도 않은 것으로서, 강령을 제시한 그 어의(語意)가 탁월하다. 그리고 평이한 데에서 말을 꺼내어 지극히 뛰어난 필력을 보여 주는 가운데, 인도위미(人道危微)[65]의 뜻을 활짝 열어 보여 주었으니, 이는 참으로 심득(心得)한 말로서 장구(章句)나 따지는 식견과는 원래 구별되는 것이라고 하겠다.

'유정유일(惟精惟一)'의 '정(精)' 자는 궁격(窮格 이치를 끝까지 연구함)과 성찰(省察 동할 때 자세히 살핌)의 두 가지 뜻을 아울러 살펴보아야

65 인도위미(人道危微) : '인심유위(人心惟危) 도심유미(道心惟微)'를 요약한 말이다. "인심은 위태하고 도심은 은미하니, 오직 정밀하게 살피고 전일하게 행동하여 그 중도(中道)를 진실로 잡아야 한다.〔人心惟危 道心惟微 惟精惟一 允執厥中〕"라는 《서경》 〈대우모(大禹謨)〉의 이 대목을 보통 인심도심장(人心道心章)이라고 칭한다.

한다. 궁격을 하여 미세한 부분까지 분변하며 끝까지 구명하고, 성찰을 하여 기미가 보일 때부터 세밀히 분석함으로써, 이 마음의 정수(精粹)하고 신명(神明)한 본체가 찬연히 드러나서 미매(迷昧)하고 혼잡해지는 폐단이 없게 하는 것이 바로 이른바 유정(惟精)이다. 그리고 '일(一)' 자의 용공(用工)은 오직 거경(居敬)과 극기(克己)의 두 가지 일뿐이니, 거경을 하여 천리(天理)가 항상 보존되고 극기를 하여 인욕(人欲)을 제거함으로써, 이 마음의 순일(純一)하고 정직한 본체가 우뚝하게 정립되어 반복하며 중단되는 걱정이 없게 하는 것이 바로 이른바 유일(惟一)이다.

그러나 이른바 정(精)과 일(一)이 애당초 두 개의 체(體)가 있는 것이 아니라, 정(精)이 바로 일(一)이고 일(一)이 바로 정(精)인 것이니, 단지 어떤 측면에서 이야기하느냐에 따라 같지 않은 면이 있을 따름이다. 그리고 '집중(執中)'의 한 구는 또 정일(精一)의 준적(準的)인 것이니, 단지 '정일'만 말하고 '집중'을 말하지 않으면 이른바 '정일'도 공허해져서 알맹이가 없게 될 것이다. 이와 같이 계속 쌓아 가며 날로 새롭게 하고 또 새롭게 함으로써, '정밀하게 하여 신의 경지에 들고〔精而入神〕' '순수하게 하여 그치지 않는〔純而不已〕' 데에 이르면, 이것이 이른바 '불면이중(不勉而中)'[66]이라고 하는 것이다.

66 불면이중(不勉而中) : 억지로 힘쓰지 않아도 과불급(過不及)이 없는 중용(中庸)의 도리에 합치하는 성인의 경지를 말한다. 《중용장구》 제20장의 "성(誠)의 경지에 이르면 억지로 힘을 쓰지 않아도 중용에 합치하고, 굳이 생각을 하지 않아도 터득을 해서 자연히 도와 일치하는데, 이런 분이 바로 성인인 것이다.〔誠者 不勉而中 不思而得 從容中道 聖人也〕"라는 말에서 발췌한 것이다.

'정의입신(精義入神)'[67]은 유정(惟精)의 공부가 주도(周到)해진 곳이고, '순역불이(純亦不已)'[68]는 유일(惟一)의 공부가 극진해진 곳이다.

'문덕(文德)을 크게 펴면서, 방패와 깃털 일산을 손에 들고 두 섬돌 사이에서 춤을 춘 것〔誕敷文德 舞干羽于兩階〕'[69]은 '덕이 성대하고 예가 공손해서 외물(外物)을 원하지 않은 것〔德盛禮恭 不願乎外也〕'[70]에 해당하고, '70일 만에 유묘가 귀순해 온 것〔七旬而有苗格〕'은 '〈소소(簫韶)〉를 끝까지 다 연주하자, 봉황이 듣고 찾아와서 춤을 춘 것〔簫韶九成 鳳凰來儀〕'[71]에 해당한다. 삼연(三淵 김창흡(金昌翕))이 "'무간우(舞干羽)'

67 정의입신(精義入神) : 의리를 정밀히 연구하여 신묘한 경지에 든다는 말인데, 《주역》〈계사전 하(繫辭傳下)〉 5장에 나온다.

68 순역불이(純亦不已) : 천도(天道)와 똑같이 순수한 자세를 계속해서 유지하는 것을 의미하는데, 《중용장구》 제26장에 이 말이 나온다.

69 문덕(文德)을……것 : 《서경》〈대우모(大禹謨)〉의 "제순(帝舜)이 문덕을 크게 펴면서, 방패와 깃털 일산을 손에 들고 두 섬돌 사이에서 춤을 추었는데, 70일 만에 유묘가 귀순해 왔다.〔帝乃誕敷文德 舞干羽于兩階 七旬有苗格〕"라는 경문에 대해 집전(集傳)에서는 "간우의 춤이 의젓하며 급박하지 않았는데, 유묘가 귀순해 온 것이 마침 이때였다.〔干羽之舞 雍容不迫 有苗之至 適當其時〕"라고 해설하였다.

70 덕이……것 : 《논어》〈학이(學而)〉의 "부자는 온화하고 선량하고 공손하고 검소하고 겸양하여 얻는 것이니, 부자가 구하는 것은 다른 사람들이 구하는 것과는 다르다.〔夫子溫良恭儉讓以得之 夫子之求之也 其諸異乎人之求之與〕"라는 경문의 집주(集註)에 "덕이 성대하고 예가 공손해서 외물을 원하지 않음을 또한 볼 수 있으니, 학자가 잠심하여 힘써 배워야 할 것이다.〔德盛禮恭 而不願乎外 亦可見矣 學者所當潛心而勉學也〕"라고 하였다.

71 소소(簫韶)를……것 : 《서경》〈익직(益稷)〉에 나오는 말을 인용한 것이다. 〈소소〉는 제순(帝舜)이 창작했다는 악곡(樂曲)의 이름이다.

의 주(註)를 보면 유묘가 귀순해 온 것이 우연히 그때에 일치한 것이라고 하였는데, 이는 간우(干羽)가 화기(和氣)를 불러온 크나큰 영험을 회의(懷疑)하는 듯한 인상을 주는 만큼 그 해설이 천박하고 졸렬하다는 비난을 면치 못할 것 같다."라고 하였는데, 그 말이 참으로 옳다.

고요모 皐陶謨

주자(朱子)가 말하기를 "'몸 닦기를 삼가고 생각을 길게 하는 것'은 '진실로 그 덕을 행하는 것'과 그 뜻이 통하고, '모든 현명한 자가 힘써 돕는 것'은 '꾀하는 것이 밝아지고 보필하는 것이 제대로 되는 것'과 그 뜻이 통한다.〔愼厥身修思永 是允迪厥德意 庶明勵翼 是謨明弼諧意〕"[72]라고 하였다. 이에 의거하면 이 단락은 "몸 닦기를 삼가고 생각을 길게 하며 구족을 후하게 대하면 모든 현명한 자가 힘써 도울 것이니, 가까운 데에서부터 멀리 미루어 나가는 방도가 여기에 있다.〔愼厥身修思永 惇敍九族 則庶明勵翼 而邇可遠在玆矣〕"[73]라고 해독해야 마땅하다. '이

72 몸……통한다 : 주희가 문도와 《서경》의 내용에 관해 문답한 내용 중에서 녹문이 필요한 부분만 인용하였는데, 《주자어류(朱子語類)》 권78 〈고요모(皐陶謨)〉 첫머리에 나온다.

73 몸……있다 : 고요(皐陶)가 "진실로 그 덕을 행하면 꾀하는 것이 밝아지고 보필하는 것이 제대로 될 것이다.〔允迪厥德 謨明弼諧〕"라고 하자, 우(禹)가 그 구체적인 내용을 물으니, 고요가 다시 "몸 닦기를 삼가고 생각을 길게 하며 구족을 후하게 대하고 모든 현명한 자가 힘써 도우면, 가까운 데에서부터 멀리 미루어 나가는 방도가 여기에 있다.〔愼厥身脩思永 惇叙九族 庶明勵翼 邇可遠在玆〕"라고 대답한 내용이 〈고요모〉 첫머리에 나온다. 이 해석은 언해(諺解)를 따른 것인데, 녹문은 이를 부정하고 주희의 말에 의거하여 이와 같이 자신의 새로운 해석을 제시하고 있다.

가원(邇可遠)'이라는 말은 자신의 집에서 시작하여 국가와 천하에까지 확대 적용 하는 것을 의미한다. 그런데 집전(集傳)에서 해설한 것이 분명하지 못한 탓으로, 언해(諺解)에서 잘못 해석하는 결과를 빚었으니, 이는 바로잡아야 마땅하다.

고요(皐陶)가 '사람을 알아보는 것〔知人〕'과 '백성을 안정시키는 것〔安民〕'에 대해서 말을 하자, 우(禹)가 "이런 일은 제요(帝堯)도 어렵게 여겼다.〔惟帝其難之〕"라고 하니, 고요가 또 말하기를 "지인(知人)이 비록 어렵다고는 해도, 사람의 행동에는 아홉 가지 덕〔九德〕이 있는 만큼, 그 사람이 무슨 일을 행하는지 살펴보면 그 사람이 무슨 덕을 지니고 있는지 확인할 수 있으니, 어찌 끝내 알 수 없겠습니까."라고 하였다. 이에 우(禹)가 곧장 구덕(九德)의 조목을 물어보자, 고요가 마침내 구덕을 차례로 말하고 나서, 또 말하기를 "덕(德)에 비록 아홉 가지가 있다고 해도, 사람들에게 꼭 이것을 모두 갖추도록 요구할 것이 아니라, 세 가지를 갖추고 있으면 그를 대부(大夫)로 삼아서 그로 하여금 날마다 세 가지 덕을 선포해서 그가 소유한 집의 직책을 다스려 밝히게 할 수 있으며, 여섯 가지를 갖추고 있으면 그를 제후(諸侯)로 삼아서 그로 하여금 날마다 여섯 가지 덕을 두려워하며 공경히 행하여 그가 다스리는 나라의 정사를 밝게 행하게 할 수 있습니다. 세 가지나 여섯 가지의 덕을 가지고 있는 것이 비록 편소(偏小)한 것처럼 보이기도 하지만, 인군(人君)이 이를 모아 접수하고 이를 펼쳐 시행함으로써, 구덕의 쓰임〔用〕이 항상 조정의 위와 정치의 안에서 행해지도록 하면, 이것이 바로 전체의 덕이 되는 것입니다."라고 하였다. 여기서는 비록 대부와 제후에 대해서만 말하였지만, 하나의 덕이나 두 개의 덕을 소유하여 백료(百僚)와 서관(庶官)이 된 자들도 자연히 '흡수부시(翕受敷施) 구덕함사(九德咸事)'[74]의 안에 들어 있는 것이다.

세 가지 덕과 여섯 가지 덕을 거론한 것은, 단지 "대덕(大德)의 소유자는 대위(大位)에 거하고 소덕(小德)의 소유자는 소관(小官)을 맡는 것으로서, 중인(衆人)이 지니고 있는 이러한 덕들을 합하여 전체의 덕을 이룬다."라는 뜻을 개략적으로 말한 것일 뿐이다. 만약 반드시 구덕(九德)의 안에서 어떤 것이 삼덕(三德)이고 어떤 것이 육덕(六德)이라고 나누고는, 이것들이 합해져서 구덕이 되는 것이라고 말을 한다면, 대부에게 있는 덕이 제후에게 꼭 없으리라는 법이 없고, 제후에게 있는 덕이 대부에게 꼭 없으리라는 법이 없으니, 이렇게 되면 국체(局滯)되어 말이 성립되지 않는다.

'흡수부시 구덕함사'는, 곧 '천하를 한 집안으로 만들고 중국을 한 사람의 몸으로 만드는' 성인(聖人)의 기상(氣象)[75]을 보여 주는데, 천지(天地)를 가지고 말을 하면 태극(太極)의 통체 각구(統體各具)[76]라

74 흡수부시(翕受敷施) 구덕함사(九德咸事) : "그들의 덕을 모두 모아서 접수하고 다시 이를 펴서 시행하면, 아홉 가지 덕의 일이 모두 행해진다."라는 뜻이다.

75 천하를……기상(氣象) : 《예기》 〈예운(禮運)〉의 "성인이 천하를 한 집안으로 만들고, 중국을 한 사람의 몸처럼 만들 수 있는 것은 의식적으로 그렇게 하려고 해서가 아니다. 반드시 사람의 마음을 알아서 옳은 방향으로 인도하고, 이롭고 해로운 것에 통달한 뒤에야 그렇게 할 수 있는 것이다.〔故聖人耐以天下爲一家 以中國爲一人者 非意之也 必知其情 辟於其義 明於其利 達於其患 然後能爲之〕"라는 말에서 발췌한 것이다.

76 통체 각구(統體各具) : 통체는 총체(摠體) 혹은 전체(全體)라는 말과 같고, 각구

고 할 것이다.

'창궐유상(彰厥有常)'이라는 말은 떳떳함이 있는 그 덕을 드러내 밝힌다는 의미이다. 하문(下文)에서 "날마다 선포한다.〔日宣〕"라고 하고 "날마다 두려워한다.〔日嚴〕"라고 한 것도 곧 드러내는 것〔彰〕을 말한다. 주(註)의 설명은 명백하지 못한 듯하다.

"방국(邦國)을 소유한 자에게 안일과 탐욕을 가르치지 말라.〔無教逸欲有邦〕"라고 한 것은 제후를 이끌어서 퇴타(頹惰)하지 못하게 한 것이요, "여러 관직의 일을 비워 두지 말라.〔無曠庶官〕"라고 한 것은 대부와 백관에게 계칙(戒飭 경고)하여 관사(官事)를 폐하지 않게 한 것이니, 상절(上節)에서는 인재를 얻어서 쓰는 것을 말하였고, 여기에서는 또 그들을 동솔(董率 통솔)하는 도리를 말한 것이다. 그런데 집전(集傳)에서는 '무광서관(無曠庶官)'을 해석하기를 "인재가 아닌 사람을 등용하여 여러 관직의 일을 폐하게 하면 안 된다.〔不可用非才而使庶官曠廢厥職也〕"라고 하였는데, 이는 내용이 중첩될 뿐만이 아니라, 상문(上文)에 조응(照應)하는 뜻을 그다지 감파(勘破 간파)하지 못한 것으로 보인다. '무교일욕(無教逸欲)'은 "날마다 여섯 가지 덕을 두려워하며 공경히 행한다.〔日嚴祗敬六德〕"에 조응하고, '무광서관'은 "날마다 세 가지 덕

는 만물 속에 각기 하나의 태극이 갖추어져 있음을 말한다. 《근사록(近思錄)》 권1 〈도체(道體)〉에 "대개 합해서 말하면 만물 전체가 하나의 태극이요, 나누어 말하면 일물이 각기 하나의 태극을 갖추고 있다.〔蓋合而言之 萬物統體一太極也 分而言之 一物各具一太極也〕"라는 주희의 말이 실려 있다.

을 선포한다.〔日宣三德〕"에 조응하는 것이다.

'천총명(天聰明)'과 '천명외(天明畏)'의 두 구(句)는, 단지 상문(上文)의 서(敍), 질(秩), 명(命), 토(討)를 이어받아 천인합일(天人合一)의 이치를 거듭 말한 것으로서,[77] '명외(明畏)'는 바로 천명(天命)과 천토(天討)를 가리킨다. 집전(集傳)에서 "하늘과 사람은 그 이치가 하나여서 막힘없이 서로 통한다. 그렇기 때문에 민심이 있는 곳이 바로 천리가 있는 곳이며, 내 마음의 경(敬)이 또 민심과 천리와 합하여 하나가 되는 것이다.……〔天人一理 通達無間 民心所存 卽天理所在 而吾心之敬 又合天民而一之……〕" 하였는데, 이 해설이 지극히 좋다. 공영달(孔穎達)이 〈태서(泰誓)〉의 "하늘이 보고 듣는 것은 우리 백성들이 보고 듣는 것을 통한다."[78]라는 말을 인용하여 해설한 것은 층위(層位)

77 천총명(天聰明)과……것으로서 : 《서경》 〈고요모〉의 "하늘이 듣고 보는 것은 우리 백성들이 듣고 보는 것을 통해서 하고, 하늘이 선인을 드러내 밝혀 주고 악인을 겁주는 것은 우리 백성들이 드러내 밝히고 겁주는 것을 통해서 한다.〔天聰明自我民聰明 天明畏自我民明明威〕"라는 두 구절은, 앞에 나오는 "하늘이 펼쳐서 법(法)을 두었으니 우리의 오전을 바로잡아 오전을 돈후하게 해야 할 것이요, 하늘이 질서 있게 예(禮)를 두었으니 우리의 오례를 통해서 오례를 떳떳하게 해야 할 것이요, 군신(君臣)이 공경함을 함께하고 공손함을 같이하여 충심(衷心)으로 화합해야 할 것이다. 하늘이 덕 있는 이에게 명하거든 다섯 가지 복장으로 다섯 가지 등급을 밝히고, 하늘이 죄 있는 자를 토벌하거든 다섯 가지 형벌로 다섯 가지 등급을 써야 할 것이다.〔天敍有典 勅我五典 五惇哉 天秩有禮 自我五禮 五庸哉 同寅協恭 和衷哉 天命有德 五服五章哉 天討有罪 五刑五用哉〕"라는 말을 다시 요약해 준 말이라는 뜻이다. 본문의 서(敍), 질(秩), 명(命), 토(討)는 각각 천서(天敍), 천질(天秩), 천명(天命), 천토(天討)를 줄인 것이고, 뒤에 나오는 돈(惇), 용(庸), 복(服), 형(刑)은 오돈(五惇), 오용(五庸), 오복(五服), 오형(五刑)을 줄인 것이다.

를 벗어난 느낌이 든다.

처음에는 서(敍), 질(秩), 명(命), 토(討)라고 하였는데 이는 민심을 기인하여 발현하는 것이고, 끝에서는 돈(惇), 용(庸), 복(服), 형(刑)이라고 하였는데 이는 인공(人工)을 빌려서 시행하는 것이니, '우리를 통해서〔自我〕'라는 뜻은 이 두 가지를 합쳐서 보아야 마땅하다. 그리고 서와 질, 돈과 용은 총명(聰明)에 소속시키고, 명과 토, 복과 형은 명외(明畏)에 소속시켜야 할 것이다. 이는 대개 총명은 상하(上下)를 통틀어 보아야 마땅할 것 같지만, 명외는 이미 전적으로 명(命)과 토(討)의 한 단(段)을 가리키기 때문이니, 그렇다면 이와 같이 분속(分屬)해야 제정(齊整 정돈)될 것도 같은데, 옳은지 어떤지는 알지 못하겠다.

익직 益稷

제순(帝舜)이 우(禹)에게 창언(昌言 좋은 말)을 해 보라고 하자, 우가 "말씀드릴 만한 것은 없고, 그저 날마다 부지런히 힘쓰려고 합니다."라고 대답하였고, 고요(皐陶)가 그것을 어떻게 하는 것인지 묻자, 이번에는 우가 또 치수(治水)하며 근고(勤苦 각고면려(刻苦勉勵))했던 일만을 거론하여 대답하였는데, 그 뜻은 마치 "제가 오직 이와 같이 하였기

78 하늘이……통한다 : 《서경》 〈태서 중(泰誓中)〉에 "하늘은 우리 백성들이 보는 것을 통해서 보고, 하늘은 우리 백성들이 듣는 것을 통해서 듣는다.〔天視自我民視 天聽自我民聽〕"라는 말이 나온다.

때문에 공(功)을 이룰 수 있었으니, 이와 같이 하지 않았다면 어떻게 오늘이 있을 수 있었겠습니까. 이를 통해서 살펴보면 정치하는 도리 역시 전적으로 역행(力行)하는 데에 있는 것이지 말을 많이 하는 데에 있지 않음을 알 수 있습니다."라고 말한 것처럼 보인다. 이는 대개 이미 일어난 사실에 근거하여 아직 일어나지 않은 도리를 증명함으로써, 군신 상하로 하여금 황급히 사공(事功)에 매진하여 안정된 정치를 무궁히 펼치게 한 것이다.

대개 상문(上文)에서 고요가 말한 것이 이미 극진해서 더 이상 말할 것이 남아 있지 않았기 때문에, 자기로서는 그저 이런 식으로 부지런히 역행하려고 한 것일 뿐인데, 이 뜻이 절실하여 법으로 삼을 만했기 때문에, 고요가 곧장 "그대의 창언을 법으로 삼겠다.〔師汝昌言〕"라고 답한 것이니, 이는 대개 "그대는 비록 말하지 않았다고 스스로 생각할지 몰라도, 바로 이런 것이 창언이다."라고 말한 것이라고 하겠다. 그런데 삼연(三淵 김창흡(金昌翕))은 "'사여창언(師汝昌言)'은 바로 우(禹)를 유도하여 말하게 함으로써 장차 그 말을 본받을 점이 있게 하려고 한 것이니, 하문(下文)의 '천자의 지위에 있음을 삼가소서.〔愼乃有位〕' 이하의 말들이 바야흐로 창언을 한 것이다."라고 하였는데, 이는 그렇지 않을 듯하다.

'유기유강(惟幾惟康)'의 '유(惟)'는 사유(思惟)의 뜻이고, '유시유기(惟時惟幾)'의 '유(惟)'는 어사(語辭)라고 하였다.[79] 한 편(篇)의 안에

79 유기유강(惟幾惟康)의……하였다 : 채침(蔡沈)의 집전(集傳)에서 '유기유강'에 대해서는 "유기는 일의 발단을 살피는 것이요, 유강은 일의 안정을 살피는 것이다.〔惟幾

서 '유기(惟幾)'라는 똑같은 말에 대하여[80] 훈석이 같지 않은 것은 의아하게 여겨진다.

이 '유(惟)' 자는 '유시유기(惟時惟幾)'에 의거하여 역시 어사로 간주해야 옳을 듯하다. '유기'라는 것은 기미가 드러날 즈음에 살피는 것이고, '유강(惟康)'이라는 것은 '일을 행하는〔事爲〕' 사이에서 진정(鎭定)하는 것이다. 대개 '기(幾)' 자에는 바로 '살핀다〔察〕'는 뜻이 들어 있으니, 잘 살펴서 기미가 드러날 즈음에 남김없이 명백하게 한다는 말이다. '안여지(安汝止)'[81]는 유기와 유강을 통틀어서 말한 것이니, 이 때문에 염려(念慮)와 사위(事爲)를 가지고 나누어 말했을 터인데, 나의 이 생각이 어떤지 모르겠다.

관직을 맡아 일을 처리하는〔居官治事〕 측면에서 말을 하면 신하〔臣〕인 것이고, 선언(善言)을 진헌(進獻)하여 왕의 덕행을 보좌하는〔納誨

所以審其事之發 惟康所以省其事之安〕"라고 해설하고, '유시유기(惟時惟幾)'에 대해서는 "유시는 어느 때나 계칙하지 않음이 없는 것이요, 유기는 어느 일이나 계칙하지 않음이 없는 것이다.〔惟時者無時而不戒勅也 惟幾者無事而不戒勅也〕"라고 해설한 것을 가리킨다. 집전에 의하면 각각 "일의 발단을 살피고, 일의 안정을 살펴야 한다."와 "어느 때나 삼가고, 어느 일이나 삼가야 한다."로 번역된다. 대본에는 '……惟時惟幾之唯 是語辭'로 되어 있는데, '唯'는 '惟'의 잘못이기에 바로잡아 번역하였다.

80 한 편(篇)의……대하여 : 대본에는 '一篇之內 同一唯幾'로 되어 있는데, '唯'는 '惟'의 잘못이기에 바로잡아 번역하였다.

81 안여지(安汝止) : 마땅히 머물러야 할 곳에 당신의 마음을 두고서 외물에 대처해야 한다는 뜻으로, 우(禹)가 제순(帝舜)에게 권유한 말이다. 이 말 뒤에 '유기유강(惟幾惟康)'의 구절이 이어진다. 《書經 益稷》

輔德]82 측면에서 말하면 이웃[隣]인 것이니, 실제로는 신하가 또한 이웃이요 이웃이 또한 신하인 것으로서 2인이 별도로 있는 것이 아니다. 이것이 바로 "신하가 이웃이고, 이웃이 신하이다.[臣哉隣哉 隣哉臣哉]"라고 말한 의미이니, 집전(集傳)에서 "신하는 사람으로 말하였고, 이웃은 직책으로 말하였다.[臣以人言 隣以職言]"라고 해설한 것은 옳지 않을 듯하다. "신하는 나의 다리와 팔뚝, 그리고 귀와 눈이 되어 주어야 한다.[臣作朕股肱耳目]"의 한 절(節)은 신(臣)의 직무를 말한 것이고, "나의 잘못을 그대가 도와서 바로잡아라.[予違汝弼]"의 한 절은 인(隣)의 직분을 말한 것이니, 상절(上節)에서는 '신(臣)' 자로 시작하고 하절(下節)에서는 '사린(四隣)'으로 마무리한 것을 보아도 그 뜻을 알 수가 있다. 집전에서 상절에 대해 '신하가 이웃이 되는 뜻을 말한 것[臣所以爲隣之意]'이라고 해설한 것은 이 점을 미처 살피지 못한 듯하다. 대개 익위(翼爲)와 명청(明聽)83은 모두 사공(事功)을 가지고 말한 것이지 '보필하는 신하가 정직해야 함[弼直]'을 가지고 말한 것이 아니다.

'여러 가지 완악하고 참소하는 자들[庶頑讒說]'의 한 단락은 끝내 이해할 수가 없다. 서완참설(庶頑讒說)과 관련하여, 주자가 말하기를 "상벌(賞罰)은 별도로 시설(施設)하는 것이 있어야 마땅하다. 어떻게

82 선언(善言)을……보좌하는 : 《서경》 〈열명 상(說命上)〉에 "아침저녁으로 나에게 선언을 진헌(進獻)하여 나의 덕행을 보좌하라.[朝夕納誨 以輔台德]"라는 말이 나온다.
83 익위(翼爲)와 명청(明聽) : 익위는 '그대가 도와주고[汝翼]' '그대가 맡아서 하여라.[汝爲]'의 구절을 말하고, 명청은 '그대가 밝혀 주고[汝明]' '그대가 듣고 살펴라.[汝聽]'의 구절을 말한다. 《書經 益稷》

활쏘기에만 의지할 수 있겠는가. 어찌 형편없는 사람이 활을 쏘아 명중시키기만 하면 바로 좋은 사람이 될 수 있겠는가."[84]라고 하였는데, 이는 참으로 가소로움을 말한 것이다. 이런 대목은 그저 주자가 이야기한 대로 그냥 놔두는 것이 합당하겠다.

"여러 사람을 밝게 드러내되 공(功)으로써 한다.〔明庶以功〕"에 대해, 《어류(語類)》에 "'서(庶)' 자는 잘못일 듯싶다. 시(試)가 되어야 맞는다.〔恐庶字誤 只是試〕"[85]라고 하였는데, 이 말이 옳은 것 같다.

"삼묘(三苗)가 완악하여 신하로서의 의무에 응하지 않았다.〔苗頑不卽工〕"라는 경문에 대해, 주자가 "이것은 우(禹)가 치수할 때에 타국의 인부를 동원하였는데, 움직이지 않은 것이다.〔此是禹治水時 調役他國人夫 不動也〕"[86]라고 하였는데, '움직이지 않았다.'라는 것은 부역하지 않았다는 말이다.

84 상벌(賞罰)은……있겠는가 : 장원덕(張元德) 즉 장흡(張洽)이 "활쏘기를 통해 증명을 하고, 회초리로 때려 기억하게 한다고 한 것은 바로 상을 주고 벌을 주는 것이다.〔侯以明之 撻以記之 乃是賞罰〕"라고 말한 데 대해 주희가 대답한 말이다. 《주자어류(朱子語類)》 권78에 나온다.

85 서(庶)……맞는다 : 《주자어류》 권77에 이 내용이 나온다.

86 이것은……것이다 : 이 죄를 물어서 우(禹)가 나중에 삼묘를 정벌하고 유배 보냈다는 주희의 설명이 이 말 뒤에 이어지는데, 《주자어류》 권78에 이런 내용들이 실려 있다.

'부토(敷土)'에 대해 고주(古註)에서는 "나누어 배치하여 구주의 땅을 다스렸다.〔分布治九州之土〕"라고 하였다. 삼연(三淵)이 집전(集傳)의 해설에 대해 아무래도 정확성이 떨어진다고 여긴 것[87]은 대개 고주를 따르고자 해서인데, 이렇게 하는 것이 나은 것 같다.

"산을 따라 나무를 베었다.〔隨山刊木〕"라는 것은 바로 도산(導山)[88]을 한 것인데, 그 공역(工役)은 준천(濬川)[89]을 하기 이전에 있었다.

87 삼연(三淵)이……것 : 한국문집총간 166집에 수록된 김창흡(金昌翕)의 문집인 《삼연집(三淵集)》 권34 〈일록(日錄)〉 2월 6일 조에 "'우부토(禹敷土)'의 '부(敷)' 자를 분(分)으로 해석한 것은 아무래도 정확성이 떨어진다. 자의가 불분명할 뿐 아니라 일도 무엇을 가리킨 것인지 확실하지 않다. '골고루 다스렸다.'라고 해석하는 것이 온당할 듯한데, 그렇게 하면 세 건(件)이 아니라, 부토가 강(綱)이 되고 아래의 두 가지 일은 목(目)이 된다.〔禹敷土之敷字解以分 終欠的確 不惟字義難明 事亦無指的 恐宜作均治解 若是則非三件也 敷土爲綱而下兩事爲目矣〕"라고 하였다. 아래의 두 가지 일이란, 《서경》 〈우공(禹貢)〉 첫머리의 "우가 부토하였다.〔禹敷土〕"의 바로 다음에 이어지는 "산을 따라 나무를 베어 길을 내고, 높은 산맥과 큰 하천을 정하여 지역을 표시하였다.〔隨山刊木 奠高山大川〕"라는 것을 가리킨다. 한편 집전(集傳)에서는 부토에 대해, "'부(敷)'는 분(分)이니, 토지를 분별하여 구주로 만든 것이다.〔敷分也 分別土地以爲九州也〕"라고 해설하였다.

88 도산(導山) : 산을 따라 나무 등의 장애물을 제거하여 물을 아래로 유도하는 것을 말한다. 한편 도수(導水)는 물의 자연스러운 흐름을 이용하여 작은 물길을 큰 물길로 유도하는 등 합수(合水)하여 바다로 흐르게 하는 것을 말한다. 도천(導川)이라고도 한다.

89 준천(濬川) : 하천을 준설(浚渫)하여 물이 잘 빠지게 하는 것을 말한다. 《서경》 〈순전(舜典)〉에 "12주(州)를 처음으로 만들고, 12주의 고산(高山)을 진산(鎭山)으로

〈익직(益稷)〉의 첫머리에 "내가 네 가지 탈것을 타고서 산을 따라 나무를 베고는, 익(益)과 함께 각종 어육(魚肉)을 가져다가 백성들에게 먹여 주었으며, 내가 구주(九州)의 하천을 터서 사해에 이르게 하고, 도랑의 물길을 깊이 파서 하천에 이르게 하고는, 직(稷)과 함께 파종을 하고 얻기 어려운 식량과 어육을 가져다가 백성들에게 먹여 주었다.〔予乘四載 隨山刊木 暨益奏庶鮮食 予決九川 距四海 濬畎澮距川 暨稷播 奏庶艱食鮮食〕"라고 하였으니, 치수(治水)의 공역을 펼친 차서(次序)를 이 몇 구절을 통해서 분명히 알 수 있다.

주자가 말하기를 "우(禹)가 치수한 것은, 아래에서 위로 진행하고 나서 다시 위에서 아래로 진행한 것이다."[90]라고 하였다. 그런데 나는, 우의 치수는 삼중(三重)의 공역이 있었다고 여긴다. 첫 번째는 위에서

봉표(封表)하고, 그 주의 하천 바닥을 깊이 파서 물이 잘 내려가게 하였다.〔肇十有二州 封十有二山 濬川〕"라는 말이 나온다. 그리고 본문에서 인용한 〈익직(益稷)〉의 "도랑의 물길을 깊이 파서 하천에 이르게 하였다.〔濬畎澮距川〕"를 줄인 말로 볼 수도 있다. 이 준천을 혹 도수(導水)와 동일하게 보거나 도수의 하나로 간주하는 견해가 있는데, 녹문은 하문(下文)에서 보는 것처럼 이를 부정하고 또 다른 하나의 치수(治水) 행위로 인식하고 있다.

90 우(禹)가……것이다 : 《주자어류(朱子語類)》 권79에 "우가 치수한 것은 바로 아래에서 위로 하고 나서 다시 위에서 아래로 한 것이다. 후인(後人)이 위에서 아래로 했다고 말하는데, 이는 전혀 그렇지 않다. 먼저 아래에서 물을 빼지 않고 거꾸로 위에서 먼저 요리한다면, 아래의 물이 빠지지 못해서 아래의 형세가 더욱 심해질 터이니, 무슨 치수가 이런 것이 있겠는가.〔禹治水 乃是自下而上了 又自上而下 後人以爲自上而下 此大不然 不先從下泄水 却先從上理會 下水泄未得 下當愈甚 是甚治水如此〕"라는 주희의 말이 나온다. 녹문은 주희의 이 주장을 일단 인정하면서도, 그 앞에 도수(導水)라는 하나의 과정을 첨가하고 있다.

아래로 진행한 것이니, 즉 도산(導山)을 한 것을 가리킨다. 두 번째는 아래에서 위로 진행한 것이니, 즉 연주(兗州)를 시작으로 해서 청주(青州)와 서주(徐州)를 차례로 거쳐 양주(梁州)와 옹주(雍州)에 미치고, 각 주(州)마다 준천(濬川)을 한 일을 가리킨다. 세 번째는 또 위에서 아래로 진행한 것이니, 즉 도수(導水)를 한 것을 가리킨다. 이는 대개 각 주마다 공역을 끝내긴 하였지만, 천원(川源)이 아직도 죄다 씻겨 내려가지 않았고 수로(水路)가 아직도 죄다 평온해지지 않았기 때문에, 다시 하(河), 제(濟), 강(江), 회(淮), 위(渭), 낙(洛) 등 대천(大川)에 나아가 처음부터 한층 더 물길을 터서 유도하여 마무리를 지은 것이다.

소주(小註)에 나오는 여러 설 가운데 오직 임씨(林氏)[91]의 설이 가장 타당한 것 같다. 그는 말하기를 "우(禹)는 본래 도천(導川)을 하여 바다로 흘려보내려고 하였다. 그런데 지금 도산(導山)을 먼저 한 것은, 대개 홍수가 바야흐로 회양(懷襄)[92]하여 예전의 하천과 도랑이 모두 물에 잠겨서 볼 수 없었으므로 시공(施工)을 하려 해도 손을 댈 수가

91 임씨(林氏) : 임지기(林之奇, 1112~1176)를 가리킨다. 자(字)는 소영(少穎)이고, 세상에서 삼산(三山) 선생으로 일컬어졌다. 당시 통용되던 왕안석(王安石)의 《삼경의(三經義)》 설을 반박하였으며, 여조겸(呂祖謙)도 일찍이 그에게 배운 적이 있다. 저서에 《상서전해(尙書全解)》와 《졸재문집(拙齋文集)》 등이 있다. 《서경》의 해설 가운데에서 주희는 특히 소식(蘇軾), 왕안석, 임지기, 여조겸 등 사가(四家)의 설을 취하였는데, 이들은 각각 간략(簡略), 천착(穿鑿), 번다(繁多), 고증(考證)에 치우쳤다는 평을 얻기도 하였다.

92 회양(懷襄) : 산을 에워싸고 언덕을 집어삼킨다는 '회산양릉(懷山襄陵)'의 준말로, 홍수의 흉흉한 기세를 형용한 것이다. 243쪽 주14 참조.

없었기 때문이다. 그래서 먼저 구주(九州)의 고산(高山)과 거진(巨鎭)으로 표지(標識)를 삼고는, 서쪽부터 물길을 터서 동쪽으로 향하게 함으로써, 하늘에까지 잇닿는 홍수의 기세를 줄이려고 한 것이다.〔禹本導川歸海 今乃先以導山 蓋方洪水懷襄 古川舊瀆 皆浸沒不可見 欲施工無所措手 故先以九州高山巨鎭爲表識 自西決之使東 以殺其滔天之勢〕"라고 하고, 또 말하기를 "먼저 산릉에 잠긴 물길을 터서 돌아갈 곳이 있게 한 뒤에야 준천의 공역을 베풀 수가 있었다.〔先決山陵之積水 使有所歸 然後可施濬川之功〕"라고 하였다. 그리고 신안 진씨(新安陳氏 진력(陳櫟))도 말하기를 "도산의 공역은 사로로 나뉘어 진행되었는데, 이는 바로 회양의 기세가 바야흐로 엄청나서 아직은 준천의 공역을 행할 수 없었기 때문이다. 그래서 먼저 산을 따라 살펴보고는 소도(疏導 물길을 터서 유도하는 것)할 만한 것은 소도하며 준천의 공역을 개시한 것이다.〔導山之役 分爲四路 乃懷襄方殷 未可下濬川之功 先隨山相視 可疏導者疏導之 爲濬川之經始〕"라고 하였다. 이런 설들을 드러내 밝혀 주어야 마땅한데, 다만 임씨가 어떤 사람인지 모르겠으니 한번 알아보아야 하겠다.

채전(蔡傳 채침(蔡沈)의 집전)은 도수(導水)와 '각 주(州)마다 하천을 준설한 것〔逐州濬川〕'을 합쳐서 하나로 여긴 것 같은데, 이는 사실과 다를 듯하다. 그리고 주자가 "아래에서 위로 하고 나서 다시 위에서 아래로 한 것이다.……〔自下而上了 又自上而下……〕" 한 것과도 같지 않다.

《어류(語類)》에 말하기를 "지금 사람들의 말에 의하면, 우(禹)의 치수는 호구에서 용문을 뚫는 것으로부터 시작되었다고 하는데, 나는 감히 그 말을 완전히 믿지 못하겠다.〔今人說禹治水 始于壺口鑿龍門 某未敢深信〕"[93]라고 하고, 또 말하기를 "우의 치수는 필시 갈석(碣石)과 구하(九河)에서 시작되었을 것이다.〔禹治水必當始于碣石九河〕"라고 하였는데, 이 말이 물론 그럴듯하기는 하다. 그러나 내가 나름대로 헤아려 보건대, 황하(黃河)의 수재(水災)는 용문 일대가 가장 심하게 급속도로 범람하여 그 기세가 겁날 만하였고, 기주(冀州)가 또 제도(帝都)였기 때문에 여기에 나아가서 먼저 다스리지 않을 수 없었을 것이다. 그리하여 여량(呂梁)을 일단 다스리고 용문을 일단 뚫어 주자 급속도로 범람하던 것이 조금 평온하게 되어서는, 하류(下流)의 물이 아직 빠지지 않았다 하더라도 수재는 그래도 조금 완화될 수 있었을 것이다. 이렇게 되자 또 곧장 이른바 구하와 갈석이라는 곳에 나아가 물길을 개통하여 그 하류의 물을 유도한 것은 형세로 볼 때 자연히 그렇게 하지 않을 수 없었을 것이니, 이는 바로 의가(醫家)에서 "환후(患候)가 급할 때에는 드러난 증상부터 우선 치료한다.〔急則治其標者也〕"라고 하는 것과 같다고 하겠다. 《어류》의 일설(一說)에 "우(禹)가 공력을 들인 것을 보면, 처음에는 단지 기주에서 힘쓰다가 연주(兗州)와 청주(青州)로 옮겨갔다.〔觀禹用功 初只在冀 以及兗青〕"라고 하였는데, 이 것이 정론(定論)이 아닐까 싶다.

구하와 갈석은 집전(集傳)에서 고찰한 내용이 지극히 좋다.

93 지금……못하겠다 : 《주자어류(朱子語類)》 권79에 보인다. 본문의 다른 인용문들도 모두 여기에 함께 실려 있다.

낙수(洛水)가 황하(黃河)로 들어가는 곳을 낙예(洛汭)라고 하니, 그렇다면 위예(渭汭)도 위수(渭水)가 황하로 들어가는 곳이라고 해야 마땅하다. 그리고 도수(導水)하는 대목에서 풍(灃), 경(涇), 칠(漆), 저(沮)를 차례로 말한 것[94]이 일일이 이 글과 합치하는데, 유독 예(汭)만 말하지 않았고 보면, 위예가 두 개의 강물이 아닌 것이 분명하다. 또 하문(下文)에서 "위예에서 만난다.〔會于渭汭〕"라고 하였고 보면, 더더욱 위수와 예수(汭水)의 두 강물로 해석할 수 없는 것이다.

'회우위예(會于渭汭)'는 적석(積石)에서 흘러온 물과 위수에서 흘러온 물이 위수의 안쪽에서 만난다는 말인 것 같다. 대개 양주(梁州)의 "하수(河水)를 가로지른다.〔亂于河〕"[95]라는 글을 가지고 보건대, 위수가 하수에 들어가는 곳은 바로 하수가 등륙(登陸)하는 곳이다. 집전의 해설이 물론 타당하지만 '회(會)' 자의 뜻은 밝히지 못하였다.

"북쪽에서 나뉘어 구하가 되었다.〔北播爲九河〕"의 주(註)에서 "하수가 위에서 나뉘어 아홉이 되었다가 아래에서 합쳐져 다시 하나가 되었

94 도수(導水)하는……것 : 《서경》 〈우공(禹貢)〉의 "위수(渭水)를 유도하되 조서산(鳥鼠山)과 동혈산(同穴山)으로부터 동쪽으로 풍수(灃水)와 만나게 하고, 또 동쪽으로 경수(涇水)와 만나게 하였으며, 또 동쪽으로 칠수(漆水), 저수(沮水)를 지나 하수(河水)에 들어가게 하였다.〔導渭自鳥鼠同穴 東會于灃 又東會于涇 又東過漆沮 入于河〕"를 말한다.

95 하수(河水)를 가로지른다 : 《서경》 〈우공(禹貢)〉의 양주(梁州) 지역의 물길을 설명한 대목에 "서경산(西傾山)에서 환수(桓水)를 따라와서 잠수(潛水)에 뜨고 면수(沔水)를 넘어 위수(渭水)로 들어가서 하수를 가로지른다.〔西傾 因桓是來 浮于潛 逾于沔 入于渭 亂于河〕"라는 말이 나온다.

다. 나뉘어 갈라지고 합쳐서 함께함은 모두 수세의 자연스러운 현상이니, 우(禹)는 단지 이에 순응하여 유도했을 뿐이다.〔河上播而爲九 下同而爲一 其分播合同 皆水勢之自然 禹特順而導之耳〕"라고 하였는데, 이는 "일단 길을 잡았다.〔旣道〕"의 주(註)에서 말한 "물이 자기의 길을 따르게 되었다.〔水順其道〕"[96]와 합치한다. 이에 의거하면 "우(禹)가 물길을 만들었다.〔禹爲之道〕"[97]라는 한 단(段)은, 초본(草本)을 미처 다 산정(刪定)하지 못한 채 조감(照勘)을 잘못한 것이 분명하다고 하겠다.

도산(導山)의 네 조목[98]을 보면 모두 하(河), 회(淮), 강(江), 한(漢), 위(渭), 낙(洛)의 하천이 거치는 곳이니, 이를 통해서 살펴보건대 '산을 따라 행한〔隨山〕' 공역이란 그 산곡(山谷)에 잠긴 물을 터서 유도하여 대천(大川)에 주입하는 것임이 의심할 것 없이 명백하다.

96 물이……되었다 : 《서경》 〈우공(禹貢)〉의 "구하가 일단 길을 잡았다.〔九河旣道〕"의 주에 "'기도(旣道)'라는 것은 이미 자기의 물길을 따르게 되었다는 말이다.〔旣道者旣順其道也〕"라고 하였다.

97 우(禹)가 물길을 만들었다 : 《서경》 〈우공〉의 "유수(濰水)와 치수(淄水)가 물길을 따랐다.〔濰淄其道〕"의 주에 "'기도(其道)'라는 것은 물이 자기의 옛길을 따르게 되었다는 말이다. 상문에서 '기도(旣道)'라고 말한 것은 우(禹)가 물길을 만든 것이요, 여기에서 '기도(其道)'라고 말한 것은 범람한 것이 일단 없어지면서 물이 자기의 옛길을 찾은 것이다.〔其道者 水循其道也 上文言旣道者 禹爲之道也 此言其道者 泛濫旣去 水得其故道也〕"라고 하였다.

98 도산(導山)의 네 조목 : 《서경》 〈우공〉의 "견산(岍山)에 길을 내어 기산(岐山)까지 미치고 형산(荊山)에 이르렀으며〔導岍及岐至于荊山〕"에서부터 "민산의 남쪽에서 형산에 이르고, 구강을 지나 부천원에 이르게 하였다.〔岷山之陽 至于衡山 過九江 至于敷淺原〕"까지를 말한다. 그 뒤에 바로 도수(導水)에 대한 설명이 이어진다.

이는 대개 반드시 먼저 이와 같이 한 뒤에야 물이 돌아갈 곳이 있게 되고 물길이 통할 수가 있어서 준천(濬川)의 공역에 바야흐로 착수할 수 있기 때문이었다.

도산(導山)과 도수(導水)의 부분을 서술한 필법(筆法)이 제정(齊整)하여 한 글자도 구차하게 놓이지 않았으니, 참으로 성인(聖人)의 글이다.

흑수(黑水)의 주(註)에서 인용한 《지지(地志)》와 《수경(水經)》의 두 가지 설이 같지 않은데, 이 중에서 《수경》의 설이 옳으니 이는 《경서변의(經書辨疑)》에 실린 상촌(象村 신흠(申欽))의 설을 참고하면 좋을 것이다. 그리고 소암(疎菴 임숙영(任叔英))의 설을 보면 '난창강(瀾滄江)' 운운하면서 전거를 인용한 것이 매우 분명한데, 다만 난창강이라고 하는 것도 장액현(張掖縣) 계산(鷄山)에서 나오는 것인지를 모르겠다.

팽려(彭蠡)라는 하나의 물은 그야말로 천고의 큰 의안(疑案)이다. 내 생각에는 천택(川澤)이 변천하며 지명이 뒤바뀐 예가 고금에 걸쳐 무수히 많은 만큼, 지금 〈우공(禹貢)〉을 읽을 적에도 단지 경문에 의거해서 해석해야 옳지, 현재 보이는 지리 때문에 구애를 받아서 견강부회하면 안 된다.

이미 "대별산(大別山)에 이르러 남쪽으로 강(江 장강(長江))에 들어갔다. 그리고 동쪽으로 돌아서 택(澤)을 이루었으니 이것이 팽려이다. 또 동쪽으로 가서 북강이 되어 바다로 들어갔다.〔至于大別 南入于江 東匯澤爲彭蠡 東爲北江 入于海〕"라고 하였고, 또 "동쪽으로 뻗고 북쪽으로 가서 회(匯)에서 만났으며,[99] 또 동쪽으로 가서 중강이 되어 바다로 들어갔다.〔東迤北會于匯 東爲中江 入于海〕"라고 하였고 보면, 한수(漢水)가 강(江)에 들어갈 적에 한 갈래가 나뉘어 동으로 흘러서 팽려가 되고, 또 팽려에서 동쪽으로 흘러 북강이 되어 바다로 들어갔다는 것, 강수(江水)가 한수를 받아들인 뒤에 동쪽으로 벋고 또 북쪽으로 가서 팽려가 남쪽으로 흐르는 것과 만나 동쪽으로 흘러 중강이 되어 바다에 들어갔다는 것을 확실하게 알 수 있다.

대개 그 당시에는 한수가 완전히 강에 들어가지 않고 분류(分流)하여 팽려가 되고 북강이 되어 강의 하류와 병행하면서 각자 바다로 들어갔다는 것, 한수가 이미 북강이 되었기 때문에 강이 바다로 들어가는 곳은 중강이라고 명명하고 남강(南江)이라고 하지 않았다는 것, 또 중강이라고 말했으면 강의 남쪽에 또 남강이 있었으리라는 것을 알 수가 있는 것이다.

"삼강이 이미 바다로 들어가니〔三江旣入〕"의 주에 나오는 소씨(蘇氏 소식(蘇軾))의 설이 원래 옳을 듯한데, 집전(集傳)에서는 강(江), 한(漢)과 예장강(豫章江)이 합류하여 1000여 리를 흘러가서 바다에 들어가는 것을 가지고 소씨의 설을 공격하는 증거로 삼았다. 그러나 경(經)

99 동쪽으로……만났으며 : 녹문의 해석에 따른 번역이다. 현재 통용되는《서경집전(書經集傳)》에는 '동이북회우회(東迤北會于匯)'의 '우(于)'가 '위(爲)'로 되어 있는데, 그럴 경우 "동쪽으로 벋고 북쪽에서 만나 회(匯)가 되었다."로 번역된다. 그런데 녹문은 하문(下文)에 나오는 것처럼 집전(集傳)과 당본(唐本)에 의거하여 '우(于)'가 옳다는 입장을 취하고 있으며, '회우회(會于匯)'를 본문처럼 팽려가 남쪽으로 흐르는 물과 만나는 것으로 해석하였다. 석경(石經)에는 '우(于)'로 되어 있다. 또 '회(匯)'는 '한(漢)'이 되어야 한다고 주장하는 설도 있다.

에 이미 북강과 중강의 글이 있고 보면, 강(江), 한(漢)이 합류하는 것은 우(禹) 당시에 있었던 옛날의 자취가 아님을 상상할 수 있다. 또 예장강(豫章江)이 꼭 남강(南江)이 된다는 것을 확인할 수 없다고 하더라도, 호구(湖口)에서 강과 합류하는 것이 '옛날엔 그렇지 않았는데 지금 그런 것'이 아닌지 또 어떻게 알겠는가.[100] 그러고 보면 우공(禹貢) 때의 팽려는 지금 일컫는 팽려가 아님이 분명하다고 하겠다.

주자가 말하기를 "옹주(雍州)와 양주(梁州)와 형주(荊州)와 양주(揚州)에는 우(禹)가 직접 가지 않고 단지 관속을 나누어 보내어 그곳에 가서 살펴보게 하였다. 그리고 동정과 팽려의 사이는 바로 삼묘가 거주하는 곳인 만큼, 관속으로서 그곳에 간 자들도 반드시 그 경내에 깊이 들어가지 못했을 것이다. 그래서 다만 팽려가 택(澤)이 된 것만을 알았을 뿐이요 한수가 돌아서 못이 된 것이 아닌 줄은 몰랐던 것이다. 〔雍梁荊揚 禹不親往 而只分遣官屬往視之 又洞庭彭蠡之間 乃三苗所居 官屬之往者未必深入其境 故但知彭蠡之爲澤 而不知非漢水所匯〕"[101]라고 하였는데, 내 생각에는 삼가 그 주장이 온당치 못한 듯하다.

경(經)에서 이미 "구강을 지나 부천원에 이르렀다.〔過九江 至于敷淺

100 예장강(豫章江)이……알겠는가 : 지금 와서 소식(蘇軾)의 설을 증명할 수 없다고 하더라도, 집전(集傳)의 설 역시 우공(禹貢) 당시의 지리와는 다르다는 비평을 면할 수 있는 증거를 제시할 수는 없으리라는 말이다. 예장강이 남강이 된다는 것은 소식의 설이고, 호구(湖口)에서 강(江)과 합류한다는 것은 집전의 설이다.

101 옹주(雍州)와……것이다 : 《서경》 〈우공(禹貢)〉의 "파총산(嶓冢山)에서 양수(漾水)를 유도하여〔嶓冢導漾〕" 조의 주(註) 가운데, 파양(鄱陽)이 팽려(彭蠡)라고 주장하는 마지막 부분의 내용을 녹문이 간추려 정리해서 인용한 것이다.

原〕"라고 하였고, 또 "내방산(內方山)으로부터 대별산(大別山)에 이르렀다.〔內方至于大別〕"라고 하였고 보면, 우(禹)의 발자취가 미상불 그곳에 직접 이르렀다고 해야 할 것이다. 왜냐하면 우 자신이 말하기를 "내가 네 가지 탈것을 타고서 산을 따라 나무를 베었다.〔予乘四載 隨山刊木〕"라고 하였는데, 도산(導山)의 공역은 모두 우가 직접 처리한 것이 너무도 분명하기 때문이다.

그리고 정말로 다른 사람을 대신 보냈다고 하더라도 반드시 익(益)과 직(稷)의 무리에게 그 일을 하도록 시켰을 것인데, 사방 5, 6백 리에 걸쳐 뻗어 있는 파양호(鄱陽湖)에 대해서는 굳이 물가에까지 가서 확인할 필요도 없이 높은 곳에 올라 손가락으로 가리키는 사이에서도 자연히 분명하게 알 수 있었을 것이다. 강북(江北)과 강남(江南)이 얼마나 큰 계한(界限)인데, 그만 흐리멍덩하게 음(陰)과 양(陽)의 방위를 오인하여 글에다 잘못 기록하였겠는가. 대성인(大聖人)의 작용이 이와 같이 허술하지는 않았을 듯싶다.

그리고 삼묘(三苗)가 비록 "완악하여 신하의 의무에 응하지 않았다.〔頑不卽工〕"라고 하더라도, 그 군장(君長)을 유배 보내고 나서 왕법(王法)이 바야흐로 행해지는 때였고, 치수(治水)의 공역이 또 천하의 역량을 동원하여 천하의 피해를 제거하는 것이었으니, 그렇다면 보잘것없는 조무래기가 어떻게 감히 훼방을 놓을 수 있었기에 감히 깊이 들어가지 못하는 지경에까지 이르렀겠는가.

또 더군다나 삼묘가 거하는 곳은 강의 남쪽에 있었으니, 지금의 팽려가 원래 그 지역이었다. 그리고 한수가 강수(江水)에 들어가는 곳으로 말하면, 경(經)에서 "동쪽으로 돌아 흐르고〔東匯〕" "북쪽에서 만난다.〔北會〕"라고 말한 지역인 만큼, 그야말로 강수와 회수(淮水)의 사이요 형주(荊州)와 양주(襄州)의 경계라서 중원(中原)과 매우 가까웠으니, 삼묘가 소굴로 삼을 곳은 아닐 것 같다. 따라서 치수할 때에 그곳에 들어갔느냐 들어가지 않았느냐의 문제는 논하지 않더라도, 가령 아무 일이 없는 평상시에 또 어찌 한 사람이라도 그곳에 가 본 자가 없었겠는가.

삼연(三淵)이 일찍이 이에 대해서 논하기를 "과연 그와 같았다면, 우(禹)가 일을 행한 것이 대단히 엉성했다고 할 것이니, 어떻게 신우(神禹)가 되기에 충분하겠는가. 이와 같은 곳은 그저 궐의(闕疑)[102]하는 것이 합당할 것이다. 만약 부득이하다면 소호(巢湖)가 강북(江北)에 있어서 조금 문의(文義)와 합치하니, 이 소호를 옛날의 팽려라고 해도 좋을 것이다."[103]라고 하였는데, 이 설이 옳을 듯도 하다.

집전(集傳)에서는 소호(巢湖)와 파양호(鄱陽湖)의 크기가 현격히 다르다고 하면서, 큰 것을 버리고 작은 것을 치수하지는 않았을 것이라고 의문을 제기하는데, 이 문제 역시 꼭 그렇다고는 할 수가 없다. "소통시키고 뚫는 데에 공력을 많이 들인 경우에는 비록 작은 물이라도 반드시 기록하고, 공력을 들이지 않은 경우에는 비록 큰 물

102 궐의(闕疑) : 의심스러우면 잠시 보류해 두고서 자기 주관을 가지고 멋대로 추측하지 않는 것을 말한다. 《논어》 〈위정(爲政)〉의 "많이 듣고 나서 의심스러운 것은 빼놓고 그 나머지만을 신중히 말한다면 허물이 적어질 것이다.〔多聞闕疑 愼言其餘則寡尤〕"라는 공자의 말에서 나온 것이다.

103 과연……것이다 : 한국문집총간 166집에 수록된 《삼연집(三淵集)》 권33 〈일록(日錄)〉 3월 조의 내용을 인용하였다. "그저 궐의하는 것이 합당할 것이다.〔只合闕疑〕" 다음에 "따로 변통하는 설을 만들어서 체면을 손상하면 안 될 듯싶다.〔恐不當別爲通變之說以傷體面〕"라는 말이 생략되었다.

이라도 생략한다."[104]라는 것이 또 집전의 설이 아니던가. 따라서 이 문제에 대해서도 이런 뜻으로 보아야 마땅한데, 또 더군다나 이른바 그 크고 작다는 것도 꼭 변할 수 없는 것이 아닌 데야 더 말할 필요가 있겠는가.

"팽려가 이미 물이 담겨 흐르니 기러기 떼가 살게 되었고, 삼강이 이미 바다로 들어가니 진택이 안정되기에 이르렀다.〔彭蠡既瀦 陽鳥攸居 三江既入 震澤底定〕"라고 하였는데, 양주(揚州)에 대해 기록한 것은 단지 이 두 조항이 있을 뿐이다. 힘들여 다스려서 그 공효를 거두었기 때문에 '기저(既瀦)'라고 말하고 '기입(既入)'이라고 말하고 '저정(底定)'이라고 말한 것이요, '양조유거(陽鳥攸居)'라고 말한 것은 너무도 기뻐서 나온 표현이라고 하겠다. 그 말뜻을 상세히 음미해 보건대, 그곳에 직접 가지 않고 단지 전해 들은 것을 기록하였을 뿐이라고 한다면, 아무래도 뜻이 통하기 어려울 듯하다.

'동이북회우회(東迆北會于匯)'는 향본(鄉本)에 '우(于)'가 '위(爲)'로 되어 있는데,[105] 집전(集傳)과 당본(唐本)에 따라 '우(于)'가 되어야 마

104 소통시키고……생략한다 : "강수(江水)와 한수(漢水)는 양주(揚州)의 큰 못인데 어째서 기록하지 않았느냐?〔江漢之水 揚州巨浸 何以不書〕"라는 질문에 대해, "〈우공〉의 서법으로 말하면, 소통시키고 뚫는 데에 공력을 많이 들인 경우에는 비록 작은 물이라도 반드시 기록하고 공력을 들인 것이 없는 경우에는 비록 큰 물이라도 생략하기 때문이다.〔禹貢書法 費疏鑿者 雖小必記 無施勞者 雖大亦略〕"라고 대답한 내용이 《서경》〈우공〉의 "삼강이 이미 바다로 들어가니〔三江既入〕"라는 경문(經文)의 주에 나온다.

105 동이북회우회(東迆北會于匯)는……있는데 : '동이북회우회'는 "동쪽으로 벋고 북

땅하다. 《주자대전(朱子大全)》에도 '우(于)'로 되어 있다.

"나의 덕을 공경하여 앞장을 서니, 나의 행함을 거역하는 자가 없었다.〔祇台德先 不距朕行〕"의 한 단(段)은 아무래도 〈우공(禹貢)〉의 문체와는 비슷하지 않으니, 착간(錯簡)이 아닐까 싶다.

'황복(荒服)'의 주(註)에 "혹자는 주(周)나라 복(服)의 이수(里數)는 모두 방(方)으로 말하였다.〔或以周服里數 皆以方言〕"라고 하였는데, 내가 살펴보건대, 이 '방(方)'은 "사방 1리(里)가 1정(井)이다.〔方里而井〕"[106]라고 할 때의 그 방(方)이다. 대개 우(禹)의 5복(服)은 복마다 동서가 각각 500리이고 남북이 각각 500리인 반면에, 주(周)의 경우는 동서를 통틀어 500리이고 남북을 통틀어 500리인 것이다. 이것이 바로 '방오백리(方五百里)'의 뜻으로서, 우(禹)의 5복이 5000리가 된다는 설명과 합치하는데, 《주례(周禮)》 〈직방(職方)〉의 주(註)를 고찰해 보면 혹자의 설이 옳을 듯싶다.

도(導)라는 것은 '물길을 터서 유도하는 것〔疏導〕'을 말한다. 과(過)라고 말하고 지(至)라고 말하고 위(爲)라고 말한 것은, 모두 물을 유도하면서 모지(某地)를 지나가고 모처(某處)에 이르고 모수(某水)를 다

쪽으로 가서 회(匯)에서 만났다."로 번역된다. 290쪽 주99 참조.

106 사방 1리(里)가 1정(井)이다 : 맹자가 정전법(井田法)을 설명하는 대목에 "사방 1리가 1정이니, 1정은 900묘(畝)이다.〔方里而井 井九百畝〕"라는 말이 나온다. 《孟子 滕文公上》

스렸다는 말이지, 물이 원래 이와 같았다는 말이 아니다.[107] 그런데 지금 "옹주(雍州)와 양주(梁州)와 형주(荊州)와 양주(揚州)는 땅이 경사지고 물이 급히 흘러서 굳이 소통시키고 뚫을 필요도 없이 원래 이미 통행되었다.〔雍梁荊揚 地偏水急 不待疏鑿 固已通行〕"라고 하고, 심지어는 "관속으로서 그곳에 간 자들도 삼묘를 두려워해서 깊이 들어갈 수 없었다.〔官屬之往者 亦畏三苗 不得深入〕"라고까지 말한다면, 경문(經文)의 '도수(導水)' 한 절(節)은 장차 알맹이 없는 헛소리가 되고 말 것이니, 어찌 너무나도 미안한 일이 아니겠는가. 주 선생(朱先生)의 문하에 미쳐 이에 대해서 질문할 수 없는 것이 유감이다.

주자가 말하기를 "정어중(鄭漁仲)은 '동회(東匯)'에서부터 '입우해(入于海)'까지의 13자를 연문(衍文)이라고 주장했다."[108]라고 하였는

107 도(導)라는……아니다 : 《서경》 〈우공(禹貢)〉의 "파총산(嶓冢山)에서 양수(漾水)를 유도하여〔嶓冢導漾〕"에서부터 "동쪽으로 가서 북강이 되어 바다로 들어가게 하였다.〔東爲北江 入于海〕"까지의 경문에 대한 녹문의 해석이다. 그 뒤에 나오는 두 개의 인용문은 집전에 실린 주희의 해설에서 발췌한 것이다.

108 정어중(鄭漁仲)은……주장했다 : 독자의 이해를 돕기 위하여 이른바 '구강팽려변(九江彭蠡辨)'과 관련하여 《주자전서(朱子全書)》 권50에 수록된 주희의 설명을 중요 부분만 발췌하여 소개하면 다음과 같다. "그동안 유식한 인사들로 하여금 이 부분을 읽으면 읽을수록 의심나게 하며 감히 믿지 못하게 하였다. 다만 국초에 비감(秘監) 호단(胡旦)과 근세에 첨사(詹事) 조열지(鼂說之)가 모두 구강을 동정이라고 주장하였는데, 이것은 원증한 것이 모두 지극히 정박(精博)하였으며, 보전(莆田)의 정초(鄭樵) 어중(漁仲)이 홀로 '동회택위팽려동위북강입우해(東匯澤爲彭蠡東爲北江入于海)의 13자는 연문이다.'라고 주장했는데, 이것도 설득력이 있었다. 그래서 내가 팽려에는 수원(水源)이 있어서 두 개의 강이 나뉘지 않는 실상을 이미 눈으로 확인한 데다 또 이들 세 사람의 설을 참고하여 사리와 정세를 가지고 깊이 연구한 뒤에, 과연 경문(經文)이

데, 과연 그렇다면 모두 아무런 문제도 없게 될 것이다. 다만 이와 같다면 하장(下章)의 '동이(東迆)'에서부터 '중강(中江)'까지의 10자도 연문이 되어야 할 터인데, 양장(兩章)의 5, 6십 자 중에서 연자(衍字)가 이처럼 많을 리도 없고, 또 "동릉에 이르며〔至于東陵〕" 아래에 바로 "바다에 들어가게 하였다.〔入于海〕"라는 말로 연결되는 것 역시 너무도 곡절(曲折 상세한 정황)이 부족하니, 감히 옳다고 동의하지 못하겠다.

내가 도수(導水)의 부분을 살펴보건대, 제수(濟水)가 하수(河水 황하)로 들어온 이후에 넘쳐흘러서 형수(滎水)가 되고 또 동쪽으로 가서 하수(菏水)에 이르며 또 동북쪽으로 가서 문수(汶水)와 만나는데, 형수와 하수는 예주(豫州)에 속하고 문수는 청주(靑州)에 속한다. 또 《수경(水經)》을 살펴보건대, 제수가 승씨현(乘氏縣)에 이르러 둘로 나뉘는데 남쪽은 하수가 되고 북쪽은 제수가 된다고 하였다. 그리고

잘못되었다는 사실을 알게 되었다.……지금 단지 '동회북강(東匯北江)'의 연자(衍字)를 산삭(刪削)해 버리고 동정이 구강이라는 설로 바로잡기만 한다면,……경(經)의 문의가 또한 훨씬 분명해지지 않겠는가.……그 하문에 강수가 '동쪽으로 뻗고 북쪽으로 가서 회(匯)에서 만났으며, 또 동쪽으로 가서 중강이 되어 바다로 들어갔다.'라고 한 몇 마디 말에 대해서도 의심을 품을 만한데, 정초도 오히려 이에 대해서는 죄다 바로잡지 못하였다.〔使有識之士 讀之愈疑 而不敢信 惟國初胡秘監旦 近世鼂詹事說之 皆以九江爲洞庭 則其援證 皆極精博 而莆田鄭樵漁仲獨謂東匯澤爲彭蠡東爲北江入于海十三字爲衍文 亦爲得之 予旣目睹 彭蠡有源 兩江不分之實 又參之以此三說者 而深以事理情勢求之 然後果得其所以誤也……今但刪去東匯北江之衍字 正以洞庭爲九江……則則經之文意 不亦旣明矣乎……其下文江水東迆北會于匯 東爲中江 入于海 數言 似亦可疑 而彼猶未能盡正也〕" 정어중 즉 정초(鄭樵, 1104~1162)는 남송의 학자로, 어중은 그의 자(字)이다. 보전(莆田) 사람으로, 자호(自號)는 계서일민(溪西逸民)이고, 학자들은 그를 협제(浹漈) 선생으로 일컬었다. 《통지(通志)》 200권은 그의 대표 저술로 꼽힌다. 《宋史 卷436 儒林列傳6 鄭樵》

역도원(酈道元)[109]은 말하기를 "하나의 물은 동남쪽으로 흐르고 하나의 물은 동북쪽으로 흘러 거야택으로 들어간다.〔一水東南流 一水東北流入鉅野澤〕"라고 하였는데, 거야(鉅野)는 바로 대야(大野)로서, 이곳은 제수의 물길이 끊어지는 곳으로 서주(徐州)에 속한다.

그렇다면 연주(兗州)는 그 경계가 겨우 제수에 미칠 뿐이요, 제수의 남쪽은 예주가 되고 제수의 동쪽은 서주가 되며-대야의 동쪽은 원래가 모두 제수 동쪽이었다.- 청주가 되는 것이니, 소씨(蘇氏)가 "연주는 제수를 점유하고 있다.〔跨濟〕"[110]라고 해설한 것은 잘못이라고 하겠다. 그리고 집전(集傳)에서 말하기를 "판수(汳水)가-즉 변수(汴水)이다.- 진류군(陳留郡) 준의현(浚儀縣)의 음구(陰溝 지하의 수도(水道))의 물을 받아들인 뒤에 몽(蒙)에 이르러 옹수(灉水)가 되고 동쪽으로 사수(泗水)에 들어간다.〔汳水受陳留浚儀陰溝 至蒙爲灉水 東入于泗〕"라고 하였고, 또 말하기를 "《지지》에 수수가 패국의 망현에서 나온다고 하였으니, 수수는 아마도 저수일 것이다.〔地志睢水出沛國芒縣 睢水其沮水歟〕"[111]라고 하였다. 지금 살펴보건대, 변수, 사수와 풍패(豐沛), 진류(陳留) 등의 지역은 모두 〈우공(禹貢)〉의 예주(豫州)와 서주(徐州)의 경내에 있는

109 역도원(酈道元) : 북위(北魏) 사람으로, 《수경주(水經注)》를 지었다.

110 연주는……있다 : 《서경》 〈우공〉의 "제수(濟水)와 하수(河水)가 있는 곳에 연주(兗州)가 있다.〔濟河惟兗州〕"라는 경문의 주에 "하수와 제수의 사이는 서로 거리가 멀지 않다. 연주의 지경은 동남쪽으로 제수를 점유하고 있으니 제수로만 그치지 않고 하수도 있는 것이다.〔河濟之間 相去不遠 兗州之境 東南跨濟 非止於濟也〕"라는 소식(蘇軾)의 해설이 들어 있다.

111 판수(汳水)가……것이다 : 《서경》 〈우공〉의 "옹수(灉水)와 저수(沮水)가 만나서 함께 흐른다.〔灉沮會同〕"라는 경문의 주에 나온다.

만큼, 연주의 옹수와 저수는 이 강물이 아닌 것이 분명하니, 집전의 설이 잘못되었음은 의심할 것이 없다. 그렇다면 뇌하(雷夏) 역시 제음(濟陰)에 있다고 하는 것[112]은 타당하지 않다.

'현섬호(玄纖縞)'는 세 가지 색깔의 비단〔三色繒〕이라고 말하는 것이 옳다. 현(玄)은 적흑색(赤黑色)의 비단이고, 섬(纖)은 검은 날줄에 흰 씨줄의 비단〔黑經白緯〕이고, 호(縞)는 흰색의 비단〔白繒〕이다. 그런데 집전에서는 현(玄)은 색(色)으로 해석하고, 섬(纖)과 호(縞)는 단지 모두 비단이라고만 말하여, 섬과 호도 모두 검은색을 띤 것처럼 여기게 함으로써, 언해(諺解)가 잘못 해석하게 만들었으니,[113] 이는 바로잡아야 마땅하다.

예주조(豫州條)에 나오는 '섬광(纖纊)'의 주(註)에서 "광(纊)은 가는 솜이다.〔纊細綿〕"라고 한 것은, 공전(孔傳 공안국(孔安國)의 전주(傳註))의 글을 인용한 것 같은데, 그렇다면 '광(纊)' 위에 '섬(纖)'이라는 글자를 빠뜨린 것이다.

112 뇌하(雷夏)……것 : 《서경》 〈우공〉의 "뇌하에 이미 못이 생겼다.〔雷夏旣澤〕"라는 경문의 주에 "뇌하는, 《지지(地志)》에 제음군 성양현 서북쪽에 있다고 하였으니, 지금의 복주 뇌택현 서북쪽이다.〔雷夏地志在濟陰郡城陽縣西北 今濮州雷澤縣西北也〕"라고 하였다. 뇌하는 뇌택(雷澤)이라고도 한다.

113 집전에서는……만들었으니 : 《서경》 〈우공〉의 "광주리에 담아서 바치는 폐백은 현섬호이다.〔厥篚玄纖縞〕"라는 경문의 주에 "현(玄)은 적흑색의 폐백이고,……섬(纖)과 호(縞)는 모두 비단이다.〔玄赤黑色幣也……纖縞皆繒也〕"라고 하였다. 이에 따라 언해(諺解) 역시 "광주리에 담아서 바치는 폐백은 검은 비단과 섬과 호라는 비단이다."라고 풀었다.

양주조(梁州條)에 나오는 '직피(織皮)'의 주(註)는 직(織)과 피(皮)를 두 개의 물건으로 나눈 것 같은데, 과연 그것이 옳은 해석인지 알지 못하겠다. 내 생각에는, 사수(四獸 웅비호리(熊羆狐狸))의 털을 모아 직조하여 계(罽 모직물)를 만들면 구(裘 방한용 모피옷)를 만들어 입을 수 있기 때문에 직피라고 명명한 것이니, 이는 직조한 가죽이라는 말인 듯하다. 만약 직(織)과 피(皮)로 해석한다면, 이 장(章)은 그 위에 '곰과 큰곰과 이리와 살쾡이〔熊羆狐狸〕'라는 말이 붙어 있으니 그래도 뜻이 통할 수 있겠지만, 아래의 옹주(雍州)의 경우에는 상문(上文) 없이 곧장 '직피'라고 하였으니, 이것을 두 개의 물건으로 해석한다면 더더욱 말이 안 될 듯싶은데, 나의 이 생각이 어떨지 모르겠다.

동파(東坡 소식(蘇軾))가 '민산의 강을 중강이라고 하고, 파총의 강을 북강이라고 한 것〔岷山之江爲中江 嶓冢之江爲北江〕'은 당연히 옳은 말이다. 다만 한수(漢水)가 강(江 장강(長江))으로 들어갈 적에 한 갈래의 흐름이 나뉘어 동쪽으로 가서 팽려(彭蠡)가 되고 북강이 되어 바다로 들어가는 것을 알지 못한 나머지, 한수 전체가 모두 강으로 들어간다고 오인하였다. 그러므로 부득이 "물맛이 다르다.〔味別〕"라는 설을 지어내어 자기 설을 통하게 하면서, 그렇게 말하는 것이 궁박하다는 것도 자각하지 못했으니, 집전(集傳)의 공박(攻駁)을 받은 것이 당연하다고 하겠다.[114] 이 단락은 글 뜻이 지극히 분명하여 아래의 민산조(岷山條)와 서로 발명(發明)이 된다는 것을 한번 보면 알 수가 있는데, 동파뿐

114 동파(東坡)가……하겠다 : 《서경》 〈우공(禹貢)〉의 "삼강이 이미 바다로 들어가니〔三江旣入〕"라는 경문의 주에 이 내용이 상세히 실려 있다.

만이 아니라 선유(先儒)도 일찍이 이렇게 보지 못했다는 것이 괴이하게만 여겨진다.

"육부(六府)가 크게 닦이고〔六府孔修〕"라는 한 단(段)의 경문[115]의 본의(本意)는, 언해가 제대로 파악한 듯하다. 대개 함칙(咸則)하고 성부(成賦)하는 것이 바로 저신(底愼)의 일인 것이다.

오자지가 五子之歌

집전(集傳)을 살펴보건대, 첫 번째 노래에서는 "나라는 것은 오자가 자칭한 것이다.〔予 五子自稱也〕"라고 해설하였고, 다섯 번째 노래에서는 "'나를 원수로 여긴다.'의 나는 태강을 가리킨다.〔仇予之予 指太康也〕"라고 하였다. '구여(仇予)'의 여(予)가 태강이라고 한다면, '승여(勝予)'[116]의 여(予)만 유독 태강이 아니겠는가.

대저 형제(兄弟)는 한 몸〔一體〕이니, 영욕(榮辱)과 존망(存亡)을 함께하지 않을 수 없는 관계이다. 그러므로 이 편(篇)에서 칭한 '여(予)' 자는 모두 태강과 자기들을 나누지 않고 뒤섞어 칭한 것이다. '구여'와

115 육부(六府)가……경문 : 《서경》 〈우공〉의 "육부가 크게 닦이고 모든 지역이 서로 바르게 되었다. 이에 재화(財貨)에 대한 부세(賦稅)를 신중히 하되, 모두 상중하 세 등급으로 토양의 품질을 분별하여, 중국의 부세 제도를 완성하였다.〔六府孔修 庶土交正 底愼財賦 咸則三壤 成賦中邦〕"라는 구절을 말한다. 육부는 사람의 생활에 필수적인 수(水), 화(火), 금(金), 목(木), 토(土), 곡(穀)의 정사(政事)를 말한다.

116 승여(勝予) : 나를 이긴다는 뜻인데, 《서경》 〈오자지가(五子之歌)〉의 첫 번째 노래에 이런 표현이 나온다.

'승여'의 '나'가 물론 태강을 가리킨 것이긴 하지만 자칭하는 것 같기도 하고, '나의 가슴속〔予懷〕'과 '나의 심정〔予心〕'이 물론 자칭한 것이긴 하지만 태강을 가리키는 것 같기도 한데, 그 밖의 것들도 모두 이러하다.

그리고 "지금 그 도를 잃었다.〔今失厥道〕"와 "그 서업(緖業)을 폐기하고 실추시켰다.〔荒墜厥緖〕"와 "그 덕을 삼가지 않았다.〔弗愼厥德〕"와 같은 종류는 모두 태강을 가리키는 것 같지만, 사실은 스스로 책망하며 스스로 후회하는 것이기도 하다. 그렇다면 오자가 원망했다고 하는 것은, 만백성〔萬姓〕을 원망한 것도 아니고, 유궁후예(有窮后羿)를 원망한 것도 아니고, 태강을 원망한 것도 아니요, 단지 자신을 탓하며 원망한 것일 뿐이다. 이는 참으로 천리(天理)와 인정(人情)의 지극함이라고 할 것이니, 〈소반(小弁)〉의 원망[117]에 비교하면 그 지위가 훨씬 높다고 하겠다.

집전에서, 오권(五權)인 수(銖), 양(兩), 근(斤), 균(匀), 석(石)의 다섯 가지 중에서 균과 석이 가장 무겁기 때문에 그렇게 말한 것이라고 해설하였다.[118] 《경서변의(經書辨疑)》에서 오권을 형(衡), 규(規), 구

117 소반(小弁)의 원망 : 〈소반〉은 《시경》 〈소아(小雅)〉의 편명으로, 보통 자식이 부모를 원모(怨慕)한 시로 통한다. 주(周)나라 유왕(幽王)이 포사(褒姒)의 참소를 듣고 태자 의구(宜臼)를 폐출(廢黜)하자 이를 원망하며 지은 시인데, 의구가 직접 지었다고도 하고 태자의 사부(師傅)가 지었다고도 전한다.

118 집전에서……해설하였다 : 《서경》 〈오자지가〉의 '공통의 석(石)과 공평한 균(鈞)〔關石和鈞〕'이라는 경문에 대하여, 집전에서 "관(關)은 공통으로 쓰는 것이고, 화(和)는 공평함을 뜻한다. 120근(斤)이 석(石)이고, 30근이 균(鈞)이니, 균과 석은 오권 중에서 가장 무거운 것이다.〔關通 和平也 百二十斤爲石 三十斤爲鈞 鈞與石 五權之最重者也〕"라고 해설한 것을 말한다. 균(鈞)은 균(匀)이라고도 한다. 오권은 저울의 다섯

(矩), 준(準), 승(繩)이라고 한 것은 조감(照勘)을 잘못한 것인 듯싶다.

'반유(盤遊)'를 공전(孔傳)에서는 '편안히 즐기며 한가히 노니는 것〔盤樂遊逸〕'이라고 풀었고, 채전(蔡傳)에서는 "유람하고 사냥하는 것을 편안히 여겼다.〔安於遊畋〕"라고 하였다. 이는 〈무일(無逸)〉의 "유람하고 사냥하는 것을 편안히 여겼다.〔盤于遊田〕"[119]라는 말에서 유래한 것이다.

윤정 胤征

'선왕(先王)'에서부터 '상형(常刑 일정한 형벌)'까지가 옛날 성인(聖人)의 모훈(謨訓)에 해당한다.

"관사가 서로 바로잡는다.〔官師相規〕"의 주(註)에서는 '서로 교회하는 것〔胥敎誨〕'으로 해설하였고, 하문(下文)에서는 결론을 지으면서 "관사와 백공이 바로잡아 간하지 못하면……〔官師百工不能規諫……〕" 하였는데, 이렇게 되면 '상규(相規)'하는 것이 임금의 잘못만을 바로잡는 것일 뿐으로서, 고주(古註)의 "상호 간에 잘못을 바로잡는다.〔更相規闕〕"라는 해설과는 다르다고 하겠다.

가지 단위인데, 1수(銖)는 기장 알 100개의 무게를 말하고, 1량(兩)은 24수이고, 1근(斤)은 16량이고, 1균(勻)은 30근이고, 1석(石)은 4균이다.

119 유람하고……여겼다 : 《서경》 〈무일(無逸)〉에 "문왕이 감히 유람하고 사냥하는 것을 편안히 여기지 않았다.〔文王不敢盤于遊田〕"라는 말이 나온다.

탕서 湯誓

'솔알(率遏)'과 '솔할(率割)'의 '솔'은 역시 솔개(率皆)의 뜻으로 해석해야 마땅하니, 언해(諺解)는 잘못되었다.[120]

'무관(懋官)'과 '무상(懋賞)'의 주(註)에 "관직과 상(賞)으로 무(懋)한다."라고 한 것은 "사람 중에 덕(德)에 힘쓰는 자에 대해서는 관직으로 그 덕의 성대함을 드러내 주고, 공(功)에 힘쓰는 자에 대해서는 상으로 그 공의 성대함을 보답해 준다."라는 의미이다.[121] 사계(沙溪 김장생(金長生))가 "그 관직을 성대하게 하고, 그 상을 성대하게 한다.〔懋其官 懋其賞〕"라고 해석하려 한 것은 오히려 의미가 감소되니, 집전의 해설이 옳을 듯하다. 그러나 집전에서 무(懋)를 "이것은 너의 공이니 힘쓸지어다.〔時乃功懋哉〕"의 무와 뜻이 같다고 한 것은 조감을 잘못한

120 솔알(率遏)과……잘못되었다 : 언해에는 '솔(率)'을 '솔선하여'라고 하여 동사로 처리하였으나, 솔개(率皆) 즉 '모두'라고 하여 부사로 처리하여, '솔알'과 '솔할(率割)'을 각각 '모두 막고', '모두 해친다.'로 해석해야 옳다는 말이다.

121 무관(懋官)과……의미이다 : 《서경》 〈중훼지고(仲虺之誥)〉의 '덕무무관(德懋懋官) 공무무상(功懋懋賞)'이라는 경문의 주에 "무(懋)는 무(茂) 즉 성대하다는 것으로, 번다하다는 뜻과 같으니, '이는 너의 공이니 힘쓸지어다.'의 뜻과 같다. 이는 사람 중에 덕에 힘쓰는 자는 관직으로 무(懋)하고, 공에 힘쓰는 자는 상으로 무(懋)한다는 말이다.〔懋茂也 繁多之意 與時乃功懋哉之義同 言人之懋於德者 則懋之以官 人之懋於功者 則懋之以賞〕"라고 한 것을 녹문이 다시 해설한 것이다. 녹문이 이 경문을 〈탕서(湯誓)〉에 소속시킨 것은 착오이다. '시내공무재(時乃功懋哉)'는 제순(帝舜)이 고요(皐陶)를 격려한 말로, 〈대우모(大禹謨)〉에 나온다. 사계의 설은 그가 저술한 《경서변의(經書辨疑)》의 중훼지고조에 나오는데, 《사계전서(沙溪全書)》 권14에 수록되어 있다.

것이 분명하니, 이것은 그 오류를 지적한 사계의 설이 옳다.

중훼지고 仲虺之誥

'창신(彰信)'은 단지 "신의(信義)가 뚜렷이 드러난다.〔彰著〕"로 해석하는 것이 더욱 간명(簡明)할 듯싶다.

"제후들 중에 현능한 자는 보우(保佑)해 주고, 덕이 있는 자는 보조(輔助)해 준다.〔佑賢輔德〕" 이하의 경문은, 대개 상문(上文)에서 일단 천명(天命)과 인심(人心)이 가고 오는 떳떳한 이치를 말하여 탕(湯)이 부끄러워하는 심정〔慙德〕을 풀어 주고는, 여기에서 또 하씨(夏氏)에 대해서만 그런 것이 아님을 말한 것이다. 말하자면 비록 천하의 제후라도 그 덕(德)과 부덕(不德)을 똑같이 살펴서, 멸망할 자는 밀어내고〔推之〕 보전할 자는 굳건히 해 주어야〔固之〕 '상(商)나라가 번창할 것〔邦乃其昌〕'이요, 그렇게 하지 않는다면 '천명을 받들어 따르는〔奉若天命〕' 도리가 되지 못하는 것이며, 천하의 제후에 대해서만 그런 것이 아니라, 또 자기 몸에 돌이켜서 '힘써 그 덕을 밝혀〔懋昭其德〕' 부덕의 요소를 능히 제거해야 바야흐로 '천명을 영원히 보전할 것〔永保天命〕'이요, 그렇게 하지 않는다면 이른바 명(命)이라는 것이 또 나에게서 떠나 다른 곳으로 가게 될 것이니, 하(夏)와 제후와 자기 자신을 막론하고 내가 사심을 개입시키는 일 없이 오직 하늘의 명을 받들어 징벌을 가하고 하늘의 도를 공경하여 그 명을 보존할 따름이라는 말이다. 대개 탕(湯)이 부끄러워하는 심정을 지니고 있어서, 혹 마음속으로 좌절하고 동요하여 선(善)을 행하는 것을 태만히 할까 두려워했기 때문에,

중훼(仲虺)가 이와 같은 말로 해소시켜 주면서 책면(責勉 독려(督勵))을 하였으니, 탕이 본래 부끄럽게 느끼는 뜻이 없었다면 또 굳이 말을 해서 해명할 일이 없었을 것이다.

'식유례(殖有禮) 복혼포(覆昏暴)'라는 말이 비록 상문을 결론짓는 것이라 하더라도, 그 뜻은 탕(湯)의 몸을 차착(箚著 경책(警策))한 것이니, 대개 천도(天道)가 '선인에게 복을 주고 악인에게 재앙을 내리는 것〔福善禍淫〕'이 본래 이와 같은 만큼, 지금 그 예(禮)를 닦고 그 혼포(昏暴)함을 경계하여 천도를 공경하고 높여야 마땅하다는 뜻으로 말한 것이다. 언해의 해독[122]은 잘못되었다.

탕고 湯誥

"순응하여 떳떳한 성(性)을 소유하였다.〔若有恒性〕"라는 경문의 구절을, 진서산(眞西山 진덕수(眞德秀))은 하구(下句)에 이어지는 것으로 간주하여 "그 떳떳한 성에 순응하여 그 도(道)를 편하게 한다.〔順其有恒之性 而使安其道也〕"라고 해석하였다. 이와 같이 설명해도 뜻이 통할 수는 있겠으나, 아무래도 집전의 적절한 해석만은 못하다고 생각된다.

강충(降衷)[123]은 천(天)이 부여한 것으로서 명(命)이 되고, 약유항

122 언해의 해독 : 집전의 해설에 따라 '예(禮) 있는 자를 봉식(封殖)하며 혼포(昏暴)한 자를 복망(覆亡)하는 것'으로 해석하였다.

123 강충(降衷) : 충(衷) 즉 양심을 내려 주었다는 뜻으로, 《서경》 〈탕고(湯誥)〉의 "위대하신 상제가 하민에게 충을 내려 주었다.〔惟皇上帝 降衷于下民〕"라는 말에서 발췌한 것인데, '약유항성(若有恒性)' 바로 앞에 나온다.

성(若有恒性)은 물(物)이 품수(稟受)한 것으로서 성(性)이 되는 것인데, 다만 이 '성(性)' 자는 성(性)과 도(道)를 겸하여 말한 것이다. "능히 그 도(道)에 편하게 한다.〔克綏厥猷〕"라는 것은 교(敎)를 가리킨다. 그리고 강충은 전적으로 인(人)만을 말하였으니, 천명(天命)과 솔성(率性)이 인(人)과 물(物)을 겸하여 말한 것[124]과는 같지 않다. 주자(朱子)가 말하기를 "'유황상제 강충우하민(惟皇上帝 降衷于下民)'과 '민지병이(民之秉彝)'[125]와 같은 이런 대목이 바로 금수(禽獸)와 다른 곳인데, 서민은 이를 내버리고 군자는 이를 보존하니, 모름지기 이 다른 곳을 보존해야만 비로소 금수와 다르게 될 수 있는 것이다.〔惟皇上帝 降衷于下民 民之秉彝 這便是異處 庶民去之 君子存之 須是存得這異處 方能自別於禽獸〕"라고 하였는데,[126] 명도(明道)가 천지(天地)의 중(中)을 논한 것[127]도 이와 같다.

124 천명(天命)과……것 : 《중용장구》 제1장의 "하늘이 명한 것을 성(性)이라 하고, 성에 따르는 것을 도(道)라 하고, 도를 닦는 것을 교(敎)라고 한다.〔天命之謂性 率性之謂道 修道之謂敎〕"라는 말을 의미한다. 위의 교(敎)도 여기에서 나왔다.

125 민지병이(民之秉彝) : 《시경》 〈대아(大雅) 증민(烝民)〉의 "하늘이 사람을 낼 적에, 모두 법도가 있게 하였다. 그래서 사람들이 양심을 지녀서, 이와 같이 아름다운 덕을 좋아하게 된 것이다.〔天生烝民 有物有則 民之秉彝 好是懿德〕"라는 말에서 나온 것이다.

126 주자(朱子)가……하였는데 : 주희가 인(人)과 물(物)이 다른 점을 설명해 준 대목에 나온다. 이 말 뒤에 "준동하는 중생(衆生)들 모두 불성이 있으니 우리 자신과 똑같다고 말하면 안 된다.〔不可道蠢動含靈皆有佛性 與自家都一般〕"라는 말이 붙어 있다. 《朱子語類 卷59》

127 명도(明道)가……것 : 정명도 즉 정호(程顥)가 "천지 사이에 사람만 지극히 신령스러운 것이 아니다. 나의 마음이 바로 초목 조수의 마음인데, 다만 사람은 천지의 중(中)을 받아서 태어난 것일 뿐이다.〔天地之間 非獨人爲至靈 自家心便是草木鳥獸之

강충(降衷)은 각정성명(各正性命)이고 약유항성(若有恒性)은 보합태화(保合太和)인데, 주자가 이 태화(太和)를 해석하여 말하기를 "음과 양이 한데 모인 충화한 기이다.〔陰陽會合沖和之氣〕"라고 하였으니,[128] 기(氣)가 바로 성(性)이고 성이 바로 기인 것이다. 여기에서 성명(性命)과 태화는 또 인(人)과 물(物)을 겸하여 말한 것이다.

태화는 태허(太虛)이고, 강충은 기(氣)가 모여 형(形)을 이루는 곳에 나아가 설한 것이니, "태허와 기화(氣化)를 합해서 성(性)이라는 명칭이 있게 되었다."[129]라고 한 것이 이것이다.

집전에서 "하늘이 명을 내릴 적에 인의예지신의 이(理)를 갖추어 편의(偏倚)함이 없으니, 이것이 이른바 충(衷)이라는 것이요, 사람이

心也 但人受天地之中以生爾〕"라고 한 말을 가리키는데, 주희가 편집한 《이정유서(二程遺書)》 권1에 실려 있다. 여기서 초목 조수의 마음과 같은 것은 이일(理一), 사람은 천지의 중(中) 즉 전(全)을 받고 물은 편(偏)을 받은 것은 분수(分殊)를 대칭하는 말로 쓰이기도 한다.

128 강충(降衷)은……하였으니 : 《주역》 〈건괘(乾卦) 단사(彖辭)〉에 "하늘의 도가 변화함에 각각 성(性)과 명(命)을 바르게 하여 큰 화기(和氣)를 보전케 해 준다.〔乾道變化 各正性命 保合大和〕"라고 하였다. 주희의 해설은 이 경문의 본의(本義)에 나온다.

129 태허와……되었다 : 장재(張載)의 문집인 《장자전서(張子全書)》 권2 〈정몽(正蒙) 1〉 태화편(太和篇) 제1에 "태허를 말미암아 천(天)이라는 명칭이 있게 되었고, 기화를 말미암아 도(道)라는 명칭이 있게 되었으며, 태허와 기화를 합해서 성(性)이라는 명칭이 있게 되었고, 성과 지각을 합해서 심(心)이라는 명칭이 있게 되었다.〔由太虛有天之名 由氣化有道之名 合虛與氣有性之名 合性與知覺有心之名〕"라는 말이 나온다. 《맹자집주(孟子集註)》 〈진심 상(盡心上)〉 1장의 해설에도 이 말이 인용되어 있다.

명을 받을 적에 인의예지신의 이를 얻어 심(心)과 함께 나오니 이것이 이른바 성(性)이라는 것이다.〔天之降命 而具仁義禮智信之理 無所偏倚 所謂衷也 人之稟命 而得仁義禮智信之理 與心俱生 所謂性也〕"라고 한 이 말이 지극히 분명한데, "심과 함께 나온다."라고 한 말에 더욱 주목해야 할 것이다. 그런데 "품수(稟受)하는 입장에서 말하면〔以稟受而言〕" 이하의 말은 구체적인 설명이 부족한 것 같다.

집전은 너무 해설이 지루하고, 통할 수 없는 뜻을 억지로 해석하는 것도 많으며, 또 착오를 범한 곳이나 검토를 잘못한 곳도 없지 않으니, 이런 점을 물론 흠으로 지적할 수도 있겠지만, 대체로는 완비되고 양호하다고 하겠다. 그리고 심성(心性)의 원두(源頭)와 의리(義理)의 대강(大綱)에 대해서 견해가 지극히 분명하고 설명이 지극히 쾌활하니, 이는 예전의 설을 모조리 답습하여 설하는 것이 아니라서, 면재(勉齋 황간(黃榦))의 안목과 비교해 보아도 훨씬 더 고명한 것 같은 느낌을 준다. 그리고 서문(序文)으로 말하면 글이 간단하면서 뜻이 심오하고 말이 간절하면서 이치가 분명한데, 그 글이 《역전(易傳)》의 서문과 대단히 유사해서 읽을수록 더욱 맛이 우러나니, 도(道)에 깊이 들어간 자가 아니라면 여기에 미칠 수가 없을 듯하다.

이훈 伊訓

공전(孔傳 공안국(孔安國)의 전주(傳註))에서 '12월'을 탕(湯)이 붕어(崩御)한 해의 '자월(子月 11월)을 세수(歲首)로 한〔建子〕' 그달이라고 한 것은 물론 잘못되었지만, 집전에서 상(商)나라가 월(月)을 개정하지 않은 것에 근거하여 주(周)나라 역시 월을 개정하지 않은 것을 증명하려 한 것은 또 소견이 국한되고 정체되어 통할 수가 없다. 왕양명(王陽明)이 말하기를 "《서경(書經)》에서 '원사(元祀) 12월'이라고 말했고 보면 상나라가 월을 개정하지 않은 것을 알 수 있고, 《춘추(春秋)》에서 '춘왕정월(春王正月)'이라고 말했고 보면 주나라가 월을 개정하고 시(時)를 개정한 것을 알 수 있다."라고 하였는데,[130] 이 말이 지극히 명쾌하고 직절(直截)하여 더 이상 많은 말을 필요로 하지 않는다.

"외병(外丙)은 2년이요, 중임(仲壬)은 4년이다.〔外丙二年 仲壬四年〕"라는 말에 대한 조(趙)와 정(程) 2인의 설이 같지 않은데,[131] 지금 상고

130 왕양명(王陽明)이……하였는데 : 양명은 양명학(陽明學)의 창시자 왕수인(王守仁)의 호이다. 녹문이 양명의 설을 요약해서 인용하였는데, 그 전문을 소개하면 다음과 같다. "상(商)나라가 월(月)을 개정했다면 〈이훈〉에서 분명히 '원사(元祀) 12월'이라고 쓰지 않았을 것이고, 진(秦)나라가 시(時)를 개정했다면 《사기》에서 분명히 '원년(元年) 겨울 10월'이라고 쓰지 않았을 것이며, 주(周)나라가 월과 시를 개정하지 않았다면 《춘추》에서 또한 분명히 '춘왕정월(春王正月)'이라고 쓰지 않았을 것이다. 따라서 《춘추》에서 춘왕정월이라고 썼다면, 주나라가 월과 시를 바꾼 것을 의심할 것이 뭐가 있겠는가.〔夫商而改月 則伊訓必不書曰元祀十有二月 秦而改時 則史記必不書曰元年冬十月 周不改月與時也 則春秋亦必不書曰春王正月 春秋而書曰春王正月 則其改月與時 已何疑焉〕" 《王文成全書 卷24 論元年春王正月》 춘왕정월은 '어느 해 봄 주(周)나라 왕이 쓰는 달력으로 정월'이라는 뜻으로, 《춘추》에 통용된 연대 표기 방식인데, 집전에서는 상나라가 월을 개정하지 않은 것에 의거하여, 주나라 역시 개정하지 않았다면서 춘왕정월을 잘못 해석하였다.

131 외병(外丙)은……않은데 : 외병과 중임(仲壬)은 모두 탕(湯)의 장자인 태정(太丁)의 아우이다. 태정이 태갑(太甲)을 낳고 왕위에 오르지 못한 채 죽었는데, 외병이 2년 동안 왕위에 있고 중임이 또 4년 동안 왕위에 있은 뒤에 태갑이 즉위했다는 것이 조기(趙岐)의 설이고, 탕이 붕어할 때에 외병은 나이가 2세이고 중임은 4세였으므로

(詳考)할 수는 없으나 정의 설이 나을 듯하다. 만약 실제로 두 명의 임금이 계속 즉위하여 태갑(太甲)에게 전했다면, 〈이훈(伊訓)〉과 〈태갑〉의 글에 어찌하여 이에 대해서 한마디도 언급하지 않고, "억조의 백성들이 믿고 그리워하였다.〔兆民允懷〕"의 아래에 곧바로 "이제 왕이 그 덕을 이으려면〔今王嗣厥德〕"이라고 하고, "민중을 편히 살 수 있게 하였다.〔宅師〕"의 아래에 곧바로 "그러므로 사왕이 그 기업(基業)을 크게 계승하게 된 것이다.〔肆嗣王丕承基緖〕"라고 하였겠는가. 이것이 비록 탕(湯)에게 중점을 두고 말한 것이라 하더라도, 너무 소홀히 하며 무시한 혐의가 있을 듯싶으니 끝내 의심이 가시지 않는다.

"사랑의 도리를 세우되 친한 이로부터 하며, 공경의 도리를 세우되 어른으로부터 한다.〔立愛惟親 立敬惟長〕"라는 경문에서 '입(立)' 자가 가장 오묘하니, 대개 사랑의 대상 아닌 것이 없고 공경의 대상 아닌 것이 없지만, 특별히 세우는 것이 여기에 있다는 말이다. 애경(愛敬)이 여기에 세워져서 천하의 사람들 모두가 애경에 흥기함으로써 각각 자기 어버이를 어버이로 모시고 각각 자기 어른을 어른으로 모시면, 저기에 행해지는 것도 나의 애경 아님이 없게 될 것이다. 이것이 이른바 "사람들마다 자기 어버이를 어버이로 모시고 자기 어른을 어른으로 모시기만 한다면, 천하가 태평해질 것이다."[132]라는 것인데, 《대학(大

나이가 조금 많은 태갑을 왕으로 세웠다는 것이 정이(程頤)의 설이다. 《맹자》 〈만장 상(萬章上)〉의 "이윤이 탕을 도와……〔伊尹相湯……〕"의 주에 이 내용이 실려 있다. 조기는 후한의 학자로 《맹자》를 처음 주석하였는데, 그의 해설을 고주(古註)라고 한다.

132 사람들마다……것이다 : 《맹자》 〈이루 상(離婁上)〉에 "사람들은 도가 가까운 곳에 있는데도 먼 곳에서 찾고, 일이 쉬운 데에 있는데도 어려운 데에서 찾으려 한다.

學)》의 "밝은 덕을 천하에 밝힌다.〔明明德於天下〕"에 대하여 주자가 "내 마음의 체(體)는 포괄하지 않음이 없고, 내 마음의 용(用)은 관통하지 않음이 없다."[133]라고 해석한 것을 여기에서 실제로 징험할 수 있을 것이다.

'입애유친(立愛惟親)' 이하 4구 16자[134]는 말하고자 하는 뜻이 혼연(渾然)히 이루어졌으며 질박하고 성실하며 정밀하고 심오하여 오묘한 뜻이 무궁하니 참으로 성인(聖人)의 말씀이다. 이를 미루어 극대화하면 바로 '자기를 닦아서 백성들 모두를 안정시키는 것〔修己以安百姓〕'이 되고, '스스로 독실하고 공경하게 행함으로써 세상 사람들이 이를 본받아 안정되게끔 하는 것〔篤恭而天下平〕'이 되며, '성인이 신묘한 하늘의 도리를 관찰하여 교화를 베풀매 천하가 모두 복종하는 것〔聖人以神道設敎而天下服焉者也〕'[135]이 된다. 그런데 집전에서 "사랑과 공경을 저기에 나타낸다.……〔形愛敬於彼……〕" 한 것은 자못 엉뚱해서 걸맞

그러나 사람들마다 자기 어버이를 어버이로 모시고 자기 어른을 어른으로 모시기만 한다면, 천하가 태평해질 것이다.〔道在邇而求諸遠 事在易而求諸難 人人親其親長其長而天下平〕"라는 맹자의 말이 나온다.

133 내……없다 : 《대학혹문(大學或問)》에 "천하가 아무리 커도 내 마음의 체(體)는 포괄하지 않음이 없고, 사물이 아무리 많아도 내 마음의 용(用)은 관통하지 않음이 없다.〔夫天下雖大 而吾心之體無不該 事物雖多 而吾心之用無不貫〕"라는 말이 나온다.

134 16자 : 《서경》 〈이훈(伊訓)〉의 "사랑의 도리를 세우되 친한 이로부터 하며, 공경의 도리를 세우되 어른으로부터 하여, 집과 나라에서부터 시작해서 사해에까지 이르게 해야 한다.〔立愛惟親 立敬惟長 始于家邦 終于四海〕"라는 말을 가리킨다.

135 자기를……것 : 각각 《논어》 〈헌문(憲問)〉과 《중용장구》 제33장과 《주역》 〈관괘(觀卦) 단사(彖辭)〉의 말을 인용한 것이다.

지 않다는 느낌이 들뿐더러, 거기에서 인용한 '공자(孔子)' 운운의 말 역시 이윤(伊尹)의 말과 비교해 볼 때 또한 둔체(鈍滯)한 것 같아서 부자(夫子 주희)의 말이 아닐 듯싶은데, 이 생각이 옳은지 어떤지 모르겠다.

탕(湯)의 덕(德)을 칭송할 때에는 "간언(諫言)을 따르며 거역하지 않았고, 선현(先賢)의 도에 순종하였다.〔從諫弗咈 先民是若〕"라고 하였고, 탕의 정(政)에 대해서는 "철인을 널리 구하여 그대 후사를 돕게 했다.〔敷求哲人 俾輔于爾後嗣〕"라고 하였고, 탕의 형(刑)에 대해서는 "성인의 말씀을 멸시하거나 충직한 말을 거역하거나 덕이 있는 원로를 멀리하거나 완동(頑童 우둔하고 무지한 자)을 가까이하는 것을 난풍(亂風)이라고 하였다.〔侮聖言 逆忠直 遠耆德 比頑童 是謂亂風〕"라고 하였다. 이는 순(舜)의 "사방의 눈들이 환히 보이게 하고, 사방의 귀가 환히 들리게 하였으며, 훌륭한 말이 숨어 있지 않게 하고, 초야에 유능한 이가 남아 있지 않게 하였다.〔明四目 達四聰 嘉言罔攸伏 野無遺賢〕"라는 말과 동일한 법문(法門)이니, 이것이 바로 성왕(聖王)이 천하를 다스리는 대두뇌(大頭腦)요 대절목(大節目)인 것이다.

삼풍(三風)과 십건(十愆)[136]은 다분히 왕의 병통을 경책한 것이라고

136 삼풍(三風)과 십건(十愆) : 세 가지 잘못된 풍조와 열 가지 허물이라는 뜻으로, 이윤(伊尹)이 임금인 태갑(太甲)을 경계시킨 것이다. 삼풍은 무풍(巫風), 음풍(淫風), 난풍(亂風)이다. 십건 중에서 항무(恒舞)와 감가(酣歌) 즉 늘 춤을 추는 것과 술 취해서 노래하는 것은 무풍에 속하고, 순화(殉貨)와 순색(殉色)과 항유(恒遊)와 항전(恒畋) 즉 재물에 빠지는 것과 여색에 빠지는 것과 늘 유람하는 것과 늘 사냥하는 것은

생각된다. 그래서 "사왕은 그 몸을 공경히 하여 생각하시라. 성인의 가르침이 광대하여 좋은 말씀이 분명히 드러났다.〔嗣王祗厥身 念哉 聖謨洋洋 嘉言孔彰〕"라는 말로 그 뒤를 이은 것이니, 그 말뜻이 지극히 통절(痛切)하고 간측(懇惻)하다고 하겠다.

"선(善)을 행하면 온갖 상서(祥瑞)를 내리고, 불선(不善)을 행하면 온갖 재앙을 내린다.〔作善降之百祥 作不善降之百殃〕"라고 한 이것이 상제(上帝)의 관형(官刑 관부(官府)의 형벌)이니, 이 말을 듣고 송연(悚然)해지지 않을 수 있겠는가.

망소(罔小)와 망대(罔大)[137]는 단지 "작은 데에 있지도 않고 큰 데에 있지도 않다.〔不在小 不在大〕"라는 뜻일 뿐이다. 집전에서 "만방의 경사가 작은 데에서 쌓인다.〔萬邦之慶積於小〕"라고 하고 "종사(宗社)가 실추됨이 큰 것에 있지 않다.〔厥宗之墜不在大〕"라고 한 것도 이런 뜻인 것 같다. 다만 표현이 분명치 못한 탓으로 언해가 잘못 해독하게 만들었다.

음풍에 속하며, 위의 본문에 나오는 것처럼 모성언(侮聖言)과 역충직(逆忠直)과 원기덕(遠耆德)과 비완동(比頑童)은 난풍에 속한다.

137 망소(罔小)와 망대(罔大) : 《서경》 〈이훈(伊訓)〉의 '爾惟德 罔小 萬邦惟慶 爾惟不德 罔大 墜厥宗'에서 추출한 말이다. 이 대목을 언해에서는 "당신은 덕이면 작다고 하지 말라. 만방의 경사이다. 당신은 덕이 아니면 크게 하지 말라. 그 종사(宗社)를 실추할 것이다."라고 풀었다. 녹문의 의견에 의하면 "작건 크건 간에 덕이면 행하고 덕이 아니면 행하지 말라."라는 뜻으로 해석해야 한다. 작고 큰 데에 있지 않다는 것은, 《서경》 〈강고(康誥)〉의 "원망은 큰 데에 있지도 않고 작은 데에 있지도 않다. 임금이 혜택을 주느냐 안 주느냐와 임금이 노력을 하느냐 안 하느냐에 달려 있다.〔怨不在大 亦不在小 惠不惠 懋不懋〕"라는 말에서 나온 것이다.

‘만방의 경사가 되는 것〔萬邦惟慶〕’과 ‘종사를 실추하는 것〔墜厥宗〕’은 “한 생각의 선은 경성과 경운이요, 한 생각의 악은 열풍과 뇌우이다.〔一念之善 景星慶雲 一念之惡 烈風雷雨〕”[138]라는 말과 같다.

태갑 太甲

“상하의 신기를 받든다.……〔以承上下神祇……〕” 한 것은 상하의 신기 및 사직과 종묘를 받들어 ‘엄숙히 하지 않음이 없는 것〔罔不祗肅〕’을 말하니, 언해의 해독은 잘못되었다.[139]

‘유윤궁(惟尹躬)’은 공전(孔傳)에서부터 이미 ‘궁(躬)’ 자를 아래에 붙여서 읽었지만, 이 편(篇)과 〈함유일덕(咸有一德)〉에서 윤(尹)을 칭한 것이 모두 세 차례인데 그때마다 모두 아래에 ‘궁(躬)’ 자가 있으니, ‘윤궁(尹躬)’ 두 글자를 이어서 읽어야 하지 않을까 의심된다.[140]

138 한 생각의……뇌우이다 : 명(明)나라 주자학자인 설선(薛瑄)의 말로, 그의 《독서록(讀書錄)》 권9에 실려 있는데, 거기에는 ‘뇌우(雷雨)’가 ‘질우(疾雨)’로 되어 있다. 경성(景星)은 상서로운 별로, 대성(大星) 혹은 덕성(德星)이라고도 하며, 경운(慶雲)은 오색의 채운(彩雲)을 말하는데, 고대에 태평 시대에 나타난다고 인식했던 상서로운 현상이다.

139 상하의……잘못되었다 : ‘상하신기(上下神祇)’와 ‘사직종묘(社稷宗廟)’까지가 ‘승(承)’의 목적어인데, 언해에서는 ‘사직종묘’를 아래의 ‘망불지숙(罔不祗肅)’의 목적어로 해석하는 잘못을 범했다는 말이다. 신기는 하늘 귀신과 땅 귀신을 말한다.

140 유윤궁(惟尹躬)은……의심된다 : ‘내가 몸소’라고 읽지 말고, ‘나의 몸이’라고 읽어야 한다는 말이다. 유(惟)는 어조사이고, 윤(尹)은 이윤(伊尹)이 태갑(太甲)에게 자기를 칭한 말이다.

소주(小註)의 신안 진씨(新安陳氏 진력(陳櫟))도 이와 같이 읽었다.

'자주유종(自周有終)'[141]에 대해서, 삼연(三淵 김창흡(金昌翕))은 "'주(周)'는 단지 주선(周旋)하고 운용(運用)하는 뜻이다."[142]라고 하였으나, 이 의견은 오히려 충신(忠信)의 훈(訓)이 그래도 통할 수 있는 것만은 못하다. 주자가 "'자주(自周)'라는 두 글자는 본시 이해할 수가 없다."[143]라고 단안(斷案)을 내린 것이 깔끔하고 시원스러우니, 이와 같은 곳은 그냥 궐문(闕文)으로 처리하는 것이 온당하겠다.

"그 명을 무너뜨리지 말라.〔無越厥命〕"의 궐명(厥命)은 바로 "새로 천명(天命)을 받았다.〔新服厥命〕"[144]의 그 궐명이다.

141 자주유종(自周有終) : 언해는 집전의 해설에 따라 주(周)를 충신(忠信)으로 풀어 "충신으로 말미암아 좋은 끝맺음이 있었다."로 해석하였다.

142 주(周)는……뜻이다 : 한국문집총간 166집에 수록된 《삼연집(三淵集)》 권34 〈일록(日錄)〉 2월 10일 조에 "자주유종의 '주(周)' 자는 단지 주선하고 운용한다는 뜻으로서 본래 난해하지 않은데, 모조리 좌씨의 해석에 오도된 나머지 분분히 충신의 뜻으로 취합함으로써 문세가 억지로 뒤틀려 순하지 못하게 하였다.〔自周有終之周字 只是周旋運用之意 本非難解 而摠被左氏曲解 紛紛取合於忠信 使文勢牽强不順〕"라는 말이 나온다.

143 자주(自周)라는……없다 : 반자선(潘子善)이 "자주유종에 대해서 고주와 제가가 모두 '주(周)'를 충신으로 새기지만, 충신이 주(周)에서 나왔다고 한다면 몰라도, 충신을 주(周)의 훈(訓)으로 삼는 것은 온당하지 않을 듯하다.〔自周有終 古注及諸家 皆以周訓忠信 竊謂以忠信自周則可 以忠信訓周 恐未安〕"라고 하자, 주희가 "'자주'라는 두 글자는 본시 이해할 수가 없다.〔自周二字 本不可曉〕"라고 대답하였다. 《晦菴集 卷60》

144 새로 천명(天命)을 받았다 : 이윤(伊尹)이 태갑(太甲)에게 당부한 말 중의 일부로, 《서경》 〈함유일덕(咸有一德)〉에 나온다.

"마음이 머무는 것을 공경히 하여〔欽厥止〕"와 "그대의 조부가 행하신 바를 따르면〔率乃祖攸行〕"이라는 두 구(句)를 집전에서는 각각 체(體)와 용(用)으로 나누었으나, 이는 옳지 않을 듯하다. '흠궐지(欽厥止)' 자체에 체용(體用)이 함께 들어 있으니, '솔내조유행(率乃祖攸行)'은 단지 '흠궐지'의 준칙일 따름이다.

"동(桐)에 궁을 짓고〔營于桐宮〕" 이하의 내용은 바로 실사(實事)요 설화(說話)가 아니다. 언해는 잘못이다.[145]

'극종윤덕(克終允德)'은 "능히 그 진실한 덕으로 마쳤다."라는 말이다. 언해의 해독[146]은 잘못되었다.

'혜아후 후래무벌(徯我后后來無罰)'은 "우리 임금님을 기다리노니, 임금님이 오시면 우리가 살아날 것이다.〔徯予后 后來其蘇〕"라는 말과 같은데, 언해는 "임금님이 오시면 폭군에게 벌이 없으랴.〔后來 則無罰〕"라는 뜻으로 해독하였으니, 이를 바꿔서 앞의 해석처럼 읽어야 할 것이다.[147]

145 동(桐)에……잘못이다 : 이윤이 실제로 행한 일인데, 언해는 이윤이 그렇게 하겠다고 말한 것으로 잘못 풀었다는 말이다.

146 언해의 해독 : "능히 끝내 덕을 진실하게 하셨다."로 해석한 것을 말한다.

147 이를……것이다 : "임금님이 오시면 우리가 벌을 받는 일 없이 다시 살아날 것이다."라는 뜻으로 해석해야 한다는 말이다. '후래기소(后來其蘇)'의 대목은 《서경》 〈중훼지고(仲虺之誥)〉에 나온다.

"백성의 일을 경시하지 말고〔無輕民事〕" 이하의 다섯 가지 일은 바로 '자하(自下)'와 '자이(自邇)'[148]의 공부이다.

〈이훈(伊訓)〉 이하 5편은 얕은 데에서 깊은 데로 들어가고 조잡한 데에서 정교한 데에 도달하였다. 그리하여 〈함유일덕(咸有一德)〉에 이르러서는 더 이상 보탤 것이 거의 없을 정도가 되었으니, 태갑(太甲)의 덕이 발전하여 날로 고명한 경지로 나아간 것을 알 수 있다.

함유일덕 咸有一德

일(一)은 단지 순일(純一)하여 두 마음이 없다〔不貳〕는 뜻이니, 이는 바로 성(性)의 체(體)이고 심(心)의 체(體)이다. 따라서 순일하면 자연히 간단(間斷)이 없을 수 있고 자연히 중선(衆善)을 포괄할 수 있으니, 집전에서 말한 세 가지 뜻이 사실은 하나인 것이다. 이 '일(一)' 자야말로 천성(千聖)이 서로 전한 지결(旨訣)이니, 〈우서(虞書)〉의 정일(精一)[149]과 《논어(論語)》의 일관(一貫)[150]과 《중용(中庸)》의 "행

148 자하(自下)와 자이(自邇) : 《서경》 〈태갑 하(太甲下)〉의 "높은 곳에 오르려면 반드시 낮은 곳에서부터 시작해야 하고, 먼 곳에 오르려면 반드시 가까운 곳에서부터 시작해야 하는 것과 같다.〔若升高 必自下 若陟遐 必自邇〕"라는 말에서 추출한 것이다.

149 정일(精一) : 《서경》 〈대우모(大禹謨)〉의 '유정유일(惟精惟一)'을 말한다. 269쪽 주65 참조.

150 일관(一貫) : 일이관지(一以貫之)의 준말이다. 공자가 제자 증삼(曾參)을 불러서 "나의 도는 하나의 이치로써 모든 일을 꿰뚫고 있다.〔吾道一以貫之〕"라고 하자, 증삼이 "예, 그렇습니다.〔唯〕"라고 곧장 대답하고는, 다른 문인에게 "부자의 도는 바로 충서

하게 하는 것은 하나이다.〔行之者一〕"[151]로부터, 주자(周子)가 "일이라는 것은 무욕이다.〔一者無欲〕"[152]라고 한 것과 정자(程子)가 "나의 순일한 마음을 함양해야 한다.〔涵養吾一〕"[153]라고 하고 '주일(主一)'[154]이라고 한 것에 이르기까지 모두 이것을 가리킨다. 남헌(南軒)이 말하기를 "〈우서(虞書)〉의 4구와 이 편의 '덕무상사(德無常師)' 이하 4구는 《상서(尙書)》의 말 중에서 가장 정밀한 것이다."라고 하였는데,[155] 이는

이다.〔夫子之道 忠恕而已矣〕"라고 설명해 준 내용이 《논어》 〈이인(里仁)〉에 나온다.

151 행하게……하나이다 : 《중용장구》 제20장에 "지와 인과 용, 이 세 가지는 이 세상에 공통적으로 적용되는 덕인데, 이것을 행하게 하는 것은 하나 즉 성(誠)일 뿐이다.〔知仁勇三者 天下之達德也 所以行之者 一也〕"라는 말이 나온다.

152 일이라는 것은 무욕이다 : 주돈이(周敦頤)의 《통서(通書)》 권20 〈성학편(聖學篇)〉의 "성인은 배워서 될 수 있는 것인가? 그렇다. 요체가 있는가? 있다. 그 요체가 무엇인가? 일(一)이 요체이니, 일이라는 것은 무욕을 말한다. 무욕이 되면 정(靜)할 때에는 허(虛)하고 동(動)할 때에는 직(直)하다. 정할 때에 허하면 명(明)하고 명하면 통(通)하며, 동할 때에 직하면 공(公)하고 공하면 부(溥)한다. 그리하여 명해서 통하고 공해서 부하면 거의 가깝게 될 것이다.〔聖可學乎 曰可 有要乎 曰有 請問焉 曰 一爲要 一者無欲也 無欲則靜虛動直 靜虛則明 明則通 動直則公 公則溥 明通公溥 庶矣乎〕"라는 말에서 추출한 것이다.

153 나의……한다 : 《근사록집해(近思錄集解)》 권4 〈존양(存養)〉에 나오는 정호(程顥)의 말이다.

154 주일(主一) : 정이(程頤)가 경(敬)을 설명하기 위해 제시한 주일무적(主一無適)이라는 명제에서 나온 말이다. 주일은 하나를 위주로 한다는 뜻으로 마음을 전일(專一)하게 하는 것을 말하고, 무적(無適)은 옮겨 감이 없다는 뜻으로 마음속에 잡념이 없게 하는 것을 말한다. 《이정수언(二程粹言)》 권상(卷上)에 "주일을 경이라 하고, 무적을 일이라 한다.〔主一之謂敬 無適之謂一〕"라는 정이의 말이 나오고, 《주자어류(朱子語類)》 권120에 "정자가 말한 주일무적의 주일은 단지 전일하게 하는 것을 의미한다.〔程子所謂主一無適 主一只是專一〕"라는 주희의 말이 나온다. 녹문은 아버지의 이름자인 '적(適)' 자를 휘(諱)하여 주일무적을 주일무지(主一無之)로 쓰고 있다.

참으로 옳은 말이다. 또 알아 두어야 할 것은, 〈우서〉의 4구와 이 4구가 완전히 일치하여 조금도 차이가 없고 피차간에 호발(互發)하며 심법(心法)이 더욱 분명해져서 결함 없이 완비되었다는 사실이다.

'종시유일(終始惟一)'은 "처음부터 끝까지 능히 한결같이 한다.〔終始克一〕"라고 말하는 것과 같으니, 시종여일(始終如一)의 뜻으로만 보면 안 된다.

"어렵게 여기고 신중히 하며, 화합하고 전일하게 하라.〔其難其愼 惟和惟一〕"라는 말은 단지 임금이 관원을 고를 적에 정밀하게 하고 관직을 맡길 적에 전일하게 하라고 말한 것일 뿐이니, 집전의 설처럼 두 구(句)를 군자와 소인에 분속(分屬)할 필요는 없다. 유일(惟一)은 바로 임금의 일덕(一德 순일한 덕)이 정사(政事)에 드러난 것이니, 〈우서(虞書)〉의 '현인에게 맡기면서 두 마음을 품지 않는 것〔任賢勿貳〕'이 바로 유일이다.

155 남헌(南軒)이……하였는데 : 남헌은 장식(張栻)의 호이다. 그가 "〈우서(虞書)〉의 정일(精一)의 4구와 여기에 나오는 말이 《상서》의 말 중에서 가장 정밀한데, 이 중에서도 〈우서〉의 그것이 더욱 정밀하다.〔虞書精一四句與此爲尙書語之最精密者 而虞書爲尤精〕"라고 말한 내용이 《주자어류》 권79 〈상서(尙書) 2〉 함유일덕조에 수록되어 있다. 〈우서〉의 4구는 269쪽 주65 참조. 덕무상사(德無常師) 이하 4구는 "덕은 일정한 사법(師法)이 없고 선을 주로 함이 사법인 것이며, 선은 일정하게 위주로 하는 것이 없고 능히 한결같이 하면 모여드는 것이다.〔德無常師 主善爲師 善無常主 協于克一〕"를 말한다.

"선(善)을 주로 한다.〔主善〕"의 '선(善)'은 바로 〈우서(虞書)〉의 '중(中)' 자[156]인데, '선(善)' 자가 더욱 평실(平實)하다. 일덕(一德)만 말하고 선을 말하지 않으면 '일덕'이라고 하는 것이 공허에 떨어져서 실제로 힘써야 할 곳을 보여 주지 못하게 된다. 《대학(大學)》에서 일단 명덕(明德)과 신민(新民)을 말해 놓고는 반드시 또 지어지선(止於至善)을 말한 것도 그 뜻이 이와 같다. 덕(德)은 저울이나 자와 같고 선(善)은 거기에 새겨진 눈금과 같으니, 유석(儒釋 유교와 불교)이 나뉘는 것은 바로 이 점에 있다고 하겠다.

유일(惟一)의 공부를 할 적에 긴급히 착수할 곳은 전적으로 '주일(主一)'이라는 두 글자에 있다. 무자기(毋自欺)와 신기독(愼其獨)[157]은 착안할 곳이다.

주일(主一)의 일(一)을 춘옹(春翁 동춘당(同春堂) 송준길(宋浚吉))이 '성(誠)' 자로 해석했는데 그 말이 매우 맛이 있으니, 이 노인이 경(敬)에 대해 득력(得力)한 곳이 있음을 알 수 있다.

《중용(中庸)》의 "행하게 하는 것은 하나이다.〔行之者一〕"의 주(註)에 "일(一)은 성(誠)이다.〔一者 誠也〕"라고 하였는데, 이것이 올바른 훈(訓)이니, 대개 성(誠)하면 일(一)이 되고 잡되면 이(二)가 되는 것

156 우서(虞書)의 중(中) 자 : 윤집궐중(允執厥中)의 중을 말한다. 269쪽 주65 참조.

157 무자기(毋自欺)와 신기독(愼其獨) : 스스로 속이지 않고, 홀로 있을 때를 삼간다는 뜻인데, 《대학장구》 성의장(誠意章)에 나온다.

이다. 주일(主一)을 함으로써 이 심(心)의 순일(純一)한 체(體)가 언제나 늘 존재하여 이(二)나 삼(三)이 되지 않게 하고, 무자기(毋自欺)를 함으로써 유독(幽獨)하고 은미(隱微)한 바탕이 광명하게 통달하여 무내(無內) 무외(無外)하게 하는 것[158]이 바로 성(誠)을 이루는 방법이니, 순일의 일과 일이(一二)의 일이 모두 이 일(一)의 뜻이라고 하겠다.

주일(主一)을 하면 동정(動靜)이 유일(惟一)하여 잠깐 동안이라도 사망(邪妄)이 침입할 틈이 없고, 무자기(毋自欺)를 하면 표리(表裏)가 통연(洞然)하여 털끝만큼이라도 사욕(私欲)이 뒤섞일 여지가 없으니, 이것이 바로 일(一)이다. 《서경》 주(註)의 '의리의 바름을 순수하게 하는 것〔純乎義理之正〕'[159]이 '본심의 올바름을 지키는 것〔守其本心之正〕'[160]에 비교해서 약간 명절(明切)하지만, 여기에 또 '간단(間斷)함이 없다.〔無間斷〕'[161]라는 뜻을 첨가해야 완전해질 것이다.

주선(主善 선을 주로 함)과 협일(協一)[162]은 모두 지(知)와 행(行)을 겸

158 무내(無內)……것 : 지극히 작고 지극히 큰 것도 모두 관통하는 것을 말한다. 268쪽 주64 참조.

159 의리의……것 : 《서경》 〈대우모(大禹謨)〉 인심도심장(人心道心章)의 집전에 나온다.

160 본심의……것 : 〈중용장구서(中庸章句序)〉에 나온다.

161 간단(間斷)함이 없다 : 《중용장구》 제26장 "지성은 쉼이 없다.〔至誠無息〕"의 주에 나온다.

162 협일(協一) : 《서경》 〈함유일덕(咸有一德)〉에 나오는 "능히 한결같이 하면 화협(和協)한다.〔協于克一〕"의 준말이다.

해서 보아야 한다. 주선이 작은 덕으로서 냇물의 흐름〔小德川流〕과 같다면, 협일은 큰 덕으로서 교화가 돈후한 것〔大德敦化〕과 같다.[163]

반경 盤庚

"왕이 수치(修治)할 일을 널리 고하면〔播告之修〕"을, 공전(孔傳)에서는 "왕이 수치할 정사를 사람들에게 널리 고하면〔布告人以所修之政〕"이라고 하였다. "그 뜻을 숨기지 않는다.〔不匿厥指〕"는 백성들에게 널리 고한 뜻을 숨기지 않음을 말하니, 하문(下文)의 "덕을 감춘다.〔含德〕"라는 것은 이를 숨기는 것이다. '불화길언(不和吉言)'[164]은 고주(古註)에서 선언(善言)에 화유(和喩 화답)하지 못하는 것으로 해석하였는데, 이는 대개 백성이 선언(善言)을 가지고 재위자(在位者)에게 경계하는 말을 했을 때에, 재위자가 선언으로 화유하지 않고서 문득 이를 막고 숨기는 것이다. "어찌 나에게 고하지 않는가.〔曷不告朕〕"라는 말

163 작은……같다 : 《중용장구》 제30장에 "만물이 함께 길러지면서 서로 해치지 않으며, 도가 함께 행해지면서 서로 위배되지 않는다. 작은 덕은 냇물의 흐름과 같고, 큰 덕은 교화를 돈후히 하니, 이것이 바로 천지가 위대한 까닭이다.〔萬物竝育而不相害 道竝行而不相悖 小德 川流 大德 敦化 此天地之所以爲大也〕"라는 말이 나온다. 정현(鄭玄)은 "소덕천류(小德川流)는 적셔 주고 싹을 틔우는 것으로서 제후를 비유한 것이요, 대덕돈화(大德敦化)는 만물을 돈후하게 생육하는 것으로서 천자를 비유한 것이다.〔小德川流 浸潤萌芽 喩諸侯也 大德敦化 厚生萬物 喩天子也〕"라고 해설하였다.

164 불화길언(不和吉言) : 《서경》 〈반경 상(盤庚上)〉의 '汝不和吉言于百姓'이라는 경문에 대하여, 언해에서는 "汝不和吉을 言于百姓하나니"라고 구두를 떼어서, "너희가 화길(和吉)을 백성에게 이르지 아니하나니"로 풀었는데, 녹문은 고주(古註)에 따라 "너희가 길언(吉言)을 백성에게 화답하지 않는다."로 해석하였다.

역시 그 경계하는 말을 상(上)에게 전달하지 않음을 말하는 것 같다. 이 단락은 전적으로 '경계하는 말을 감히 숨긴〔敢伏攸箴〕'[165] 죄를 문책하는 것 같으니, 언해에서 '불화길(不和吉)'에서 구두를 끊은 것은 바로잡아야 마땅하다.

"크게 고하기를 성심(誠心)으로 하였다.〔誕告用亶〕"라고 한 경문도, 대개는 장차 고해 주려고 '백성들을 앞으로 나아오게 한 것〔登進〕'이다. '시민이용천(視民利用遷)'[166]이라는 경문은 '이용천(利用遷)'을 이어서 읽어야 하니, 이는 천도(遷都)를 해야만 이로움이 있다는 말이다. '염아고후(念我古后)'[167]도 이어서 읽어야 하니, 이는 "어째서 들은 바 고후(古后 선왕(先王))의 일을 가지고 나를 체념(體念)케 하지 않는가."라는 말이다. 집전의 뜻은 이와 같지만, 언해의 해석이 경문에는 순한 것처럼 보이니, 다시 자세히 살펴보아야 하겠다.

'의내신 우내심(倚乃身迂乃心)'[168]은 "너희의 몸을 편의(偏倚)하게 하

165 경계하는……숨긴 : 《서경》 〈반경 상〉의 "감히 혹시라도 소인들의 경계하는 말을 숨기지 말라.〔無或敢伏小人之攸箴〕"라는 말에서 추출한 것이다. 여기서 소인은 피치자(被治者)인 백성을 가리킨다.

166 시민이용천(視民利用遷) : 언해는 "視民利하사 用遷이시니"로 현토(懸吐)하여 "선왕(先王)들이 백성들의 이로움을 살펴보아 천도(遷都)하셨으니"라고 풀이하였다.

167 염아고후(念我古后) : 《서경》 〈반경 중〉의 '여갈불염아고후지문(汝曷弗念我古后之聞)'에서 나온 말인데, 언해는 "汝는 曷弗念我의 古后之聞고"로 현토하여, "그대는 어찌하여 우리의 고후에 대해서 들은 것을 생각하지 않는가."로 풀이하였다.

168 의내신 우내심(倚乃身迂乃心) : 언해는 "倚乃身하야 迂乃心하노라"로 현토하여, "사람들이 너희의 몸에 의탁해서 너희의 마음을 오염시킬까 두렵다."라고 풀었다.

고, 너희의 마음을 우곡(迂曲)하게 한다."라는 말이다. 집전에서 "너희로 하여금 사벽하게 하고 중정한 견해가 없게 한다.〔使汝邪僻而無中正之見〕"라고 말한 것은 바로 이 양구(兩句)를 합쳐서 해석한 것〔通釋〕이다. 언해는 잘못이다.

"공경히 백성의 명(命)을 받든다.〔恭承民命〕"의 '민명(民命)'은 잠언(箴言)[169]의 종류를 가리킨다. 혹자는 "'승(承)'은 '너희를 공경하고 너희를 사역한다.〔承汝俾汝〕'의 승과 같고, '명(命)'은 바로 '너희의 명을 하늘에 청하여 이어 주고자 함이다.〔迓續乃命〕'[170]의 명이니, 이것은 '공경히 만백성의 목숨을 보호해 준다.'라는 말이다."라고 말하기도 한다.

'적유령(弔由靈)'과 '용굉자분(用宏茲賁)'[171]에 대하여 집전에서 해석한 뜻은 매우 좋다. 다만 경문의 본의(本意)가 실제로 어떤 것인지는 알지 못하겠다. 대저 이 편에는 상세히 알 수 없는 부분이 많으니, 단지 통할 수 있는 것만 알아 두고 이해할 수 없는 것은 빼놓는 것이 온당하겠다. 만약 일일이 주석하려고 한다면, 그것은 천착이 될 것이다.

169 잠언(箴言) : 경계해 주는 말이라는 뜻으로, 《서경》 〈반경 상(盤庚上)〉에 "서로 경계해 주는 말을 돌아다본다.〔胥顧于箴言〕"라는 말이 나온다.

170 공경히……함이다 : 인용문은 모두 《서경》 〈반경〉에 나오는 경문이다. 차례로 〈반경 하〉 6장, 〈반경 중〉 4장, 〈반경 중〉 9장에 나온다.

171 적유령(弔由靈)과 용굉자분(用宏茲賁) : 집전의 해석에 따르면 각각 "여러 계책 중에 좋은 것을 따르기에 이르렀다."와 "이 큰일을 크게 하고자 해서였다."라는 말이 된다.

'영견일심(永肩一心)'[172]이라는 한 구가 지극히 좋다. '견(肩)'은 바로 자견(仔肩)[173]의 견으로서, 어깨에 메고 등에 진다〔擔荷〕는 뜻이니, '식부민덕(式敷民德)'에 그렇게 할 뿐만 아니라, 학자가 진덕수업(進德修業)[174]을 할 때에도 더욱 이 네 글자를 가지고 참전의형(參前倚衡)[175]해야 할 것이다. 일심(一心)으로 담하(擔荷)하여 어느 때나 조금도 멈추지 않는 것은, '경(敬)' 자가 바로 그 방법이다.

증자(曾子)가 말하기를 "인(仁)을 자기의 임무로 인지하고 있으니 그 짐이 또한 무겁지 않겠는가. 죽은 뒤에야 그만두는 것이니 그 길이 또한 멀지 않겠는가.〔仁以爲己任 不亦重乎 死而後已 不亦遠乎〕"[176]라고

172 영견일심(永肩一心) : 《서경》 〈반경 하〉 마지막 부분에 "백성들을 위하는 덕을 공경히 펴되, 길이 일심으로 견(肩)하여 행하도록 하라.〔式敷民德 永肩一心〕"라는 말이 나온다.

173 자견(仔肩) : 어깨에 멘 짐이라는 뜻으로, 책임이나 임무를 뜻하는 말로 쓰인다. 《시경》 〈주송(周頌) 경지(敬之)〉의 "임금인 내가 떠맡은 이 짐을 도와주어, 나에게 밝은 덕행을 보여 주기를 바란다.〔佛時仔肩 示我顯德行〕"라는 말에서 나온 것이다.

174 진덕수업(進德修業) : 덕을 발전시키고 학업을 닦는 것을 말한다. 《주역》 〈건괘(乾卦) 문언(文言)〉에 "군자가 진덕수업을 하는 것은, 장차 제때에 쓰이기 위해서이다.〔君子進德修業 欲及時也〕"라는 말이 나온다.

175 참전의형(參前倚衡) : "서 있을 때에도 그것이 앞에 참여하고 있는지 살펴보고, 수레를 탔을 적에도 그것이 멍에에 걸려 있는지 살펴보아야 한다.〔立則見其參於前 在輿則見其倚於衡〕"라는 《논어》 〈위령공(衛靈公)〉의 말에서 나온 것으로, 언제 어디서나 항상 잊지 않고 눈에 보이는 것처럼 행하는 것을 말한다.

176 인(仁)을……않겠는가 : 《논어》 〈태백(泰伯)〉의 "선비는 뜻이 크고 굳세지 않으면 안 된다. 왜냐하면 떠맡은 짐이 무겁고 앞으로 갈 길이 멀기 때문이다.〔士不可以不弘毅 任重而道遠〕"라는 말 뒤에 이 말이 이어진다.

하였는데, 이것이 바로 영견일심(永肩一心)이라고 하는 것이다.

열명 說命

"의상(衣裳)은 상자 속에 고이 보관해 두고〔惟衣裳在笥〕"는 위의 "부끄러움을 일으키고〔起羞〕"의 구(句)를 받고, "간과(干戈)는 나 자신을 먼저 살펴야 한다.〔干戈省厥躬〕"는 위의 "전쟁을 일으킨다.〔起戎〕"의 구를 받는다. 의상이라는 것은 사람의 관작(官爵)을 명하기 위한 것인 만큼 반드시 신중히 하고 함부로 주지 말아야 하며, 간과라는 것은 사람의 악(惡)을 다스리기 위한 것인 만큼 반드시 먼저 자신의 악을 다스려야 한다.[177] 조조(鼂錯)가 "관작은 임금이 독점하는 것으로서 입으로 말을 하여 무궁히 내줄 수가 있다."라고 하였는데,[178] 말이 부끄러

177 의상(衣裳)은……한다 : 《서경》 〈열명 중(說命中)〉의 "말은 부끄러움을 일으키고, 갑주는 전쟁을 일으킨다. 의상은 상자 속에 고이 보관해 두고, 간과는 나 자신을 먼저 살펴야 한다.〔惟口起羞 惟甲冑起戎 惟衣裳在笥 惟干戈省厥躬〕"라는 말을 해설한 것이다.

178 조조(鼂錯)가……하였는데 : 조조는 재변(才辯)이 뛰어나서 꾀주머니〔智囊〕로 일컬어졌는데, 그가 한 문제(漢文帝)에게 "관작(官爵)은 임금이 독점하는 것으로서 입으로 말을 하여 무궁히 내줄 수가 있고, 곡식은 백성이 경작하는 것으로서 땅에서 부족함이 없이 생산할 수가 있습니다. 높은 관작과 사면(赦免)은 사람들이 간절히 원하는 것이니, 천하의 사람들로 하여금 변방에 곡식을 들여보내어 관작을 받고 사면을 얻게 한다면, 삼 년이 지나지 않아서 변방의 곡식이 분명히 많아질 것입니다.〔爵者上之所擅 出於口而無窮 粟者 民之所種 生於地而不乏 夫得高爵與免罪 人之所深欲也 使天下人入粟于邊 以受爵免罪 不過三歲塞下之粟必多矣〕"라고 건의하자, 상이 따랐다는 기록이 전한다.《資治通鑑 卷15 漢文帝 前12年》 그리고 주희가 이 말을 인용하여 해설한 내용이 《주자어류(朱子語類)》 권79 〈상서(尙書)〉 열명조(說命條)에 보인다.

움을 일으킨 경우가 한둘이 아니지만 이것이 가장 들어맞는 예라고 하겠다. 《어류(語類)》에서도 일찍이 조조의 이 말을 인용하여 관작을 쉽게 주는 폐해를 설명하였는데, 다만 위의 기수(起羞)의 구(句)와는 미처 조관(照管 조응(照應))하지 못했는데, 어쩌면 기록을 상세히 하지 못해서 그런 것인지도 모르겠다.

'의상(衣裳)'과 '간과(干戈)'의 두 구절은 바로 이 한 편의 강령이다. "나라가 다스려지고 어지러워지는 것은 관원들에게 달려 있다.〔惟治亂在庶官〕"의 한 절(節)은 작상(爵賞)을 신중히 하는〔愼爵賞〕 일이고, "선하게 할 것을 생각하여 움직이되〔慮善以動〕"에서부터 "신을 섬기기 어렵다.〔事神則難〕"까지는 나 자신을 먼저 살피는〔省厥躬〕 일이다.

"말은 부끄러움을 일으키고〔惟口起羞〕"의 아래에 "의상은 상자 속에 고이 보관해 둔다.〔惟衣裳在笥〕"를 긴밀히 연결시킨 것은 언어가 모두 부끄러움을 일으킬 수 있지만 관작을 명하는 것은 더욱 어렵게 여겨서 신중히 해야 함을 말한 것이고, "갑주는 전쟁을 일으킨다.〔甲冑起戎〕"의 아래에 "간과는 나 자신을 먼저 살펴야 한다.〔惟干戈 省厥躬〕"를 긴밀히 연결시킨 것은 병기(兵器)는 함부로 쓰면 안 되니 자신을 다스리는 것을 반드시 먼저 엄격히 해야 함을 말한 것이다. 《역(易)》에서 "뿔에 나아감이니, 오직 읍(邑)을 정벌하는 데에 사용하면 사나우나 길하고 허물이 없다.〔晉其角 維用伐邑 厲 吉 無咎〕"[179]라고 하였는데,

179 뿔에……없다 : 《주역》 〈진괘(晉卦) 상구(上九)〉의 효사(爻辭)이다. 정전(程傳)에서는 '읍을 정벌하는 것은 안으로 스스로 다스림을 말한 것〔伐邑 謂內自治也〕'이라고 하였고, 본의(本義)에서는 읍을 사읍(私邑)이라고 하였다.

이는 바로 '유간과 성궐궁(惟干戈 省厥躬)'을 말한 것이라고 하겠다.

갑주(甲胄)의 한 구(句)는 범범하게 말한 것이 아닌 것 같다. 《역(易)》에서 "고종(高宗)이 귀방(鬼方)을 정벌하여 3년 만에 이겼다.〔高宗伐鬼方 三年克之〕"[180]라고 하였는데, 이것이 어찌 용병(用兵)을 한 하나의 일일 뿐이겠는가. 고종에게 긴절(緊切)한 병통이었기 때문에 맨 먼저 언급하였을 것이다.

'유간과 성궐궁'은 "자기의 악을 다스리고 남의 악을 다스리지 않는다."[181]라고 한 그 뜻이다.

중편(中篇)에서 왕의 기질상의 병통을 경계한 뒤를 이어, 하편(下篇)에서는 학문에 대한 일을 설명하였다. 가령 "자기가 선을 지녔다고 생각하면 그 선을 상실하고, 자기 능력을 자랑하면 그 공을 상실한다.〔有其善 喪厥善 矜其能 喪厥功〕"라는 말이나 "총행(寵幸)의 길을 열어 놓아 모멸을 받지 않게 하고, 허물을 부끄러워하여 엄폐하는 잘못을 짓지 말라.〔無啓寵納侮 無恥過作非〕"라는 말과 같은 것은, 언어마다 통절하고 글자마다 명현(瞑眩 약석(藥石))이라고 할 수 있으니, 고종이

180 고종(高宗)이……이겼다 : 《주역》 〈기제괘(旣濟卦) 구삼(九三)〉의 효사이다. 고종은 〈열명(說命)〉의 주인공인 은(殷)나라 왕 무정(武丁)의 묘호(廟號)이고, 귀방(鬼方)은 당시에 서북쪽에 거했던 부족의 이름이라고 전한다.

181 자기의……않는다 : 《논어》 〈안연(顔淵)〉에 "자기의 악을 다스리고 남의 악을 다스리지 않는 것이 감춰진 사특함을 수치(修治)하는 일이 아니겠는가.〔攻其惡 無攻人之惡 非修慝與〕"라는 공자의 말이 나온다.

그 말을 듣자마자 곧바로 깨닫고 그 뜻에 걸맞게 한 것이 당연하다.

'인구다문(人求多聞)' 운운한 말은, 사람이 다문(多聞)을 구하는 이유는 장차 사업을 건립하기 위해서라는 말이다. 그런데 언해는 주(註)에 나오는 "남에게 의지한다.〔資之人〕"의 '인(人)'을 오인하여 경문의 '인(人)' 자로 해석한 나머지, 그만 인(人)의 아래에서 절구(絶句)하여 "문견이 많은 사람을 구한다.〔求多聞之人〕"로 해석하였으니, 이제 개정해야 마땅하다.

'많이 듣고 널리 아는 것〔多聞博識〕'이 물론 사업을 건립하기 위한 것이긴 하지만, 만약 이런 정도로 그칠 뿐이라면, 그 자취를 따르기만 하고 그 뜻은 연구하지 않으며 작은 것만 보고 큰 것은 혹 놓친 나머지, '장구히 치평(治平)을 누리고 영구히 안정을 취할〔長治久安〕 사업'[182]의 토대는 마련할 수 없게 될 것이다. 따라서 반드시 독서하고 학문에 힘써 의리를 깊이 연구해야만 비로소 깊이 나아가 스스로 터득할 수 있게 되고, 사업에 적용할 경우에도 선왕의 도에 암암리에 계합(契合)하여 유구히 무강(無疆)하게 될 것이다. 아래의 두 구절은 학문하는 방도를 설명한 것이다.

'유학손지(惟學遜志)'에 대한 언해의 해독은 잘못되었다. 주자는 "학

182 장구히……사업 : 한(漢)나라 가의(賈誼)의 "영구히 안정을 취할 형세를 세우고, 장구히 치평을 누릴 사업을 이룬다.〔建久安之勢 成長治之業〕"라는 말을 요약한 것이다. 《新書 數寧》《漢書 卷48 賈誼傳》

문은 뜻을 손(遜)하고 나서, 또 때로 민첩하게 해야 한다.〔旣遜其志 又須時敏〕"라고 말하였다.[183]

'손지(遜志)'의 뜻에 대하여, 채전(蔡傳)에서 '겸억(謙抑)' 운운한 것이 물론 좋긴 하지만, 《어류(語類)》에서 "손지라는 것은 그 뜻을 공손히 하여 따르는 것이다. 이 뜻을 아래로 굽히고 저 일 가운데에 들어가서 자세히 마음과 뜻을 저하(低下)하여 그것을 이해하려 하는 것이니, 만약 기세도 드높이 굽히려 하지 않고서 별것이 없다고 여기고는 정미(精微)한 곳에 파고들어 이해하지 못하면, 그 닦이는 것도 오지 않게 될 것이다.〔遜志者 遜順其志 捺下這志 入那事中 子細低心下意 與他理會 若高氣不伏 以爲無緊要 不能入細理會得 則其修亦不來矣〕"[184]라고 설명

183 유학손지(惟學遜志)에……말하였다 : 《서경》 〈열명 하(說命下)〉의 '유학손지 무시민(惟學遜志 務時敏)'이라는 경문에 대하여, 언해에서는 "학문은 뜻을 손(遜)해야 하니, 힘써서 때로 민첩하게 하면"으로 풀이하였는데, 주희의 말에 의거하여 "학문은 뜻을 손(遜)하고 나서, 또 때로 민첩하게 해야 하니"라고 해석해야 한다는 것이다. 손(遜)의 뜻에 대하여, 집전에서는 겸억(謙抑) 즉 '겸손한 마음으로 억제하는 것'으로 풀었고, 주희는 하문(下文)에서 보는 것처럼 손순(遜順) 즉 '공손히 하여 따르는 것'으로 풀었다. 《주자어류(朱子語類)》 권79에 "그 뜻을 공손히 하여 따르고 나서, 또 때로 민첩하게 해야 하니, 만약 공부를 하는 둥 마는 둥 혹 하다가 말다가 하면 또한 일을 이루지 못할 것이다.〔旣遜其志 又須時敏 若似做不做 或作或輟 亦不濟事〕"라는 주희의 말이 나온다. 《근사록(近思錄)》 권2 〈위학(爲學)〉에도 인용문으로 실려 있다.

184 손지라는……것이다 : 《주자어류》의 '기손기지 우수시민(旣遜其志 又須時敏)'이라는 말 바로 위에 나온다. 대본에는 '以爲無緊要'가 빠졌는데, 이해를 돕기 위하여 이 구절을 보충해서 번역하였다. "그 닦이는 것도 오지 않게 될 것이다."라는 말은, '무시민(務時敏)' 바로 다음에 이어지는 "그 학문이 닦이는 것이 자연히 나에게 올 것이다.〔厥修乃來〕"라는 《서경》 〈열명 하〉의 경문에서 나온 것이다.

해 준 것이 지극히 좋다. 이것은 《역(易)》의 구괘(九卦) 가운데 손(巽)을 설명한 뜻[185]과 서로 비슷한데, 이 두 가지 뜻을 합쳐서 살펴보아야 완전해질 것이다.

'궐수(厥修)'의 '수(修)'는 학문이 닦이는 것이니, 이는 바로 도에 뜻을 두어〔志於道〕[186] 날마다 '알지 못하는 것〔所亡〕'을 안다는 뜻이다. "그 덕이 닦이는 것을 깨닫지 못한다.〔厥德修罔覺〕"라는 것은, 덕에 의거하고 인에 의지하여〔據德依仁〕 홀연히 성현(聖賢)의 영역에 들어간 것도 스스로 알지 못하는 것이요, "도가 그 몸에 쌓인다.〔道積厥躬〕"라는 것은 도에 뜻을 둠으로부터 덕에 의거하는 단계로 들어가는 것이다.

"진실로 이것을 염두에 둔다.〔允懷于玆〕"와 "생각의 끝과 시작을 배우는 데에 둔다.〔念終始典于學〕"라는 경문은, 단지 깊이 인지하고 독실

185 역(易)의……뜻 : 《주역》 〈계사전 하(繫辭傳下)〉의 제7장에, 우환(憂患)에 대처하는 덕과 관련된 아홉 개의 괘를 나열하고 이에 대해서 각각 세 차례씩 간단히 해설한 내용이 나오는데, 이를 구괘 삼진(九卦三陳)이라고 한다. 구괘는 이(履), 겸(謙), 복(復), 항(恒), 손(損), 익(益), 곤(困), 정(井), 손(巽)을 말하는데, 손에 대해서는 '제재(制裁)하는 덕〔德之制〕', '저울처럼 걸맞게 하면서 자신을 드러내지 않는 것〔稱而隱〕', '저울추처럼 경중을 헤아려 변통하는 것〔行權〕'이라고 하였다. 송(宋)나라 진단(陳摶)이 이 7장의 내용을 기초로 해서 괘의 이름과 체(體)와 용(用)을 해석하여 이른바 '삼진 구괘'의 '용도(龍圖)'를 발표하였는데, 송유(宋儒)들이 대체로 이 설을 채용하였다.

186 도에 뜻을 두어 : 《논어》 〈술이(述而)〉에 "도에 뜻을 두고, 덕에 의거할 것이요, 인(仁)에 의지하고, 예(藝)의 세계에서 노닐어야 한다.〔志於道 據於德 依於仁 游於藝〕"라는 공자의 말이 나온다.

하게 좋아하여, 생각을 할 때마다 잊지 않고서, 날마다 새로워지고 또 새로워진다는 뜻일 뿐이다.

이 세상의 모든 일의 근본은 마음에 있기 때문에, 대인(大人)은 먼저 임금의 마음의 잘못된 점을 바로잡는다.[187] "그대 마음속의 물줄기를 터서 나의 마음속으로 흘러내려 적시게 하라.〔啓乃心 沃朕心〕"[188]라는 한마디 말을 통해서, 고종(高宗)의 견해가 탁월하여 먼저 큰 것을 세워 놓은 것[189]임을 알 수가 있다.

'대양(對揚)'의 주(註)에서 "'대(對)'는 자기로써 상대하는 것이요, '양(揚)'은 대중에게 드날리는 것이다.〔對者對以己 揚者揚於衆〕"라고 하였는데, 이는 이해할 수 없는 점이 있다. 내 생각으로는, '대(對)'는 대답하며 봉승(奉承)한다는 뜻이요, '양(揚)'은 천양하며 크게 빛낸다는 뜻이니, 대개 천자의 훌륭한 명〔天子之休命〕을 받들어 빛나게 천양하겠다는 말인 듯하다.

187 대인(大人)은……바로잡는다 : 《맹자》 〈이루 상(離婁上)〉에 "오직 대인만이 임금의 잘못된 마음을 바로잡을 수 있다. 임금이 인하면 인해지지 않는 일이 없고, 임금이 의로우면 의롭지 않은 일이 없고, 임금이 바르면 바르게 되지 않는 일이 없으니, 한번 임금의 마음을 바르게 하면 나라가 안정되는 것이다.〔惟大人爲能格君心之非 君仁莫不仁 君義莫不義 君正莫不正 一正君而國定矣〕"라는 말이 나온다.

188 그대……하라 : 은 고종(殷高宗)이 재상 부열(傅說)에게 부탁한 말로, 《서경》 〈열명 상(說命上)〉에 나온다.

189 먼저……것 : 《맹자》 〈고자 상(告子上)〉에 "먼저 큰 것을 세워 놓으면 작은 것에 의해서 뺏기는 일이 없다.〔先立乎其大者 則其小者不能奪〕"라는 말이 나온다. 여기에서 큰 것은 마음을 가리키고, 작은 것은 이목(耳目)의 욕구를 가리킨다.

서백감려 西伯戡黎

'여(黎)나라를 싸워 이긴 것〔戡黎〕'은 결단코 무왕(武王)이 행한 일이다. 조이(祖伊)가 주왕(紂王)에게 '달려가 아뢴〔奔告〕' 뜻을 상세히 살펴보면, 화난(禍難)이 아침저녁으로 박두했다는 사실을 알 수 있다. 그가 "은(殷)나라는 곧 망할 것이다.〔殷之卽喪〕"라고 말한 것은 "은나라가 마침내 망할 날이 오늘에 이르렀다.〔殷遂喪 越至于今〕"라고 말한 것이나 "상(商)나라에 이제 재앙이 내릴 것이다.〔商今其有災〕"라고 말한 것[190]과 동일한 의리(義理)의 효상(爻象)이다. 만약 문왕(文王)의 때라고 한다면, 비록 천하의 3분의 2를 차지했다고 하더라도, 일단 상(商)나라를 배반한 제후국들을 이끌고 주왕(紂王)을 섬겼다고 했고 보면,[191] 어떻게 느닷없이 천자의 기내(畿內)에서 칭병(稱兵 거병(擧兵))을 하였겠으며, 조이(祖伊)의 공포가 또 어떻게 여기에까지 이르렀겠는가.

미자 微子

'망불소대(罔不小大)'는 "소인(小人)이나 대인(大人)이나 이와 같지 않음이 없다."라는 말이다. '은수상 월지우금(殷遂喪越至于今)'은 "은나라가 멸망하는 재앙이 그만 오늘날에 닥쳐올 줄이야 어찌 생각했겠는가."

190 은나라가……것 : 이 두 개의 인용문은 모두 《서경》 〈미자(微子)〉에 나온다.

191 비록……보면 : 《시경》 〈주남(周南) 여분(汝墳)〉의 "방어 꼬리 붉어지고, 왕실은 불타는 듯.〔魴魚赬尾 王室如燬〕"이라는 경문의 주에 "이때에 문왕이 천하의 3분의 2를 차지하고서도 상(商)나라를 배반한 제후국들을 이끌고 주왕(紂王)을 섬겼다.〔是時文王三分天下有其二 而率商之叛國以事紂〕"라는 말이 나온다.

라는 말이다.

태서 泰誓

이천(伊川)이 "무왕(武王)은 관정(觀政)한 일이 없다."라고 말한 것[192]은 참으로 매우 타당한 말이다. 그런데 채전(蔡傳)에서는 '이이우방총군(以爾友邦冢君)'의 한 구(句)를 해석하여 "그대 제후들의 향배를 가지고 상(商)나라 정사의 득실을 살펴보았다."라고 하였으니, 이는 너무나 견강부회한 것이 아닌가 싶다. 이 경문의 뜻은 단지 "나 소자(小子)가 그대 우방(友邦)의 총군(冢君 국군(國君)의 존칭)들과 함께 상나라의 정사를 다 같이 살펴보니"라고 말한 것에 불과할 뿐이다. '관(觀)'은 병(兵)을 가지고 본 것이 아니라 단지 고찰했다는 뜻일 뿐이다.

192 이천(伊川)이……것 : 《서경》 〈태서 상(泰誓上)〉의 '사여소자발 이이우방총군 관정우상(肆予小子發 以爾友邦冢君 觀政于商)'이라는 경문에 대하여, 이천 정이(程頤)가 "경문에서 '관정' 운운하였는데 그럴 리는 절대로 없다. 금일에 천명이 끊어졌다면 주(紂)는 금일에 곧 독부일 뿐이니 어찌 다시 삼 년 동안이나 그냥 놔둘 수가 있겠으며, 금일에 천명이 아직 끊어지지 않았다면 주는 곧 임금이니 신자가 된 입장에서 감히 병(兵)으로 임금을 위협하겠는가.〔觀政之說 必無此理 如今日天命絶 則紂今日便是獨夫 豈容更留之三年 今日天命未絶 便是君也 爲之臣子者 敢以兵脅君乎〕"라고 비평한 내용과 이에 대해서 주희가 "이천이 '무왕(武王)은 관정한 일이 없다.'라고 말했다.〔伊川謂無觀政之事〕"라면서 다시 부연 설명을 한 내용이 소주(小註)에 나온다. 이천은 관정의 뜻을, 〈함유일덕(咸有一德)〉에 나오는 "7세(世)의 사당(祠堂)에서 덕(德)을 관찰할 수 있으며, 만부의 우두머리에게서 정사를 관찰할 수 있다.〔七世之廟 可以觀德 萬夫之長 可以觀政〕"라는 내용의 맥락에서 파악하였고, 녹문은 단지 상나라의 정사를 일반적으로 살펴본다는 뜻으로 해석하였다. 그리고 채침의 집전에서는 '이이우방총군(以爾友邦冢君)'의 '이(以)'를 '로써'로 풀이한 반면에, 녹문은 '와 함께'로 풀이하였다.

"하늘이 백성을 돌보시는지라.〔天佑下民〕"의 한 절(節)은, 대개 "하늘이 임금을 만들고 스승을 만든 까닭은 오직 그들이 상제(上帝)를 제대로 도와서 사방을 사랑하고 편안하게 만들게 하고자 해서이다. 그런데 주(紂)의 악(惡)이 이와 같아서 임금과 스승의 도를 행할 수 없게 되었으니, 그의 죄를 하늘이 응당 주벌할 것임을 알 수 있다. 따라서 나로서는 단지 하늘이 명하신 대로 바로잡아야만 마땅할 것이니, 어찌 감히 그 마음을 과용(過用)하여 그 사이에 티끌만큼이라도 사의(私意)를 용납하겠는가."라는 말이다. '죄가 있고 죄가 없는 사람〔有罪無罪〕'은 모두 주(紂)를 가리켜 말한 것이다. 소주(小註)에서 진씨(陳氏 진경(陳經))가 '유죄(有罪)'를 주(紂)에 배당하고 '무죄(無罪)'를 천하의 백성에 배당한 것은 옳은 해석이 아니다.

'백성유과(百姓有過)'에 대해서, 신안 진씨(新安陳氏 진력(陳櫟))가 "단지 만방유죄(萬方有罪)[193]와 같은 뜻으로 보아야 하지 않을까 싶다.〔恐只如萬方有罪之意〕"라고 하였는데, 이 말이 옳을 듯하다. 대개 하늘이 보고 듣는 것은 우리 백성의 보고 들음으로부터 하는 것이고 보면, 민심(民心)이 향하고 등지는 곳이 바로 천의(天意)가 있는 곳이니, 그렇다면 만방(萬方)에 죄가 있는 것이 어찌 나 한 사람에게 있는 것이 아니겠으며, 그 책임을 내가 또 어떻게 면할 수 있는 것이겠는가.

193 만방유죄(萬方有罪) : 《논어》 〈요왈(堯曰)〉의 "내 몸에 죄가 있다면 그것은 만방의 탓이 아니고, 만방에 죄가 있다면 그 죄는 내 몸에 있다.〔朕躬有罪 無以萬方 萬方有罪 罪在朕躬〕"라는 탕왕(湯王)의 말에서 발췌한 것이다. 집전에서는 이와 다르게 '백성유과(百姓有過)'의 '과(過)'를 책(責)으로 해석하여, "백성들이 모두 나를 책망하면서 상나라의 죄를 왜 바로잡지 않느냐고 한다."라는 뜻으로 풀었다.

'축강시상(祝降時喪)'은 "상(商)나라를 끊어 버려 이 멸망의 재앙을 내렸다."라는 말이다. 집전에서 단연(斷然)으로 해석한 것[194]은 개운하지 못하다.

목서 牧誓

걸어서 진격할 때에는 단지 6보(步) 7보라고 말하였고, 무기를 휘둘러 죽일 때에는 말을 바꿔서 네 번 다섯 번이라고 말하였으니, 이는 살상을 경계한 것이 진격을 경계한 것보다 더한 것이다. 그런데 일단 진격을 경계하고 또 살상을 경계해 놓은 상황에는, 혹 사기(士氣)가 떨쳐지지 않을까 걱정이 되었기 때문에, 또 "범처럼 비휴(豼貅)처럼 곰처럼 불곰처럼〔如虎如貔 如熊如羆〕"이라고 하여 무용(武勇)을 고무한 것이요, 무용을 일단 진작해 놓고서는 또 신바람이 난 김에 살상을 할까 걱정이 되었기 때문에, 또 "항복해 오는 자를 맞아서 공격하지 말라.〔弗迓克奔〕"라고 하여 그 예봉(銳鋒)을 누그러뜨린 것이다. 몇 번 말을 바꾼 것에 불과할 뿐인데도 서참(舒慘)하고 억양(抑揚)하며 위곡(委曲)하게 반복한 것을 보면 봄날의 생기(生氣)와 가을철의 숙살지기(肅殺之氣)가 갖추어지지 않은 것이 없으니, 참으로 성인(聖人)의 말씀이다.

"너희들이 힘쓰지 않으면〔爾所不勖〕"에서 '소(所)'는 맹서(盟誓)하는 말이다.

194 집전에서……것 : 끊는다는 뜻의 '축(祝)'을 부사로 처리하여 "상제(上帝)가 단연코 이 멸망의 재앙을 내리시니〔斷然降是喪亡〕"로 풀이한 것을 말한다.

무성 武成

'대고무성(大告武成)'을 집전에서는 위에 붙여 읽으면서 "불을 태워 하늘에 제사하고 산천을 바라보고 제사하여 무공(武功)이 이루어짐을 고유(告由)했다.〔柴望以告武功〕"라고 하였으나, 이는 옳지 않을 듯하다. 주자는 '왕약왈(王若曰)' 이하의 글을 '대고무성'의 내용에 해당하는 글이라고 하였는데, 이 주장이 옳지 않을까 싶다.

'유도증손(有道曾孫)'은 소주(小註)에 나오는 동씨(董氏)의 설이 옳을 듯싶다.[195]

홍범 洪範

"하늘이 남몰래 하민을 보호하여 그들의 생활을 도와 화합하게 한다.〔惟天陰隲下民 相協厥居〕"라는 경문은, 단지 〈탕고(湯誥)〉의 "상천이 진실로 하민을 돕는지라, 죄인 걸(桀)이 쫓겨나서 복죄(伏罪)를 하였으니, 천명의 어긋나지 않음이 초목처럼 뚜렷하다. 그리하여 만백성이 진실로 생식(生殖)되는 것이다.〔上天孚佑下民 罪人黜伏 天命不僭 賁若

195 유도증손(有道曾孫)은……듯싶다 : 집전에서는 '유도증손'을 "도(道)가 있는 사람의 증손(曾孫)인 주왕 발(發)은"으로 풀었다. 동씨(董氏)는 송나라 동종(董琮)으로, 보통 복재 동씨(復齋董氏)로 칭한다. 그는 "아래에서 주왕(紂王) 수(受)의 무도함을 말했기 때문에 여기에서 유도라고 말한 것이니, 이 역시 대칭한 표현이다. 증손은 제사를 주관하는 자를 일컫는 말이다.〔下言受無道 故於此言有道 亦對稱之辭 曾孫主祭者之稱〕"라고 하였다.

草木 兆民允殖]"라는 뜻일 뿐인데, 다만 기자(箕子)를 상대하여 말했기 때문에, 그 말을 약간 완곡하게 표현한 것이다.

하늘에 있으면 오행(五行)이라고 하고, 사람에게 있으면 오사(五事)[196]라고 하니, '공경함을 오사로써 하는 것〔敬用五事〕'이 바로 황극(皇極)[197]을 건립하는 방법이다. 그러고 보면 황극의 전체는 바로 '경(敬)' 자에서부터 단련되어 성립하는 것이니, 〈우서(虞書)〉의 정일(精一)이 바로 그 연원이 된다고 하겠다. 기자(箕子)는 그것을 우(禹)에게서 얻었고, 우는 순(舜)에게서 전해 받았고, 순은 요(堯)에게서 전해 받았는데, 〈요전(堯典)〉을 펼치자마자 출현하는 첫 번째 글자가 바로 '흠(欽)' 자이니, 천성(千聖)이 서로 전한 지결(旨訣)이 바로 경(敬)이 아니고 무엇이겠는가.

복(福)과 극(極)[198]은 하늘에서 나오는 것인데, 권면하고 징계하는 권한을 임금에게 귀속시킨 것은 어째서인가. 대개 임금이 위에서 황극

196 오사(五事) : 옛날에 통치자가 수신(修身)하던 다섯 가지 덕목을 가리키는데, 모(貌), 언(言), 시(視), 청(聽), 사(思)이다. 용모는 공순하게〔貌恭〕, 말은 순하게〔言從〕, 보는 것은 분명하게〔視明〕, 듣는 것은 밝게〔聽聰〕, 생각은 슬기롭게〔思睿〕 하는 것을 말한다.

197 황극(皇極) : 제왕이 천하를 통치하는 준칙(準則)으로, 이른바 대중지정(大中至正)한 도(道)를 가리킨다.

198 복(福)과 극(極) : 오복(五福)과 육극(六極)을 말한다. 오복은 수(壽), 부(富), 강녕(康寧), 유호덕(攸好德), 고종명(考終命)이다. 육극은 지극히 흉한 여섯 가지 일이라는 뜻으로, 흉단절(凶短折), 질(疾), 우(憂), 빈(貧), 악(惡), 약(弱)을 말한다.

을 세우면 서민이 이를 교훈으로 삼아 행하는 것〔是訓是行〕인데, '이 극(極)에 모이고 이 극에 돌아오면〔會極歸極〕' 오복(五福)이 따라오고 그렇지 않으면 육극(六極)이 이르러서, 그 복과 그 극이 그림자와 메아리처럼 응하고 보면, 하늘이 주는 복이란 바로 임금이 주는 복이요 하늘이 내리는 극이란 실로 임금이 내리는 극인 것이다. 대개 하늘과 사람은 일리(一理)인 만큼 하늘과 임금을 나누어 볼 필요가 없기 때문에, "이 오복을 거두어 모아 백성들에게 골고루 나누어 준다.〔斂時五福用敷錫厥庶民〕"라고 하였고, 또 "권면할 때에는 오복으로 하고, 징계할 때에는 육극으로 한다.〔嚮用五福 威用六極〕"라고 하였으니, 그 뜻이 은미하다고 하겠다.

오복과 육극은 태반이 임금에게서 나오니, 예컨대 빈(貧)과 부(富), 우(憂)와 강녕(康寧), 유호덕(攸好德)과 흉단절(凶短折)이 이것이다. 대저 임금이 위에서 황극을 세워 하늘과 덕(德)을 합함으로써 하늘을 대신하여 만물을 다스리는 것이고 보면, 임금이 곧 하늘이고 하늘이 곧 임금인 것이다. 따라서 임금이 복을 주는 것은 바로 하늘이 주는 것이요, 하늘이 재앙을 내리는 것은 바로 임금이 내리는 것이 되는데, 황극을 제대로 세우지 못하면 이렇게 될 수가 없다.

중(中)과 화(和)를 극진히 하면〔致中和〕 천지의 마음에 부정(不正)함이 없게 된다. 그리하여 기(氣)에 불순함이 없게 되면, 선(善)을 행한 자에게 복을 내리고 불선(不善)을 행한 자에게 재앙을 내리는 것과 인자하면 반드시 장수하고 비루하면 반드시 요절하는 것들이 자연히 그림자나 메아리처럼 상응하여 하나도 차질을 빚는 일이 없게 된다. 이를 통해서 살펴보면, 이른바 오복(五福)과 육극(六極)이라는 것이 비록 하늘에서 나오는 것이라고 하더라도, 실제로는 황극의 공용(功用)이 미치는 것일 뿐이니, 이를 임금에게 귀속시켜서 '향용(嚮用)'이라고 말하고 '위용(威用)'이라고 말한 것이 지극히 잘된 표현이라고 하겠다.

"물은 적시며 내려가고, 불은 태우며 올라가고, 나무는 굽기도 하고 곧기도 하며, 쇠는 그대로 있기도 하고 다르게 변하기도 하며, 흙은 곡식을 심고 거두는 것이다.〔水曰潤下 火曰炎上 木曰曲直 金曰從革 土爰稼穡〕"라고 하였는데, 옛사람이 성(性)을 설명한 것은 단지 이와 같을 뿐이었다. 그리고 가령 맹자(孟子)가 개〔犬〕의 성(性)과 소〔牛〕의 성을 말하고 산(山)의 성과 물〔水〕의 성을 설한 것[199]을 보아도 이와 마찬가지이니, 이것이 바로 그 본성(本性)인 것이요 이것이 바로 이른바 '태극(太極)의 전체'[200]라고 하는 것이다. 이것을 따르면 도(道)가 되는 것이고, 이것을 닦으면 교(敎)가 되는 것이니, 이른바 천명(天命)에서부터 교(敎)에 이르기까지[201] 나로서는 더 늘이거나 줄여서 말할 수가 없다. 그런데 지금 사람들은 매양 이것을 기질지성(氣質之性)이라고 하고는, 심(心)과 형(形)의 바깥에서 본성을 추구(推究)하면서 고준(高峻)한 논의나 좋아하고 옛날의 학설에 매여 있을 따름이요, 마음

199 맹자(孟子)가……것 : 《맹자》 〈고자 상(告子上)〉에 이 내용이 나온다.

200 태극(太極)의 전체 : 주희가 지은 《태극해의(太極解義)》에 "혼연한 태극의 전체가 일물의 안에 각각 갖추어지지 않음이 없다.〔渾然太極之全體 無不各具於一物之中〕"라는 말이 나온다.

201 천명(天命)에서부터 교(敎)에 이르기까지 : 《중용장구》 첫머리에 나오는 내용을 말한다. 307쪽 주124 참조.

을 비우고서 이치를 살펴보려고 하지 않으니, 탄식할 일이다.

곡식을 심고 거두는 것〔稼穡〕은 흙의 성(性)의 용(用)이다. 대개 흙의 성(性)은 생발(生發)하는 것인데, 생발하는 것 가운데 가장 성대한 것이 바로 가색(稼穡)이다.

경(敬)은 전체를 들어서 말한 것이고, 공(恭)은 용모의 측면에서 설한 것이다. 그러나 용모가 공손한 것〔貌之恭〕이 바로 경(敬)을 하수(下手 착수)하는 곳이니, "외면을 정제(整齊)하고 엄숙하게 하면 마음이 곧 전일해진다."[202]라고 한 것이 이것이다.

민(民)과 인(人)의 구분에 대해서는 집전을 따르는 것이 마땅하고,[203] '여즉석지복(汝則錫之福)'의 해석은 소주(小註)에 나오는 주자(朱子)의 설[204]을 따르는 것이 마땅하다. 하문(下文)의 '여수석지복(汝

202 외면을……전일해진다 : 정이(程頤)가 "마음을 전일하게 하는 데에는 다른 방법이 없다. 단지 외면을 정제하고 엄숙하게만 하면 마음이 곧 전일해진다.〔一者無他 只是整齊嚴肅則心便一〕"라고 하였다. 정이는 경(敬)을 설명하기 위해 주일무적(主一無適)이라는 명제를 제시하였는데, 주일은 마음을 전일하게 하는 것을 말한다. 319쪽 주154 참조. 혹자가 "사람이 한가히 거할 적에 몸은 나태해도 마음은 거만하지 않을 수 있느냐?〔人之燕居 形體怠惰 心不慢 可否〕"라고 묻자, 정이가 "두 다리를 뻗고 앉아 있으면서 마음이 거만하지 않은 경우가 어디에 있겠는가.〔安有箕踞而心不慢者〕"라고 대답하고는, 평소에 홀로 있을 적에도 엄숙하게 무릎 꿇고 앉아 있던 여여숙(呂與叔) 즉 여대림(呂大臨)의 예를 거론하며 칭찬한 고사가 전한다.《二程遺書 卷18》《近思錄 卷4 存養》

203 민(民)과……마땅하고 : 집전에서 민은 일반 백성〔庶民〕, 인(人)은 지위가 있는 자〔在位者〕로 풀었다.

雖錫之福)' 운운한 것 역시 "만약 그에게 덕을 좋아하는 것이 없을 경우에는, 당신이 비록 당장에 끊어 버리지 않고 함육(涵育)하며 훈도(訓導)함으로써 그를 선하게 변화시켜 복을 받게 해 주려고 하더라도, 죄악이 심중(深重)한 사람은 결코 변혁되는 이치가 없으니, 한갓 죄악이 있는 사람을 쓰는 결과를 이룰 뿐이다."라는 말이다. 이렇게 해석하면 상문과 하문의 '석복(錫福)'이라는 말이 모두 동일한 뜻이 되어 문리와 어맥이 또한 막힘없이 관통될 것이다.

민(民)과 인(人)의 두 구절은 모두 세 단계로 나누어 설해야 마땅하다.

'꾀함이 있고 시설(施設)함이 있고 지킴이 있는 사람〔有猷有爲有守〕'과 '능력이 있고 시설함이 있는 사람〔有能有爲〕'은 극(極 준칙(準則))에 합하는 사람이니, 민(民)의 경우에는 기념해서 그를 쓰고, 인(人)의 경우에는 포장(褒獎)해서 그를 진출시켜야 한다.

'극(極)에 합하지 않더라도 죄에 걸리지 않는 사람〔不協于極 不罹于咎〕'과 '모든 정인〔凡厥正人〕 운운한 사람'은 평평(平平 평범)한 사람이니, 민(民)의 경우에는 그를 받아들여 더욱 가르치고, 인(人)의 경우에는 녹봉을 후하게 주어 악에 빠지지 않게 해야 한다. 이른바 녹봉을 후하게 준다는 것은, 이 사람에게만 이렇게 하는 것이 아니지만, 현자

204 주자(朱子)의 설 : "대저 사람이 과거의 태도를 바꾸고 임금을 따르면서 덕을 좋아한다고 자칭할 경우에는, 그것이 꼭 실제로 속마음에서 우러나온 것이 아니라 할지라도, 임금으로서는 또한 그가 자칭한 것으로 인하여 그를 선으로 대해 주어야 한다. 그러면 이 사람도 임금을 표준으로 삼아서 실제로 그렇게 되도록 노력할 수 있을 것이다.〔夫人之有能革面從君 而以好德自名 則雖未必出於中心之實 人君亦當因其自名而與之以善 則是人者亦得以君爲極而勉其實也〕"라는 내용으로 되어 있다.

(賢者)는 말할 필요가 없기 때문에 여기에서 이렇게 말한 것일 뿐이다.

'얼굴빛을 안화(安和)하게 하는 사람〔而康而色〕'과 '덕을 좋아하지 않는 사람〔無好德〕'은 하등인(下等人)이다. 그런데 일단 그 얼굴색을 안화하게 하면서 스스로 덕을 좋아한다고 말할 수 있는 사람이라면, 그것이 속마음에서 나오지 않았다고 미리 의심하여 거절하면 안 되기 때문에, 그들도 받아들여 가르침으로써 점진적으로 훈도(薰陶)되게 하고 외면을 바꿈으로부터 시작하여 마음을 바꾸는 데에 이르도록 해야 할 것이다. 그러나 만약 그렇지 않고서 처음부터 외면을 바꾸는 일도 없고 또 선으로 향하겠다는 말도 없다면, 그는 덕을 좋아하지 않는 것으로 끝날 것이 분명하니, 이런 사람은 단지 척퇴(斥退)하여 지위에 끼일 수 없게 해야 마땅하다.

'정인(正人)'에 대하여 집전에서 〈강고(康誥)〉를 인용하여 운운한 것[205]은 딱히 타당한지 알지 못하겠다. 주자는 "정인은 중인(中人)이라고 말하는 것과 같으니, 이는 평범한 사람이다."[206]라고 하였는데, 이 말이 옳을 듯싶다.

"편벽됨이 없고 기울어짐이 없다.〔無偏無陂〕"라는 한 절(節)은, 임금

205 정인(正人)에……것 : 집전에서는 "정인은 관직에 있는 사람이니, 〈강고(康誥)〉에서 유궐정인(惟厥正人)이라고 한 것과 같다.〔正人者在官之人 如康誥所謂惟厥正人者〕"라고 하여 정인을 벼슬아치로 풀었다. 〈강고〉는 《서경》의 편명이다.

206 정인은……사람이다 : 《주자어류(朱子語類)》 권79에 "정인은 중인이라고 말하는 것과 같으니, 이는 평범한 사람으로서, 일정한 생업이 있어야만 일정한 마음을 갖게 되는 사람이다.〔正人猶言中人 是平平底人 是有常產方有常心底人〕"라는 주희의 말이 나온다.

이 일단 그 극(極)을 세우고 나서 다시 민(民)과 인(人) 중에 혹 선하고 혹 악한 자에 대하여 각각 온당하게 대처하면, 천하의 사람들이 모두 함영(涵泳)하고 훈도되며 고무되고 흥기하여, 그 사사(私邪)에서 바뀌어 중정(中正)으로 향한다는 것이다. 이는 대개 성인의 덕화(德化)의 극치로서, 그 공용(功用)이 고루 미치는 것과 그 의미가 깊고 원대한 것을 형용하기 쉽지 않은 점이 있기 때문에, 거듭거듭 말을 하며 반복해서 영탄(詠嘆)한 것이다. 이는 단지 황극(皇極)의 체단(體段)과 공효(功效)를 말한 것일 뿐이요, 원래 백성을 가르치기 위해서 말한 것은 아니지만 백성을 가르치는 뜻도 자연히 그 안에 들어 있으니, 하문의 이른바 "극(極)을 부연한 말을 교훈으로 삼고 행한다.……〔極之敷言 是訓是行……〕" 한 것을 살펴보면 알 수가 있다. 그런데 언해에서는 곧장 백성을 가르치는 뜻으로만 해설하였으니, 이는 개정해야 마땅하다.

"천자가 백성의 부모가 되어 천하의 왕이 된다고 말할 것이다.〔曰天子作民父母 以爲天下王〕"라고 한 것에 대해, 집전에서 백성이 칭송한 말이라고 해설한 것은 뜻이 통하기 어려울 듯하니, 오직 소주(小註)에 나오는 주자의 설[207]을 따라야 마땅하겠으나, 그것도 그다지 명확하지는 못하다.

'황극을 부연한 말〔皇極之敷言〕'이라는 것은, 바로 "임금이 그 극(極)을 세운다.〔皇建其有極〕"에서부터 "그 극으로 돌아올 것이다.〔歸其有

207 소주(小註)에……설 : '왈(曰)'의 주어를 집전은 백성으로 보았지만, 주희는 "임금이라면 지극한 표준을 세울 수 있어야 하니, 그것이 바로 억조의 부모가 되어 천하의 왕이 될 수 있는 소이인 것이다.〔夫人君能立至極之標準 所以能作億兆之父母而爲天下之王也〕"라고 하여, '왈'의 주어를 화자(話者)로 보았다.

極〕"까지의 내용이 바로 그것이다. 이것이 비록 내가 부연한 것이라 하더라도, 실은 천하의 떳떳한 이치요 천하의 큰 교훈인 만큼, 나의 말이 아니라 바로 하늘의 교훈인 것이요, 또한 성왕(聖王)이 자기에게 세워서 백성에게 나누어 준 것이기도 하다. 천하의 백성이 진실로 이 교훈에 대해서 체득하여 실행하면, 안에 보존되어 밖으로 드러나는 것이 자연히 천자의 도덕의 광화(光華)와 더불어 완전히 하나로 합쳐질 것이다. 대개 천자가 먼저 이것을 터득하여 위에서 표준이 되기 때문에 백성에게 부모가 되고 백성 위에 군림하는 것인데, 이런 것이 벌써 광명하고 휘황하게 온 천하에 입혀졌기 때문에 그렇게 되는 것이다. 이와 같이 해설한다면 괜찮을지 어떨지 모르겠다.

집전에서 '부언(敷言)'은 상문(上文)을 부연한 말이라고 해 놓고는, 또 말하기를 "임금이 극(極)의 이치를 가지고 반복해서 추연(推衍 부연)하여 말한 것이다.……〔人君以極之理 而反復推衍爲言……〕" 하였다. 그러나 상문에서 말한 것이 어찌 임금이 추연한 것이겠는가. 이는 매우 모순되는 말 같아서 의아하다. '시훈시행(是訓是行)'은 이 교훈을 체득하여 실행한다는 말이다.

"침잠은 강(剛)으로 다스리고, 고명은 유(柔)로 다스린다.〔沈潛剛克 高明柔克〕"라는 경문도 정치(政治)를 가지고 말해야 옳을 듯싶다. 침잠하는 사람은 침미(沈迷)하고 혼혹(昏惑)하여 이해시킬 수 없기 때문에 위벌(威罰)로 징치(懲治)하고, 고명한 사람은 고항(高亢)하고 명상(明爽)하여 이치로 깨우칠 수 있기 때문에 밝게 고하여 깨닫도록 하는 것이다. 만약 그들 스스로 다스려지게 하는 것이라고 한다면, 하문(下

文)의 "임금만이 복을 주고 위엄을 행할 수 있다.〔作福作威〕"라는 말과 딱히 연결되지 않는다. 집전에서 "양(陽)으로 펴 주고 음(陰)으로 거둔다.〔陽以舒之 陰以斂之〕"라고 한 것도 이와 같이 본 것 같다.

"달이 별을 따르는 것을 보고서 비와 바람을 알 수 있다.〔月之從星則以風雨〕"라는 경문을 해설한 집전의 뜻은, 대개 "경사(卿士)와 사윤(師尹)이 백성이 좋아하고 원하는 것을 따라서 '그들에게 모아 주고〔與聚〕' 싫어하는 것을 베풀지 않을 수 있으면, 달이 필성(畢星)을 따르고 기성(箕星)을 따라서 자연히 시절에 순응하며 기후가 합당하게 된 덕분에 바람과 비가 때에 맞게 된다."[208]라는 것이다. 이는 단지 선(善) 한쪽의 측면에서만 설한 것인데, 내 생각에는 휴구(休咎 선악(善惡))를 겸하여 설하는 것이 나을 것 같다. 나의 생각은 대개 "경사와 사윤이 백성을 따라서 그 도에 맞게 하면 달이 별을 따라서 시절에 순응하며 기후가 합당하게 된 덕분에 바람과 비가 때에 맞게 되겠지만, 그 도에 어긋나게 하면 달이 별을 따라서 또한 시절에 순응하며 기후가 합당하지 못한 나머지 항상 바람이 불고 비가 내린다."라는 것인데, 이 의견이 어떨는지 모르겠다.

〈홍범(洪範)〉 한 편은 오행(五行)과 오사(五事)로부터 오복(五福)

208 경사(卿士)와……된다 : 경사는 주(周)나라 왕정을 총괄한 집정자(執政者)를 말하고, 사윤(師尹)은 각 부서의 장관을 말한다. 《맹자》 〈이루 상(離婁上)〉에, 천하를 얻으려면 민심을 얻어야 하는데, 민심을 얻으려면 "백성이 원하는 것을 그들에게 모아 주고 백성이 싫어하는 것을 베풀지 말아야 한다.〔所欲與之聚之 所惡勿施爾也〕"라는 말이 나온다.

과 육극(六極)에 이르기까지 모두 '경(敬)' 자의 범위 안에 흠씬 잠겨 있다.

천지가 자리를 베풀면 역(易)이 그 가운데 행해지니, 그러고 보면 '낮은 것과 높은 것이 진열됨〔卑高以陳〕'이 '심원(深遠)하여 그침이 없는 것〔於穆不已〕'이 천지의 경(敬)이요, 이루어진 성(性)에 보존하고 보존함이 도의(道義)의 문(門)이니, 그러고 보면 보존하고 또 보존하여 순역불이(純亦不已)하는 것이 인심의 경(敬)이다.[209] 따라서 인심의 경과 천지의 경이 서로 통하여 하나가 되니, 이것이 바로 "'솔개가 날고 물고기가 뛰는 것〔鳶飛魚躍〕'과 '일삼는 것이 있되 미리 효과를 기대하지 말라는 것〔有事勿正〕'이 활발발(活潑潑)한 경지를 함께하는 것이다."[210]라고 말한 뜻이라고 하겠다.

209 천지가……경(敬)이다 : 《주역》〈계사전 상(繫辭傳上)〉 7장에 "천지가 자리를 베풀면 역(易)이 그 가운데 행해지니, 이루어진 성(性)에 보존하고 보존함이 도의의 문이다.〔天地設位 而易行乎其中矣 成性存存 道義之門〕"라는 경문이 나오는데, 그 본의(本義)에 "존존(存存)은 보존하고 또 보존함을 이르니, 그치지 않는다는 뜻이다.〔存存謂存而又存 不已之意也〕"라는 말과 "성성(成性)은 본래 이루어진 성(性)이다.〔成性 本成之性也〕"라는 말이 나온다. 본래 이루어진 성이란 이 경문의 위 구절에 나오는 지(智)와 예(禮)를 가리킨다. '비고이진(卑高以陳)'은 〈계사전 상〉 1장의 "하늘은 높고 땅은 낮으니 건곤이 정해지고, 낮은 것과 높은 것이 진열되니 귀천이 자리한다.〔天尊地卑 乾坤定矣 卑高以陳 貴賤位矣〕"라는 말에서, '오목불이(於穆不已)'는 《시경》〈주송(周頌) 유천지명(維天之命)〉의 "하늘의 명은 심원하여 그치는 때가 없다.〔維天之命 於穆不已〕"라는 말에서 추출한 것이다. '순역불이(純亦不已)'는 《중용장구》 제26장에 나오는 말로, 순수함이 천도(天道)와 똑같이 계속 유지되는 것을 의미한다. 〈유천지명〉의 주(註)에 "오목불이는 하늘이 하늘 된 소이(所以)이고, 순역불이는 문왕(文王)이 문왕 된 소이이다."라는 뜻의 해설이 나온다.

그러나 인심(人心)의 경(敬)에 대해서는 사람들이 모두 알고 있지만, 천지의 경에 대해서는 알아내기가 쉽지 않기 때문에, 정자(程子)가 “천지가 자리를 베풀면 역(易)이 그 가운데에 행해진다고 한 것은 단지 천지의 경을 말한 것이다.〔天地設位 易行于其中 只是敬〕”[211]라고 한 것인데, 이 말도 공중(空中)에서 지어낸 말이 아니라, 바로 하구(下句)의 “보존하고 또 보존한다.〔存存〕”라는 두 글자로 말미암아서 그 뜻을 드러내 밝힌 것일 뿐이다.

성왕(聖王)이 ‘공경함을 오사(五事)로써 하고〔敬用五事〕’ ‘위에서 극(極)을 세우고서〔立極于上〕’ ‘온화하게 궁중에 있으며, 경건하게 사당에 있으면〔雝雝在宮 肅肅在廟〕’,[212] ‘날로 발전하는〔日躋〕’[213] 그 공(功)

210 솔개가……것이다 : 《중용장구》 제12장의 “《시》에 이르기를 ‘솔개는 날아서 하늘에 이르고, 물고기는 못에서 뛴다.’라고 하였으니, 이는 천지의 도가 높은 하늘이나 낮은 못이나 모두 똑같이 행해지고 있음을 말한 것이다.〔詩云鳶飛戾天 魚躍于淵 言其上下察也〕”라는 말에 대해서, 정이(程頤)가 “이 한 단락은 자사(子思)가 긴요하게 사람을 위해 말해 준 것으로, ‘반드시 일삼는 것이 있어야 하지만 미리 효과를 기대하지 말고서 마음속으로 잊지도 말고 억지로 조장하지도 말아야 한다.’라는 뜻과 활발발한 경지를 함께하는 것인데, 이런 도리를 체득할 때에는 활발발해지겠지만, 체득하지 못할 때에는 그저 정신만 수고롭게 할 것이다.〔此一段 子思喫緊爲人處 與必有事焉而勿正心之意 同活潑潑地 會得時活潑潑地 不會得時只是弄精神〕”라고 말한 내용이 《이정유서(二程遺書)》 권3 〈사현도기억평일어(謝顯道記憶平日語)〉에 나온다. 필유사언이물정심(必有事焉而勿正心)은 《맹자》 〈공손추 상(公孫丑上)〉의 “반드시 호연지기(浩然之氣)를 기르는 것을 일삼되, 미리 마음속으로 기한을 정하지 말고서, 잊지도 말고 억지로 조장하지도 말아야 한다.〔必有事焉而勿正心 勿忘 勿助長也〕”라는 말에서 발췌한 것이다. 활발발은 생기(生氣)가 충만한 것을 말한다.

211 천지가……것이다 : 정호(程顥)의 말이다. 《이정전서(二程全書)》 권11에 수록되어 있으며, 《근사록집해(近思錄集解)》 권4 〈존양(存養)〉에도 소개되어 있다.

이 하늘을 감동시켜 하늘과 하나가 되는 이것은 또 다른 사람들과는 같지 않다. 이 일을 오래오래 쉬지 않아서 훈증(熏蒸)함이 투철하게 되면, 천지가 절로 자리를 잡고 만물이 절로 육성되어, 현(顯 양(陽))으로는 오행(五行)과 오기(五紀)로부터 유(幽 음(陰))로는 귀서(龜筮 계의(稽疑))와 서징(庶徵)과 복극(福極 오복(五福)과 육극(六極))에 이르기까지 질서 있게 화합하지 않음이 없을 것이요, 네 가지 영물〔四靈〕[214]도 세상에 나오게 될 것이니, 경(敬)의 덕스러움이야말로 정녕 성대하다고 해야 하지 않겠는가.

여오 旅獒

이 편과 〈이훈(伊訓)〉, 〈태갑(太甲)〉, 〈함유일덕(咸有一德)〉, 〈열명(說命)〉 등 9편은 바로 이윤(伊尹)과 부열(傅說)과 소공(召公)이 서로 전한 심법(心法)이다. 그들이 마음을 엄하게 다스린 것과 임금을 간절히 사랑한 것이 지금 글을 읽어 보아도 눈앞의 일처럼 분명하기만 하니, 이는 참으로 "삼가 천년의 마음을 살펴보건대, 가을 달이 찬 강물을

212 온화하게……있으면 : 《시경》 〈대아(大雅) 사제(思齊)〉는 문왕이 성인이 된 소이(所以)를 읊은 시인데, 그 안에 "온화하게 궁중에 계시며, 경건하게 사당에 계시네.〔雝雝在宮 肅肅在廟〕"라는 말이 나온다.

213 날로 발전하는 : 성스러운 덕과 공경하는 덕이 날로 발전한다는 성경일제(聖敬日躋)에서 나온 말로, 《시경》 〈상송(商頌) 장발(長發)〉에서 탕왕(湯王)의 덕을 표현한 말이다.

214 네 가지 영물 : 태평 시대에 출현한다는 용(龍), 기린(麒麟), 신귀(神龜), 봉황(鳳凰)의 네 가지 신령스러운 동물을 가리킨다.

비추는 듯하다.〔恭惟千載心 秋月照寒水〕"[215]라는 것이다. 아, 지극하다고 하겠다.

"명왕이 덕을 삼가면〔明王愼德〕"에서부터 "그 물건을 덕으로 여길 것이다.〔惟德其物〕"까지는, 옛날 밝은 임금이 덕을 삼가 자기에게 바친 방물(方物)을 제후들에게 나눠 준 일을 설명한 것이다. 언해의 해독[216]은 잘못되었다.

여(旅)나라에서 오(獒 사냥개)를 공물로 바친 것은, 물론 무왕(武王)이 그것을 요구해서 보낸 것은 아니다. 그러나 그 개가 이미 완호(玩好)하는 물건임이 분명한데도 이를 물리치지 못하고 받아들였다면 경계하는 뜻이 조금 쇠해짐을 면치 못할 터인데, 성인(聖人)이라도 생각을 잘못하면 광인(狂人)이 되는 것[217]이고 보면, 혹 장난하며 희롱하다가 덕(德)을 잃는 지경에까지 이른다 해도 괴이하게 여길 것이 없다. 그래서 여기에서 거듭거듭 말을 하며 간절히 간하여 마지않은 것이니, "그대 마음속의 물줄기를 터서 나의 마음속을 적셔 주라.〔啓乃沃朕〕"[218]라

215 삼가……듯하다 : 주희의 〈재거감흥 20수(齋居感興二十首)〉에 "삼가 천년의 마음을 살펴보건대, 가을 달이 찬 강물을 비추는 듯하네. 노수의 스승이 어찌 정해져 있으리오, 성현께서 전해 주신 법도가 모두 스승인 것을.〔恭惟千載心 秋月照寒水 魯叟何常師 刪述存聖軌〕"이라는 구절이 있다.

216 언해의 해독 : 과거 명왕의 일로 보지 않고, 현재 무왕(武王)에게 해당되는 일로 풀었다.

217 성인(聖人)이라도……것 : 《서경》 〈다방(多方)〉에 "성인이라도 생각을 잘못하면 광인(狂人)이 되고, 광인이라도 생각을 잘하면 성인이 된다.〔惟聖罔念作狂 惟狂克念作聖〕"라는 말이 나온다.

고 한 말대로 임금의 인욕(人欲)이 싹트기 전에 막아 버리는 것을 참으로 극진하게 쓰지 않은 것이 없다고 하겠다. 이른바 "대인(大人)은 임금의 마음을 바로잡는다."[219]라고 하는 것이 대개 이와 같은 것이다.

'인불이물 유덕기물(人不易物 惟德其物)'에 대하여 채전(蔡傳)에서 해설한 것이 지극히 좋다. 《어류(語類)》에서는 '이(易)' 자를 '여(如)' 자로 해독하려고 했는데, 아무래도 통창(通暢)하기 어렵다는 느낌이 든다.[220]

"뜻은 도에 입각해서 안정시키고, 말은 도에 입각해서 주고받아야 한다.〔志以道寧 言以道接〕"라고 말하고, "자그마한 행동이라도 신중히 하지 않으면, 큰 덕에 끝내 누를 끼칠 것이다.〔不矜細行 終累大德〕"라고 말한 이런 격언들은 참으로 전긍(戰兢)하여 임리(臨履)하며[221] 퇴탁

218 그대……주라 : 은 고종(殷高宗)이 재상 부열(傅說)에게 부탁한 말로, 《서경》 〈열명 상(說命上)〉에 나온다.

219 대인(大人)은……바로잡는다 : 333쪽 주187 참조.

220 어류(語類)에서는……든다 : 《서경》 〈여오(旅獒)〉에서 소공(召公)이 무왕(武王)에게 건의한 내용 가운데 "왕이 덕으로 인해 받은 공물들을 다른 성씨의 나라에 보여 주어 그 일을 폐함이 없게 하고, 보옥을 같은 성씨의 나라에 나눠 줌으로써 친애하는 도리를 펼친다면, 사람들이 그 물건을 가볍게 여기지 아니하고 그 물건을 덕스럽게 생각할 것입니다.〔王乃昭德之致于異姓之邦 無替厥服 分寶玉于伯叔之國 時庸展親 人不易物 惟德其物〕"라는 말이 나오는데, 주희는 '인불이물(人不易物)'을 "사람들이 물건처럼 여기지 아니하고"로 풀었다는 말이다.

221 전긍(戰兢)하여 임리(臨履)하며 : 조심스러운 마음으로 매사를 신중히 처리하는 것을 말한다. 《시경》 〈소아(小雅) 소민(小旻)〉의 "전전긍긍하여 심연에 임하듯, 얇은 얼음을 밟듯 한다.〔戰戰兢兢 如臨深淵 如履薄氷〕"라는 말에서 나온 것이다.

(追琢)[222]하여 단련(鍛鍊)하는 가운데에서 나온 말이라고 하겠다. 구인일궤(九仞一簣)[223]는 또 무왕(武王)의 신상(身上)에 나아가 간절히 차착(箚著 경책(警策))한 것이요, 예(禮)를 갖춤에 잘못됨을 말한 것이 아니니, 독자는 이런 점도 아울러 세밀하게 생각하며 고찰해야 할 것이다.

금등 金縢

'즉명우원귀(卽命于元龜)'[224]라는 경문을, 〈대고(大誥)〉의 "거북이 명한 바에 나아가 보니〔卽龜所命〕"라는 주(註)에 의거해서 살펴보면, 명(命)은 바로 거북〔龜〕의 명이고 거북의 명은 바로 또 하문(下文)의 이른바 '너의 명〔爾命〕'이라는 것으로서, 거북을 매개로 하여 하늘의 뜻을 보여 주는 것이다. 언해는 주공(周公)이 거북에게 명한 뜻으로 해석하였으니, 크게 잘못되었다.

222 퇴탁(追琢) : 금을 새기고 옥을 쪼다는 뜻의 조탁(雕琢)과 같다. 퇴(追)는 조(雕)와 통한다. 《시경》〈대아(大雅) 역복(棫樸)〉의 "잘 다듬은 그 문장이요, 금옥 같은 그 바탕이로다.〔追琢其章 金玉其相〕"라는 말에서 나온 것이다.

223 구인일궤(九仞一簣) : 아홉 길 되는 산에 한 삼태기의 흙이라는 뜻으로, 완성 단계에 들어섰다 하더라도 끝까지 더 공을 들여서 유종의 미를 거두는 것을 말한다. 《서경》〈여오(旅獒)〉의 '불긍세행 종루대덕(不矜細行 終累大德)'이라는 경문 바로 뒤에 이어지는 "이는 마치 아홉 길 산을 만들 적에 한 삼태기의 흙이 부족해서 그 공이 허물어지는 것과 같다.〔爲山九仞 功虧一簣〕"라는 말을 요약한 것이다.

224 즉명우원귀(卽命于元龜) : 언해는 "내가 원귀(元龜)에 나아가 명하리니"로 풀었다. 나는 주공 자신을 가리킨다.

대고 大誥

'부조천(不弔天)'[225]은, 전(傳)에서 '부조호천(不弔昊天)'이라는 말을 인용하였고 보면, 이 세 글자를 하나의 구(句)로 삼아야 마땅하니, 언해는 잘못이다.

이 편은 뜻이 통하지 않는 곳이 많다. 예컨대 '부비(敷賁)', '고익(考翼)', '천비침사(天棐忱辭)', '천역유용근비아민(天亦惟用勤毖我民)', '약유질(若有疾)', '솔녕인유지강토(率寧人有指疆土)'와 같은 것들은, 집전의 해석을 보아도 견강부회한 것이 많은 듯하니, 차라리 빼놓고 읽는 것이 낫겠다.

강고 康誥

"하늘은 겁나는 것이지만 성실하면 도와주고, 백성의 뜻은 대체로 볼 수 있지만 약소한 백성을 보존하기는 어렵다.〔天畏 棐忱 民情大可見 小人難保〕"에 대한 집전의 해석이 매우 좋다. 다만 '비침(棐忱)'과 관련하여 주자는 "하늘은 믿을 수 없다.〔天不可信〕"라고 풀었는데,[226] 경문

225 부조천(不弔天) : 집전에서 "조(弔)는 휼(恤)이니, 《시경》의 '하늘에게 구휼(救恤)을 받지 못한다.'의 조(弔)와 같다.〔弔 恤也 猶詩言不弔昊天之弔〕"라고 해설한 만큼, "하늘에게 구휼을 받지 못했다."로 해석해야 한다는 것이 녹문의 의견이다. 언해는 '부조(不弔)'에서 구를 떼고 '천(天)'을 뒤로 붙였다.

226 비침(棐忱)과……풀었는데 : 《주자어류(朱子語類)》 권79에 "'비(棐)' 자는 '비(匪)' 자와 같고, '침(忱)'과 '심(諶)'은 단지 신(信)으로 새기면 된다. 따라서 '천비침(天

의 본의(本意)에 비춰 볼 때 과연 어떨지 모르겠다.

"원망은 큰 데에 있지 않고 또한 작은 데에 있지 않다.……〔怨不在大亦不在小……〕" 한 것은, 임금이 원칙을 따르고〔惠〕 노력을 하면〔懋〕 백성의 원망이 비록 크더라도 자연히 해소되겠지만, 원칙을 따르지 않고 노력을 하지 않으면 원망이 비록 작더라도 두렵게 될 수 있다는 말인 것 같다.

이 편은 덕을 밝히고〔明德〕 형벌을 삼가는 것〔愼罰〕으로 강령을 삼아 반복해서 추명(推明 천명(闡明))하였다. 그리고 그 사이에 격언이 많으니, 가령 "감히 홀아비와 과부를 업신여기지 않았다.〔不敢侮鰥寡〕"와 "너의 아버지 문고의 일을 공경히 이어받아라.〔祗遹乃文考〕"라는 두 절(節)은 더욱 명백하여 외울 만하다. 그러나 대체로는 매우 정제되지 않았고 말 가운데에도 간회(艱晦 난삽(難澁))한 것들이 많아서 〈우서(虞書)〉, 〈하서(夏書)〉, 〈상서(商書)〉와 같지 않으니, 이는 참으로 알 수 없는 점이라고 하겠다. 아래에도 이런 경우가 많다.

주고 酒誥

오씨(吳氏 오자엄(吳子嚴))는 두 개의 편으로 나누어 보려고 하였는데, 이는 그럴듯하면서도 사실은 그렇지 않으니, 채전(蔡傳)에서 반박한

棐忱)'은 '하늘은 믿을 수 없다.'라는 말과 같다.〔棐字與匪字同 忱諶字只訓信 天棐忱如云天不可信〕"라는 주희의 말이 나온다. 공전(孔傳)에는 '천외비침(天畏棐忱)'이 "천덕은 두려워해야 한다. 왜냐하면 하늘은 성실한 사람을 돕기 때문이다.〔天德可畏 以其輔誠〕"로 되어 있는데, 이에 따르면 주희의 해석이 타당하다.

것이 옳다.

이 편은 처음부터 끝까지 안배하여 배열한 것이 지극히 정돈되어 있고 단락이 분명하여 의심할 만한 것이 없다. 그러나 그 사이에 이해할 수 없는 부분이 많은데, 가령 '대극수고유군(大克羞耇惟君)'과 '이극영관성(爾克永觀省)'으로부터 '자개용일(自介用逸)'까지의 내용이나, '복휴복채(服休服采)'와 '물변내사(勿辯乃司)'[227] 등은 모두 일일이 훈석(訓釋)하기가 어려우니, 그저 대의(大意)만 파악하면 될 것이다.

'적외(迪畏)'[228]라는 두 글자가 지극히 좋다. 오직 무슨 생각을 하거나 무슨 일을 하거나 드러나 보이거나 보이지 않거나 간에, 항상 상제(上帝)가 위에 임하고 귀신이 옆에 있는 것처럼 한 뒤에야 비로소 적외라고 말할 수 있으니, 요약해서 말하면 '마음을 보존하고 성품을 길러 하늘을 섬기는 것'[229]이 이것이요, 이를 또 요약해서 말하면 단지 경(敬)일 따름이다.

227 물변내사(勿辯乃司) : 대본에는 '勿辯乃同'으로 되어 있으나, 《서경》 〈주고(酒誥)〉에 의거하여 '同'을 '司'로 바로잡아 번역하였다. 집전은 "너의 유사(有司)들이 술에 빠지는 것을 다스리지 못하면"으로 풀었다.

228 적외(迪畏) : '적외천현소민(迪畏天顯小民)'의 적외를 말한다. 집전은 "적외는 마음속으로 두려워하여 그것이 행동으로 드러나는 것이니, 하늘의 밝은 명(命)을 두려워하고 소민을 보존하기 어려움을 두려워하는 것이다.〔迪畏者 畏之而見於行也 畏天之明命 畏小民之難保〕"라고 해석하였다.

229 마음을……것 : 《맹자》 〈진심 상(盡心上)〉의 "마음을 보존하고 성품을 기르면 하늘을 제대로 섬길 수 있다.〔存其心養其性 所以事天也〕"라는 말에서 추출한 것이다.

소고 召誥

'월약내삼월(越若來三月)'에 대해서 살펴보건대, 〈요전(堯典)〉의 '왈약계고(曰若稽古)'의 주(註)에 "고문(古文)에는 월(粤)로 되어 있다. 왈약(曰若)은 발어사(發語辭)이다."[230]라고 하였으니, 여기에 의거하면 이 월약(越若)도 분명 발어사로 처리해야 한다. 이 경문의 주에서 '이리(迤邐)' 운운한 것은 난삽해서 이해할 수가 없는데, 이것도 초본(草本)을 미처 수개(修改)하지 못해서 그런 것이 아닐까 싶다. 대개 월(越)과 약(若)은 발어사이니, '월삼일(越三日)'[231]과 '약익일(若翼日 다음 날)' 같은 것이고, '내삼월(來三月)'은 2월을 기준으로 해서 말했기 때문에 내(來)라고 말한 것이니, 오늘날 사람들이 내월(來月)이라고 말하고 내년(來年)이라고 말하는 것과 같다.

'갈기내하불경(曷其奈何不敬)'은 구두를 끊지 말고 연속해서 읽어야 한다. '갈기내하(曷其奈何)'는 대개 거듭 말함으로써 공경하지 않을 수 없는 뜻을 심각하게 밝힌 것이니, 언해의 독해는 옳지 않다.[232]

230 고문(古文)에는……발어사(發語辭)이다 : 이 내용을 자세히 소개하면 다음과 같다. "'왈(曰)'은 월(粤)이나 월(越)과 통하는데, 고문에는 '월(粤)'로 되어 있다. '왈약(曰若)'은 발어사이니, 〈주서〉의 '월약내삼월(越若來三月)'도 이 예에 속한다.〔曰 粤越通 古文作粤 曰若者發語辭 周書越若來三月亦此例也〕"

231 월삼일(越三日) : 《서경》 〈소고(召誥)〉의 '월삼일경술(越三日庚戌)'이라는 경문을, 언해에서는 "건넌 3일 경술에"라고 하여 "3일이 지난 경술일에"라고 풀었으나, 녹문의 주장에 따르면 "3일 경술일에"라고 해석해야 한다.

232 갈기내하불경(曷其奈何不敬)은……않다 : 《서경》 〈소고〉의 '오호갈기내하불경(嗚呼曷其奈何弗敬)'이라는 경문을, 언해는 "嗚呼曷其오. 奈何弗敬이리오."라고 하여,

'왕내초복(王乃初服)'[233]이라는 경문을 공전(孔傳)에서는 아래에 붙여서 읽었는데, 주자가 이를 따랐으며, '지금아초복(知今我初服)'[234]도 그렇게 하였다. '아역유자이국명 사약공(我亦惟玆二國命嗣若功)'에 대해서도 공전에서는 "이 하(夏)나라와 은(殷)나라의 길고 짧은 명을 귀감(龜鑑)으로 삼아서, 그 공덕을 계속 순종하여 법칙으로 삼아야 마땅하다.〔當以此夏殷長短之命爲監戒 繼順其功德者而法則之〕"라고 해석하였다. 이 모두가 채전(蔡傳)에 비해서 더 나은 해석이 아닐까 싶다.

'물이소민(勿以小民)' 운운한 것[235]은 "소민을 좌우(左右)하여 법(法)

"아, 어찌해야 합니까. 어찌 공경하지 않을 수 있겠습니까."로 풀었다. 녹문의 설에 의하면 "어찌해야 합니까."라는 말이 없어야 한다.

233 왕내초복(王乃初服) : 왕이 새로 즉위하여 정사(政事)를 처음 행하는 것을 말하는데, 집전에서는 여기에다 마침표를 찍어서 "하물며 왕이 새 도읍에서 처음 정사를 행하며 교화를 시행하는 처음이겠는가.〔況王乃新邑初政 服行教化之始乎〕"라고 풀었고, 공전은 《서경》 〈소고〉의 '王乃初服 嗚呼 若生子罔不在厥初生'이라는 경문을 이어진 문장으로 보아 "왕이 새로 즉위하여 정사를 행하며 교화를 처음 시행하는 것은, 자식이 막 태어나서 선을 익히면 선하게 되는 것처럼 해야 할 것이다.〔王新卽政 始服行教化 當如子之初生 習爲善 則善矣〕"라고 해석하였다.

234 지금아초복(知今我初服) : 집전에서는 "알 수 있는 것은 지금 우리가 처음의 정사를 어떻게 하느냐에 달려 있다는 것뿐이다.〔所可知者 今我初服如何爾〕"라고 풀어 여기에서 문장을 종결하였는데, 공전은 '知今我初服'을 '宅新邑 肆惟王其疾敬德'에 연결해서 "우리 왕이 지금 막 즉위하여 정사를 시작하며 새 도읍인 낙양에 거함을 하늘이 이미 알고 있는 만큼, 오직 왕은 빨리 덕을 공경하는 일을 행해야 한다.〔天已知我王今初服政 居新邑洛都 故惟王其當疾行敬德〕"라고 해석하였다.

235 물이소민(勿以小民) 운운한 것 : 《서경》 〈소고〉의 '其惟王勿以小民淫用非彝亦敢殄戮用乂民若有功 其惟王位在德元小民乃惟刑用于天下越王顯'이라는 경문을 말한다. 언해는 집전의 해설에 따라 "其惟王은 勿以小民의 淫用非彝로 亦敢殄戮用乂하소서.

이 아닌 정사(政事)를 지나치게 써서 감히 진륙(殄戮)의 형벌을 행하지 말고, 오직 백성들을 편안히 다스리면서〔用康乂民〕 우(禹)와 탕(湯)이 공을 거둔 그 일을 순히 행하소서. 그러면 지위도 있고 덕도 있으면서〔有位有德〕 만물 중에 으뜸으로 나와〔首出庶物〕 소민이 본받게 됨으로써 천하에 덕을 펼치게 될 것이니, 왕에게 어찌 더욱 빛나는 일이 되지 않겠습니까."라는 말이다. 대개 '물이소민(勿以小民)'은 하문(下文)의 '소민을 좌우하여〔以小民〕'와 서로 응하고, '약유공(若有功)'은 상문(上文)의 '공이 있는 자를 이어서 따른다.〔嗣若功〕'와 서로 응하는 것인데, 집전이 말만 좇아서 억지 해석을 내놓은 것은 조관(照管 검토하여 요리하는 것)을 잘못한 것이 아닌가 싶다.

民若하여사 有功하리이다. 其惟王位 在德元하면 小民이 乃惟刑하여 用于天下라 越王에 顯하리이다."라고 현토하여, "왕은 소민(小民)들이 불법을 자행한다는 이유로 또한 진륙(殄戮)을 과감하게 결단하여 다스리지 마소서. 백성들을 순히 이끌어야 공(功)이 있을 것입니다. 왕위가 덕(德)이 으뜸인 자에게 있으면 소민들이 이를 본받아 덕을 천하에 써서 왕의 덕에 더욱 빛날 것입니다."로 풀었는데, 녹문의 주장은 "其惟王은 勿以小民하여 淫用非彜하여 亦敢殄戮하시고 用乂民하여 若有功하소서. 其惟王이 位在德元함에 小民이 乃惟刑하여 用于天下하리니 越王顯하리이다."로 현토하여 본문과 같이 해석해야 한다는 것이다. "지위도 있고 덕도 있다.〔有位有德〕"라는 말은 덕을 갖춘 자격 있는 임금이라는 말로, 《중용장구》 제28장의 "비록 그러한 지위에 있다고 하더라도 진실로 그러한 덕이 없다면 감히 예악(禮樂)을 만들지 못하는 것이요, 그러한 덕이 있다고 하더라도 진실로 그러한 지위가 없다면 감히 예악을 만들지 못하는 것이다.〔雖有其位 苟無其德 不敢作禮樂焉 雖有其德 苟無其位 不敢作禮樂焉〕"라는 말에서 추출한 것이다. "만물 중에 으뜸으로 나온다.〔首出庶物〕"라는 것 역시 《주역》 〈건괘(乾卦) 단사(彖辭)〉에서, 건도(乾道) 즉 성군(聖君)의 자격을 갖춘 제왕의 도를 논하면서 "만물 중에 으뜸으로 나와 만국이 모두 편안하게 되었도다.〔首出庶物 萬國咸寧〕"라고 한 말에서 나온 것이다.

소민을 좌우하여〔以小民〕 법이 아닌 정사를 지나치게 쓰며 감히 진륙(殄戮)을 행하는 것은 좋지 않은 정치이고, 소민을 좌우하여 하늘의 영원한 명을 받는 것은 좋은 정치이니, 이 '이(以)'는 좌우하는 것을 의미한다. '법이 아닌 것을 쓰지 말라는 것〔勿用非彝〕'은 〈탕고(湯誥)〉의 "법이 아닌 것을 따르지 말라.〔毋從非彝〕"라는 말과 동일하다.

이미 천자의 지위를 가지고 있을 뿐만 아니라 천하에 으뜸가는 덕을 또 지니고 있는 것이 바로 '왕위재덕원(王位在德元)'이라는 말의 의미이다.

낙고 洛誥

"내가 거북점을 쳤다.……〔我卜……〕" 한 것은, 바로 〈소고(召誥)〉에서 말한 바 무신일(戊申日)에 점친 것이지, 주공(周公)이 낙읍(洛邑)에 도착하고 나서 다시 점친 것이 아니다.

'여불감숙(予不敢宿)'의 이 '숙(宿)' 자는 〈고명(顧命)〉의 '삼숙(三宿)'과 딱히 맞지 않을 듯싶다. 고주(古註)에서 경숙(經宿)으로 해석한 것이 옳을 듯싶다.[236]

236 여불감숙(予不敢宿)의……듯싶다 : 집전은 술잔을 신에게 올리는 '삼숙(三宿)'의 숙으로 해석하여 '주공 자신이 감히 이런 예(禮)를 받을 수 없는 것'으로 해설하였는데, 녹문의 의견은 고주에 따라 '주공 자신이 밖에 나가서 묵을 수 없는 것'으로 해석해야 된다는 것이다. 경숙(經宿)은 통치자가 궐문 밖으로 나가서 하룻밤 이상 묵는 것을 말한다.

다사 多士

이 편은 〈낙고(洛誥)〉[237]에 비해 조금 명백하여 뜻이 통할 수는 있으나, 그래도 이해할 수 없는 곳이 많으니, 오직 그 대의(大意)를 살펴보기만 하면 될 것이다.

237 낙고(洛誥) : 대본에는 '浴誥'로 되어 있으나, '浴'은 '洛'의 잘못이 분명하기에 바로잡아 번역하였다.

녹문집

제16권

잡저 雜著

대학 신축년(1781, 정조5)

大學 辛丑

경 1장 經一章

심(心)이나 성(性)이나 동일한 것인데, 가리키는 것이 무엇이냐가 다를 뿐이다. 정자(程子)가 말하기를 "형체를 가지고 말할 때에는 하늘이라 하고, 주재하는 차원에서 말할 때에는 상제(上帝)라 하고, 묘용의 시각에서 말할 때에는 신(神)이라 하고, 성정을 가리켜 말할 때에는 건(乾)이라 한다.〔以形體謂之天 以主宰謂之帝 以妙用謂之神 以性情謂之乾〕"[1]라고 하였는데, 그렇다면 건(乾)은 곧 성(性)이고 제(帝)와 신

1 형체를……한다 : 《주역》〈건괘〉 괘사(卦辭)의 정전(程傳)에 "대저 천(天)은 전지(專指)하여 말하면 도(道)이니, 하늘도 어기지 못한다는 것이 이것이다. 그러나 나누어 말한다면, 형체를 가지고 말할 때에는 하늘이라 하고, 주재하는 차원에서 말할 때에는 상제(上帝)라 하고, 공용의 측면에서 말할 때에는 귀신이라 하고, 묘용의 시각에서 말할 때에는 신(神)이라 하고, 성정을 가리켜 말할 때에는 건(乾)이라 한다.〔夫天 專言之則道也 天且弗違是也 分而言之 則以形體謂之天 以主宰謂之帝 以功用謂之鬼神 以妙用謂之神 以性情謂之乾〕"라는 정이(程頤)의 해설이 나온다.

(神)은 심(心)인 셈이다.

이는 사람에게도 마찬가지이다. 그렇기 때문에 성(性)을 말하면 심(心)이 자연히 거론되는 것이고, 심을 말하면 성이 그 안에 들어 있는 것이다. 예컨대 《중용(中庸)》에서 "하늘이 명한 것을 성(性)이라고 한다.〔天命之謂性〕"라고 한 것은 성을 설한 것인데, 그 아래에서 곧장 희로애락(喜怒哀樂)의 이발(已發)과 미발(未發)을 말했고 보면 성(性)이 또한 심(心)인 것이며, 《대학(大學)》의 '치지(致知)'는 심을 설한 것인데, 그 아래에서 곧장 "치지는 격물에 있다.〔致知在格物〕"라는 말로 이어받았고 보면 심이 또한 성인 것이다.

그래서 맹자(孟子)가 "자기의 심(心)을 다하면 자기의 성(性)을 알게 되고, 자기의 성을 알면 천(天)을 알게 된다. 심을 보존하고 성을 기르면 하늘을 제대로 섬길 수 있다.〔盡其心者知其性也 知其性則知天矣 存其心養其性 所以事天也〕"[2]라고 한 것인데, 그 말뜻이 혼연(渾然)하여 조금도 보완할 것 없이, 심(心)과 성(性)의 진면목이 우뚝 눈앞에 드러났으니, 심절(深切)하고 저명(著明)하다고 말할 수 있겠다. 이 대목에서 분명히 파악하여 판단한다면, 《대학》 제1구(句)의 '명덕(明德)'이라는 두 글자도 다름 아니라 단지 이 물건을 가리켜 사람들에게 보여 준 것일 뿐임을 알 수 있다.

선유(先儒)가 '심과 성을 합한 것〔合心性〕'이 명덕이라고 말한 것[3]이 물론 옳긴 하지만, '합(合)'이라는 글자를 내려놓는 순간에 바로 둔체

2 자기의 심(心)을……있다 : 《맹자》 〈진심 상(盡心上)〉 첫머리에 나오는 말이다.

3 선유(先儒)가……것 : 이이(李珥)가 "심과 성을 합하여 총칭(總稱)해서 명덕이라고 한다.〔合心性而摠名曰明德〕"라고 말한 것을 가리킨다. 《栗谷全書 卷12 答安應休》

(鈍滯)한 느낌이 들기도 하니, 학자는 그렇게 말한 선유의 본뜻을 헤아려 보아야 한다. 정자가 말한 '형체(形體)의 천(天)'이 사람에게 있는 것으로 말하면, 맹자의 호연지기(浩然之氣)와 장자(張子)의 "담일(湛一)이 기의 본체이다.〔湛一氣之本者〕"[4]라는 말이 그것으로서, 심(心)은 그 영(靈)이고 성(性)은 그 덕(德)이니, 이 기(氣)가 없으면 심과 성의 명칭을 세울 근거도 없어지게 된다.

주자의 원형이정설(元亨利貞說)에 "원(元)·형(亨)·이(利)·정(貞)은 성(性)이고, 생(生)하고 장(長)하고 수(收)하고 장(藏)하는 것은 정(情)이며, 원(元)으로 생(生)하고 형(亨)으로 장(長)하고 이(利)로 수(收)하고 정(貞)으로 장(藏)하는 것은 심(心)이다. 인(仁)·의(義)·예(禮)·지(智)는 성(性)이고, 측은과 수오와 사양과 시비는 정(情)이며, 인(仁)으로 애(愛)하고 의(義)로 오(惡)하고 예(禮)로 양(讓)하고 지(智)로 지(知)하는 것은 심(心)이다.〔元亨利貞性也 生長收藏情也 以元生以亨長以利收以貞藏者心也 仁義禮智性也 惻隱羞惡辭讓是非情也 以仁愛以義惡以禮讓以智知者心也〕"[5]라고 하였다. 이는 천(天)과 인(人), 심(心)과 성(性)의 관계에 대해 그 근원을 곧장 파고들어

4 담일(湛一)이 기의 본체이다 : 장재(張載)가 《정몽(正蒙)》〈성명(誠明)〉에서 "담일이 기의 본체이고, 공취(攻取)는 기의 충동이다.〔湛一氣之本 攻取氣之欲〕"라는 명제를 제시하였다.

5 원(元)……심(心)이다 : 《회암집(晦菴集)》 권67 〈잡저(雜著)〉 첫머리의 원형이정설(元亨利貞說)에 나오는데, 이 말 바로 뒤에 "성(性)은 심(心)의 이(理)이고, 정(情)은 심의 용(用)이고, 심은 성정의 주(主)이다.〔性者心之理也 情者心之用也 心者性情之主也〕"라는 말이 이어진다.

드러내 밝힌 것이 통투(通透)하고 미밀(微密)하여 더 나아갈 곳 없이 밑바닥까지 궁구한 것인데, 이것이야말로 정자가 주재(主宰)와 묘용(妙用)의 측면에서 천(天)을 논했던 그 뜻이라고 하겠다. 따라서 《대학장구(大學章句)》의 "텅 비고 신령스럽고 어둡지 않아, 모든 이치를 구비하여 온갖 일에 대응하는 것이다.〔虛靈不昧 以具衆理 應萬事〕"[6]라는 한 구(句)도 이런 뜻에 입각해서 보아야 하니, 이른바 명덕(明德)이란 바로 이 전체를 총괄하여 말한 것이다.

소싯적에 《대학(大學)》의 명덕을 심(心)과 기질(氣質)과의 관계에서 변론하면서, 명백하게 사실대로 설명했다고 스스로 생각하였다. 그러면서도 다만 이 기(氣)의 본체(本體)는 성인이나 범인이나 일치한다는 부분에 대해서는 아직 투철(透徹)하게 알지 못했으므로, 그저 악(惡)하고 탁(濁)한 기질의 위에 나아가 허령(虛靈)의 체단(體段)을 끄집어내어 보여 줌으로써〔剔發〕 대루(帶累 연루(連累))되지 않게 하려고만 했을 뿐이었다.

그렇기 때문에 그 말이 비록 미묘하기 그지없었다 해도, 끝내는 심(心)이 기(氣)의 신명(神明)이고 기가 심의 질간(質幹)이라서 서로 인의(因依 의존)하고 서로 견련(牽連 관련)되는 것을 어떻게 처리하지 못한 채 결국은 그 문제에서 제대로 헤어나지 못하였다. 그러므로 비록

6 텅……것이다 : 주희가 삼강령(三綱領)의 첫 번째인 명명덕(明明德)의 명덕(明德)을 풀이하면서 "명덕은 사람이 하늘에서 얻은 것으로서, 텅 비고 신령스럽고 어둡지 않아, 모든 이치를 구비하여 온갖 일에 대응하는 것이다.〔人之所得乎天 而虛靈不昧 以具衆理 應萬事者也〕"라고 하였다.

호중(湖中)의 경철정추(鏡鐵精粗)의 주장[7]을 극력으로 배척하긴 하였지만, 내가 내놓은 설 역시 끝내 타니대수(拖泥帶水)[8]의 결과를 면치 못하였는데, 심(心)에 대한 나의 소견이 이미 이런 식이었고 보면 성(性)에 대한 것이 또 어떠했을지 알 수가 있다.

그러다가 다행히 중년 이후에 하늘의 신령한 도움 덕분에 장자(張子 장재(張載))의 담일(湛一)의 가르침을 완미하는 과정에서, 이른바 기질이라는 것이 비록 청탁(淸濁)과 수박(粹駁)의 차이가 만 가지로 다르다고 하더라도 그 본체(本體)는 단지 담일할 뿐임을 알게 되었다. 그런 뒤에야 비로소 저 심(心)이 신령한 것〔靈〕은 바로 기(氣)가 신령할 뿐이지 이 기 이외에 따로 신령한 심이 있는 것이 아니요, 성(性)이 선(善)한 것도 바로 기(氣)가 선할 뿐이지 이 기 이외에 따로 선한 성이 있는 것이 아님을 알았다.

이는 마치 물이 내려가고 불이 올라감에 있어서, 내려가고 올라가는 것은 단지 물과 불이 내려가고 올라갈 뿐이지 물과 불 이외에 또 따로 어떤 물건이 있어서 혹 내려가고 혹 올라가며 물과 불의 심(心)과 성(性)이 되는 것이 아닌 것과 같다고 하겠다.-내려가고 올라가는 그것이 기

7 호중(湖中)의 경철정추(鏡鐵精粗)의 주장 : 거울을 만드는 쇠에도 정추의 차이가 있는 것처럼, 명덕(明德) 역시 기(氣)의 측면에서 본다면 그 품급(品級)이 각기 다를 수밖에 없다는 남당(南塘) 한원진(韓元震)의 이른바 '명덕분수설(明德分數說)'을 말한다. 《녹문집》 제5권 〈이백눌에게 답하는 글〔答李伯訥〕〉의 여러 편에 이에 대한 논변이 자세히 실려 있다. 호중은 호서(湖西)와 같은 말로, 충청도를 가리킨다.

8 타니대수(拖泥帶水) : 진흙을 끌고 물을 띤다는 뜻으로, 질퍽거리는 진흙탕 속에서 허우적거리며 빠져나오지 못하는 것처럼, 우물쭈물 망설이기만 할 뿐 명확하게 결단을 내리지 못하는 것을 비유하는 말이다.

(氣)이고, 내려갈 수 있고 올라갈 수 있는 것이 심(心)이며, 내려가게 하는 소이(所以)와 올라가게 하는 소이가 성(性)인 것이다.- 이것이 바로 맹자가 말한 성선(性善)의 뜻이 오히려 호기(浩氣 호연지기)를 기다린 뒤에야 밝혀지는 소이이니, 이른바 명덕(明德)이 이렇게 해서 내외가 소융(昭融)하고 본말이 통연(洞然)해서 털끝만큼도 사악(邪惡)의 요소가 그 사이를 범할 수 없는 가운데, 참으로 소소영령(昭昭靈靈)하고 진진적적(眞眞的的)하여 팔창(八窓)이 영롱한 물건[9]을 이루게 되는 것이다.

혹자는 "일단 '청탁(淸濁)과 수박(粹駁)에 만 가지로 다른 차이가 있다.'라고 한다면, 본체(本體)가 아무리 담일(湛一)하다고 하더라도 어떻게 탁박(濁駁)의 나쁜 영향을 받지 않겠는가."라고 의심할지도 모르겠는데, 그러면 나는 이렇게 대답할 것이다.

기(氣)의 본체는 담일할 뿐이다. 그런데 그것이 응취(凝聚)하여 형체를 이룰 적에 혹 사재(渣滓 찌꺼기)가 뒤섞일 가능성이 없지 않으니,

9 팔창(八窓)이 영롱한 물건 : 방 안의 창문을 통해서 밝은 하늘빛이 무가내하로 쏟아져 들어오는 것처럼, 명덕(明德) 역시 언제 어디서나 두루 통하여 막힘이 없는 것을 비유한 말이다. 당나라 노륜(盧綸)이 지은 〈부득팽조루송양덕종귀서주막(賦得彭祖樓送楊德宗歸徐州幕)〉이라는 시에 "네 개의 문에 설치한 여덟 개의 창이 어쩌나 밝은지, 하늘 기운이 영롱하게 그대로 쏟아져 들어오네.〔四戶八窓明 玲瓏逼上淸〕"라는 표현이 나오는데, 주희가 이 말을 인용하여 팔창이 영롱한 것처럼 진짜와 가짜를 구별할 수 있어야 한다고 강조하면서 "이제 모름지기 저 가짜 허정(虛靜)을 타파하여 진짜 허정으로 바꿔야 할 것이니, 그렇게 하면 팔창이 영롱하여 두루 통하지 않음이 없게 되겠지만, 그렇게 하지 않을 경우에는 저 가짜 허정을 고수하여 종신토록 깜깜한 어둠 속에서 헤맬 뿐 환히 통하지 못하게 될 것이다.〔今須是要打破那黑底虛靜 換做箇白底虛靜 則八窗玲瓏 無不融通 不然則守定那裏底虛靜 終身黑淬淬地莫之通曉也〕"라고 설한 내용이 《주자어류(朱子語類)》 권120에 나온다.

이것이 바로 탁박이 나오게 되는 까닭이다. 그러나 본체란 본래 그러한 것이요, 사재란 말류(末流)에서 생겨나는 것이니, 사재가 본체에 나쁜 영향을 끼치는 것은 진흙과 모래가 청수(淸水)에 뒤섞이는 것과 같다. 그러나 정(靜)하면 맑아지고 동(動)하면 뒤섞이는 것이 물이니, 그 진흙과 모래를 걸러 내면 물의 맑음이 원래 예전 그대로 되는 것이고, 정하면 담일하고 동하면 혼탁해지는 것〔汨〕이 기(氣)이니, 그 사재를 제거하면 기의 담일함이 원래 그대로 되는 것이다.

경전(經傳) 안에서 '덕(德)' 자를 설한 것으로, 가령 《서경》의 준덕(俊德)과 일덕(一德), 《시경》과 《역경》의 명덕(明德), 《중용》의 덕성(德性) 등[10]은 모두 성(性)을 위주로 말했지만 심(心)도 그 가운데에 포함되어 있다. 《대학(大學)》의 '덕(德)' 자 역시 동일한 글자로서 다른 점이 있는 것은 아니지만, 단지 《대학》에서는 전체를 거론하여 말하였으니, 이 점이 다른 경전에서 범범하게 말한 것과는 같지 않다고 하겠다. 그래서 《장구(章句)》에서 특별히 '심(心)은 성(性)과 정(情)을 포괄하는 것〔心包性情〕'[11]이라고 해석한 것인데, 이는 원래 각기 해

10 서경의……등 : 《서경》 〈요전(堯典)〉에 "능히 '큰 덕〔俊德〕'을 밝혀 구족을 친하게 하였다.〔克明俊德 以親九族〕"라고 하고, 〈함유일덕(咸有一德)〉에 "나 이윤(伊尹)은 몸소 탕왕(湯王)과 더불어 모두 '순일한 덕〔一德〕'을 소유하였다.〔惟尹躬暨湯 咸有一德〕"라고 하였다. 그리고 《시경》 〈대아(大雅) 황의(皇矣)〉에 "상제가 명덕의 군주를 옮겨 오게 하니, 곤이(昆夷)가 도망가느라 길에 가득하였다.〔帝遷明德 串夷載路〕"라는 말과 "나 상제는 음성과 얼굴빛으로 드러내는 것을 대단치 않게 여기는 명덕의 소유자를 사랑한다.〔予懷明德 不大聲以色〕"라는 말이 나온다. 또 《중용장구(中庸章句)》 제27장에 "군자는 덕성을 존숭하고 학문을 연구한다.〔君子尊德性而道問學〕"라고 하였다. 《역경》에 나오는 명덕에 대해서는 372쪽 주12 참조.

당되는 바가 있음을 말한 것이지, 다른 경전에 나오는 '덕(德)' 자는 심과 전혀 관계가 없고 《대학》에서만 홀로 심을 설했다는 말이 아니다. 이천(伊川)이 '거폐치지(去蔽致知)'라는 말로 《역(易)》의 '자소명덕(自昭明德)'을 해석한 것[12]도 심을 아울러 말한 것 같으니, 《대학장구(大學章句)》의 해석도 대개 근거한 바가 있다고 하겠다.

혹자는 의심하기를 "전(傳)의 수장(首章)에서 명명(明命)을 가지고 명덕(明德)을 해석하였는데,[13] 명(命)은 이(理)를 위주로 하고 덕(德)은 심(心)을 위주로 하는 것이니, 이는 어긋난 해석이 아닐까 싶다."라고 하는데, 이는 그렇지 않다. 하늘이 부여한 것〔天賦〕과 사람이 얻은 것〔人得〕을 막론하고, 그 '주재(主宰)하는 곳'이 바로 심(心)이요 그 '실한 곳〔實處〕'이 바로 이(理)이니, 혼륜(渾淪)[14]해서 보아야 정당하

11 심(心)은……것 : 《성리대전(性理大全)》 권33 〈성리(性理) 5〉 심성정조(心性情條)에 "적연부동하는 것은 성(性)이고, 감이수통하는 것은 정(情)이다. 그래서 횡거가 '심(心)은 성정을 포괄한다.'라고 말한 것인데, 이 설이 가장 온당하다.〔夫寂然不動是性 感而遂通是情 故橫渠云心包性情者也 此說最爲穩當〕"라는 주희의 말이 나온다.

12 이천(伊川)이……것 : 《주역》 〈진괘(晉卦) 상사(象辭)〉의 "스스로 명덕을 밝힌다.〔自昭明德〕"라는 경문에 대해서, 정이(程頤)가 정전(程傳)에서 "'가려진 바를 제거하고 아는 바를 지극히 하는 것〔去蔽致知〕'은 명덕을 자기 내부에서 밝히는 것이요, 명덕을 천하에 밝히는 것은 명덕을 외부에 밝히는 것이다. 명덕을 밝히는 것은 자기에게 달려 있기 때문에 스스로 밝힌다고 말한 것이다.〔去蔽致知 昭明德於己也 明明德於天下 昭明德於外也 明明德在己 故云自昭〕"라고 해설하였다.

13 전(傳)의……해석하였는데 : 《대학장구》 전(傳) 1장에서 "이 하늘의 명명을 돌아본다.〔顧諟天之明命〕"라는 《서경》 〈태갑(太甲)〉의 말을 인용하여 명덕을 해설한 것을 말하는데, 그 주에 '하늘의 명명은 바로 하늘이 나에게 부여하여, 내가 이를 덕(德)으로 삼은 것〔天之明命 卽天之所以與我 而我之所以爲德者〕'이라고 하였다.

다고 하겠다.

《장구》에서 '허령불매(虛靈不昧)' 운운한 한 구는 아무래도 힘을 허비한 느낌이 든다. 이보다는 《혹문(或問)》의 '허령통철 만리함비(虛靈洞徹 萬理咸備)'[15]라는 여덟 글자가 훨씬 요약해서 곡진하게 설명했다고 생각한다.

"지극한 선에 머문다.〔止至善〕"라는 것은 단지 명덕(明德)과 신민(新民)의 극지(極至 최고의 경지)에 해당할 뿐인데도 별도로 삼강(三綱 삼강령(三綱領))의 하나를 차지하고 있는 이유가 무엇인지 그동안 의심해 오면서, 아무리 억지로 설명해 보려고 애를 써도 끝내 충분히 수긍할 만한 해답을 얻지 못하였는데, 지금 다시 살펴보노라니 명백해서 의심할 것이 없게 되었다.

대개 지선(至善)은 바로 명덕 안에 갖추어진 사사물물(事事物物)의 이(理)로서 저울의 눈금과 같고 잣대의 치수와 같은 것이니, 팔조(八條 팔조목(八條目)) 중에서는 격물(格物)의 물(物)이 이것이다. 따라서 덕

14 혼륜(渾淪) : 나누어 보지 않고 전체적으로 통틀어 이해하는 것을 말한다. 혼륜(渾侖)이라고도 한다. 각기 다르다는 입장에서 부분적으로 분석하여 해석하는 분개(分開)와 상대되는 말이다.

15 허령통철 만리함비(虛靈洞徹 萬理咸備) : 텅 비고 신령스러우며 막힘없이 통하는 가운데 온갖 이치가 모두 구비되어 있다는 뜻이다. 사람만이 정(正)하고 통(通)한 기(氣)를 얻어서 그 성(性)이 만물 중에 가장 귀하기 때문에, "방촌(方寸)의 사이가 허령하고 통철하여 만 가지 이치가 모두 갖추어져 있으니,……이것이 명덕이라고 하는 것이다.〔方寸之間 虛靈洞徹 萬理咸備……是則所謂明德者也〕"라는 주희의 말이 《대학혹문(大學或問)》에 나온다.

을 밝히려는 자는 반드시 먼저 사사물물의 이(理)에 나아가 그것을 궁격(窮格 궁리(窮理) 격물(格物))하여 그 지선(至善)의 소재를 알고, 성의(誠意) 정심(正心) 수신(修身)을 하여 그 지선의 실사(實事)를 실천해야만 비로소 '명덕을 밝힌다.〔明明德〕'라고 말할 수 있을 것이요, 신민이라는 것은 단지 이를 들어서 백성에게 적용하는 것일 뿐이다. 그렇지 않으면 명명덕(明明德)과 신민이라는 것 모두가 공허해서 알맹이가 없게 될 것이다.

대개 삼강을 가지고 말하면, 지선은 힘써야 할〔用力〕 실다운 곳〔實處〕이니, 일단 지선을 알고 나서는 이를 가지고 자신을 닦는 것〔自修〕이 바로 명명덕이고, 이를 가지고 남을 다스리는 것〔治人〕이 바로 신민이다. 그리고 팔조를 가지고 말하면, 격물의 물이 바로 힘써야 할 실다운 곳이니, 물을 일단 궁격하고 나서는 성의도 이것을 참되게 하는 것일 뿐이요, 정심도 이것을 바르게 하는 것일 뿐이요, 수신도 이것을 닦는 것일 뿐이요, 나아가 제가(齊家)와 치국(治國)과 평천하(平天下)도 모두 그러한 것일 뿐이다.

그런 까닭에 전 3장에서 인(仁)과 경(敬)과 효(孝)와 자(慈)와 신(信)을 명명덕의 준적(準的 표적)으로 삼은 것이요, 9장과 10장에서 효(孝)와 제(悌)와 자(慈)를 제가와 치국과 평천하의 근본으로 삼은 것이니, 성학(聖學)이 석씨(釋氏 불교)와 다른 까닭이 바로 여기에 있다고 하겠다. 그러니 지어지선(止於至善)을 삼강의 하나로 삼은 것이 또한 당연하지 않겠는가.

《대학(大學)》의 맨 처음에 나오는 세 구는 명덕(明德)과 신민(新民)을 말하고 나서 곧장 지지선(止至善 지어지선(止於至善))으로 이어받았고, 〈우서(虞書)〉의 16언(言)[16]은 인심(人心)과 도심(道心)을 말하고 나서 곧장 윤집궐중(允執厥中)으로 마무리하였다. 성인(聖人)은 하늘에 근본을 두기 때문에[17] 그 말 하나하나가 모두 이와 같은데, 이윤(伊尹)이 "덕은 일정한 사법(師法)이 없고 선(善)을 위주로 하면 사법인 것이요, 선은 일정하게 위주로 하는 것이 없고 능히 전일(專一)하면 화협(和協)하는 것이다.〔德無常師 主善爲師 善無常主 協于克一〕"[18]라고 말한 그 뜻도 이와 같다고 하겠다.

만약 명명덕(明明德)과 신민(新民)만 말하고 지지선(止至善)을 말하지 않는다면, 이른바 명명덕은 한 문제(漢文帝)가 '맑게 닦으며 욕심을 줄인 것〔淸修寡欲〕'이나 당 태종(唐太宗)이 '자기를 굽혀 간언을 따른 것〔屈己從諫〕'과 같은 것에 불과할 뿐이요, 그렇지 않으면 석씨(釋氏)의 관심(觀心)이나 노자(老子)의 무위(無爲)가 될 것이며, 이른바 신민도 그저 영평(永平) 연간에 벽옹(辟雍)에 친림(親臨)하여 배로(拜老)한 것[19]이나 정관(貞觀) 연간에 생원(生員)의 숫자를 증광

16 16언(言) : 《서경》 〈대우모(大禹謨)〉의 "인심은 위태하고 도심은 은미하니, 오직 정밀하고 일관되게 하여 그 중도(中道)를 진실로 잡아야 한다.〔人心惟危 道心惟微 惟精惟一 允執厥中〕"라는 16자를 말한다.

17 성인(聖人)은……때문에 : 정이(程頤)가 "《서경》에서 천서와 천질을 말하였는데, 하늘에 이러한 이(理)가 있으므로 성인이 이를 따라서 행하니, 이것이 이른바 도라고 하는 것이다. 이처럼 성인은 하늘에 근본을 두는 데 반하여, 석씨는 마음에 근본을 둔다.〔書言天敍天秩 天有是理 聖人循而行之 所謂道也 聖人本天 釋氏本心〕"라고 한 말에서 발췌하여 인용한 것이다. 《二程遺書 卷21下 附師說後》

18 덕은……것이다 : 이윤이 태갑(太甲)에게 충고한 말로, 《서경》 〈함유일덕(咸有一德)〉에 나온다.

(增廣)한 것과 같을 뿐이요, 그렇지 않으면 관상(管商 관중(管仲)과 상앙(商鞅))의 공리(功利)나 영가(永嘉)의 사공(事功)[20]이 되고 말 것이다.

그렇기 때문에 명덕과 신민의 아래에 곧장 지지선으로 이어받음으로써, 이른바 "덕을 밝힌다.〔明德〕"라고 하는 것이, 혼연(渾然)한 가운데에서도 찬연(燦然)한 것이 존재하여 사사물물(事事物物)에 각각 천칙(天則 자연의 법칙)이 있으니 필수적으로 진지(眞知)하고 실천(實踐)하여 각각 그 지극함을 다해야 함을 보여 준 것이다. 예컨대 문왕(文王)이 인(仁)과 경(敬)과 효(孝)와 자(慈)에 머문 것처럼 각각 그 도를 극진히 한 뒤에야 비로소 명명덕이라고 말할 수 있고, 이것을 천하에 적용한 뒤에야 비로소 신민이라고 말할 수 있으니, 이것이 바로 지지선이 비록 명덕과 신민 이외에 따로 있는 것이 아니지만 특별히 삼강(三

19 영평(永平)……것 : 후한 명제(後漢明帝)가 영평 2년(59) 3월에 벽옹(辟雍)에 친림하여 대사례(大射禮)를 행하고, 10월에 노인을 봉양하는 배로(拜老)의 예(禮)를 행하면서 이궁(李躬)을 삼로(三老)로 삼고 환영(桓榮)을 오경(五更)으로 삼은 것을 말한다. 벽옹은 천자가 설립한 태학(太學)을 가리키고, 삼로와 오경은 천자가 부형(父兄)의 예로 봉양하는 노인을 가리킨다. 삼로는 《서경》 〈홍범(洪範)〉의 정직(正直)과 강극(剛克)과 유극(柔克)의 삼덕(三德)을 잘 아는 노인이라는 뜻이고, 오경은 모(貌), 언(言), 시(視), 청(聽), 사(思)의 오사(五事)를 잘 아는 노인이라는 뜻이다.

20 영가(永嘉)의 사공(事功) : 남송(南宋) 때 영가 즉 지금의 온주(溫州)에서 정백웅(鄭伯熊), 설계선(薛季宣), 진부량(陳傅良), 섭적(葉適) 등이 사공 즉 공리(功利)와 실용(實用)을 강조한 것을 가리킨다. 이들은 이(利)와 의(義)의 일치를 주장하여, 도학가(道學家)가 공리공론(空理空論)하는 것을 배격하였으며, 전통적 중농억상(重農抑商) 정책을 비판하고 상업을 중시하면서 화폐 유통 등의 정책을 제시하였다. 당시에 주희의 이학(理學), 육구연(陸九淵)의 심학(心學)과 함께 정족(鼎足)의 형세를 이루며 성행하였는데, 이들을 영가학파(永嘉學派) 혹은 사공학파(事功學派), 공리학파(功利學派) 등으로 칭한다.

綱)의 하나가 되는 까닭이라고 하겠다.

《장구(章句)》에서 지선(至善)을 '사리의 당연한 법칙〔事理當然之極〕'으로 훈석(訓釋)한 것이 지극히 좋다. 대개 사물의 이(理)에 대해서 하나하나 끝까지 연구하여 각각 '제자리에 머물게 하는 것〔止其所〕'을, 문왕(文王)의 오지(五止)[21]와 같게 한다면, 명덕과 신민의 공(功)이 자연히 극지(極至)에 이르러 다시는 미진함이 없는 것이 그 안에 절로 있게 된다. 그러므로 《혹문(或問)》에서 "이를 대략 회복했어도 불순한 점이 있고, 사욕(私欲)을 대략 극복했어도 부진한 점이 있건마는, 조금쯤 이루어진 것을 편안히 여기고, 눈앞의 이익에 사로잡힌다.……〔理雖粗復而有不純 己雖粗克而有不盡 安於小成 狃於近利……〕"라고 하며 우려한 이런 걱정거리도 절로 없어질 것은 말할 필요도 없다.

만약 지선(至善)을 단지 명덕과 신민을 공부하는 극지의 곳으로만 간주한다면, 명덕에 갖추어진 실리(實理) 가운데 가령 주자가 말한 바 만두의 속처럼 저작(咀嚼)하기에 정말 좋은 곳을 혹 빠뜨리고서 맛보지 못하는 일[22]을 면치 못한 결과, 이른바 지지선이라는 것이 편고

21 문왕(文王)의 오지(五止) : 문왕이 인(仁)과 경(敬)과 효(孝)와 자(慈)와 신(信)에 머문 것〔止〕을 말하는데, 《대학장구》 전 3장에 이 내용이 자세히 나온다.

22 주자가……일 : 주희가 《논어》 공부를 예로 들면서 "이 모두가 공부하기 좋은 대목들이니, 이를 꿰뚫어 융회(融會)하면 자연히 면전에서 깨닫게 되겠지만, 만약 이런 곳을 모두 놓친 채 오로지 부자가 증점(曾點)을 허여한 대목만 설한다면, 이는 만두를 먹을 때에 위의 뾰족한 부분만 맛보고 아래의 맛있는 속은 먹지 못하는 것과 똑같아서 허다한 재미를 모두 보지 못할 것이다.〔都是好用工夫處 通貫浹洽 自然見得在面前 若都掉了 只管說與點 正如喫饅頭 只撮箇尖處 不喫下面餡子 許多滋味都不見〕"라고 말한 내용이 《주자어류(朱子語類)》 권117 〈훈문인(訓門人) 5〉에 나온다.

(偏枯 반신불수)가 되고 텅 비어 알맹이가 없어진 채 도무지 '힘을 써야 할 절실한 곳〔用力實處〕'을 알지 못하게 될 것이니, 그것을 삼강(三綱)의 하나로 삼기에는 부족할 것이다. 내가 그동안 의심했던 것이 대개 여기에 연유했기 때문에 여기에서 갖추 말하였다.

지선(至善)은 단지 한 개의 지선이 있을 뿐이다. 이 지선을 완전히 투철(透徹)하게 알면 이것이 '머물 데를 아는 것〔知所止〕'이고, 이 지선을 완전히 순숙(純熟)하게 행하면 이것이 '머물 데를 얻는 것〔得所止〕'이지, 지(知)와 행(行)에 각각 한 가지씩의 지선이 있어서 각각 '머물러야 할 곳〔所當止〕'이 있는 것이 아니다.

기고봉(奇高峯 기대승(奇大升))이 지지선(止至善)을 단지 행(行)에만 소속시킨 것은, 그 말에 비록 곡절(曲折)이 부족하다고 해도 매우 잘못되었다고는 할 수 없는데, 율곡(栗谷) 선생이 너무 과하게 논척하면서, "지(知)에도 한 개의 지선(至善)이 있고, 행(行)에도 한 개의 지선이 있다. 지(知)가 십분 흡호(恰好 합당)한 곳에 이르러 다시 이역(移易 변동)함이 없게 되면 그것이 바로 지가 '지선에 머문 것〔止於至善〕'이고, 행(行)이 십분 흡호한 곳에 이르러 다시 천동(遷動)함이 없게 되면 그것이 바로 행이 '지선에 머문 것'이다.〔知亦有箇至善 行亦有箇至善 知到十分恰好處 更無移易則爲知之止於至善 行到十分恰好處 更無遷動則爲行之止於至善〕"라고 말하기까지 하였다. 참으로 이와 같다면 이는 두 개의 지선이 있어서 지와 행이 판연히 두 개가 될 것이니, 매우 미안할 듯싶다.

내 생각으로는 지(知)가 비록 십분 극진한 곳에 이르렀어도 단지 "머물 데를 알았다.〔知止〕"라고 부를 수는 있을지언정 "머물 데를 얻었다.〔得止〕"라고 부를 수는 없으니, '지(止)' 자를 거기에 쓸 수는 없을 듯하다. 선생의 이 글은 소년 시절의 작품으로서 정론(定論)이 아닐 듯싶다.-율옹(栗翁)도 이때에 지지선을 단지 명덕과 신민 공부의 극지처(極至處)로만 간주했던 것 같다.-

지(知)와 행(行)이 비록 두 가지 일이라 하더라도, 사실 알고 보면 하나이다. 지는 이 이(理)를 '밝히는 것〔明〕'이고, 행은 이 이를 '참되게 하는 것〔誠〕'인데, 명(明)과 성(誠)은 모두 일심(一心)에 있는 것이다. 지와 행이 나뉘는 측면에서 말한다면 물론 여기(與幾)와 여존(與存)[23]의 구별이 있겠지만, 그 궁극을 구명(究明)하여 말한다면 명의 극진한 곳이 성의 극진한 곳으로서 다 함께 하나로 귀결되는 것이다. 가령 "물리(物理)를 궁구하고 인성(人性)을 극진히 하여 모든 근원인 천명(天命)에 이른다.〔窮理盡性 以至於命〕"라는 말이나 "사물의 신묘한 변화를 궁구하여 조화의 이치를 알아서 덕이 성대한 성인의 경지에 이른다.〔窮神知化 德之盛也〕"라는 말이나 "참되면 밝아지고 밝아지면 참되

23 여기(與幾)와 여존(與存) : 지(知)를 통해서 기미(幾微)를 알고, 행(行)을 통해서 정의(正義)를 간수한다는 뜻이다. 《주역》 〈건괘(乾卦) 문언(文言) 구삼(九三)〉에 "이를 데를 알아 이르므로 더불어 기미를 알 수 있고, 마칠 데를 알아 마치므로 더불어 의(義)를 보존할 수 있다.〔知至至之 可與幾也 知終終之 可與存義也〕"라는 경문이 나오는데, 정전(程傳)에 "이를 데를 알아 이르는 것은 치지이니, 이를 데를 알기를 구한 뒤에 이르고 보면, 지(知)가 행(行)보다 앞에 있으므로 '더불어 기미를 안다.'라고 한 것이다.……마칠 데를 알아 마치는 것은 역행이니, 이미 마칠 데를 알았으면 힘써 나아가 마쳐야 하는 만큼, 지키는 것〔守〕이 지(知)보다 뒤에 있으므로 '더불어 의(義)를 보존한다.'라고 한 것이다.〔知至至之 致知也 求知所至而後至之 知之在先 故可與幾……知終終之 力行也 既知所終 則力進而終之 守之在後 故可與存義〕"라고 해설하였다.

게 마련이다.〔誠則明矣 明則誠矣〕"라는 말[24]의 뜻을 상세히 음미해 보면, 또 어떻게 둘이 있다고 하겠는가.

내가 항상 말하기를 "천(天)과 인(人)은 하나이고, 심(心)과 성(性)은 하나이고, 체(體)와 용(用)은 하나이고, 지(知)와 행(行)은 하나이다."라고 한다. "이 하늘의 명명(明命)을 돌아본다.〔顧諟天之明命〕"[25]라고 했고 보면 천인(天人)이 하나인 것이요, "자기의 심(心)을 다하면 자기의 성(性)을 알게 된다.〔盡其心者 知其性也〕"[26]라고 했고 보면 심성(心性)이 하나인 것이요, "미응(未應)이 먼저가 아니고, 이응(已應)이 뒤가 아니다.〔未應不是先 已應不是後〕"[27]라고 했고 보면 체용(體用)이 하나인 것이요, "물리를 궁구하고 인성을 극진히 하여 모든 근원인 천명에 이른다.〔窮理盡性 以至於命〕"라고 했고 보면 지행(知行)이 하나인 것이다.

24 물리(物理)를……말 : 위에서부터 차례로 《주역》〈설괘전(說卦傳)〉과 〈계사전 하(繫辭傳下)〉 5장, 《중용장구》 제21장의 말을 인용한 것이다.

25 이 하늘의 명명(明命)을 돌아본다 : 《대학장구》 전 1장에 나온다. 372쪽 주13 참조.

26 자기의……된다 : 《맹자》〈진심 상(盡心上)〉에 나온다. 366쪽 주2의 주석과 본문 참조.

27 미응(未應)이……아니다 : 《이정유서(二程遺書)》 권15에 "텅 비어 조짐이 없을 적에 이미 만상(萬象)이 삼연(森然)히 갖추어져 있으니, 미응(未應)이 먼저가 아니고 이응(已應)이 뒤가 아니다. 예를 들면 100자 되는 나무가 근본으로부터 지엽에 이르기까지 모두 하나로 꿰여 있는 것과 같다.〔沖漠無眹 萬象森然已具 未應不是先 已應不是後 如百尺木 自根本至枝葉 皆是一貫〕"라는 정이(程頤)의 말이 나온다. 미응, 이응은 미발(未發), 이발(已發)이라는 말과 같다.

지어지선(止於至善)을 지(知)와 행(行)이 나뉘는 측면에서 말하면 물론 행에 소속시켜야 마땅하다. 그러나 '머물 데〔止〕'를 먼저 알지 못하면 어떻게 머무는 것을 얻겠는가. 그렇다면 이 네 글자는 당연히 지와 행을 합해서 말해야 하는데, 명명덕(明明德)의 경우도 이와 마찬가지이다. 그래서 '지어지선'의 아래에 바로 "머물 데를 안다.〔知止〕"라는 말과 "능히 얻는다.〔能得〕"라는 말을 접속해서 그 용공(用功 공부)하는 차제(次第)를 보여 준 것이다. 그러고 보면 명덕(明德)과 신민(新民)은 경(經)이 되고, 지지(知止)와 능득(能得)은 위(緯)가 되니, 단지 이 두 절만으로도 《대학》 전체의 공부가 갖춰졌다고 하겠다.

"명덕(明德)을 천하에 밝힌다.〔明明德於天下〕"라는 경문에 대해서, 농암(農巖)이 《혹문(或問)》을 인용하여 "나의 명덕을 천하에 밝히는 것이다.〔明吾之明德於天下〕"라고 해석하였는데,[28] 이는 탁견(卓見)이라고 말할 만하다. 역형(櫟兄 송명흠(宋明欽))도 처음에는 농옹(農翁)의 설을 따르더니, 만년에 다시 의심하여 "《장구》와 《혹문》은 각기 다른 하나의 설인데, 《장구》를 따르는 것이 마땅하다."라고 하였다. 이에 내가 말하기를 "'천하의 사람들로 하여금 모두 그 명덕을 밝힘이 있게 한다.〔使天下之人 皆有以明其明德〕'라는 《장구》의 한 구가 《혹문》에도 보이니, 이에 의거하면 《장구》와 《혹문》의 뜻이 다르지 않음을 알 수

28 명덕(明德)을……해석하였는데 : 농암 김창협(金昌協)도 처음에는 《장구》와 《혹문》의 해석이 다르다고 의심하다가 나중에는 똑같다는 결론을 내리고 이와 같이 해석하였는데, 한국문집총간 162집에 수록된 《농암집(農巖集)》 권32 〈잡지(雜識) 내편(內篇) 2〉에 그 내용이 상세히 실려 있다.

있다."라고 하였으나, 역형은 끝내 수긍하지 않았으니, 아마도 낭주(廊柱)의 의혹[29]을 면치 못한 것 같다.

〈진괘(晉卦)〉 대상(大象)의 "밝은 태양이 땅 위에 솟아오르는 것이 진괘의 상(象)이니, 군자가 이를 보고서 스스로 밝은 덕〔明德〕을 밝힌다.〔明出地上晉 君子以 自昭明德〕"라는 경문에 대하여, 정전(程傳)에서 "'가려진 것을 제거하고 아는 것을 지극히 하는 것〔去蔽致知〕'은 명덕(明德)을 자기 내부에서 밝히는 것이요, 명덕을 천하에 밝히는 것은 명덕을 외부에 밝히는 것이다. 명덕을 밝히는 것은 자기에게 달려 있기 때문에 스스로 밝힌다고 말한 것이다.〔去蔽致知 昭明德於己也 明明德於天下 昭明德於外也 明明德在己 故云自昭〕"라고 해석하였다. 정전에서 '명명덕어천하(明明德於天下)'를 해석한 것이 바로 《혹문》의 뜻과 동일한데, 그 말이 더욱 친절하여 맛이 있으니, 주자의 설 역시 전해 받은 곳이 있음을 이를 통해 알겠다.

《혹문》에 나오는 "그 체용(體用)의 온전함을 지극히 하여 한마디 말로 제시하였다.〔極其體用之全 而一言以擧之〕"라는 말에 대해서 농암(農巖)이 변론한 설이 매우 좋다. 다만 "천하가 비록 크지만 내 심(心)의 체(體)가 해(該)하지 않음이 없고, 사물이 비록 많지만 내 심의

29 낭주(廊柱)의 의혹 : 그동안 사실로 믿어 왔던 것을 공연히 의심하여 다시 문제 삼는 것을 말한다. 정호(程顥)가 장안(長安)의 창고 안에 한가히 앉아서 긴 행랑의 기둥〔長廊柱〕을 바라보고는 마음속으로 그 숫자를 세어 보고서 더 이상 의심하지 않았다. 그러다가 다시 세어 보니 숫자가 맞지 않았으므로 사람을 시켜서 일일이 소리 내어 세어 보게 한 결과, 처음에 마음속으로 세었던 것과 차이가 없었다. 《近思錄 卷4 存養》

용(用)이 관통하지 않음이 없다."[30]라는 두 구를 농암이 해석하여 "집안과 국가와 천하의 그 이(理)가 모두 심(心)에 갖추어져 있으니, 이것이 바로 명덕의 체(體)가 구비하지 않음이 없는 것이고, 가지런히 하고 다스리고 평정하는 일이 모두 심에 근본을 두고 있으니, 이것이 바로 명덕의 용(用)이 관통하지 않음이 없는 것이다."[31]라고 한 것은 그다지 친절(親切)하지 못하니, 이는 주자의 의사(意思)가 아닐 듯싶다.

내 생각에 '해(該)'는 해포(該包)의 뜻이지 해구(該具)의 뜻은 아니다. 대개 천하를 통틀어서 하나의 심(心)일 뿐인데, 그 심이 비록 방촌(方寸)의 사이에 붙어 있으나, 그 체(體)가 광대하여 사계(沙界 무한수의 세계)에 두루 가득하고, 그 용(用)이 미묘하여 삼극(三極 천지인(天地人))을 꿰뚫어 통하니, 이것이 바로 "구해(九垓)와 팔굉(八紘)이 모두 나의 도량(度量) 안에 들어 있고, 초목과 곤충도 나와 함께 한 몸이다.〔九垓八紘 皆吾度內 草木昆蟲 同吾一體〕"[32]라고 하는 것이다. 대중을

30 천하가……없다 : 《대학혹문(大學或問)》 경(經) 1장에 "그리하여 천하가 비록 크지만 내 심(心)의 체(體)가 해(該)하지 않음이 없고, 사물이 비록 많지만 내 심의 용(用)이 관통하지 않음이 없음을 보여 주었다.〔以見夫天下雖大 而吾心之體無不該 事物雖多 而吾心之用無不貫〕"라는 말이 나온다. '해(該)'에 대해서 농암은 심(心)이 모두 그 이(理)를 구비한 것으로 풀었고, 녹문은 심이 광대하여 모든 것을 포괄하는 것으로 풀었다. 대본에는 '天下雖大 吾心之體足以該 事物雖多 吾心之用足以貫'으로 되어 있으나, 《혹문》의 원문에 의거하여 '足以'를 '無不'로 바로잡아 번역하였다.

31 집안과……것이다 : 한국문집총간 162집에 수록된 《농암집》 권32 〈잡지(雜識) 내편(內篇) 2〉에 나온다. 대본에는 '家與國與天下 其理皆具乎心 是體無不該也 齊之治之平之 其事皆本乎心 是用無不貫也'로 되어 있으나, 이해를 돕기 위하여 《농암집》의 원문대로 '體'와 '用' 앞에 각각 '明德之'를 보충하여 번역하였다.

32 구해(九垓)와……몸이다 : 전거 미상이다. 구해는 구주(九州)를 말하고 팔굉(八紘)은 팔방의 극지(極地)를 말한다.

포용하여 자기가 가렵고 아픈 듯이 여기면 그 덕화(德化)가 유통되는 것이 감응하는 것보다도 빠를 터이니, 남의 윗사람이 된 자가 능히 '가려진 것을 제거하고 앎을 지극히 하여〔去蔽致知〕' 그 심체(心體)를 회복하고 그 명덕(明德)을 스스로 밝히면, 신도(神道)로 가르침을 베풂에 빨리하지 않아도 빨라져서[33] 천하 사람들이 자연히 감발하고 흥기하여, 각각 자기의 뜻을 참되게 하고〔誠意〕 각각 자기의 마음을 바르게 하며〔正心〕 각각 자기의 어버이를 어버이로 모시고 자기의 어른을 어른으로 모시면서, 사람들 모두가 자기의 덕을 밝히게 될 것이다.

대저 이와 같이 하면 그 전체(全體)와 대용(大用)이 광대하고 미묘하여, '두루 가득하고 꿰뚫어 통하는' 나의 명덕이 활짝 트이게 되어 다시 가려지거나 막히는 곳이 없이 하늘과 땅 사이를 찬란하게 비추어서, 마치 태양이 함지(咸池)에서 목욕을 하고 사방의 나라에 빛을 드날리는 것처럼 되리니, 이것이 바로 "명덕을 천하에 밝힌다.〔明明德於天下〕"라는 경문에 대한 설명이다. 《서경》에서 "사랑의 도리를 세우되 친한 이로부터 하며, 공경의 도리를 세우되 어른으로부터 한다.〔立愛惟親 立敬惟長〕"[34]라고 말한 것도 바로 이런 뜻이니, 대개 동일한 애경(愛敬)이라도 세우는 것이 여기에 있으면 애경하는 것이 사람마다 행

33 신도(神道)로……빨라져서 : 《주역》 〈관괘(觀卦) 단사(彖辭)〉에 "성인(聖人)이 신도로 가르침을 베풀매 천하가 복종한다."라는 말이 있고, 〈계사전 상(繫辭傳上)〉 19장에 "오직 신묘하기 때문에 빨리하지 않아도 빨라지며 걷지 않아도 이르게 된다.〔唯神也 故不疾而速 不行而至〕"라는 말이 있다.

34 사랑의……한다 : 《서경》 〈이훈(伊訓)〉에 "사랑의 도리를 세우되 친한 이로부터 하며, 공경의 도리를 세우되 어른으로부터 하여, 집과 나라에서부터 시작해서 사해에까지 이르게 해야 한다.〔立愛惟親 立敬惟長 始于家邦 終于四海〕"라는 말이 나온다.

해지는 것이 나의 애경 아님이 없게 되고, 동일한 명덕이라도 밝히는 것이 나로부터 시작되면 명덕이 천하에 밝혀지는 것이 나의 명덕 아님이 없게 되는 것이다.

'격(格)'을 지(至)로 훈석(訓釋)하였는데, 지(至)에는 도(到)와 극(極) 두 가지의 뜻이 있다. 그러나 도(到)는 반드시 극처(極處)에 이른 뒤에야 비로소 도라고 말할 수 있으니, 그렇다면 도와 극은 단지 하나의 뜻일 뿐이다. '지지(知至)'의 '지(至)'를 이미 진(盡)으로 훈석했다면, '격(格)'을 훈석한 지(至)도 당연히 극(極)으로 훈석하고 궁(窮)으로 훈석해야 할 것이다. 따라서 격물(格物)은 궁리(窮理)라는 말과 같으니, 물(物)의 이(理)를 극처에까지 남김없이 궁구해야 한다는 의미이고, 물격(物格)은 이궁(理窮)이라는 말과 같으니, 물의 이가 극처에까지 남김없이 궁구되었다는 의미이다. 그렇다면 격물(格物)과 물격(物格)의 두 '격(格)' 자는 모두 같은 뜻으로서, 성(誠), 정(正), 수(修), 제(齊)의 예(例)와 동일하니, 이에 대해서는 많이 이야기할 필요가 없다.

《혹문(或問)》에서 '격물'을 해석하여 말하기를 "그 정추와 은현을 남김없이 극처에까지 궁구하지 못하면, 이(理)가 아직 궁진(窮盡)되지 않아서 지(知)에 반드시 은폐됨이 있을 것이다.〔或不能使其精粗隱顯究極無餘 則理所未窮 知必有蔽〕"라고 하였고, 또 말하기를 "격(格)은 극지(極至)라는 말이니, 궁구하여 극처에 이르는 것을 의미한다.〔格者極至之謂 謂窮之而至其極也〕"라고 하였으며, '물격'을 해석하여 말하기를 "물격은 사물의 이(理)가 각각 그 극처에 나아가서 남김없이 되는 것을 말한다.〔物格者 事物之理各有以詣其極而無餘之謂也〕"라고 하였으니,

이 설이 명백하고 통투(通透)하여 더 이상 미진한 뜻이 남아 있지 않다. 그런데도 퇴계(退溪) 이하 여러 선유(先儒)들이 대부분 이 뜻을 이해하지 못하고서, 심지어 '청객객래(請客客來)'[35]라는 말로 비유하기까지 하였으니, 이는 참으로 괴이하게 여길 만하다.

그러다가 율곡 선생이 처음으로 제설(諸說)을 일소(一掃)하고 정의(正義)를 드러내어 밝혀 줌으로써 주자의 뜻이 이에 분명하게 되었다. 그런데 다만 선생이 "격(格)에는 궁(窮)과 지(至)라는 두 개의 뜻이 있는데, '격물'의 '격'은 '궁(窮)' 자의 뜻이 다분하고, '물격'의 '격'은 전적으로 '지(至)' 자의 뜻이다.〔格有窮至兩義 格物之格 窮字意多 物格之格 專是至字意〕"라고 말한 것은 그래도 완전히 밝혀내지 못한 점이 있지 않나 싶다.

35 청객객래(請客客來) : 청객, 즉 객을 초청한 것은 격물(格物)을 비유한 것이고, 객래, 즉 객이 왔다는 것은 물격(物格)을 비유한 것이다. 이 비유에 대해서 "물(物)은 정의(情意)가 없는 것인데, 어떻게 다리가 있어서 사람에게 찾아올 수 있느냐."라는 식으로 학자들의 비판을 받기도 하였다. 송시열(宋時烈)이 물격의 설에 대한 퇴계(退溪)의 많은 해석들이 석연치 않다면서 김장생(金長生)에게 질문을 하자, 김장생이 그렇다고 대답하고는 "격물은 객을 초청하는 것과 같고, 물격은 객이 오는 것과 같다.〔格物如請客 物格猶客來〕"라는 정경세(鄭經世)의 비유를 거론하여 반박한 다음에, "물격이라는 것은 물의 이(理)가 죄다 밝혀져서 미진함이 없는 것이니, 이는 물의 이가 극처에 이른 것이다. 지지(知至)라는 것은 물의 이가 죄다 밝혀져서 미진함이 없게 된 뒤에 나의 지(知)도 이에 따라 극처에 이른 것이다.〔物格者 物理盡明 而無有餘蘊 是物理至於極處也 知至者 物之理盡明而無餘 然後吾之知亦隨而至於極處矣〕"라는 율곡(栗谷)의 설을 소개한 내용이 《사계전서(沙溪全書)》 권45 〈어록(語錄)〉에 실려 있다. 또 송시열 자신이 정경세의 청객객래의 설은 "퇴계에게 뿌리를 두고 있다.〔本之退溪〕"라면서 "그가 퇴계를 존신하며 정성을 다하였으니 다른 설을 불신한 것도 당연하다.〔愚伏尊信退溪 極其誠篤 宜其不信他說也〕"라고 말한 내용이 《송자대전》 권122 〈답혹인(答或人)〉에 보인다.

대개 궁(窮)과 지(至)에는 원래 두 개의 뜻이 없다. 오늘날 사람들이 궁(窮)을 사색(思索)의 뜻으로 삼곤 하지만, 사실 알고 보면 궁은 사물의 이치를 사색하여 궁진(窮盡)하게 되도록 한다는 뜻이다. 사물의 이치가 궁진해지는 것이 비록 사색에 연유한다 하더라도, '궁(窮)' 자의 위에는 당초에 사색의 뜻이 없는 것인데, '구(究)' 자도 이와 마찬가지이다.

《장구》의 '궁지(窮至)'는 단지 《혹문》에서 말한 극지(極至)의 뜻일 뿐인데도, 율옹(栗翁) 역시 '궁(窮)' 자를 사색의 뜻으로 간주했기 때문에 '궁(窮)'과 '지(至)'의 두 글자를 나누어 두 개의 뜻으로 본 것이고, 또 '격물'과 '물격'의 두 '격(格)' 자를 나누어 둘로 보았으므로, 그만 "어떤 것은 '궁(窮)' 자의 뜻이 다분하고, 어떤 것은 전적으로 '지(至)' 자의 뜻이다."라고 한 것이다. 그러나 이와 같이 하면, '격(格)' 자가 하나의 뜻으로 통할 수가 없어서 성(誠), 정(正) 등의 글자와 의례(義例)가 맞지 않으니, 이는 옳지 않을 듯싶다.

혹자는 "《혹문》에서 '문조(文祖)에 나아갔다.〔格于文祖〕'[36]의 '격(格)'을 인용하였는데, 그렇다면 이 '격'은 단지 '도(到)' 자의 뜻일 뿐이니 '극처(極處)에 이른다.〔極至〕'라는 뜻과는 맞지 않는다."라고 의심

36 문조(文祖)에 나아갔다 : 《서경》 〈순전(舜典)〉의 "정월 초하루에 순(舜)이 문조에 나아갔다.〔月正元日 舜格于文祖〕"라는 말에서 발췌한 것이다. 문조는 요(堯) 임금 선조의 사당을 말하는데, 순이 여기에 가서 즉위함을 고유(告諭)하고 개원(改元)한 것이다. 《혹문》에서 이 구절을 인용하여 "격(格)은 극처(極處)에 이르는 것을 말하니, '격우문조'의 격과 같다. 즉 궁구하여 그 극처에까지 이르는 것을 말한다.〔格者極至之謂 如格于文祖之格 言窮之而至其極也〕"라고 하였다.

하는데, 이는 그렇지 않다. 문조의 사당 안에까지 나아간 뒤에야 비로소 격(格)이라고 말하는 것이지, 사당에 이르기 전에 중간에서 머문다면 격이라고 할 수 없으니, 이것도 여전히 극지(極至)의 뜻인 것이다. 깊이 생각해 보면 자연히 의심이 없어질 것이다.

지지(至知)라고 말하지 않고 '치지(致知)'라고 말한 것은, 상하(上下)의 유례(類例)에 비추어 볼 때 잘못된 것처럼 보인다. 그러나 '치(致)'와 '지(至)'라는 글자는 단지 동일한 뜻일 뿐이다. '치(致)'를 자서(字書)에서 '보내어 가게 하는 것〔送詣〕'으로 해석하였으니, 그렇다면 치지라는 것은 지(知)로 하여금 '그 극처에 나아가게 하는 것〔詣其極〕'이요, 지지(知至)라는 것은 지(知)가 '그 극처에 나아간 것〔詣其極〕'인데, '그 극처에 나아간 것'이라고 말한 것은 극(極)의 뜻을 중하게 여긴 것이다. 그래서 《장구》에서 '지지'의 '지(至)'에 대하여 곧장 진(盡)으로 훈석한 것이지만, 사실은 '지지'의 '지(至)'도 도(到)의 뜻을 띠고 있는 만큼, '격(格)'을 지(至)로 훈석한 것을 참조해 볼 필요가 있다.

"사물의 이(理)의 극처에 이르지 않음이 없다.〔物理之極處無不到〕"라고 한 것은, 본처(本處)에 이르지 않음이 없다는 말이니, 본처가 바로 극처인 것이다.

물(物)의 궁극의 곳〔窮處〕이 바로 지(知)의 극진한 곳〔盡處〕이다. 사물의 이(理)를 가지고 말하면 격물(格物)과 물격(物格)이라고 하고, 나의 심(心)을 가지고 말하면 치지(致知)와 지지(知至)라고 하는데, 사실은 이 둘이 하나인 것이다. 이를 통해서 심(心)과 이(理)가 묘하게 합하는 곳을 알 수 있으니, 정자(程子)가 "저것을 밝히기만 하면 그 즉시로 이것이 밝혀진다.〔纔明彼 卽曉此〕"[37]라고 말한 것은 바로 이것을 가리킨다.

여동래(呂東萊)가 '천수평격(天壽平格)'-《서경》〈군석(君奭)〉에 나오는 말이다.-의 '격(格)'을 해석하여 "삼극(三極)에 철저히 통하여 간격이 없는 것이다.〔通徹三極而無間〕"라고 하였는데, 나정암(羅整庵)이 이를 인용하여 말하기를 "'격물'의 '격(格)'은 바로 통철무간(通徹無間)의 뜻이다. 대개 공부가 지극해지면 '통철무간'해져서 물(物)이 바로 나이고 내가 바로 물이 되어 혼연히 일치하는 것이다.〔格物之格 正是通徹無間之意 蓋工夫至到則通徹無間 物卽我我卽物 渾然一致〕"라고 하였고, 또 말하기를 "'통철무간'도 '지(至)' 자의 뜻이지만, '지' 자에 비해서 그 의미가 더욱 명백하고 심원하다.〔通徹無間 亦至字之義 然比至字 其意味尤明白深長〕"라고 하였다.[38]-나정암의 설은 여기까지이다.-

37 저것을……밝혀진다 : 저것은 물(物)의 이(理)를 말하고, 이것은 아(我)의 지(知)를 말한다. 정이(程頤)가 격물치지(格物致知)에 대한 질문에 답하면서 "외물의 이치를 밝히고 나서 다시 자기의 마음에 비추어 본다면, 이것은 물(物)과 아(我)를 분리하여 두 개로 보는 것이니 안 된다."라는 뜻으로, "내 몸과 외물은 그 이치가 하나이다. 따라서 외물의 이치를 밝히기만 하면 그 즉시로 내 마음의 지(知)가 밝혀지는 것이니, 이것이 안과 밖을 합하는 도리이다.〔物我一理 纔明彼卽曉此 此合內外之道〕"라고 말한 내용이 《근사록(近思錄)》 권3 〈치지(致知)〉에 나온다.

38 여동래(呂東萊)가……하였다 : 《서경》 〈군석(君奭)〉에 "하늘은 공평하여 하늘의 뜻에 일치하는 자를 오래 보전하게 한다. 그래서 옛날에 은나라가 보전되고 다스려지게 하였다.〔天壽平格 保乂有殷〕"라는 말이 나오는데, 동래(東萊) 여조겸(呂祖謙)이 "평탄하여 사사로움이 없는 것을 평(平)이라고 하고, 삼극(三極)에 철저히 통하여 간격이

내가 살펴보건대, '통철무간'을 가지고 '격우황천(格于皇天)'[39]의 '격(格)'을 해석한다면 그럴 수도 있겠지만, '격물'의 '격'과는 글자의 뜻이 합치하지 않는다. 대개 궁리(窮理)하여 극진한 곳에 이르면 자연히 심(心)과 이(理)가 일치하여 '통철무간'이 되겠지만, 그렇다고 해서 곧장 '통철무간'을 가지고 격물을 해석한다면 경문의 뜻이 아닐 듯싶다. 이를 통해서도 정주(程朱)가 정해 놓은 훈석(訓釋)은 한 글자도 가볍게 논의할 수 없다는 사실을 알겠다.-'통철무간'은 이미 지지(知至)의 경계에 진입한 것이다.-

"수신을 근본으로 삼는다.〔修身爲本〕"와 "그 근본이 어지러운데도……〔其本亂……〕"라는 두 구절은 상문(上文)의 "사물에는 본(本)과 말(末)이 있다.〔物有本末〕"라는 한 구절에 상응하는 것이다. 대개 경문에는 전(前)과 후(後)로 두 개의 단락이 있는데, 뒤의 단락은 바로 앞의 단락의 주각(註脚)이다. 그러므로 그 말뜻이 서로 호응하면서 문자의 기결(起結 시작과 끝)이 하나하나 서로 부응(符應)하니, 정말로 허술하게 보아 넘기면 안 될 것이다.

없는 것을 격(格)이라고 한다. 하늘은 사사로이 오래 보전하게 함이 없이, 오직 하늘의 뜻에 일치하는 자이면 오래 보전하게 한다.〔坦然無私之謂平也 通徹三極而無間之謂格也 天無私壽 惟通格于天者則壽之也〕"라고 해설하였다. 이를 인용한 나정암(羅整庵)의 해설은 그가 지은 《곤지기(困知記)》 권상(卷上)에 나온다. 정암은 명나라 나흠순(羅欽順)의 호인데, 대체로 주자학(朱子學)을 신봉하면서도, 일원기론(一元氣論)을 주장하는 것이 차이점이라고 할 수 있다.

39 격우황천(格于皇天) : 《서경》 〈군석〉의 "옛날에 성탕이 천명을 받았을 때에는 이윤과 같은 이가 있어서 그 덕화(德化)가 하늘에 이르렀다.〔在昔成湯 旣受命 時則有若伊尹 格于皇天〕"라는 말에서 추출한 것이다.

전 수장 傳首章

"이 하늘의 밝은 명을 돌아본다.〔顧諟天之明命〕"에 대하여 《혹문(或問)》에서 "그 전체(全體)와 대용(大用)이 어느 때이고 일용의 사이에서 발현되지 않음이 없다.〔無時而不發見於日用之間〕"[40]라고 말하였는데, 여기에서 발현된다는 말은, 인심(人心)의 선단(善端)이 발현되는 것만을 가리킨 것이 아니다. 예컨대 손은 공손히 해야 하고 발은 무겁게 해야 하며, 어버이는 자애로워야 하고 자식은 효성스러워야 하며, 늙은이는 편안하게 해 주어야 하고 젊은이는 감싸 주어야 하며, 소는 코를 꿰어야 하고 말은 고삐를 매어야 하는 것처럼, 사물의 당연한 법칙이 혹 일에 따라 나타나기도 하고 혹 물(物)에 따라 드러나기도 하는 이런 것들도 모두 나의 명덕(明德)에 갖추어지지 않은 것이 없어서, 이 마음이 굳이 감동하는 것을 기다릴 것도 없이 언제나 늘 눈앞에 발현하는 것이니, 학자는 어떤 상황에서나 정밀하게 관찰하여 항상 눈길을 여기에 두어야 할 것이다. 따라서 발현이라는 두 글자는 이 두 가지를 합해서 말해야 마땅하니, 만약 전적으로 인심의 선단으로만 본다면, 그만 고단(孤單)해져서 의미가 감소될 듯싶다.

'고시(顧諟)'라는 두 글자가 포함한 의사(意思)가 무궁하다. 가령 궁

40 그 전체(全體)와……없다 : 이해를 돕기 위하여 이와 관련된 내용을 조금 더 소개하면 다음과 같다. "사람은 천지의 중(中)을 받아 태어났다. 그러므로 사람의 명덕이란 것도 다름이 아니라, 바로 하늘이 나에게 명하여 지선이 보존된 그것인데, 이렇게 해서 그 전체와 대용이 어느 때이고 일용의 사이에서 발현되지 않음이 없는 것이다.〔人受天地之中以生 故人之明德非他也 卽天之所以命我而至善之所存也 是其全體大用無時而不發見於日用之間〕"

리(窮理) 역행(力行)과 존양(存養) 성찰(省察)과 같은 것도 모두 그 안에 들어 있는데, 이를 요약해서 말하면 단지 하나의 경(敬)일 뿐이다.

전 2장 傳二章

〈반명(盤銘)〉의 한 절(節)은 상장(上章)의 "스스로 밝히는 것이다.〔自明〕"를 이어받아 '명(明)'을 '신(新)'으로 바꾼 것으로서, 위의 뜻을 받들어 아래의 글을 일으킴은 물론, 문자가 또 모나지 않고 원만해서 보완할 빈틈이 전혀 보이지 않으니, 정말 묘하다고 말할 만하다.

'작신민(作新民)'을 '스스로 새로워진 백성들을 진작하는 것〔振起其自新之民〕'으로 해석하였는데, 이는 대개 인군(人君)이 스스로 새로워지면 백성들도 흥기하여 스스로 새로워지는 만큼, 여기에 나아가서 다시 고무하고 진작하여 완전히 이루게 해 준다는 말이니, 뜻으로 보면 참으로 완비되었다고 하겠으나, 혹 기교를 부렸다는 혐의를 면하지 못할 듯도 싶다.

내 생각에는, 비록 〈강고(康誥)〉의 본문 그대로 "그 백성들을 진작해서 새롭게 한다.〔作新其民〕"라고 해석하더라도, 백성이 스스로 새롭게 되는 뜻은 역시 그 안에 자연히 포함되어 있으니, 꼭 단장취의(斷章取義)하는 예(例)를 적용하여 '스스로 새로워진 백성〔自新之民〕'이라고 해석해야만 옳은 것은 아닐 듯싶다.

《혹문(或問)》에서는 곧장 〈강고〉의 본문을 적용하여 '백성을 진작해서 새롭게 하는 것〔作新〕'으로 해설하였는데, 이는 《장구(章句)》와 비교해서 초년(初年)과 만년(晩年)의 설의 차이가 있어서 그런 것이 아니다. 《장구》에서 이미 정의(正義)를 해석해 놓았기 때문에 《혹문》에서는 단지 〈강고〉의 글에 나오는 뜻대로 설한 것일 뿐이니, 원래 상관이 없는 것이다. 〈경연강의(經筵講義)〉를 보면, 《장구》와 《혹문》의 두 설을 함께 기록해 놓았는데, 이를 통해서 두 개의 다른 설이 없다는 것을 알 수 있다.[41]

그리고 《혹문》 하단에서 "이것이 어찌 성색과 호령이 미치는 바이겠는가. 또한 '스스로 새롭게 되는 것〔自新〕'일 따름이다.〔此豈聲色號令之所及哉 亦自新而已矣〕"라고 했으니, 이 '자신(自新)'은 백성이 스스로 새롭게 되는 것을 가리킨 것이 아니다. 이는 말하자면 인군(人君)이 '자신'을 하는 공이 날로 새롭게 되고 또 새롭게 되면, '백성을 진작하여 새롭게 하는〔作新〕' 교화가 수고하지 않아도 절로 행해지는 것이요, 그렇게 하지 않으면 이른바 '작신(作新)'이 성색과 호령을 가지고 될 수 있는 것이 아니라는 말이다. 사능(士能)[42]은 '자신'을 백성에게 속하는 것으로 간주하는데, 이는 옳지 않을 듯싶다. 대저 신민(新民)의 도(道)는 전적으로 '자신'을 하는 것에 달려 있으니, '신도(神道)로 가르침을 베푸는 것〔神道設敎〕'[43]과 '독공(篤恭)을 하여 천하가 안정되는 것

41 경연강의(經筵講義)를……있다 : 《회암집(晦菴集)》 권15 〈강의(講義) 경연강의 대학편(大學篇)〉에서 이 내용을 확인할 수 있다.

42 사능(士能) : 영조 때의 학자인 송능상(宋能相, 1710~1758)의 자(字)이다. 호는 운평(雲坪), 동해자(東海子)이다. 송시열(宋時烈)의 현손이며, 한원진(韓元震)의 문인이다.

43 신도(神道)로……것 : 《주역》 〈관괘(觀卦) 단사(彖辭)〉의 "성인이 신묘한 하늘의 도리로 교화를 베풀매 세상 사람들이 모두 복종한다.〔聖人以神道設敎 而天下服焉者

〔篤恭而天下平〕'[44]은 그 원리가 본래 이와 같은 것이다.

맹자가 말하기를 "자기를 죽여도 원망하지 않으며, 자기를 이롭게 해 주어도 공(功)으로 여기지 않는다. 그리하여 백성들이 날로 개과천선하면서도 누가 그렇게 만든 것인 줄을 알지 못한다. 군자는 지나는 곳마다 변화되고 마음을 두는 곳마다 신묘해진다. 위와 아래로 천지와 그 흐름을 같이하나니, 그 작용이 어찌 세상을 조금 도울 뿐이라 하겠는가.〔殺之而不怨 利之而不庸 民日遷善而不知爲之者 君子所過者化 所存者神 上下與天地同流 豈曰小補之哉〕"라고 하였다. 그 식견이 지극히 고명하고 그 설득이 지극히 양호해서, 《논어》의 수래동화(綏來動和)[45]와 수기이안백성(修己以安百姓),[46] 그리고 《중용》의 '독공이천하평(篤恭而天下平)'이나 《대역(大易)》의 '신도설교(神道設敎)'와 그 뜻을 같이한다. 《대학》의 '신민(新民)'도 오로지 동화(動化 감화(感化))시키는 것을 가지고 말하였으므로, 그 뜻이 또한 이와 같은 것이다.

也〕"라는 말에서 추출한 것이다.

44 독공(篤恭)을……것 : 《중용장구》 제33장에 나오는 말인데, "임금이 스스로 독실하고 공경하게 행함으로써 세상 사람들이 이를 본받아 안정되게끔 한다."라는 뜻이다.

45 수래동화(綏來動和) : 성현이 덕으로 사람들을 감화시키는 것을 말한다. 《논어》 〈자장(子張)〉에 "편안하게 해 주매 사람들이 따라오고, 고무시키매 사람들이 화기로워진다.〔綏之斯來 動之斯和〕"라고 공자를 찬양한 자공(子貢)의 말에서 나온 것이다.

46 수기이안백성(修己以安百姓) : 자로(子路)가 군자의 일에 대해서 묻자, 공자가 "경에 입각하여 자기를 닦는 것이다.〔修己以敬〕"라고 대답하였는데, 자로가 그것뿐이냐고 계속해서 다시 묻자, "자기를 닦아서 남을 안정시키는 것이다.〔修己以安人〕"라고 대답하고, 또 "자기를 닦아서 백성들 모두를 안정시키는 것이다.〔修己以安百姓〕"라고 대답한 고사가 《논어》 〈헌문(憲問)〉에 나온다.

전 3장 傳三章

삼강령(三綱領) 중에서 공부를 하는 실제의 곳은 오로지 '지지선(止至善)'의 한 구(句)에 있다. 그러므로 전(傳)의 수장(首章)과 2장에서 명덕(明德)과 신민(新民)의 종지(宗旨)와 대의(大意)를 대략 설하고는 3장에 이른 뒤에 포장(鋪張)하여 발휘(發揮)하기 시작하였는데, 각각 조리가 있으면서 명백하고 상밀(詳密)하여 다시 미진한 뜻이 없으니, 글이 적은 것은 간당(簡當)하고 친절(親切)하여 한 글자도 보탤 수가 없고, 글이 많은 것은 평실(平實)하고 주잡(周匝 주밀(周密))하여 한 글자도 줄일 수가 없다. 주자(朱子)가 "전문(傳文) 10장은 증자(曾子) 문인의 손으로 이루어졌다."[47]라고 하였는데, 어쩌면 자사(子思)의 무리가 담당했을지도 모르겠다.

내가 경인년(1770, 영조46) 여름에 검원(黔院)[48]에 있을 적에 제생(諸生)과 《대학》을 강독하였는데, 인지(仁之)[49]가 와서 문왕(文王)의

47 전문(傳文)……이루어졌다 : 《대학장구》 경(經) 1장 말미에 "이상은 경문(經文) 1장이니, 공자의 말을 증자가 기술한 것이고, 전문(傳文) 10장은 증자의 뜻을 문인이 기록한 것이다.〔右經一章 蓋孔子之言 而曾子述之 其傳十章則曾子之意 而門人記之也〕"라는 주희의 해설이 나온다.

48 검원(黔院) : 송준길(宋浚吉)의 서원인 검담서원(黔潭書院)의 약칭으로, 충북 청원군(淸原郡) 문의(文義)에 있다.

49 인지(仁之) : 성이 김씨라는 것만 짐작할 뿐, 누구인지 확실하지 않다. 《녹문집》 제1권에 실린, 계해년(1743, 영조19) 7월에 녹문이 보낸 〈섬촌 민장에게 답하는 글〔答蟾村閔丈〕〉에 "이 내용은 김인지(金仁之)에게 답하는 글에 보인다."라는 말이 보인다.

오지(五止) 중에 어느 것이 신민(新民)에 속하는지 물어보기에, 내가 범범하게 "'임금이 되어서는 인에 머물렀다.〔爲人君止於仁〕'를 신민에 소속시켜야 할 것 같다."라고 응답하였다. 그러나 그날 밤에 다시 생각해 보매 그 대답이 옳지 않았으니, 명덕(明德)과 신민을 막론하고 응당 지선(至善)에 머물러야 하는 것은 매한가지였기 때문이다. 예컨대 인(仁)과 경(敬)과 효(孝)와 자(慈)와 신(信)은 단 하나의 인과 경과 효와 자와 신으로서, 이것을 가지고 자기가 행하면 명명덕(明明德)이 되고, 이것을 가지고 남을 교화하면 신민(新民)이 되는 것인 만큼, '명명덕' 이외에 '신민'이 '머물러야 할 바〔所當止〕'를 따로 구하면 안 되는 것이었다. 그다음 날에 이런 내용으로 인지(仁之)에게 말을 했더니, 인지도 좋게 평가해 주었다. 정자(程子)가 말하기를 "생각하여 뭔가 얻었을 적에 마음속이 유쾌해지면서 패연히 여유가 있게 되면 그것은 실제로 얻은 것이요, 생각하여 뭔가 얻었을 적에 심기가 피로하고 소모되는 경우는 실제로 얻지 못한 것으로서 억지로 추측하여 꿰맞춘 것일 뿐이다.〔思慮有得 中心悅豫 沛然有裕者實得也 思慮有得 心氣勞耗者 實未得也 强揣度耳〕"[50]라고 하였는데, 앞의 설은 억지로 추측하여 꿰맞춘 것이고, 뒤의 설은 그다지 신기한 것은 없는 것 같지만 실로 흐뭇하게 논리가 맞아서 얼음이 녹듯 풀어지는 묘미가 있었으니, 상세히 음미해 보면 허망하지 않음을 징험할 수가 있다.

50 생각하여……뿐이다 : 정이(程頤)의 말이다. 이 말 앞에 "실제로 얻었는지 얻지 못했는지 알고 싶으면 심기 상에서 징험해 보라.〔欲知得與不得 於心氣上 驗之〕"라는 말이 있다. 《二程遺書 卷2上》《近思錄 卷3 致知》

이 장은 수절(首節)에서 사물에는 각각 '머물러야 할 곳〔所當止〕'이 있음을 말하였고, 제2절에서 사람은 머물러야 할 곳을 알아야 함을 말하였고, 제3절에서 문왕(文王)의 오지(五止)를 인용하여 사사물물(事事物物)에 각각 당연한 법칙이 있지 않음이 없으니 사람이 이를 알아서 문왕처럼 실천하지 않으면 안 됨을 밝혔다. 이 세 개의 절(節)은 지선에 머무는 것〔止至善〕을 통틀어 설한 것으로서, 아래 두 개 절의 근본 재료가 되고 있다. 즉 〈기욱(淇澳)〉의 시(詩)는 명명덕(明明德)의 '지지선(止至善)'을 말한 것이니 이는 위의 세 개의 절을 가지고 스스로를 닦는 것〔自修〕이요, 〈열문(烈文)〉의 시는 신민(新民)의 '지지선'을 말한 것이니 이는 위의 세 개의 절을 가지고 남을 교화하는 것〔化人〕이다.

"'뼈와 뿔을 자른 듯하고 간 듯하다.'라고 한 것은 그분의 학문〔學〕을 말한 것이고, '옥과 돌을 쫀 듯하고 간 듯하다.'라고 한 것은 그분 스스로 그렇게 닦았다〔修〕는 것이다.〔如切如磋爲道學 如琢如磨爲自修〕"라는 전문(傳文)에 대하여 독자가 많이 의심하면서 "절(切)과 탁(琢)을 학(學)에 소속시키고 차(磋)와 마(磨)를 수(修)에 소속시키는 것만 못하다."라고 하는데, 이는 그렇지 않다.

학(學)과 수(修)에는 각각 얕고 깊은 곳〔淺深〕이 있고 각각 정밀하고 거친 곳〔精粗〕이 있으니, 그 공부를 할 때에는 모두 얕은 곳을 통해서 깊은 곳으로 들어가고, 거친 곳을 통해서 정밀한 곳으로 들어가야 하는 것이다. 이는 마치 공자가 지학(志學)으로부터 이순(耳順)에 이르고 이립(而立)으로부터 불유구(不踰矩)에 이른 것[51]과 같아서, 그

51 공자가……것 : 공자가 "나는 15세에 학문에 뜻을 두었고, 30세에 지킴이 견고해졌

지(知)와 그 행(行)에 차제(次第)와 계급(階級)이 각각 분명하여 모두 단번에 밟고 오를 수 없으니, 반드시 각각 일생의 공부를 통하여 순서에 따라 점차 나아간 뒤에야 가능한 것이다.

지금 만약 절(切)과 탁(琢)을 학(學)에 소속시키고 차(磋)와 마(磨)를 수(修)에 소속시킨다면, 지(知)는 전적으로 얕고 거친 것이 되어 버리고, 행(行)은 전적으로 깊고 정밀한 것이 되어 버려서, 그 비유를 취한 것이 친절(襯切)하지 못하게 될 것이니, 이는 깊이 연구해 보면 알 수 있는 일이다. 그리고 뼈와 뿔〔骨角〕을 학(學)에 소속시키고 옥과 돌〔玉石〕을 수(修)에 소속시킨 것으로 말하면, 《혹문》에서 "문리(紋理)를 찾아낼 수 있어서 절차(切磋)하는 일이 용이하고, 완정(完整)하고 견확(堅確)하여 탁마(琢磨)하는 일이 어렵다."[52]라고 설명한 것이 곡진하다고 하겠다.

신민(新民)의 한 가지 일과 관련하여, 그 정신(精神)을 고무하고

고, 40세에 의혹되지 않았고, 50세에 천명을 알았고, 60세에 귀가 순해졌고, 70세에 마음에 하고 싶은 대로 따라 해도 법도에 어긋나지 않게 되었다.〔吾十有五而志於學 三十而立 四十而不惑 五十而知天命 六十而耳順 七十而從心所欲不踰矩〕"라고 한 말이 《논어》〈위정(爲政)〉에 나온다.

52 문리(紋理)를……어렵다 : 녹문이 중요 부분만 발췌하여 인용하였는데, 이해를 돕기 위하여 이 부분에 대한 《대학혹문》의 전문을 소개하면 다음과 같다. "뼈와 뿔은 문리를 찾아낼 수 있어서 절차하는 일이 용이하니 시조리(始條理)의 일을 말한 것이요, 옥과 돌은 완정(完整)하고 견확(堅確)하여 탁마하는 일이 어려우니 종조리(終條理)의 일을 말한 것이다.〔骨角脈理可尋 而切磋之功易 所謂始條理之事也 玉石渾全堅確 而琢磨之功難 所謂終條理之事也〕" 시조리와 종조리는 음악의 조리를 시작하고 마친다는 뜻으로, 처음부터 끝까지 일 처리를 원만하게 하는 것을 비유하는 말로 쓰인다.

격발하는 것은 전적으로 '임금이 스스로 새롭게 되는 데〔自新〕'에 있지만, 그 성취를 마무리하는 것으로 말하면 또 혈구(絜矩)[53]에 있는 것이다. 따라서 '자신(自新)'이 아니면 물론 만백성의 선심(善心)을 흥기하여 광직보익(匡直輔翼)[54]의 교화를 행할 수 없지만, '혈구'가 아니면 또 어떻게 백성들로 하여금 각각 흥기한 그 선심을 발휘하여 어버이를 어버이로 모시고 어른을 어른으로 모시는 도리를 다하게 하겠는가. 그러므로 2장에서는 전적으로 '자신'을 위주로 말하였고, 이 3장에 이르러서는 또 친현낙리(親賢樂利)[55]의 효과를 극구 말하여 신민의 '지지선(止至善)'이 바로 여기에 있음을 밝힌 것이다.

대개 '어질게 여긴 것을 어질게 여기고 친하게 여긴 것을 친하게 여기는 것〔賢其賢親其親〕'은 자신(自新)이 끼친 효과요, '즐겁게 해 준

53 혈구(絜矩) : 혈(絜)은 헤아린다는 뜻이고 구(矩)는 곡척(曲尺)을 의미하는 것으로, 윗사람이 입장을 바꿔 생각해서 아랫사람을 배려하는 유가(儒家)의 도덕규범을 말한다. 《대학장구》 전 10장 치국평천하장(治國平天下章)에 혈구지도(絜矩之道)에 대한 언급이 처음 나온다. 나를 미루어 남을 이해한다는 뜻의 추기급인(推己及人)과 비슷한 말이다.

54 광직보익(匡直輔翼) : 바로잡아 곧게 하고 도와주며 유도한다는 뜻이다. 《맹자》 〈등문공 상(滕文公上)〉의 "백성을 위로하여 나에게 오게 하고, 바로잡아 곧게 해 주고, 도와주고 유도하여 자득하게 한다.〔勞之來之 匡之直之 輔之翼之 使自得之〕"라는 제요(帝堯)의 말을 압축한 것이다.

55 친현낙리(親賢樂利) : 《대학장구》 전 3장의 "《시경》에 이르기를 '아, 선왕(先王)을 잊지 못한다.'라고 하였다. 통치자는 선왕이 어질게 여긴 것을 어질게 여기고 친하게 여긴 것을 친하게 여기며, 일반 백성은 선왕이 즐겁게 해 준 것을 즐거워하고 이롭게 해 준 것을 이롭게 여긴다. 이것이 바로 선왕이 세상을 떠난 뒤에도 잊지 못하고 사모하는 이유이다.〔詩云 於戲 前王不忘 君子賢其賢而親其親 小人樂其樂而利其利 此以沒世不忘也〕"라는 말을 압축한 것이다.

것을 즐거워하고 이롭게 해 준 것을 이롭게 여기는 것〔樂其樂利其利〕' 은 혈구(絜矩)가 끼친 덕택이다. 백성이 감발(感發)하여 천선(遷善)하는 것이 비록 '자신'하는 데에 기인한다고 하더라도, 삶을 편안히 여기고 생업을 즐기면서 효도하려는 자는 효도를 극진히 하게끔 하고 우애하려는 자는 우애를 극진히 하게끔 하고 자식을 사랑하려는 자는 사랑을 극진히 하게끔 하여 한 사람도 제자리를 얻지 못하는 일이 없도록 하는 것은, 실로 임금과 백성이 호오(好惡)를 똑같이 하여 혈구의 도를 극진히 행하는 데에서 기인하는 것이다.

그동안 의심해 왔던 것은, 《대학》의 '신민(新民)'과 관련하여, 비록 '백성을 진작하여 새롭게 하는 것〔作新〕'과 '백성이 효심을 일으키고〔興孝〕 우애를 일으키고〔興弟〕 저버리지 않는 것〔不倍〕'[56]을 대략 설하기는 하였으나, 반복하여 포장(鋪張)하는 것을 전적으로 혈구에 둔 것은 '신(新)' 자와 맞지 않는다는 것이었는데, 이를 아무리 억지로 설명하여 뜻이 통할 수 있게 해도 끝내 마음속은 쾌하지 못하였다. 그러다가 이제 와서 비로소 신민의 그 지극한 공(功)은 바로 혈구에 있는 만큼, 친현낙리(親賢樂利)하는 것이 바로 신민이 지어지선(止於至善)하는 소이(所以)라는 것을 알게 되었다.

임금이 '자신(自新)'으로써 교화하고 '혈구(絜矩)'로써 이루면, 신민

56 백성이……것 : 《대학장구》 전 10장의 "윗사람이 노인을 노인으로 대우하매 백성들이 효심을 일으키며, 윗사람이 어른을 어른으로 대우하매 백성들이 우애하는 마음을 일으키며, 윗사람이 고아(孤兒)를 보살펴 주매 백성들이 저버리지 않는다.〔上老老而民興孝 上長長而民興弟 上恤孤而民不倍〕"라는 말에서 뽑은 것이다.

(新民)의 지극한 공이 갖추어진다. 따라서 학교나 예악(禮樂)처럼 교도하는 도구는 백성들이 감발함에 따라 거행하여 조치하는 데 불과하다는 것은 두말할 필요도 없다. 《대학》의 여러 장(章)에서 전적으로 근본인 심술(心術)상에 나아가 설했기 때문에, 여기에서는 이를 생략하고 단지 '작신(作新)'이라는 두 글자로 첫머리를 장식한 것이다.

보망장 補亡章

"사람의 마음은 신령스러워서 알지 못하는 것이 없다.〔人心之靈 莫不有知〕"라고 한 이 '지(知)' 자는 지각(知覺)의 전체를 가지고 말한 것이요, '막불인기이지지리(莫不因其已知之理)'[57]의 이 '지(知)' 자는 현재 알고 있는 부분적인 지식을 가지고 말한 것이다.

소주(小註)에서 "'이지(已知)'는 바로 상문에서 말한 '막불유지(莫不有知)'의 '지'이다.〔已知 卽上文莫不有知之知〕"라고 하였는데, 이것이 만약 "'이지'의 '지'는 바로 상문에서 말한 전체의 지(知) 가운데 부분적인 지식이니, 가리키는 바에 비록 대소(大小)의 구별이 있다고 하더라도 실은 똑같은 '지(知)' 자이다."라는 뜻으로 말한 것이라면 그래도 괜찮지만, 만약 "'막불유지'의 '지'도 현재 알고 있는 것을 가리킨 것으로서 아래의 '이지'와 같은 뜻이다."라는 생각으로 말한 것이라면, 이는 주자(朱子)의 뜻이 결코 아니라고 하겠다.

57 막불인기이지지리(莫不因其已知之理) : 《대학장구》 〈보망장(補亡章)〉의 "알고 있는 그 이치를 인하여 더욱 궁구해서 그 극처(極處)에 이르는 것을 구하지 않음이 없게끔 한다.〔莫不因其已知之理 而益窮之 以求至乎其極〕"라는 말에서 인용한 것이다.

대개 이 보망장(補亡章)에서 문장을 안배하여 시작하고 마무리한 것을 보건대, 관쇄(關鎖 중요한 문구(文句))가 서로 조응(照應)하며 제정(齊整)하고 진밀(縝密)하여 물을 담아 놓아도 새지 않을 정도로 완벽하다. 내가 일찍이 옥류(玉溜)에 있을 적에 여러 벗들과 회동하여 강독하면서 나름대로 설한 것이 자못 완비되었는데, 그 내용이 〈강록(講錄)〉에 상세히 나와 있으니,[58] 여기에는 다시 기록하지 않는다.

'이지지리(已知之理)'의 네 글자를 통해서 지(知)와 이(理)가 묘하게 합하는 곳을 바로 알 수가 있다. 대개 이 글은 위아래의 처음과 마지막 부분이 모두 지(知)와 물(物)의 전체를 나누어서 말했는데, 유독 이 중간의 한 구에서만은 '현재 이미 알고 있는 곳'을 가지고 지(知)와 물(物)을 합하여 말함으로써, 극처(極處)를 추리하고 궁구하며 힘쓰는 방도를 밝혀 놓았으니, 그 지극히 교묘한 하어(下語 용어)를 세밀하게 완미하지 않으면 안 될 것이다.

'인기이지(因其已知)'의 한 단락은, 상문의 "아는 것에 극진하지 못한 점이 있다.〔其知有不盡〕"라는 말을 받아서 말한 것이니, '이지(已知)'의 '지(知)'는 바로 '극진하지 못한〔不盡〕' 지(知)인 것이다.

58 내가……있으니 : 1736년(영조12) 겨울에 회덕(懷德)의 옥류각(玉溜閣)에서 송명흠(宋明欽)·송문흠(宋文欽) 형제와 송능상(宋能相), 김원행(金元行), 김양행(金亮行) 등과 함께 《대학》을 강독하고 〈옥류강록(玉溜講錄)〉으로 그 내용을 정리하여 남겼는데, 《녹문집》 권17에 수록되어 있다.

'표리정추(表裏精粗)'에 대해서 주자가 당연(當然)과 소이연(所以然)으로 해석하였는데, 대체로는 물론 그렇다고 하겠지만 일괄적으로 그렇게 말할 수 없는 점이 있는 것도 사실이다. 가령 효(孝)를 가지고 말해 보건대, 정성온청(定省溫凊)[59]은 추(粗)와 표(表)이고, "형체 없는 것에서 보고, 소리 없는 것에서 듣는다.〔視於無形 聽於無聲〕"[60]라는 것은 정(精)과 이(裏)이며, '구체(口體)를 봉양하는 것〔養口體〕'은 추와 표이고 '뜻을 봉양하는 것〔養志〕'은 정과 이이다.[61] 이것을 다른 일에 적용해도 모두 그러한데, 이는 단지 '당연'의 측면에 대해서만 이와 같이 나누어 설한 것이다. 대개 당연과 소이연을 가지고 말한다면, '당연'이 물론 추(粗)가 되고 표(表)가 되어야 하며, '소이연'이 물론 정(精)이 되고 이(裏)가 되어야 한다. 그러나 단지 '당연'의 측면에서만 말한다면 그중에 또 자연히 '정추표리(精粗表裏)'가 있는 만큼, 모름지기 주밀(周密)하게 추궁(推窮)해야만 완전히 갖추어질 것인데, 주자의

59 정성온청(定省溫凊) : 혼정신성 동온하청(昏定晨省 冬溫夏凊)의 준말로, 자식이 어버이를 정성껏 모시는 것을 말한다. 《예기》〈곡례 상(曲禮上)〉의 "겨울에는 따뜻하게 해 드리고 여름에는 시원하게 해 드려야 하며, 저녁에는 잠자리를 보살펴 드리고 아침에는 문안 인사를 올려야 한다.〔冬溫而夏凊 昏定而晨省〕"라는 말에서 나온 것이다.

60 형체……듣는다 : 《예기》〈곡례 상〉에 나오는 말로, 어버이의 모습이 보이지 않고 목소리가 들리지 않아도 마음속으로 항상 생각하면서 어버이의 뜻을 받드는 것을 말한다.

61 구체(口體)를……이이다 : 맹자가 어버이를 섬기는 도리와 관련하여, 옛날 증자(曾子)가 부친인 증석(曾晳)을 봉양할 적에 물질적으로 육신만을 봉양하는〔養口體〕 저급한 효도 대신 마음을 흡족하게 해 드리는〔養志〕 진정한 효도를 행했던 고사를 거론하면서, 어버이를 섬기려면 증자처럼 해야 한다고 말한 내용이 《맹자》〈이루 상(離婁上)〉에 나온다.

뜻도 대개는 이와 같을 것이다.

《경서변의(經書辨疑)》의 기록에 의하면, 율곡(栗谷)이 소주(小註)에 나오는 노옥계(盧玉溪)의 "표(表)와 추(粗)는 이(理)의 용(用)이고, 이(裏)와 정(精)은 이의 체(體)이다."[62]라는 설을 반박하여 말하기를 "금수와 분양(糞壤 두엄)에 있는 이(理)는 표면도 거칠고 내면도 거칠다. 따라서 모든 사물에 대해서 '표리정추'를 가지고 체(體)와 용(用)으로 나누어 둘로 하면 안 된다.〔在禽獸糞壤之理 則表亦粗裏亦粗 凡物不可以表裏精粗分體用二之也〕"라고 하였다. 내가 살펴보건대, '표리정추'는 일물(一物)의 위에 나아가서 나누어 보아야 마땅하니, '표리정추'를 중물(衆物)에 나누어 소속시키면 안 되는 것이다. 그런데 율옹(栗翁)의 뜻을 보면, '정(精)하고 추(粗)한 물(物)의 표(表)와 이(裏)'라고 생각하는 것 같은데, 그러면 문세(文勢)가 순조롭지 못하니, 이는 주자의 뜻이 아닐 듯싶다.

"표리와 정추가 이르지 않음이 없을 것이다.〔表裏精粗無不到〕"라는

62 표(表)와……체(體)이다 : 보망장(補亡章)의 "모든 사물의 표리와 정추가 이르지 않음이 없을 것이요, 내 마음의 전체와 대용(大用)이 밝지 않음이 없을 것이다.〔衆物之表裏精粗無不到 而吾心之全體大用無不明矣〕"라는 말에 대해서 송나라 노효손(盧孝孫)이 "표면이나 거친 것은 이(理)의 용(用)이며, 내면이나 정밀한 것은 이의 체(體)이다. 중리(衆理)의 체는 바로 내 마음의 체이고, 중리의 용은 바로 내 마음의 용이다.〔表也粗也 理之用也 裏也精也 理之體也 衆理之體卽吾心之體 衆理之用卽吾心之用〕"라고 하였다. 옥계(玉溪)는 노효손의 호이다. 《경서변의》는 김장생(金長生)이 지었는데, 《사계전서(沙溪全書)》 권11에 실려 있다.

한 구를 상세히 완미할 필요가 있다. 단지 '표(表)'와 '추(粗)'만 견득(見得)하고 그 '이(裏)'와 '정(精)'을 궁구하지 못했다면 이것이야 물론 '이른 것〔到〕'이라고 말할 수 없지만, 단지 '이'와 '정'에만 밝을 뿐이요 혹 '표'와 '추'에는 소략하다면 이것 역시 '이른 것'이라고 말할 수 없으니, 반드시 표·추, 이·정에 대해서 똑같이 이회(理會 이해)하여 관철(貫徹)하지 않음이 없게 된 뒤에야 비로소 '도(到)' 자를 쓸 수 있는 것이다. '무불(無不)'이라고 말한 것은 또 중물(衆物)을 합하여 말한 것이다.

'표리정추'를 일물(一物)의 위에 나아가서 살펴보면, 〈강의(講義 주희의 경연강의(經筵講義))〉에서 "표리정추의 극처(極處)를 구명한다.〔究其表裏精粗之所極〕"라고 말한 것이 이것이니, 이는 대개 표리정추를 합하여 하나의 극처가 있다는 말이다. 그리고 여기 보망장에서 "모든 사물의 표리정추가 이르지 않음이 없다.〔衆物之表裏精粗無不到〕"라고 한 것은, 또 '중물(衆物)'을 합해서 하나의 극처가 됨을 말한 것이다. 따라서 이것은 각구통체(各具統體)[63]를 설한 것이니, 표리정추에 각각 그 극처가 있다는 말도 아니요, 이(裏)는 표(表)에 대해 극처가 되고 정(精)은 추(粗)에 대해 극처가 된다는 말도 아니다.

63 각구통체(各具統體) : 다(多)와 일(一), 즉 부분과 전체에 모두 태극의 요소가 들어 있음을 뜻하는 성리학 용어이다. 통체(統體)는 총체(總體) 혹은 전체(全體)라는 말과 같다. 《근사록(近思錄)》 권1 〈도체(道體)〉에 "대개 합해서 말하면 만물이 전체가 하나의 태극이요, 나누어 말하면 일물이 각기 하나의 태극을 갖추고 있다.〔蓋合而言之 萬物統體一太極也 分而言之 一物各具一太極也〕"라는 주희의 말이 나온다.

주자가 '활연히 관통하는 것〔豁然貫通〕'을 지지(知至 극진한 지(知))라고 한 것이 대체로는 옳은 말이지만, 만약 궁극적으로 말한다면 모름지기 '생각하지 않아도 얻어지는〔不思而得〕' 경지[64]에 이른 뒤에야 비로소 지지라고 말할 수 있을 것이다. 가령 증자(曾子)의 일관(一貫)[65] 같은 것을 '활연관통(豁然貫通)'이라고 말한다면 그럴 수는 있겠지만, 이순(耳順)의 지위에는 아직 한 층이 떨어져 있으니, '지지'라는 글자를 쓸 수는 없을 듯하다.

"전체와 대용이 밝혀지지 않음이 없다.〔全體大用無不明〕"의 '명(明)'은 지(知)의 측면에서 말한 것이고, "밝은 덕을 밝힌다.〔明明德〕"의 '명(明)'은 지(知)와 행(行)을 합해서 말한 것이니, 동일한 '명(明)' 자이지만 편전(偏全)[66]의 차이가 있다.

64 생각하지……경지 : 주희가 《논어》 〈위정(爲政)〉에서 공자가 말한 이순(耳順)을 해설하면서 "소리가 귀에 들어오면 마음으로 통해서 어긋나거나 걸림이 없는 것이니, 앎이 지극하여 생각하지 않아도 얻어지는 것이다.〔聲入心通 無所違逆 知之之至 不思而得也〕"라고 하였다.

65 일관(一貫) : 일이관지(一以貫之)의 준말이다. 공자가 제자 증삼(曾參)을 불러서 "나의 도는 하나의 이치로써 모든 일을 꿰뚫고 있다.〔吾道一以貫之〕"라고 하자, 증삼이 "예, 그렇습니다.〔唯〕"라고 곧장 대답하고는, 다른 문인에게 "부자의 도는 바로 충서이다.〔夫子之道 忠恕而已矣〕"라고 설명해 준 내용이 《논어》 〈이인(里仁)〉에 나온다.

66 편전(偏全) : 치우침과 온전함, 부분과 전체, 소와 대의 차이 등을 나타낼 때 쓰는 성리학 용어이다.

전 6장 傳六章

'스스로 속이는 것〔自欺〕'은 스스로 그 마음을 속이는 것이다. 선을 행하려 하면서도 삿된 생각에 가로막히거나 겉으로는 그렇게 하면서 속으로는 그렇게 하지 않으면-외면과 내면이 같지 않은 것〔表裏不同〕이다.- '자기(自欺)'인 것이요, 악을 없애야 함을 알면서도 사욕(私欲)에 끌려가거나 밝은 데에서는 끊고 어두운 데에서는 그렇게 하지 못하면-남이 볼 때와 안 볼 때에 행동이 각기 달라지는 것〔隱見二致〕이다.- '자기'인 것이다. "스스로 속이지 않는다.〔毋自欺〕"라고 하는 것은 다름이 아니라, 단지 '선을 행하고 악을 제거하려는〔爲善去惡〕' 의지가 진실하고 통절하며 용맹스럽고 확고하여, 악에 대해서는 마치 '전적으로 자기의 코를 쾌하게 하고 싶어서 악취를 싫어하는 것〔惡惡臭之專欲快乎己之鼻〕'처럼 하여 마음을 다해 끊어 없애 버리고, 선에 대해서는 마치 '자기의 눈을 그냥 만족시키고 싶어서 호색을 좋아하는 것〔好好色之但欲足乎己之目〕'처럼 하여 있는 힘을 다해 반드시 얻는 것이다. 그리하여 털끝만큼이라도 허위(虛僞)의 생각이나 사망(邪妄)의 행동이 심술(心術)의 은미한 사이에 뒤섞이거나 한거(閒居)하며 제멋대로 하는 지경으로 갈래를 치는 일이 있지 않게끔 하여-뒤섞이거나 갈래를 치면 바로 '자기'인 것이다.- 표리(表裏)가 통연(洞然 일치)하고 은현(隱見)에 차이가 없게끔 해야 할 것이니, 이렇게 한 뒤에야 비로소 진짜로 '위선거악(爲善去惡)'하는 사람이 되는 것이요 '뜻이 참된〔意誠〕' 사람이 되는 것이다. 대개 성의(誠意)는 행(行)하는 곳을 겸해서 말해야 하니, 단지 염려(念慮)하는 측면에서만 말하면 안 된다. 경문(經文)의 자겸(自慊 자부심을 느끼는 것)이라는 두 글자가 바로 이런 뜻이니, '위선거악'을 하려면 '힘써 결단해서 악을 버리고〔務決去〕' '선을 구하여 반드시 얻어야 한다.〔求必得〕' 라는 등의 《장구》의 말을 눈여겨보아야 할 것이다.

'자기(自欺)'에는 세 가지 양태(樣態)가 있다.

하나는, 선을 행해야 하고 악을 제거해야 하는 것은 알면서도 그만 사사(私邪)에 꺼둘리고 구습(舊習)에 휩쓸린 나머지 선을 행하지도 못하고 악을 제거하지도 못한 채 다만 밖에 보이지 않도록 덮어서 가리는 것이다. 이는 '불성(不誠)' 중에서도 특히 나쁜 것이요 '자기' 중에서도 가장 조잡한 것이다.-이는 바로 "소인이 혼자 한가히 있을 때에는 못된 짓을 하되 못 할 것이 없이 한다.〔小人之閒居爲不善 無所不至〕"라는 것이니, 이것 역시 유현이치(幽顯二致)[67]의 부류에 속한다고 하더라도, '유현이치'라는 이름을 붙이기에도 부족한 것이다.-

하나는, 선을 행해야 함을 알아서 제대로 행하고 악을 제거해야 함을 알아서 제대로 제거하지만, 혹 연사(燕私 한거(閒居))하며 혼자 있을 적에는 사욕(私欲)에 꺼둘림을 면치 못한 나머지, 종전에 행했던 선한 일을 혹 남이 보지 않는다고 하여 제대로 행하지 못하기도 하고, 예전에 제거했던 악을 혹 남이 듣지 않는다고 하여 제대로 제거하지 못하기도 하니, 이는 '유현이치'하여-바로 상단에서 말한 바, 밝은 데에서는 끊고 어두운 데에서는 그렇게 하지 못하는 것이다.- 자기 마음을 스스로 속이는 것이다.

하나는, 선을 행하고 악을 제거할 즈음에 비록 은현(隱見)에 따른 다른 행동이 없긴 하지만, 일념(一念)의 사이에 사의(私意)가 혹 싹트

67 유현이치(幽顯二致) : 남이 볼 때〔顯〕와 안 볼 때〔幽〕의 행동이 두 가지로 달라지는 것을 말한다. 은현이치(隱見二致)라고도 한다.

기도 하는 것이다. 주자가 "좋아하지 않으면 안에서 거부하고, 미워하지 않으면 안에서 끌어당긴다.〔不好者 拒之於內 不惡者 挽之於中〕"[68]라고 말한 것과 같은데, 제대로 끊어 없애지 못한 채 마음속으로 용착(容著 용납)하여 암암리에 불어나고 자라나게 하는 것이니, 이는 표리부동(表裏不同)하여-바로 상단에서 말한 바, 겉으로는 그렇게 하면서 속으로는 그렇게 하지 못하는 것이다.- 자기 마음을 스스로 속이는 것이다. 이 세 가지는 비록 천심(淺深)과 정추(精粗)의 구별이 있긴 하지만 모두 '자기(自欺)'하는 것들이다.

'자기'에 비록 세 가지 양태가 있다고 하더라도, '스스로 속이지 않는〔毋自欺〕' 공부는 전적으로 심술(心術)의 기미를 살피는 데에 있는 것이다. 무릇 구습(舊習)에 휩쓸릴 때나 의욕(意欲 욕망)에 꺼둘리는 곳이 바로 일념(一念)으로 깨달아야 할 그곳이니, 그때에 곧장 뿌리까지 끊어 없애어 묘맥(苗脈)이 남아 있지 않게 해야 한다. 그리하여 '선을

68 좋아하지……끌어당긴다 : 《대학혹문(大學或問)》 전 10장에 "선이 참으로 좋아할 만한 것임을 알지 못하면 그가 선을 좋아하는 것이 비록 좋아한다고 말하더라도 좋아하지 않는 점이 없을 수 없어서 안에서 선을 거부하고, 악이 참으로 미워할 만한 것임을 알지 못하면 그가 악을 미워하는 것이 비록 미워한다고 말하더라도 미워하지 않는 점이 없을 수 없어서 안에서 악을 끌어당긴다.〔夫不知善之眞可好 則其好善也 雖曰好之 而未能無不好者 以拒之於內 不知惡之眞可惡 則其惡惡也 雖曰惡之 而未能無不惡者 以挽之於中〕"라는 말이 나온다. 《주자어류(朱子語類)》 권16에도 "선을 좋아하더라도 속으로 좋아하지 않는 점이 있으면 안에서 선을 거부하고, 악을 싫어하더라도 속으로 싫어하지 않는 점이 있으면 안에서 악을 끌어당기니, 대개 호오가 드러나지 않을 때에 벌써 이와 같이 좋아하지 않고 싫어하지 않는 것이 내면에 잠복해 있는 것이다.〔其好善也 陰有不好者 以拒於內 其惡惡也 陰有不惡者 以挽其中 蓋好惡未形時 已有那些子不好不惡底 藏在裏面了〕"라는 주희의 말이 나온다.

행하고 악을 없애려는〔爲善去惡〕' 뜻으로 하여금 표리(表裏)가 소융(昭融)하고 유현(幽顯)이 여일(如一)하게 하는 이것이 바로 "반드시 그 독처(獨處)를 삼간다.〔必愼其獨〕"라는 것이다. 주자가 "정추(精粗)와 은현(隱顯)의 도리를 한꺼번에 투철하게 꿰뚫는다.〔精粗隱顯 一時穿透〕"[69]라고 한 것이 바로 이를 말한 것이다.-주자의 설은 유자징(劉子澄)에게 답한 글에 보인다.-

주자는 대개 성의장(誠意章)의 장구(章句)에 일생의 정력을 기울였는데, 자기(自欺)와 자겸(自慊)과 신독(愼獨)에 모두 전과 후의 두 가지 설이 있다.

자기의 경우, 처음에는 '속으로 좋아하지 않는 점이 있으면 안에서 선을 거부하고 속으로 싫어하지 않는 점이 있으면 안에서 악을 끌어당기는 것'과 '어떻게 해 볼 수 없다고 포기하는 것〔不奈他何〕'을 자기라고 하고 '투철하게 아는 것〔知得透徹〕'을 '무자기(毋自欺)'의 용공처(用工處 공력을 들이는 곳)로 삼았으며,[70] 이경자(李敬子)와 문답을 나눈 뒤에

69 정추(精粗)와……꿰뚫는다 : 《회암집(晦菴集)》 권35 〈여유자징(與劉子澄)〉에 "정추와 은현의 도리를 한꺼번에 투철하게 꿰뚫어야 할 것이니, 요순이 말한 유정유일(惟精惟一)이나 공자가 말한 극기복례(克己復禮) 같은 것도 모두 이 일이다. 미나리를 먹다가 맛이 너무 좋아서 우리 그대에게 드리고 싶었다.〔精粗隱顯 一時穿透 堯舜所謂惟精惟一 孔子所謂克己復禮 便是此事 食芹而美 甚欲獻之吾君也〕"라는 말이 나온다.

70 자기의……삼았으며 : 《주자어류》 권16에 이 내용이 모두 실려 있다. '속으로……끌어당기는 것'에 대해서는 409쪽 주68 참조. '불내타하(不奈他何)'와 '지득투철(知得透徹)' 운운의 내용은 3일에 걸쳐 진행된 이경자(李敬子)와의 문답 중 첫째 날의 대화 가운데에 나온다. 녹문이 이 내용을 이경자의 문답과 상관이 없는 것처럼 기록한 것은 착오이다. 경자는 이번(李燔)의 자인데, 농암(農巖) 김창협(金昌協)은 그를 주문(朱門)의 중궁(仲弓)으로 칭하기도 하였다.

는 '불내타하(不奈他何)'를 자기의 근본으로 삼고 '용납하며 덮어서 가리는 것〔容著蓋庇〕'을 자기라고 하였으며 뿌리를 잘라 버리는 것을 무자기라고 하였다.

자겸의 경우, 처음에는 성의(誠意)의 일을 행하여 심광체반(心廣體胖)[71]하는 것을 자겸의 뜻을 형용한 것으로 여겼다가, 뒤에는 '자기의 코를 쾌하게 하고 싶어서 악취를 싫어하는 것〔惡惡臭之求以快乎己之鼻〕'처럼 하고 '자기의 눈을 만족시키고 싶어서 호색을 좋아하는 것〔好好色之求以足乎己之目〕'처럼 하는 것을 자겸이라고 하였다.

신독의 경우, 처음에는 무자기의 공(功)을 치지(致知)에 귀결시키고 근독(謹獨)을 성의(誠意)의 보조(補助)로 여기고는, "치지를 하면 뜻이 벌써 백에 칠팔십 정도는 성실해졌지만, 그래도 은미한 곳에는 아직 성실하지 못한 점이 약간 남아 있는 것이 두렵기 때문에 또 반드시 근독을 하는 것이다.〔致知則意已誠七八分 而猶恐隱微處尙有些子未誠實處 故又必謹獨〕"[72]라고 하였다가, 자기(自欺)의 설을 고친 다음에는 마침내 근독을 전적으로 무자기의 용공처로 삼았다.

전설(前說)은 〈경연강의(經筵講義)〉와 《어류(語類)》에 실려 있고, 후설(後說)은 바로 지금의 《장구》와 《혹문》 및 《어류》의 〈이경자문답(李敬子問答)〉 중 제2와 제3의 설이 그것이다. 〈강의(講義)〉는 영종

71 심광체반(心廣體胖) : 마음속이 널찍하게 관대해지고 신체가 여유 있게 펴진다는 뜻으로 《대학장구》 성의장(誠意章)에 나오는데, 부끄러울 것이 하나도 없는 군자의 모습을 형용한 것이다.

72 치지를……것이다 : 역시 《주자어류》 권16에 나오는 말이다. 원문은 '致知則意已誠七八分了 只是猶恐隱微獨處尙有些子未誠實處故其要在愼獨'으로 되어 있으나 뜻은 대동소이하기에 그냥 대본대로 번역하였다.

(寧宗) 갑인년(1194)에 이루어졌으니 이것도 만년(晩年)의 설인데, 의론이 아직도 정해지지 않은 것이 이와 같다. 〈경자문답(敬子問答)〉은 정사년(1197) 이후에 있었는데, 비록 정확하게 어느 해의 일이었는지는 확인할 수 없으나, 그 시기가 역책(易簀 서거)했던 때와 멀지 않은 것 같다. 자겸(自慊)의 설을 개정(改定)한 것은 〈경자문답〉 이전에 있었던 것으로 보인다.

성의장(誠意章) 《혹문》의 내용이 비록 《장구》만큼 정절(精切)하지는 못하지만, 그것이 논정(論定)을 한 뒤에 수개(修改)한 것만은 분명한 사실이다. 대개 《혹문》은 원래 '이미 작성해 놓은〔現成〕' 문자이기 때문에, 첫머리부터 개찬(改撰)하지는 못하고 단지 그중에서 긴요한 곳에만 약간의 수정을 가했을 뿐이므로, 자연히 미진한 곳이 없을 수 없게 된 것이다. 그러나 대체로 정당하여 구설(舊說)과 비교해서 지의(旨意)가 현격히 다르니, -"안에서 악을 끌어당긴다.〔挽之於中〕" 이전의 말은 '자기(自欺)'의 뿌리를 설명한 것이고, "이 때문에〔是以〕" 이하에서 비로소 '자기'에 대해서 설명하였다.[73] "뜻이 발하는 것〔意之所發〕"은 합하(合下 원래)의 '위선거악(爲善去惡)'

73 안에서……설명하였다 : 이 부분의 이해를 돕기 위하여 《혹문》의 내용 일부를 소개하면 다음과 같다. "대저 선이 참으로 좋아할 만한 것임을 알지 못하면 그가 선을 좋아하는 것이 비록 좋아한다고 말하더라도 좋아하지 않는 점이 없을 수 없어서 안에서 선을 거부하고, 악이 참으로 미워할 만한 것임을 알지 못하면 그가 악을 미워하는 것이 비록 미워한다고 말하더라도 미워하지 않는 점이 없을 수 없어서 안에서 악을 끌어당긴다. 이 때문에 구차하게 스스로 속이는 일을 면치 못하여 뜻이 발하는 것에 성실하지 못한 점이 있게 되는 것이다. 대저 선을 좋아하되 성실하지 못하면 선을 할 수 없을 뿐만 아니라 오히려 그 선을 해치는 점이 있게 되고, 악을 싫어하되 성실하지 못하면 악을 제거하지 못할 뿐만 아니라 그 악을 조장하는 원인이 될 수도 있다. 이렇게 되면

의 뜻을 말한다. 다만 "선이 참으로 좋아할 만한 것임을 알지 못하고, 악이 참으로 미워할 만한 것임을 알지 못한다.〔不知善之眞可好 不知惡之眞可惡〕"라고 말한 것은 완전히 지(知)에 중점을 둔 것으로 《장구》와 같지 않은데, 이 부분은 고치면서도 미진한 점이 남은 곳이니, 활간(活看)해야 할 것이다.- 지금 〈강의(講義)〉를 가지고 참증(參證)해 보면 자연히 알 수가 있다. 정심장(正心章)에 관한 《혹문》도 마찬가지이다. 《대전(大全)》의 〈답화자경서(答黃子耕書)〉 안에 들어 있는 《혹문》의 구본(舊本)을 가지고 상고해 보면, 과거의 견해를 고쳤다는 것은 의심할 여지가 없다.

〈옥류강록(玉溜講錄)〉 중에서 시해(時偕)[74]가 '자기(自欺)'의 한 단락을 논한 것을 보건대, '자기'의 본색(本色)과 관련하여 《장구》의 본의(本意)를 발명(發明)한 것은 정투(精透)하다고 할 수 있으나, 주자가 견해를 수정한 곡절에 대해서는 아직도 죄다 감파(勘破 간파(看破)) 하지 못한 점이 있었다.

대개 주자의 전견(前見 이전의 견해)이 잘못된 것은, 전적으로 '어떻게 해 볼 수 없다면서 포기하는 것〔不奈他何〕'이 자기라고 인식하고는 '무

그 해악이 단지 심해질 따름이니 무슨 유익함이 있겠는가.〔夫不知善之眞可好 則其好善也 雖曰好之 而未能無不好者 以拒之於內 不知惡之眞可惡 則其惡惡也 雖曰惡之 而未能無不惡者 以挽之於中 是以不免於苟焉以自欺 而意之所發 有不誠者 夫好善而不誠 則非唯不足以爲善 而反有以賊乎其善 惡惡而不誠 則非唯不足以去惡 而適所以長乎其惡 是則其爲害也 徒有甚焉 而何益之有哉〕"

74 시해(時偕) : 영조 때의 학자 송익흠(宋益欽, 1708~1757)의 자(字)이다. 김창협(金昌協)의 문인으로, 홍천 현감(洪川縣監), 사복시 주부(司僕寺主簿), 보은 현감(報恩縣監) 등을 지냈다.

자기(毋自欺)'를 치지(致知)의 계분(界分 경계) 위로 밀어 올린 데에 있으니, 이것이 바로 층위(層位)를 뛰어넘었다고 스스로 생각하여 학자들이 그 힘을 쓸 곳이 없게 만든 소이(所以)라고 하겠다. 그리고 '호오(好惡)'라는 두 글자로 말하면 바로 전(傳)의 본문(本文)으로서 정(情)에서부터 의(意)와 사(事)에 이르기까지 모두 그 안에 포함되어 있는 만큼, 전적으로 정(情)에만 귀결시키면 안 될 것이니, 지금 성의(誠意)를 해석하면서 호오를 버리고 한다면 또 어떻게 설명할 수가 있겠는가. 이 부분은 주자의 초년의 설과 만년의 설에 차이가 있는 것이 아니다.

이른바 "좋아하지 않는 점이 없을 수 없어서 안에서 선을 거부하고, 미워하지 않는 점이 없을 수 없어서 안에서 악을 끌어당긴다.〔不好者以拒之 不惡者以挽之〕"라는 것도 정(情)과 의(意)를 겸해서 보아야 마땅하다. 대개 선을 좋아하여 선을 행하려 하고 악을 미워하여 제거하려 하는 것은 정념(正念)이니,-정념은 정(情)과 의(意)를 겸한 것이다.- 이른바 선을 좋아하지 않고 악을 미워하지 않는 것은 바로 그 정념 중에서 옆으로 삐져나온 사념(邪念)인 것이다. 따라서 그 사념을 끊어 없애어 그것이 용납되어 안에 있지 못하게 함으로써, 이 '호선오악(好善惡惡)' 하는 원초(元初)의 정념으로 하여금 간격이 있거나 막히는 일이 없게 하여, 선은 반드시 구해서 얻고 악은 결단코 제거한 뒤에 그만두는 것이야말로 무자기의 공부인 것이다. 그러고 보면 《장구》의 "선을 행하여 악을 제거할 줄 안다.〔知爲善以去其惡〕"로부터 "스스로 자기에게 만족하게 한다.〔以自快足於己〕"까지 모두 '호오(好惡)'의 두 글자가 관통해서 내려오는 것일 뿐이니, 《혹문》의 '호오'라는 글자도 이런 뜻으로 보아야 마땅할 것이다. 그런데도 시해(時偕)는 그만 호오에 관한 제설(諸說)을 모조리 초년의 설이라고 결론짓고는 이를 떼어 내어 내버리려 하였으니, 잘못이라고 하겠다.

그리고 《어류》의 〈이경자문답(李敬子問答)〉의 제3설과 같은 것은 바로 정론(定論)으로서 《장구》와 서로 부합하는데, 다만 기록에 상세하지 못한 점이 있을 따름이다. 거기에서 "어젯밤에 설명한 것이 미진하였다.〔夜來說得也未盡〕"라고 말한 것은, 용착(容著 용납)의 설을 미진하게 여겨서 그렇게 말한 것이 아니라, 바로 지난밤에 설한 것이 비록 자기(自欺)의 본색에 대해서 견득(見得)한 것이 잘못되지 않았다고 하더라도 무자기의 공부에 대해서는 설파(說破)한 것이 오히려 미진했다는 말이다. 그래서 말하기를 "마땅히 '무자기'를 '악취를 미워하는 것처럼 하고, 호색을 좋아하는 것처럼 한다.〔惡惡臭 好好色〕'와 연결해서 설해야 한다."[75]라고 한 것이고, -마땅히 '이것을 자겸이라 이른다.〔此之謂自慊〕'까지 연결시켜야 한다. 이런 부분이 기록이 상세하지 못한 곳이다.- 또 말하기를 "선을 행할 적에 만약 조금이라도 불선의 요소가 있어서 스스로 속이게 될 때에는, 곧장 그 뿌리를 잘라 없애 버려야 한다. 이것이 참으로 악취를 미워하는 것과 같이 한다는 것이니, 이렇게 해야만 비로소 제대로 되는 것이다.〔爲善 若有些子不善而自欺時 便當斬根去之 眞箇是如惡惡臭始得〕"-'악취를 미워하는 것처럼 해야 한다.〔如惡惡臭〕'는 기록한 자의 잘못이다. 마땅

75 마땅히……한다 : 녹문이 내용을 간추려서 인용한 것이다. 《주자어류》 권16의 세 번째 〈이경자문답(李敬子問答)〉에 "어젯밤에 설명한 것이 미진하였다. 그래서 어젯밤에 돌아가서 다시 생각하며 '호색을 좋아하는 것처럼 하고 악취를 미워하는 것처럼 한다.'의 한 대목을 살펴보니, 이는 곧 '스스로 속이지 않는다.'와 연결되는 설이었다.〔夜來說得也未盡 夜來歸去又思 看來如好好色如惡惡臭一段 便是連那毋自欺也說〕"라는 주희의 말이 나온다.

히 '호색을 좋아하는 것처럼 해야 한다.〔如好好色〕'라고 해야 한다.-라고 한 것인데, 이는 바로 《장구》에서 '힘써 결단해서 악을 버리고〔務決去〕' '선을 구하여 반드시 얻어야 한다.〔求必得〕'라고 말한 뜻과 같다. 그래서 하문(下文)에서 '소인이 한거할 때에……〔小人閑居……〕'라는 말을 가지고 그 뒤를 이었으니 여기에서도 그 뜻을 알 수가 있는데, 시해(時偕)는 이에 대해서 대충 보아 넘긴 허물을 면치 못할 듯하고, 사능(士能 송능상(宋能相))은 또 '용납하며 덮어서 가리는 것〔容著蓋庇〕'을 자기(自欺)라고 한 주자의 설을 미진하다고 하였으니, 이 역시 옳지 않을 듯하다.

주자가 개비(蓋庇)를 가지고 용착(容著)의 뜻을 설명하였는데, 이는 대개 마음속에 '선을 좋아하지 않고 악을 미워하지 않는〔不好不惡〕' 뜻이 있는데도 이를 용납하여 제거하지 않고는 오히려 외면으로 '선을 좋아하고 악을 미워하는〔好善惡惡〕' 모양을 짓는다는 말이니, 이른바 "허가(虛假)의 선을 가지고 진실의 악을 덮어 가린다."라는 것이요, "1석(石)의 미곡(米穀)에서 1두(斗)가 모자라는데도 사람을 을러대며 1석이라고 강변한다."라는 말[76]과 다름이 없다. 이렇게 본다면 개비와

76 이른바……말 : 《주자어류》 권16의 두 번째 〈이경자문답(李敬子問答)〉 중에 "불선의 요소가 뒤섞인 것을 알고서도 다시 덮어 가리고 행하는 이것이 바로 자기(自欺)이다. 예컨대 어떤 사람이 1석의 미곡 중에 단지 9두(斗)만 있을 뿐 1두가 모자란다면 이 모자란 것이 곧 '자기'의 뿌리가 되고, 그럼에도 자신이 그만 스스로 덮어서 가리고는 남을 을러대며 1석이라고 강변한다면 이는 곧 '자기'이다.……이는 저 허가(虛假)의 선을 가져와서 이 진실의 악을 덮어 가리는 것이다.〔知其爲不善之雜 而又蓋庇以爲之 此方是自欺 謂如人有一石米 却只有九斗 欠了一斗 此欠者便是自欺之根 自家却自蓋庇了 嚇人說是一石 此便是自欺……將那虛假之善來 蓋覆這眞實之惡〕"라는 주희의 말이 나온다.

용착은 단지 하나의 뜻일 뿐이니, 독자는 대의(大意)를 파악하여 융통성 있게 보아야 할 것이다.

'어떻게 해 볼 수 없다고 포기하는 것〔不奈他何〕'을 곧장 자기(自欺)라고 말할 수야 없겠지만, 이를 마음속에 용착(容著)한다면 그것은 '자기'인 것이요, 이를 끊어 없애어 '자기'에 이르지 않게 한다면 그것이 무자기(毋自欺)인 것이다. 따라서 '무자기'의 공부는 곧장 '자기'의 뿌리에 나아가 즉시 힘을 써서 잠시라도 흉중(胸中)에 용착함이 없게 하고서 선을 행하는 것이다.

경 1장의 장구(章句)에서 "반드시 '자겸'을 하고 '자기'를 하는 일이 없게 한다.〔必自慊 毋自欺〕"라는 말로 성의(誠意)를 해석한 것이 지극히 좋다. 이는 바로 《어류》에서 "'무자기'를 '악취를 미워하는 것처럼 하고, 호색을 좋아하는 것처럼 한다.'라는 그 말과 연결해서 설해야 한다.……〔以毋自欺 連那惡惡臭好好色說……〕" 한 것[77]과 뜻을 같이하니, 모두 《장구》에서 '힘써 결단해서 악을 버리고〔務決去〕' '선을 구하여 반드시 얻어야 한다.〔求必得〕'라고 말한 뜻을 발휘한 것들이다. '필자겸(必自慊)'이라는 세 글자는 바로 선생이 획린(獲麟 절필(絶筆))을 한 최후의 필적(筆跡)인데, 예전에는 그냥 범범하게 보아 넘기다가 지금 보노라니 참으로 한 글자도 바꾸거나 가감할 수가 없다.

'성의(誠意)'라는 두 글자는 《대학》에 처음으로 보이지만, 다른 경서

77 어류에서……것 : 자세한 내용은 415쪽 주75 참조.

에서 이런 뜻을 설명한 것이 또한 많다. 가령 《논어》의 "덕에 의거한다.〔據於德〕"[78]나 "인(仁)을 좋아하고 불인(不仁)을 미워한다.〔好仁惡不仁〕"[79]나 "선을 보거든 미처 못 할 것처럼 서둘러 하고, 불선을 보거든 끓는 물을 더듬은 것처럼 빨리 손을 떼어야 한다.〔見善如不及 見不善如探湯〕"[80]라든가, 《맹자》의 "자기 몸을 돌이켜 볼 때 참되다.〔反身而誠〕"[81]나 "선을 자기 몸에 갖추고 있는 사람을 신인(信人)이라고 한다.〔有諸己之謂信〕"[82] 등은 모두 성의의 지위를 설명한 것이다. 그리고 〈문언(文言)〉의 "충(忠)과 신(信)은 덕(德)을 진전시키는 것이다.〔忠信所以進德〕"와 《논어》의 "저는 아직 벼슬을 감당할 자신이 없습니다.〔吾斯之未能信〕"[83]에서 '충신(忠信)'이라는 글자와 '신(信)'이라는 글자는 모두 성의의 공부를 설명한 것이다. "이를 데를 알아 이르므로 더불어 기미를 알 수 있다.〔知至至之 可與幾也〕"[84]의 '기(幾)' 자는 바로 선과 악의 기미를 가리키는

78 덕에 의거한다 : 《논어》 〈술이(述而)〉에 "진리에 뜻을 두고, 덕에 의거할 것이요, 인에 의지하고, 예의 세계에 노닐어야 한다.〔志於道 據於德 依於仁 游於藝〕"라는 공자의 말이 나온다.

79 인(仁)을……미워한다 : 《논어》 〈이인(里仁)〉의 "나는 인을 좋아하는 자와 불인을 미워하는 자를 보지 못하였다.〔我未見好仁者 惡不仁者〕"라는 공자의 말에서 추출한 것이다.

80 선을……한다 : 《논어》 〈계씨(季氏)〉에 나오는 공자의 말이다.

81 자기……참되다 : 《맹자》 〈진심 상(盡心上)〉에 "자기 몸을 돌이켜 볼 때 참되다면 이보다 더 큰 즐거움이 없다.〔反身而誠 樂莫大焉〕"라는 맹자의 말이 나온다.

82 선을……한다 : 맹자가 사람의 수준을 나누어 평가하면서 언급한 말로, 《맹자》 〈진심 하(盡心下)〉에 나온다.

83 저는……없습니다 : 공자가 제자인 칠조개(漆雕開)에게 벼슬을 하라고 권했을 때에, 그가 이렇게 대답을 하자 공자가 기뻐했다는 말이 《논어》 〈공야장(公冶長)〉에 나온다.

것이니, 이는 치지(致知)와 성의(誠意)가 서로 연접(連接)하는 지계(地界 경계)이다. 〈문언〉에서는 지(知)에 소속시키고 《대학》에서는 행(行)에 소속시켰는데, 이것은 다만 가리키는 바가 어디에 있느냐에 있을 뿐이니, 지(知)와 행(行)이 한곳에 있음을 여기에서도 확인할 수 있다.

치지와 성의는 계분(界分)이 원래 다르니, 가령 선을 행하고 악을 제거할 즈음에 지(知)가 완전히 진절(眞切)하다고 해도, 구습(舊習)에 휘감기고 정욕(情欲)에 이끌려서 혹 아직 없어지지 않은 이와 같은-이것도 주자의 설이니, 바로 "좋아하지 않는 선을 거부하고, 미워하지 않는 악을 끌어당긴다.〔不好者拒之 不惡者挽之〕"라고 말한 그 뜻이다.- 생각들이 그 사이에서 불쑥 일어나는 경우를 면치 못할 수도 있는데,-명도(明道)가 사냥을 좋아한 것〔喜獵〕[85]과 같은 경우이다.- 이런 현상 또한 괴이하게 여길 것이 없다. 이와

84 이를……있다 : 《주역》 〈건괘(乾卦) 문언(文言) 구삼(九三)〉에 나오는 말이다. 정전(程傳)에서 "이를 데를 알아 이르는 것은 치지(致知)이니, 이를 데를 알기를 구한 뒤에 이르고 보면, 지(知)가 행(行)보다 앞에 있으므로 '더불어 기미를 안다.'라고 한 것이다.〔知至至之 致知也 求知所至而後至之 知之在先 故可與幾〕"라고 해설하였다.

85 명도(明道)가……것 : 정명도(程明道) 즉 정호(程顥)의 모귀희렵(暮歸喜獵) 고사이다. 《심경부주(心經附註)》 〈천선개과장(遷善改過章)〉에 "나이 16, 7세 때에 사냥을 좋아하였다. 그러다가 얼마 뒤에 자신 있게 말하기를 '이제는 이 버릇이 없어졌다.'라고 하였더니, 주무숙이 이르기를 '어찌 말을 그렇게 쉽게 하는가. 단지 그 마음이 밑에 숨어서 발하지 않을 뿐이니, 어느 날 싹터서 일어나면 다시 처음처럼 될 것이다.'라고 하였다. 그로부터 12년이 지난 뒤에 저녁에 돌아오다가 전야 사이에서 사냥하는 자를 보고는 나도 모르게 기뻐하는 마음이 일어났으니, 과연 아직도 그렇지 않다는 것을 그때 비로소 알았다.〔予年十六七時 好田獵 旣而自謂已無此好 周茂叔曰 何言之易也 但此心潛隱未發 一日萌動 復如初矣 後十二年暮歸 在田野間 見田獵者 不覺有喜心 方知果未也〕"라는 정호의 말이 소개되어 있다. 무숙은 주돈이(周敦頤)의 자(字)이다.

같은 때에는 다시 더 지견(知見)상에 제철(提掇)[86]하여 그 근원을 맑게 해야 함은 물론이요, 당하(當下 즉시)에 맹성(猛省)하여 참단(斬斷 악의 요소를 근절하는 것)하려고 노력함으로써, 지금도 없어지지 않은 이와 같은 생각들이 흉중(胸中)에 용착(容著)될 수 없게끔 해야 할 것이다. 그리하여 선을 행하고 악을 제거하는 것이 겉으로나 안으로나 소융(昭融)하게 되는 것이 바로 이른바 '무자기(毋自欺)'라는 것으로서,-용착하면 그것이 자기(自欺)인 것이고, 참단하면 그것이 무자기인 것이다.- 성의(誠意)의 일이 되는 것이다.

대개 제철하여 원래의 치지(致知)로 되돌아가고, 참단하여 원래의 성의로 되돌아가야 하니, 이와 같이 해야만 치지와 성의에 각각 공부할 것이 있어서 서로 뒤섞이지 않게 되는 것이다. 그런데 주자의 구설(舊說)을 보면, 그만 '무자기'를 전적으로 치지에 귀결시키고 신독(愼獨)을 단지 성의의 보조 수단으로 여겼으니, 이렇게 되자 성의의 공부에 대단히 결함이 생기면서-치지는 성의 공부를 겸하는 데 반하여, 성의는 따로 공부하는 것 없이 단지 신독으로 도울 뿐이었다.- 손을 대어 힘을 쓸 곳이 거의 없게 되고 말았다. 이것이 바로 선생이 구설을 개정한 까닭이요, 또 스스로 "성의장을 이제야 비로소 분명하게 변론할 수 있게 되었다.〔誠

86 제철(提掇) : 정신을 차리고 마음을 일깨워 철저히 점검하는 것을 말한다. 원래는 주인이 비복(婢僕)을 깨우치면서 감독해야 한다는 뜻으로 장재(張載)가 말한 것인데, 문맥에 따라 환기(喚起), 각성, 분발, 단속, 진작 등의 뜻으로도 쓰인다. 조익(趙翼)은 "제(提)는 물건을 손으로 잡고서 들어 올리는 것을 말하고, 철(掇)은 한두 개의 물건을 손으로 집어내는 것을 말하니, 들어 올리고 집어내는 것처럼 열심히 경계하고 단속하는 것을 말한다.〔提 以手執物而起之之謂 掇 以手捉得一二物出之之謂 謂勤勤戒飭 如提之掇之也〕"라고 해석하였다.《浦渚集 卷17 答趙生克善近思錄問目, 韓國文集叢刊 85輯》

意章今始辨得分明者也〕"[87]라고 말한 까닭이라고 하겠다. 이것이야말로 학자들의 가장 긴절(緊切)한 공부로서 확실하게 알아 두지 않으면 안 되겠기에 내가 여기에서 다시 언급하였다.

팔조목(八條目) 모두가 각기 다른 조목과 견련(牽連 연관(聯關))하여 하나의 전(傳)을 이루었는데, 유독 성의(誠意) 1장만은 위와 아래로 연접(連接)하는 것 없이, 그냥 '그 뜻을 성실히 한다는 것은……〔誠其意者……〕' 하며 시작하였으니, 이는 대개 성의가 자수(自修)의 첫 번째 항목으로서 인귀(人鬼)의 관문[88]이 되는 까닭에 특별히 단독으로 제기하여 상세히 설명한 것이다. 그러나 위로 치지(致知)와 연접하고 아래로 정심(正心)을 개도(開導)하는 등, 상승(相承)하고 상관(相關)하는 그 뜻을 설파하지 않을 수 없기 때문에, 《장구》에서 성의와 정심 두 개 장의 장구 아래에다 별도로 설명을 하여 보충한 것이다.

전 7장 傳七章

정심장(正心章)의 장구에 나오는 "일단 있게 되었는데〔一有〕"라는 두 글자는 상구(上句)의 "사람에게 없을 수 없는 것이다.〔人所不能無〕"라

87 성의장을……되었다 : 《주자어류(朱子語類)》 권16에 나오는 주희의 말을 녹문이 정리해서 인용한 것으로, 원문은 '誠意章而今方始辨得分明'이다.

88 인귀(人鬼)의 관문 : 사람과 귀신, 즉 군자와 소인으로 나뉘는 갈림길을 말한다. 《심경부주(心經附註)》 〈성의장(誠意章)〉에 "뜻을 참되게 하는 공부야말로 사람이 되느냐 귀신이 되느냐 하는 관문이 된다. 이 하나의 관문을 통과해야만 비로소 전진할 수가 있다.〔誠意是人鬼關 過此一關 方會進〕"라는 말이 나온다.

는 말을 받아서 말한 것이다. 그런데 '불능무(不能無)'는 바로 '유(有)' 자의 뜻인 만큼, 이 '네 가지〔四者〕'[89]는 사람에게 반드시 있게 마련이라는 말인데, 그렇지만 이것이 '일단 있게 되었을 때에 제대로 살피지 못하면 욕(欲)이 발동하고 정(情)이 우세해져서〔有之而不能察 則欲動情勝〕' 하문(下文)에서 말한 것처럼 된다고 하는 말일 뿐이다.

따라서 계착(係著)[90]의 설을 심두(心頭)에 두지 않고, 단지 문장 그대로 평이하게 본다면 문의(文義)가 본래 명백하여 허다하게 설할 것이 없다. 그런데 다만 《어류》의 여러 설들을 먼저 받아들이고는 그 설을 가지고 《장구》를 보기 때문에 그만 '유지(有之)'를 계착의 뜻으로 여긴 나머지 점점 고질화되어 빠져나오지 못하고 있다. 온 세상이 모두 이런 식으로 오해하였으니, 만약 포음(圃陰 김창집(金昌緝))의 일척안(一隻眼)[91]이 없었더라면 주 선생(朱先生)이 주해(註解)를 개정한 본의(本意)가 거의 매몰될 뻔하였다.

'유소(有所)'는 계착(係著)의 뜻이 아니라는 세 가지 증거가 있다.

하장(下章)의 《혹문》에서 "이 장(章)의 뜻은 실로 위의 장을 이어받은 것이니, 글을 짓고 뜻을 부친 것이 대체로 비슷하다. 이는 대개

89 네 가지 : 정심장에 나오는 분노하고〔忿懥〕, 두려워하고〔恐懼〕, 좋아하고〔好樂〕, 걱정하는〔憂患〕 네 가지 감정을 말한다.

90 계착(係著) : 얽매인다는 뜻인데, 여기서는 하나의 감정이 오래도록 사라지지 않고 마음속에 계속 머물러서 판단력을 흐리게 하는 것을 말한다. 유착(留著)이라고도 한다.

91 일척안(一隻眼) : 선림(禪林)의 용어로, 범부의 육안이 아니라, 진실한 정견(正見)을 갖춘 혜안이라는 말이다. 정문안(頂門眼) 혹은 활안(活眼)이라고도 한다.

자신이 사물과 접한 뒤에 혹 치우침이 있을 수도 있다는 말이지, 일단 사물과 접하면 반드시 치우침이 있게 된다는 말이 아니다.……〔此章之義 實承上章 立文命意 大抵相似 蓋以爲身與事接而後或有所偏 非以爲一與事接而必有所偏……〕" 한 것이 첫 번째 증거이다.

《주자대전(朱子大全)》의 〈답황자경서(答黃子耕書)〉에 《혹문》의 구본(舊本)을 수록하고 있는데, 그중에 "반드시 아는 것이 지극해지고 뜻이 성실해져서 사사로이 얽매인 바가 없어야 한다.……〔知至意誠無所私係……〕" 하고, "흉중에 하나라도 성실하지 못한 점이 있으면, 사물이 나에게 감촉하지 않아도 '네 가지〔四者〕'의 사(私)가 이미 마음속에서 주장하고 있는 것이다.……〔一有不誠 則物之未感 四者之私 已主於內……〕" 한 것은 분명히 계착의 뜻으로서 《어류》와 같은 것이다. 그런데 지금의 《혹문》에는 이런 말들을 죄다 없애 버리고 단지 "사물이 나에게 다가올 때에 제대로 살피지 못하는 점이 있다.……〔事物之來有所不察……〕" 하였는데, 이것은 《장구》의 "일단 있게 되었는데 제대로 살피지 못한다.〔一有之而不能察〕"라는 해설과 말뜻이 똑같으니, 이것이 두 번째 증거이다.

《어류》의 의강(義剛)이 기록한 글에 "유기보(劉圻父)가 정심장에서 '제대로 마음을 보존하지 못하면 네 가지 감정〔四者〕이 일어났을 적에 거꾸로 그 마음을 동요시킨다.'라는 해설에 대해서 묻자, '당초에 해설할 적에[92] 이 한 절(節)을 첨가했었는데, 만약 경문에 의거한다면, 단지 사자(四者)가 일어났을 적에는 곧 자리를 들썩이게 한다는 정도로 해

92 당초에 해설할 적에 : 대본에는 '是當初說得'으로 되어 있으나, 《주자어류》의 원문에 의거하여 '得'을 '時'로 바로잡아 번역하였다.

설해야 할 것이다.'라고 말하였다.〔劉圻父說正心章謂不能存之則四者之來 反動其心 曰是當初說時 添了此一節 若據經文 但是說四者之來 便撞翻了這坐子耳〕"라는 내용이 있다. 유기보가 거론한 주자의 해설은 《장구》의 구본인 것 같은데, 이는 대개 《혹문》의 구설(舊說)에서 "사자의 사(私)가 이미 안에서 주장하고 있으므로 그 기(氣)에 강하게 자극을 받아 거꾸로 그 마음을 동하게 한다.〔四者之私 已主於內 暴於其氣 反動其心〕"라고 한 것과 같은 뜻이고, 선생이 답한 "자리를 들썩이게 한다.〔撞翻坐子〕"라는 설은 분명히 지금의 《장구》 및 《혹문》의 해설과 같은 뜻이다. 그리고 그 하문(下文)에서 또 말하기를 "만약 당초에 이 한 절의 해설이 있었던 때처럼 되려면, 전문(傳文)이 반드시 그 부분을 그렇게 설했어야 할 것인데, 지금은 단지 이렇게만 설했을 뿐 그런 뜻이 없는데도 불구하고, 내가 해설하면서 이 부분을 주절거리며 엉망으로 만들어 버리고 말았다.〔若當初有此一節時 傳文須便說在那裏了他今只恁地說 便是無此意 却是某於解處說絮著這些子〕"라고 하였다. 이 기록이 비록 상세하지는 못하다고 해도, 대개는 처음에 엉망으로 해설하였으므로 뒤에 와서 개정했다는 말이니, 이것이 또 주해를 개정한 세 번째 분명한 증거이다.

역형(櫟兄 송명흠(宋明欽))이 옥류(玉溜)에 있을 적에는 역시 포음(圃陰)의 설을 따랐는데, 만년에는 또 의견을 바꿔서 《어류》의 설을 따르기에, 내가 누누이 〈황자경서(黃子耕書)〉를 거론하여 증거를 대었으나, 살펴보려 하지 않았으니 한탄스럽다.

'유(有)'는 단지 '무(無)'에 상대하여 칭하는 것인 만큼, '유소(有所)' 운운한 것은 바로 심상하게 말한 것일 뿐이니, 어떻게 거기에 '계착(係

著)'의 뜻이 들어 있겠는가. 더군다나 고문(古文)은 평정(平正)하니, 이런 기교(奇巧)를 부리지도 않았을 것이다.

그리고 마음이 '그 바름을 얻지 못하는 것〔不得其正〕'이 어찌 계착하는 한 가지 일에만 국한되겠는가. 가령 어떤 일을 당하여 노여워해야 할 때 노여워하는 것이 부족하거나, 어떤 외물(外物)을 보고서 좋아해야 할 때 좋아하는 것이 부족한 경우도, 어찌 희로(喜怒)가 '절도에 맞지 않은 것〔不中節〕'이 아니겠는가. 마음의 병통을 논하면서 단지 그 과(過)를 말하기만 하고 그 불급(不及)은 말하지 않는다면, 이것 역시 전자(傳者)의 뜻이 아닐 듯싶다. 《장구》의 "욕(欲)이 발동하고 정(情)이 우세해져서〔欲動情勝〕"라는 말은 사례가 많은 경우를 좇아서 말했기 때문에 이와 같이 한 것일 뿐이니, 사실은 과와 불급을 통틀어 말해야 그 뜻이 완비된다고 할 것이다.-《혹문》의 "반응할 적에 잘못이 없을 수 없다.〔應之不能無失〕"라는 말에 대해서도, '희로하면 안 되는데 희로하는 경우'와 '희로해야 할 때 희로하는 것이 과중(過中)하거나, 희로해야 할 때 희로하는 것이 불급(不及)한 경우' 두 가지를 통틀어 말해야 할 것이다.-

퇴계(退溪) 선생이 '유소(有所)'의 뜻을 해석한 것은 포음(圃陰)의 설과 같다. 퇴옹(退翁)이 《어류》의 설을 보지 않은 것이 아닐 텐데도 그 말이 이와 같은 것은, 대개 《장구》와 《어류》의 설이 같지 않음을 알았기 때문인데, 사계(沙溪 김장생(金長生))와 우옹(尤翁 송시열(宋時烈)) 두 선생은 모두 그렇게 여기지 않았다. 퇴옹은 또 '일유(一有)'의 '일(一)'을 네 가지 감정〔四者〕 중의 하나로 해석하였는데, 이것은 매우 온당치 못할 듯하다. '일유'의 일은 "혹 분치(忿懥) 등의 일이 있으면"이라는 말이니, '일(一)' 자는 가볍게 처리하여 설명하는 것이 타당하다.

이 장에 대해서 어떤 이는 "동(動)과 정(靜)을 겸한 것이다."라고 하고, 어떤 이는 "전적으로 용(用)의 측면에서 말한 것이다."라고 하는데, 나의 생각에는 동과 정을 겸했다는 의견이 옳을 듯하다. 다만 '그 바름을 얻지 못하는 것〔不得其正〕'이 매양 용처(用處)에 있기 때문에, 전(傳)의 수절(首節)에서 전적으로 용(用)의 측면에 나아가 설한 것일 뿐이다. 그러나 용(用)이 그 바름을 잃게 되는 소이(所以)는 바로 이 마음이 보존되지 못하여 체(體)가 서 있지 않아서이니, 그런 까닭에 '네 가지 감정〔四者〕'이 나에게 올 적에 정밀하게 살피지 못해서 그런 것이다. 그래서 곧장 "마음이 있지 않으면……〔心不在焉……〕"의 말로 이어받은 것이니, '심부재언(心不在焉)'이라는 네 글자로 이 장의 시종(始終)을 꿰뚫어 보아야 마땅할 것이다.

당초에 마음이 보존되지 못한 까닭에 용(用)이 그 바름을 잃었는데, 체(體)가 이미 서 있지 않자 용이 또 그 바름을 잃게 된 것이니, 이렇게 반복해서 상인(相因 상관(相關))하다 보면, 이 마음이 어느 때이고 보존될 수가 없게 될 것이고, 그리하여 끝내는 보아도 보이지 않고 들어도 들리지 않으며 먹어도 맛을 알지 못하는 지경에 이르게 되어 몸이 닦이지 않게 되는 것이다. 따라서 정심(正心)을 하려고 하는 자는 바로 경(敬)을 위주로 하여 그 마음을 보존하고 나서, 사물이 나에게 올 적에 어느 상황에서나 정밀하게 살핌으로써, 그 희로우구(喜怒憂懼)가 절도에 맞지 않음〔不中節〕이 없게 해야 할 것이니, 그렇게 하면 체(體)가 확립되어 용(用)이 행해지는 가운데 이 마음이 항상 보존되어 몸이 닦이지 않음이 없게 될 것이다.

《장구》의 '경(敬)' 자는 바로 '심부재언(心不在焉)'의 1구로 말미암아 나온 것이다. 그런데 사계(沙溪)가 《장구》와 《혹문》을 인용하여

"마음을 바르게 하는 것은 그 마음의 용(用)을 바르게 하는 것이다.〔正心者 正其心之用也〕"라고 하자, 우옹(尤翁)도 이를 그대로 답습하여 설명하였는데, 이는 전문(傳文)의 하단에 대해 미처 착안하지 못해서 그런 듯싶다. 혹자는 말하기를 "두 선생이 '유소(有所)'를 '계착(係著)'의 뜻으로 보았기 때문에 이렇게 한 것이다."라고 하지만, 이것도 옳은 말이 아니다. 비록 '계착'의 뜻으로 보았다고 하더라도, 정심이 체(體)와 용(用)을 겸한 것은 다를 바가 없으니, 《혹문》의 구본에서 외물(外物)을 아직 감촉하지 않았을 때〔未感〕와 이미 감촉한 때〔已感〕로 나누어서 설명한 것을 보아도 매우 분명하다고 하겠다.

전 8장 傳八章

도암(陶菴 이재(李縡))이 말하기를 "'자기 자식의 악(惡)함을 알지 못한다.〔莫知其子之惡〕'라고 한 것은 바로 10장(章)의 용인(用人 인재 등용)의 장본(張本)이고, '자기 묘(苗)가 큰 것을 알지 못한다.〔莫知其苗之碩〕'라고 한 것은 바로 10장의 이재(理財)의 장본이다."라고 하였는데, 이와 같이 본 것이 매우 좋다. 도암이 또 말하기를 "이 장은 단지 자신과 외물이 접촉하는 곳에 나아가서 심술(心術)의 병통을 말한 것일 뿐이다. 수신(修身)을 하며 실제로 힘쓸 곳을 찾는다면 9장의 효(孝), 제(弟), 자(慈)에서 구해야 할 것이니, 이 때문에 《장구》에서 '효, 제, 자는 자신을 닦아서 집안에 가르침을 펴는 방법이다.〔孝弟慈所以修身而教於家者也〕'라고 한 것이다."라고 하였는데, 이 말이 매우 절실하다.

전 9장 傳九章

9장에 대하여 주자(朱子)가 "오로지 동화(動化 감화)만을 말하였고, 추상(推上 미루어 나가는 것)은 말하지 않았다."[93]라고 하였는데, 내가 옥류(玉溜)에 있을 적에 며칠 동안 정밀하게 사색하여 비로소 그 설을 납득할 수 있었다. 이와 관련한 상세한 내용은 〈강록(講錄)〉에 실려 있다. 그런데 그 뒤에 《주자대전(朱子大全)》의 〈답왕장유서(答汪長孺書)〉를 보았더니, 장유(長孺)가 제기한 문목(問目)의 대의(大意)가 바로 나의 설과 같았는데, 선생이 통쾌하다고 칭찬하였다. 이에 사람이 보는 것은 그다지 큰 차이가 없는 만큼, 전인(前人)이 몰랐던 것을 밝혀내었다고 스스로 생각하는 것 중에도 이미 소릉(昭陵)을 본 것들[94]이 많으리라는 것을 알게 되었다.

93 오로지……않았다 : 《대학장구》 전 9장 '여보적자(如保赤子)'의 소주(小註)에 "여기서는 우선 동화(動化)가 근본이 되는 것만을 말하였고, 미루어 나가는 것에 대해서는 아직 말하지 않았다. 전 10장에 가서야 완전히 미루어 나가는 것을 설하였다.〔此且只說動化爲本 未說到推上 後方全是說推〕"라는 주희의 말이 나온다.

94 이미……것들 : 자기 이전에 다른 사람이 먼저 보고서 밝혀 놓은 것이라는 말이다. 당 태종(唐太宗)이 문덕황후(文德皇后)를 그리워한 나머지 그녀가 묻힌 소릉(昭陵)을 바라보려고 원중(苑中)에 층관(層觀)을 지어 놓고는 때때로 관망하였다. 하루는 위징(魏徵)과 함께 올라갔는데, 위징이 "신은 눈이 어두워서 볼 수가 없습니다."라고 하였다. 이에 태종이 손으로 소릉을 가리켜 보여 주니, 위징이 "이 소릉 말입니까?"라고 반문하였다. 태종이 그렇다고 대답하자, "신은 폐하께서 멀리 있는 헌릉(獻陵)을 바라보시는 줄 알았습니다. 소릉과 같은 것은 신이 벌써 보았습니다.〔臣以爲陛下望獻陵 若昭陵 臣固見之〕"라고 답하였다. 《新唐書 卷97 魏徵列傳》 헌릉은 태종의 부친인 당 고조(唐高祖)의 능호이다.

예전에 내가 한천(寒泉)으로 도암(陶菴)을 뵈러 갔을 적에 마침 다사(多士)가 《대학(大學)》을 강독하는 때를 만났는데, 대심(大心 이유(李維))이 추첨(抽籤)하여 "그 위의(威儀)가 어그러지지 않는다.〔其儀不忒〕"라는 한 절(節)을 얻었다. 선생이 묻기를 "'그 부자와 형제 된 자가 본받을 만하게 된 뒤에 백성들이 본받는다.〔其爲父子兄弟足法而後民法之〕'라는 것은 무슨 뜻인가?"라고 하자, 대심이 대답하기를 "내가 아비와 자식과 형과 아우 노릇을 하는 것이 남에게 본받을 만하게 된 뒤에 남이 본받는다는 말입니다."라고 하였다. 선생이 또 자리에 있는 여러 사람들에게 차례로 묻자, 여러 사람들이 각자 자기 의견을 대답하였고, 나는 "대심의 말이 좋은 것 같습니다."라고 하였다. 이에 선생이 한참 동안 깊이 생각하고는 말하기를 "나의 의견은 이와는 조금 다르다. 내 집안의 아비와 자식과 형과 아우가 된 자가 나에게서 법을 취하기에 족한 뒤에야 국인(國人)이 본받는다는 말이다."라고 하니, 대심이 크게 찬양하면서 말하기를 "저의 설은 단지 신수(身修 자기 몸이 닦임)만 말하고 집안에 대해서는 언급하지 못하였는데, 선생의 말씀은 신수와 가제(家齊 집안이 가지런해짐)를 모두 포괄하여 말씀이 지극히 완비되었습니다.……" 하였다. 나 역시 말없이 물러 나오긴 하였으나, 문의(文義)를 가지고 말한다면, 대심의 설명이 아무래도 옳을 듯하다.

전 10장 傳十章

'혈구(絜矩)'의 뜻과 관련하여, 《주자대전(朱子大全)》의 〈답강덕공서(答江德功書)〉에서는 "사물을 헤아려 방정(方正)함을 얻는 것이다.〔度物而得其方也〕"라고 하고, 〈답주순필서(答周舜弼書)〉에서는 "구(矩)

로 재어서 그 방정함을 취하는 것이다.〔度之以矩而取其方耳〕"라고 하는 등 두 설이 같지 않은데, 이 설이 주자 초년의 것인지 만년의 것인지도 상고할 수가 없다. 그러나 '구(矩)' 자를 곧장 방(方)의 뜻으로 해석하는 것은 온당하지 않을 듯하니, 〈주서(周書 진서(秦誓))〉의 내용을 따르는 것이 정론(定論)일 듯하다. 대개 구(矩)를 가지고 위를 재고 아래를 재며 앞을 재고 뒤를 재며 왼쪽을 재고 오른쪽을 재어, 피차(彼此)의 거리가 균일하고 평직(平直)하게 하면 방정한 모양이 자연히 이루어지는 것이다.

'백성들이 효심을 일으키고〔興孝〕 우애를 일으키고〔興弟〕 저버리지 않는 것〔不倍〕'은 상장(上章)의 '집을 나가지 않고도 나라에 가르침을 이루는 것〔不出家 成教於國〕'을 받아서 말한 것이기 때문에, 《장구》에서 이것을 가지고 '집안이 가지런해지매 나라가 다스려지는 것〔家齊而國治〕'으로 삼은 것이다. 대개 장(章)의 첫머리에서 이미 "천하를 평등하게 하는 것은 그 나라를 다스림에 있다.〔平天下在治其國〕"라는 말로 시작하였고 보면, 이것을 해석하는 것이 물론 이와 같아야 하겠지만, 사실은 천하의 백성들도 그 안에 포함되어 있으니, 해설에만 집착해서 보면 안 될 것이다.

'호오(好惡)'라는 두 글자가 성의장(誠意章)에서부터 내려와서 정심(正心)과 수신(修身)과 제가(齊家)와 치국(治國)의 과정을 전부 이 두 글자가 관통하였고 보면, 이것은 각각 다른 일들이 아니다. 《혹문》에서 "근본과 지말(枝末)이 실로 하나의 물건이고, 처음과 끝이 실로 하나의 몸이다.〔本末實一物 首尾實一身〕"라고 하였는데, 이 말을 깊이 완미하면 의미가 무궁함을 느낄 것이다.

혈구(絜矩) 1장(章)은 '호오(好惡)'가 강(綱)이 되고 이재(理財)와 용인(用人)이 목(目)이 되며, '호오'가 경(經)이 되고 '이재'와 '용인'이 위(緯)가 된다. 인(人)과 재(財)라는 두 개의 측면이 간간이 보이며 교대로 출현하여 그 글의 형세가 끊어졌다 다시 이어지고 이어졌다 다시 끊어지는 가운데, 그 말뜻이 웅혼하고 원만하여 꿰맨 자국이 전혀 없이 구절마다 일으키는 것과 결론짓는 것이 있는데, 결론 부분의 말은 더욱 밀도를 더하고 뜻은 더욱 심오해진다.

문왕편(文王篇)의 시(詩)에서 내려와서 〈강고(康誥)〉의 글이 되면, '대중을 얻고〔得衆〕 대중을 잃는 것〔失衆〕'이 발전하여 선(善)과 불선(不善)이 되는데, 이 선은 바로 상문(上文)에서 말한 덕(德)이고 불선은 바로 '근본을 밖으로 하고 말단을 안으로 하는 것〔外本內末〕'이다. 또 〈강고〉의 글에서 내려와서 "군자에게는 큰 도가 있다.〔君子有大道〕"가 되면, 선과 불선이 또 발전하여 '충신(忠信)'과 '교태(驕泰)'가 되는데, 이 '대도(大道)'는 바로 위의 '선(善)' 자를 받아서 그렇게 표현한 것이다. 그리고 충신은 성의(誠意)를 말하고 교태는 그 반대를 말하는데, 충신은 위의 "사람을 좋아할 수 있고, 사람을 미워할 수 있다.〔能好人 能惡人〕"에 응하니, '선을 좋아하기를 호색을 좋아하는 것과 같이 하고, 악을 미워하기를 악취를 미워하는 것과 같이 하는 것〔好善如好好色 惡惡如惡惡臭〕'이요, 교태는 위의 "사람의 본성을 어긴다.〔拂人之性〕"에 응하니 선을 좋아하지 못하고 거꾸로 악을 좋아하며 악을 미워하지 못하고 거꾸로 선을 미워하는 것이다. 그래서 《장구》에서 "이 장에 이르러서 천리가 보존되고 멸망하는 기틀이 결판났다.〔至此而天

理存亡之幾決矣〕"라고 하였으니, 그 뜻을 알 수가 있다.

그리고 말후(末後)의 양절(兩節)에 이르러서는 또 인(人)과 재(財)를 합하여 말하면서, "이(利)를 이익으로 여기지 않고 의(義)를 이익으로 여긴다.〔不以利爲利 以義爲利〕"라는 것으로 거듭 말하며 결론을 지었으니, 정녕(丁寧)히 반복한 그 뜻이 그지없이 깊고 절실한 것은 물론이요, 문자의 관쇄(關鎖 관건(關鍵))가 되는 곳을 처리한 솜씨 역시 지극히 묘하다고 할 것이다.

'백성들이 효심을 일으키고〔興孝〕 우애를 일으키고〔興弟〕 저버리지 않는 것〔不倍〕'은 바로 '작신민(作新民)'의 장구에서 '스스로 새로워진 백성〔自新之民〕'[95]이라고 말한 것인데, '진작하여 일으키는〔振起〕' 뜻과 같은 것은 다시 상세히 설명하지 않았으니, 이는 '백성을 새롭게 하는〔新民〕' 도(道)가 전적으로 동화(動化 감화)에 있기 때문이다.

대개 천하를 통틀어서 모두 한 개의 신(神)일 뿐이요, 모두 한 개의 성(誠)일 뿐이다. 그러므로 임금이 '만물 중에 으뜸으로 나와서〔首出庶物〕' 날로 그 덕을 새롭게 하면 아래에서 보고 감화를 받는 것이 마치 메아리가 소리에 응하는 것과 같아서, '빨리하지 않아도 빨라지며 걷지 않아도 이르게 되어〔不疾而速 不行而至〕' 그 기틀이 스스로 그만둘 수 없게 된다. 참으로 이와 같이 된다면 예악(禮樂)과 학교(學校) 등 '도와서 성공시키는〔作成〕' 도구가 오직 거행하여 조처하기에 달려 있음은

95 스스로 새로워진 백성 : 《대학장구》 전 2장에서 주희가 《서경》 〈강고(康誥)〉의 '작신민(作新民)'을 '스스로 새로워진 백성들을 진작하여 일으키는 것〔振起其自新之民〕'으로 해석한 것을 말한다.

군이 말할 것도 없다. 그러나 그렇지 않은 경우라면 법제가 아무리 갖추어졌다고 하더라도 무슨 이익이 있겠는가.

《대학》 한 편은 전적으로 심법(心法)의 차원에 나아가서 발휘하였고 '일을 행하는〔事爲〕' 측면에 대해서는 언급하지 않았으므로 이에 대해서는 생략을 한 것이다. '흥효(興孝)하고 흥제(興弟)하고 불배(不倍)하는 것'만 하더라도 비록 백성들이 감발(感發)하며 흠동(歆動)한 것이라고는 하지만 이는 단지 그들의 마음이 그런 것일 따름이니, 참으로 위에서 통치하는 자가 '백성들과 더불어 좋아하고 싫어함을 함께하여〔與民同好惡〕' 백성들로 하여금 각기 삶을 이룰 수 있게 하지 않으면, 재물도 없이 그들을 기쁘게 해 줄 수는 없는 일이다. 따라서 효도하려는 마음이 있다고 하더라도 어떻게 '생전에 섬기고 사후에 장사 지내며 제사 지내는〔生事葬祭〕' 직분을 다하겠으며, 우애하려는 마음이 있다고 하더라도 어떻게 충심(忠心)으로 기르며 복무(服務)하는 방도를 닦겠으며, 자애(慈愛)하려는 마음이 있다고 하더라도 어떻게 애무하며 양육하는 도리를 베풀겠는가. 한갓 그런 마음만 있을 뿐이요 행사에 적용할 수가 없다면, 이른바 감발하고 흠동하는 것도 부질없는 일이 되고 말 것이니, 신민(新民)의 단서를 열었다고 말할 수는 있겠지만, 어떻게 신민의 도를 극진히 했다고 말할 수야 있겠는가.

이 때문에 '흥효 흥제 불배'의 아래에서 곧장 '백성들과 더불어 좋아하고 싫어함을 함께함'을 말하면서 재용(財用)을 위주로 설명을 한 것이다. 이는 대개 백성이 의지하여 살아가며 위로 섬기고 아래로 기르는 것이 전적으로 여기에 달려 있기도 하고, 또 예로부터 임금이 마음으로는 해 보려 하였으나 잘 안 되었던 것 중에도 이보다 더한 것이 없었기 때문이다.

그러나 백성들과 더불어 좋아하고 싫어함을 함께하면서 그 이익을 독점하지 않을 수 있게 하는 것은, 또 현인(賢人)을 진출시키고 사인(邪人)을 물리치는 데에 있기 때문에 또 용인(用人)으로 그 뒤를 이었고, 마지막에는 또 이를 합쳐서 결론을 맺었으니, 그 뜻이 정말 심절(深切)하고 저명(著明)하다고 할 수 있다. 임금이 실제로 '먼저 덕을 삼가면서〔先愼乎德〕' 성심(誠心)으로 현인을 진출시키고 사인을 물리치며, 성심으로 이익을 뒤로하고 정의를 앞세우기를, 이 장(章) 안에서 말한 것처럼 할 수만 있다면, 천하의 백성들이 삶을 편안히 여기고 일을 즐거워하며 각각 제자리를 얻게 될 것이다. 그리하여 처음에 효(孝), 제(弟), 자(慈)에 흥기했던 자들이 참으로 늙은이를 늙은이로 대우하고〔老老〕 어른을 어른으로 대우하며〔長長〕 고아를 구휼하는〔恤孤〕 그 행동을 실천에 옮길 수 있게 되어, 어떤 사람도 자기 소원을 이루지 못하는 경우가 없게 될 것이니, 이렇게 된 뒤에야 비로소 명덕(明德)을 천하에 밝혀 신민(新民)이 "지선(至善)에 머물게 되었다.〔止於至善〕"라고 말할 수 있을 것이다. 따라서 '혈구지도(絜矩之道)'라는 네 글자는 이와 같은 뜻을 모두 포함해서 보아야 하니, 이재(理財)와 용인(用人)이 비록 '사위(事爲)'를 말한 것 같지만 사실은 역시 인주(人主)의 심술(心術)의 측면에 나아가서 말하였을 뿐이다.

주자가 9장을 동화(動化 감화)하는 내용으로 여겼지만, 사실은 10장도 동화를 위주로 설한 것이다. 흥효(興孝)하고 흥제(興弟)하고 불배(不倍)하는 것은 동화의 기두(起頭 개시(開始))인 것이고, 흥기한 그 마음을 이루어 각자 분원(分願 본원(本願))을 얻는 것은 동화의 결말인 것으로서, 모두 추행(推行 확대 시행)을 하는 일과는 관계가 없다. 예악

(禮樂)과 치교(治敎)를 행해야만 비로소 추행을 하는 것인데, 여기에서는 이에 대해서 언급하지 않았다. 혈구(絜矩)가 비록 '미루어 나감〔推〕'을 말한 것이기는 하지만, 백성을 편안하게 해 주는〔安民〕 정치는 가르치며 인도하는〔敎導〕 일과는 조건이 원래 다른 것이다.

"먼저 덕을 신중히 한다.〔先愼乎德〕"의 장구에서 '덕(德)'을 명덕이라고 해석한 것에 대하여, 그동안 견강부회한 것이 아닌가 하고 의심하다가, 지금에 와서야 그 해석이 친절하고 명백하여 상정(常情)이 미칠 바가 아님을 알게 되었다. 대개 위에서 '백성들과 더불어 좋아하고 싫어함을 함께하여〔與民同好惡〕 대중을 얻으면 나라를 얻는 것〔得衆得國〕'을 말하였는데, '여민동호오(與民同好惡)하여 득중득국(得衆得國)하는' 소이(所以)는 지력(智力)을 가지고 억지로 할 수 있는 것이 아니요, 그 요체는 먼저 자기의 명덕을 밝히는 데에 있는 것이다. 그런데 자기의 명덕을 밝힌다고 하는 것도 "격물치지(格物致知)를 하여 천하의 뜻을 통함으로써 천만인의 마음을 아는 것이니, 이는 곧 한 사람의 마음이 성의정심(誠意正心)을 하여 한 개인의 사(私)를 이김으로써 한 사람의 마음으로 천만인의 마음을 삼는 것이다.〔格物致知 有以通天下之志 而知千萬人之心 卽一人之心 誠意正心 有以勝一己之私 而以一人之心 爲千萬人之心耳〕"[96]라고 말하는 것에 불과할 따름이다.-'격물치지'

96 격물치지(格物致知)를……것이다 : 《혹문》의 원문과는 약간 다르나 뜻은 대동소이하기에 녹문이 정리하여 인용한 대로 번역하였다. 원문은 다음과 같다. "物格知止 故有以通天下之志 而知千萬人之心 卽一人之心 意誠心正 故有以勝一己之私 而能以一人之心 爲千萬人之心"

이하는 《혹문》의 글이다.- "선하면 얻는다.〔善則得之〕"라는 것은 '먼저 덕을 신중히 하면〔先愼乎德〕 토지를 소유하고 인민을 소유하는 것〔有土有人〕'이요, "선하지 않으면 잃는다.〔不善則失之〕"라는 것은 '근본을 밖으로 하고 말단을 안으로 하면〔外本內末〕 대중을 잃고 나라를 잃는 것〔失衆失國〕'이니, 이 장에 나오는 '덕(德)' 자와 '선(善)' 자와 '대도(大道)' 자가 일맥관통(一脈貫通)하는 것을 주목해서 보아야 할 것이다.

〈초서(楚書)〉와 구범(舅犯)의 두 조목은 '근본을 밖으로 하고 말단을 안으로 하지 않는' 뜻을 거듭 말한 것이다. 그리고 〈초서〉의 "선인을 보배로 삼는다."라는 말이 아래의 〈진서(秦誓)〉의 말을 일으켰는데, 문자를 접속하면서도 전혀 흔적을 보이지 않았으니, 이는 가장 묘한 점이라고 하겠다.

"군자에게는 큰 도가 있다.〔君子有大道〕"의 '대도(大道)' 두 글자는 '먼저 덕을 신중히 하는 것〔先愼乎德〕'에서부터 아래의 이재(理財)와 용인(用人) 두 가지 일까지 통틀어 말한 것이니, 이는 바로 《장구》에서 말한 '수기치인(修己治人)'의 술법이다. '충신(忠信)'이 비록 위의 "인자(仁者)만이 사람을 좋아하며 사람을 미워할 수 있다.〔能好人 能惡人〕"라는 말을 받아서 말한 것이기는 하지만, 사실은 성의(誠意)의 일을 통틀어 말한 것이니, 전적으로 용인의 측면에서만 볼 필요는 없다.

"재물을 생산하는 데에 큰 도가 있다.〔生財有大道〕"의 한 절(節)은 위의 '군자유대도(君子有大道)'의 말을 이어받은 것으로서, 재물을 생산하는 데에도 큰 도가 있음을 말하여 임금과 백성 모두가 만족할 수 있는 도리를 밝힌 것이니, 이는 원래 한 개의 대도(大道)일 뿐이다. 백성들이 위로 섬기고 아래로 기르면서 각자 자기의 소원을 이룰 수 있는 것은 전적으로 재용(財用)에 달려 있기 때문에, 처음부터 끝까지 재용을 가지고 설명하고는 "의를 이로움으로 여긴다.〔以義爲利〕"라는 말로 다시 결론을 맺었으니, 임금을 경책하는 것이 또한 절실하다고 하겠다.

나는 17, 8세 때부터 《대학》을 읽으면서 정밀하게 사색해 마지않았는데, 지금 71세가 되었으니 일생의 정력을 여기에 다 쏟았다고 말해도 좋을 것이다. 주자(朱子)가 일찍이 말하기를 "《대학》과 《계몽(啓蒙)》은 내가 열심히 연구하여 전인(前人)이 미처 도달하지 못한 곳을 터득하였다."[97]라고 하였는데, 지금 내가 감히 이렇게 말하지는 못한다 하더라도, 한두 가지 여측(蠡測)[98]한 것이 없지 않기에, 자그마한 책자로 나의 의견을 간략히 써서 아이들에게 보여 주는 바이다.

신축년(1781, 정조5) 6월에 녹옹(鹿翁)은 쓰다.

97 대학과……터득하였다 : 《주자어류(朱子語類)》 권14에 "《대학》과 《계몽》의 해설을 끝내고 나서 선생이 이르기를 '나는 일생 동안 단지 이 두 건의 문자를 열심히 연구하여, 선현이 미처 도달하지 못한 곳을 터득하였다.'라고 하였다."라는 하손(賀孫)의 기록이 있다.

98 여측(蠡測) : 고등 껍데기로 바다의 깊이를 측량하는 것처럼 자신의 국량과 식견이 천박하긴 하지만 그래도 터득한 점이 없지 않다는 뜻의 겸사이다. 한(漢)나라 동방삭(東方朔)의 "대롱 구멍으로 하늘을 엿보고, 고등 껍데기로 퍼서 바닷물을 재며, 풀줄기로 종을 치는 격이다.〔以筦窺天 以蠡測海 以筳撞鍾〕"라는 말에서 유래했다. 《文選 卷45 答客難》

지은이 **임성주(任聖周)**

1711년(숙종37)~1788년(정조12). 조선 후기의 학자로, 본관은 풍천(豐川), 자는 중사(仲思), 호는 녹문(鹿門)이다. 도암(陶庵) 이재(李縡)의 문인이며, 송명흠(宋明欽), 송문흠(宋文欽), 김원행(金元行) 등과 교유하였다. 1733년 사마시에 입격하였다. 1750년 익위사 세마가 되었고 이어 익위사 시직, 공조 좌랑, 임실 현감 등을 지냈다. 1758년 공주 녹문(鹿門)에 은거하였다. 1762년 익위사 위솔이 되어 세손이었던 정조(正祖)를 보도하였다. 이후 사옹원 주부, 전주 판관, 성주 부사 등을 역임하였다. 1774년 사직하고 공주 녹문, 원주 산호(山湖) 등지에서 은거하며 학문에 전념하였다. 초년에는 스승인 이재의 인물성동론(人物性同論)에 동조하였으나, 점차 기존 학설을 비판하고 이기동실(理氣同實)의 이기론(理氣論)을 정립하여 조선 성리학 6대가의 한 사람으로 일컬어진다. 1845년 대사헌 겸 성균관좨주에 추증되었다. 저서로《녹문집》등이 있다. 시호는 문경(文敬)이다.

옮긴이 **이상현(李相鉉)**

한문고전번역가. 1949년 전주에서 태어났다. 본관은 경주, 초명은 거출(巨出), 호는 저곡(杼谷)이다. 친구의 죽음을 접한 뒤 생사의 문제에 빠져들어 종교에 심취했다가 1968년 서울대 종교학과에 입학하였으며, 이후 자아의식의 기원 문제를 화두로 잡고 골몰하다가 1980년 몽환에서 깨어났다. 1982년부터 동국대 불교대학원과 민족문화추진회 국역연수원을 다녔으며, 1984년 삼계교(三界敎)에 관한 논문으로 석사과정을 마치고, 국역연수원 상임연구원이 되었다. 현재 진정한 광복을 이룬다는 신념으로, 우리 고전의 번역과 교육에 힘쓰고 있다. 신문에 연재한 한국역사인물 유적탐방기행문을 묶어《역사의 고향(상하)》을 냈으며,〈추사의 불교관〉등의 논문이 있다. 조선왕조실록 번역 사업에 참여한 뒤에, 한국문집총간 중《상촌집》,《계곡집》,《택당집》,《간이집》,《목은집》,《포저집》,《가정집》,《도은집》,《고운집》,《계원필경집》,《죽석관유집》,《고산유고》등을 번역하였고, 한국불교전서 중《원감국사집》,《대각국사집》,《기암집》,《부휴당대사집》,《침굉집》,《사명당대사집》,《송운대사분충서난록》,《무용당유고》,《청허당집》등을 번역하였다.

녹문집 4

임성주 지음 | 이상현 옮김

2018년 12월 20일 초판 1쇄 발행

발행인 신승운 | 발행처 한국고전번역원
등록 2008. 3. 12. 제300-2008-22호
주소 (03310) 서울시 은평구 진관1로 85
전화 02-350-4886 | 팩스 02-350-4899 | 홈페이지 www.itkc.or.kr

연구총괄 이기찬 | 연구기획 이제유

책임편집 정영미 | 편집진행 박정열 서윤이
편집교정 김상순 박현진 | 조판 김지현 | 제작 김형석
디자인 씨디자인 | 인쇄 반디컴

값 20,000원
ISBN 978-89-284-0567-1 94810
978-89-284-0317-2 (세트)
* 이 책은 2018년도 교육부 고전번역사업비로 출간한 것임.